新会计准则下
商品流通
企业会计实务

第7版

史玉光 孙雯 曲少磊·著

電子工業出版社
Publishing House of Electronics Industry
北京·BEIJING

内 容 简 介

本书全面介绍了商品流通企业的会计实务。商品批发方面，介绍了商品购销存的会计实务；商品零售方面，不仅介绍了商场、超市等有店铺零售的会计实务，还介绍了网购、团购等无店铺零售的会计实务。随着经济的不断发展，商品销售和促销方式变得灵活多样，相关章节介绍了线下线上销售和电商平台积分等促销方式的会计处理；经济的发展使得商品流通企业融资渠道在不断扩展，相关章节介绍了供应链金融、供应链保理、应收账款证券化等融资方式。除此之外，本书还介绍了进出口业务的会计实务、第三方支付的会计实务、使用权资产的会计实务及其对零售业的影响。在全面介绍会计实务过程中，涉及税务处理、财税差异、纳税申报内容的，书中也做了详细介绍。

图书在版编目（CIP）数据

新会计准则下商品流通企业会计实务 / 史玉光，孙雯，曲少磊著. —7 版. —北京：电子工业出版社，2020.8

ISBN 978-7-121-39274-0

Ⅰ. ①新… Ⅱ. ①史… ②孙… ③曲… Ⅲ. ①商业会计 Ⅳ. ①F715.51

中国版本图书馆 CIP 数据核字（2020）第 128016 号

责任编辑：刘　殊
印　　刷：北京捷迅佳彩印刷有限公司
装　　订：北京捷迅佳彩印刷有限公司
出版发行：电子工业出版社
　　　　　北京市海淀区万寿路 173 信箱　　邮编：100036
开　　本：787×1092　1/16　印张：22.75　字数：546 千字
版　　次：2018 年 3 月第 1 版
　　　　　2020 年 8 月第 7 版
印　　次：2022 年 2 月第 4 次印刷
定　　价：78.00 元

凡所购买电子工业出版社图书有缺损问题，请向购买书店调换。若书店售缺，请与本社发行部联系，联系及邮购电话：（010）88254888，88258888。

质量投诉请发邮件至 zlts@phei.com.cn，盗版侵权举报请发邮件至 dbqq@phei.com.cn。

本书咨询联系方式：（010）88254199，sjb@phei.com.cn。

前　言

近几年出台的财税法规给商品流通企业的会计实务带来了很大变化，为了适应这些财税法规，需要修订本书。本书修订的内容包括：根据收入准则（2017）、金融准则（2017）和租赁准则（2018）修订和增加部分业务的会计处理；根据 2019 年 4 月 1 日开始执行的增值税税率调整书中涉及增值税的税务处理；根据第三方支付和供应链金融等内容，修订和介绍网络销售的网络融资的会计处理；按照《企业所得税年度纳税申报表（A 类，2017 年版）》（2019 年修订），调整书中所得税纳税申报的一系列报表；根据一般企业财务报表格式［适用于已执行金融准则（2017）、收入准则（2017）和租赁准则（2018）的企业］调整第 11 章的会计报表。

本书前 6 版得到了广大读者的支持与厚爱，在此，向广大读者朋友表示衷心感谢！

本书具有以下特点。

（1）与时俱进。根据最新的财税法规和新出现的商业形式，介绍商品流通企业的会计实务。

（2）全面介绍商品流通企业的会计实务。商品批发方面，介绍了商品购销存的会计实务；商品零售方面，不仅介绍了商场、超市等有店铺零售的会计实务，还介绍了网购、团购等无店铺零售的会计实务。随着经济的不断发展，商品销售和促销方式变得灵活多样，相关章节介绍了线下线上销售和电商平台积分等促销方式的会计处理；经济的发展使得商品流通企业融资渠道在不断扩展，相关章节介绍了供应链金融、供应链保理、应收账款证券化等融资方式。除此之外，本书还介绍了进出口业务的会计实务、第三方支付的会计实务、使用权资产的会计实务及其对零售业的影响。

（3）重点突出，内容紧凑。把商品流通企业的债权、债务、资金往来等业务放在第 2 章介绍；把投资、固定资产、使用权资产、长期待摊费用放在第 8 章介绍；把商品流通企业的收入、费用、利润及利润分配放在第 9 章介绍；把商品流通企业的主要税费放在第 10 章介绍。对商品批发、商品零售、商品流通业务的会计实务的介绍详略得当，避免内容的重复。

本书适用于各类院校财会专业教学，以及职业技术教育、上岗培训、专业技术资格考试、自学进修，也可作为商品流通企业财会人员的培训教材，以及教育工作者、企业管理人员的业务参考书。

国内许多学者和实务工作者对商品流通企业的一些业务进行了广泛深入的论述。在本书的撰写过程中，参阅了大量文献资料，在本书的参考文献部分，并没有逐一列举，在此深表感谢，并顺致歉意！

在本书的撰写过程中，得到了对外经济贸易大学国际商学院会计教授余恕莲老师和王秀丽老师的悉心指导，在此，向两位老师表示感谢。

由于作者水平有限，书中难免存在疏漏之处，恳请广大读者批评指正。

作 者

2020年4月

目录

第1章　商品流通会计实务概述……1
1.1　商品流通概述……1
1.1.1　商品流通的含义……1
1.1.2　商品流通企业的类型……4
1.1.3　商品购销的交接方式……5
1.1.4　商品流通体系的主要功能……5
1.2　商品购销的转账和入账……6
1.2.1　第三方支付结算……7
1.2.2　传统的转账结算……8
1.2.3　商品购销的入账时间……11
1.3　商品流通企业会计处理的方法……12
1.3.1　商品流通企业会计的对象……12
1.3.2　进价核算法……14
1.3.3　售价核算法……15

第2章　债权、债务和资金往来……17
2.1　货币资金和货币时间价值……17
2.1.1　库存现金的会计处理……17
2.1.2　银行存款的会计处理……18
2.1.3　外币业务的会计处理……18

2.1.4 其他货币资金的会计处理……22
2.1.5 货币资金损失的税务处理……22
2.1.6 货币时间价值……24
2.2 债权……25
2.2.1 应收票据……26
2.2.2 应收账款……30
2.2.3 坏账损失的税务处理……40
2.2.4 长期应收款……40
2.3 债务……44
2.3.1 短期借款……44
2.3.2 应付票据……44
2.3.3 应付账款……46
2.3.4 长期借款……47
2.3.5 公司债券……48
2.3.6 利息支出的税务处理……52
2.3.7 长期应付款……54
2.4 资金往来……55
2.4.1 接受货币资金投资……56
2.4.2 预付账款……56
2.4.3 预收账款……56
2.4.4 其他应收款……58
2.4.5 其他应付款……59

第3章 商品批发的会计实务……63

3.1 批发商品购进……64
3.1.1 批发商品购进的分类……64
3.1.2 批发商品购进的会计处理……64
3.2 批发商品销售……72
3.2.1 商品销售收入确认和计量……72

3.2.2 销售业务的会计处理……74
3.2.3 商品销售成本的计算和结转……76
3.3 批发商品储存……77
3.3.1 库存商品账户的设置和登记方法……77
3.3.2 商品盘点短缺和溢余的财税处理……79
3.3.3 商品削价和商品非正常损失的会计处理……81
3.3.4 存货损失的税务处理……81

第4章 商品零售的会计实务（一）……83

4.1 零售商品购进……83
4.1.1 一般商品购进的会计处理……83
4.1.2 采购费的会计处理……84
4.1.3 购进商品进项税额的会计处理……85
4.2 零售商品销售……87
4.2.1 主营业务的财税处理……87
4.2.2 兼营业务的会计处理……91
4.2.3 商品销售成本的结转……92
4.3 零售商品储存……96
4.3.1 商品调价的会计处理……97
4.3.2 商品削价的会计处理……97
4.3.3 商品内部调拨的会计处理……99
4.3.4 商品盘点短缺和溢余的财税处理……100

第5章 商品零售的会计实务（二）……103

5.1 百货商场……104
5.1.1 自营经营模式下的会计处理……104
5.1.2 代销经营模式下的会计处理……105
5.1.3 联营经营模式下的会计处理……108
5.2 超市……116
5.2.1 超市供应商货款的结算方式……116

5.2.2 超市发售购物卡的会计处理……117
5.2.3 超市进销的会计处理……118
5.2.4 鲜活商品的会计处理……120
5.3 连锁经营……125
5.3.1 连锁经营企业种类及其会计处理方式的选择……125
5.3.2 连锁经营企业统一会计处理形式下具体业务的会计处理……127
5.3.3 连锁经营企业独立会计处理形式下具体业务的会计处理……128
5.4 网络销售与网络促销……131
5.4.1 网络销售的会计处理……132
5.4.2 网络团购的会计处理……138
5.4.3 网络促销的会计处理……142
5.5 实体店商品促销……147
5.5.1 返利促销的会计处理……147
5.5.2 赠送礼品的会计处理……150
5.5.3 捆绑销售的会计处理……155
5.5.4 积分销售（奖励客户积分）的会计处理……156
5.5.5 推出特价商品的会计处理……159
5.5.6 低价换购……159

第 6 章 进出口业务的会计实务……160
6.1 进口业务的会计实务……160
6.1.1 进口业务概述……160
6.1.2 自营进口业务……162
6.1.3 代理进口业务……169
6.2 出口业务的会计实务……170
6.2.1 自营出口的会计处理……171
6.2.2 代理出口的会计处理……177

第 7 章 其他商品流通业务的会计实务……182
7.1 委托加工……182

7.2 代购……183
7.2.1 委托代购商品的会计处理……184
7.2.2 受托代购商品的会计处理……185
7.3 代销……186
7.4 出租商品……188
7.5 出售与出租包装物……190
7.5.1 发出包装物的会计处理……190
7.5.2 包装物押金的会计处理……193
7.5.3 包装物摊销的会计处理……193
7.6 商品退回……194
7.6.1 购进退回……194
7.6.2 销售退回……195
7.7 商品退补价……197
7.8 拒付货款和拒收商品……199
7.8.1 商品流通企业作为购货方的会计处理……199
7.8.2 商品流通企业作为销货方的会计处理……201
7.9 存货跌价准备……202
7.9.1 存货可变现净值的确定方法……202
7.9.2 计提存货跌价准备的会计处理……204
7.9.3 转回存货跌价准备的会计处理……205

第 8 章 投资、固定资产、使用权资产和长期待摊费用……208

8.1 投资……208
8.1.1 金融资产的定义与分类……208
8.1.2 以公允价值计量且其变动计入当期损益的金融资产……209
8.1.3 以摊余成本计量的金融资产……213
8.1.4 以公允价值计量且其变动计入其他综合收益的金融资产……218
8.1.5 长期股权投资……220
8.1.6 投资损失和投资收益的税务处理……225

8.2 固定资产……228
8.2.1 固定资产的初始计量……228
8.2.2 固定资产的后续计量……232
8.2.3 固定资产处置的会计处理……237
8.3 使用权资产……239
8.3.1 使用权资产的初始计量……239
8.3.2 使用权资产的后续计量……241
8.4 长期待摊费用……245

第 9 章 收入、费用和利润……248
9.1 收入……248
9.1.1 收入的确认和计量……248
9.1.2 现金折扣、商业折扣、销售折让……254
9.1.3 附有销售退回条款销售的会计处理……255
9.1.4 收入的税务处理……257
9.2 期间费用和职工薪酬……259
9.2.1 期间费用……259
9.2.2 职工薪酬……266
9.3 利润及利润分配……274
9.3.1 利润的构成……274
9.3.2 弥补亏损……278
9.3.3 提取盈余公积……280
9.3.4 分配股利……282
9.3.5 未分配利润的会计处理……283
9.3.6 每股收益……284

第 10 章 主要税费……285
10.1 增值税……285
10.1.1 认定为一般纳税人的商品流通企业的会计实务……288
10.1.2 认定为小规模纳税人的商品流通企业的会计实务……298

10.1.3 增值税退税的会计处理……299
10.2 消费税……302
10.2.1 消费税的计算……302
10.2.2 消费税的会计处理……303
10.2.3 消费税退税的会计处理……306
10.3 关税……307
10.3.1 自营进口关税的会计处理……307
10.3.2 代理进口关税的会计处理……308
10.4 企业所得税……308
10.4.1 暂时性差异的会计处理……310
10.4.2 永久性差异的会计处理……315

第11章 会计报表的编制……319

11.1 资产负债表的编制……319
11.1.1 资产负债表的列报格式……320
11.1.2 资产负债表的填列方法……320
11.2 利润表的编制……324
11.2.1 利润表的列报格式……324
11.2.2 利润表的填列方法……325
11.3 现金流量表的编制……331
11.3.1 现金流量概述……331
11.3.2 现金流量表的编制方法……331
11.3.3 现金流量表各项目的内容及填列方法……332
11.4 所有者权益变动表的编制……344
11.4.1 所有者权益变动表概述……344
11.4.2 所有者权益变动表的列报方法……344
11.4.3 所有者权益变动表编制举例……349

参考文献……351

第 1 章

商品流通会计实务概述

商品流通企业营销模式灵活多样，如多种所有制组织及个体经营者共同组成的厂家直销、零售商经销、区域代理商分销、代销和联营等。随着商品经济的不断发展，商品流通领域组织体系构成、企业在组织商品流通活动中的商业运作模式和会计处理方法也不断变化。商品流通企业会计实务主要包括商品流通业务的会计处理、涉税业务的税务处理和日常经营过程中的财务活动的管理，这也是本书主要介绍的内容。

1.1 商品流通概述

1.1.1 商品流通的含义

马克思指出："一切商品对它们的所有者是非使用价值，对它们的非所有者是使用价值。因此，商品必须全面转手，这种转手就形成商品交换。""商品的形态变化，它们的运动：①在物质上由不同商品的相互交换构成；②在形式上由商品转化为货币和货币转化为商品，即卖和买构成。"这就是说，商品运动存在着实物形态和货币形态两种运动过程。

实物形态运动是商品使用价值的所有权的转移；货币形态运动，也就是资金运动，在商品流通企业中，它是通过购、销两个过程顺序变换自己的存在形态的，如图 1-1 所示。

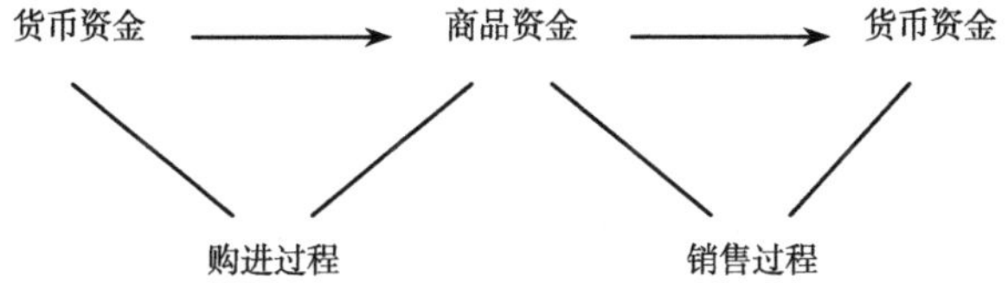

图 1-1 资金运动形式

由此，可以总结出商品流通的定义：商品流通，是指商品从生产领域到消费领域所经过的买卖运动过程。简单的商品流通形式可用“商品—货币—商品”来表示，发达的商品流通形式可用“货币 1—商品—货币 2”表示。第一个式子可以认为是普通商品流通形式，这一流通形式表明“商品交换过程是在两个互相独立、互为补充的形态变化中完成的：从商品转化为货币，又从货币转化为商品”。第二个式子是资本流通形式，本书不再赘述。

商品的流通过程主要包括商品购进、商品运输、商品储存、商品销售四个基本环节，它们分别处于商品流通产业链的各个阶段且地位各不相同，共同决定着商品流通企业的日常运营。这里主要介绍商品购进、商品销售、商品储存三个环节。其中，商品购进是商品流通的起点，这个过程就是用货币资金购买商品，将商品从卖方（或者厂家）购入商品流通企业；商品销售是商品流通的终点，这个过程就是卖掉商品获得资金的过程，即把购进来的商品卖出，换成货币；大多数商品在购进和销售之间往往还有一个停留状态，即储存。商品储存，一是为商品出售做准备，保证充足的货源；二是由于购进的商品暂时没有出售，形成了库存商品积压。

1. 商品购进

商品购进，是指商品流通企业为了销售或加工后销售，通过货币结算而取得商品所有权的交易行为，是商品流通的起点。商品购进的过程，也是货币资金转化为商品资金的过程。商品流通企业购进商品的主要渠道包括从工农业生产部门购进商品、从商品流通部门内其他独立核算单位购进商品、从国外进口商品等。本书在后面的章节中，将重点介绍后两者的会计处理。商品购进环节为商品销售环节准备充足的商品，以保证货源充足，减少缺货的成本。

凡是不通过货币结算而购进的商品，或者不是为销售而购进的商品，都不属于商品购进的范围，其中主要包括收回销货退回的商品和购货单位拒收的商品、收回加工的商品、为收取手续费替其他单位代购的商品、盘点溢余的商品、因财产交接而接受的商品和其他单位赠送的样品、购进专供本单位自用的商品等。这些业务的会计处理将在以后章节中详细介绍。

2. 商品销售

商品销售，是指商品流通企业通过货币结算而售出商品的交易行为，是商品流通的终点。商品销售的过程，也是商品资金转变为货币资金的过程。商品销售以实现商品价值及其利润为目的，并以销售收入补偿生产要素价值即物化的商品成本为手段。商品流通企业商品销售的主要对象有工农业生产部门、消费者、商品流通部门内其他独立核算单位及出口商等。本书将重点介绍后三者的会计处理。商品销售实现了商品的再次流通，并为商品流通企业回笼资金提供了有力保证。通过商品销售，减少了商品储存的数量，同时减少了商品储存的成本。因此，商品销售环节既为商品流通企业带来了收入，又减少了日常的经营成本。

凡是不通过货币结算而发出的商品，则不属于商品销售的范围，其中主要包括因财产交接而交出的商品和赠送给其他单位的样品、发出加工的商品、进货退出的商品和退出拒收的商品、损耗和盘点短缺的商品、为收取手续费替其他单位代销的商品、虽已发出但仍属于本企业所有的委托代销商品和分期收款发出商品等。这些业务的会计处理将在以后章节中详细介绍。

企业销售商品，分为仓库商品销售和直运商品销售。前者是指企业购进商品，办理入库，销售时从本企业的仓库发运给购货单位；后者是指企业不办理入库，直接将出售的商品从供货单位发给购货单位。显然，直运商品销售节省商品流通费和仓储费用，加速了商品流转。

直运商品销售的会计处理有以下特点：购、销同时进行；不通过“库存商品”账户，直接用“在途物资”账户进行会计处理；商品销售成本可以按照实际进价成本，分销售批次随时进行结转。

直运商品销售业务方式通常有两种：一种是企业委托供货单位代办商品发运；另一种是企业派采购员常驻供货单位，商品发运、支付运杂费、委托银行收款等，由采购员办理。

直运商品销售涉及企业、供货单位和购货单位三方，并且三方不在同一地点。因此，企业一般派采购员驻在供货单位，当供货单位根据购销合同发运商品时，由派驻采购员填制增值税专用发票一式数联，其中，发货联随货同行，作为购货单位的收货凭证，其余各联寄回企业。供货单位在商品发运后，即可向企业收取货款，企业支付货款后，反映为商品购进；企业凭采购员寄回的增值税专用发票（发票联），向购货单位收取货款，反映为商品销售。企业为了尽快收回结算资金，在征得银行同意后，可以让采购员在供货单位所在地委托银行向购货单位办理托收，由购货单位开户银行将货款直接划拨给企业。采购员在办妥托收后，将托收凭证回单联寄回企业，据以做商品销售处理。

在这种方式下，企业的购销业务几乎同时发生。一方面，由购货单位开户行将货款划给企业，企业根据采购员寄回的委托收款回单，进行商品销售收入入账的会计处理；另一方面，企业根据供货单位的收款凭证，进行商品采购入账的会计处理。这两者，往往不会同时到达，因此，会产生三种情况：先付进货款，后收销货款；先收销货款，后付进货款；两者同时到达。

3. 商品储存

商品储存，是指商品流通企业购进的商品在销售以前在企业的停留状态，它以商品资金的形态存在于企业之中。商品储存是商品购进和商品销售的中间环节，也是商品流通的重要环节，是商品流通企业开展经营活动必不可少的。马克思指出：“任何商品……只要它不是从生产领域直接进入生产消费或个人消费，因而在这个间歇期间处在市场上，它就是商品储备的要素。”商品储备不外乎就是储备的商品形式。因此，无论是商品批发企业还是商品零售企业，商品储存环节都是为了保证商品销售能够正常进行的必要一环。

商品流通的以上三个环节相互依存、缺一不可，不能盲目扩大某一环节的数量和金额，否则，会引起商品流通企业日常经营的混乱。

1.1.2 商品流通企业的类型

商品流通主要通过商品的购进、销售和储存行为实现社会商品从生产环节到消费环节的价值转移和价值补偿，最大限度地满足消费者的不同需要，因此，商品流通成为连接生产和消费的纽带。及时、有效地组织商品流通业务，缩短商品流通时间，降低流通费用，实现利润最大化成为商品流通企业组织商品流通业务的主要目标。

商品流通企业自身的特点主要包括：第一，以商品的购、销、运、存为基本业务；第二，对经营的商品基本不进行加工或只进行浅度加工；第三，商品流通企业的商业利润主要来自生产企业的让渡；第四，经营周期短，资金周转快。这些特点决定了商品流通企业的经营过程主要包括供应过程和销售过程，没有生产过程。商品流通企业担负将商品由单纯的生产领域向大众消费领域转换的职能，以此来满足社会消费的需要。

商品流通企业的组织形式，按其在商品流通中所处的地位和作用不同，可以分为商品批发企业和商品零售企业两种类型。

1. 商品批发企业

商品批发企业，是指从生产企业或其他类型企业购进商品，供应给商品零售企业或其他批发企业用以转售，或供应给其他企业用以进一步加工的商品流通企业。它处于商品流通的起点或中间环节，是组织大宗商品销售的经济组织，是组织城乡之间、地区之间商品流通的桥梁。

根据 2011 年 7 月发布的《中小企业划型标准规定》和 2017 年 12 月发布的《关于印发统计上大中小微企业划分办法的通知》，批发业中小企业和微型企业的标准为：从业人员 5 人以上 200 人以下，且营业收入 1 000 万元以上 5 000 万元以下的为小型企业；从业人员 5 人以下或营业收入 1 000 万元以下的为微型企业。

2. 商品零售企业

商品零售企业，是指从商品批发企业或生产企业购进商品，销售给个人消费，或销售给企事业单位等用以生产和非生产消费的商品流通企业。它处于商品流通的终点，直接面向广大消费者，是直接为人民生活服务的基层商品流通企业。

商品零售企业按其经营商品种类的多少，可分为专业性零售企业和综合性零售企业。专业性零售企业是指专门经营某一类或几类商品的零售企业，如钟表店、眼镜店、交通器材商店、家用电器商店、照相器材商店、金银首饰店等。综合性零售企业是指经营商品类别繁多的零售企业，如百货商场、食品店、服装鞋帽商店、五金店、日用杂货店、综合商店等。

根据 2011 年 7 月发布的《中小企业划型标准规定》和 2017 年 12 月发布的《关于印发统计上大中小微企业划分办法的通知》，零售业中小企业和微型企业的标准为：从业人员 10 人以上 50 人以下，且营业收入 100 万元以上 500 万元以下的为小型企业；从业人员 10 人以下或营业收入 100 万元以下的为微型企业。

在实际业务中，有的商品批发企业还兼营零售业务，以了解市场信息，有的零售企业也兼营批发业务，以扩大经营范围。

商品零售企业的业态有多种表现形式，如百货商场、超市等。商品零售企业在商品销售过程中，有多种促销形式，如打折、送现金券、买一赠一、以旧换新等。本书将在第 5 章详细介绍这些业务的会计处理。

1.1.3　商品购销的交接方式

在商品购销业务活动中，商品的交接方式一般有送货制、提货制和发货制三种。

（1）送货制，是指销货单位将商品送到购货单位指定的仓库或其他地点，由购货单位验收入库的一种方式。

（2）提货制，又称取货制，是指购货单位指派专人到销货单位指定的仓库或其他地点提取并验收商品的一种方式。

（3）发货制，是指销货单位根据购销合同规定的发货日期、品种、规格和数量等条件，将商品委托运输单位，由铁路或公路、水路、航空运送到购货单位所在地或其他指定地区，如车站、码头、机场等，由购货单位领取并验收入库的一种方式。

商品流通企业可以根据购、销双方的实际需要签订购销合同，确定具体的商品交接方式，每种交接方式都有相应的会计处理方法。

1.1.4　商品流通体系的主要功能

建立功能多样的商品流通体系中有利于发挥商品流通在促进生产、引导生产中的作用，并带动实体产业不断发展，创造更多的社会财富。商品流通促进生产，主要体现在它的先导性作用上。一方面，商品流通能够及时反映社会需求，具有很强的商品供求信息反馈功能，可以将市场信息直接反馈给生产领域，达到引导生产的目的；同时商品流通自身的流通功能能为生产环节提供保障。另一方面，商品流通可以优化各类要素资源配置，提高生产效率。商品流通体系包括物流、资金流、信息流，如果这几大块分散不成体系，则很难提高流通效率。商品流通体系的主要功能应该包括以下几个方面。

（1）促进新型商业发展。①发展连锁经营。连锁经营打破了传统商品流通模式，最大限度地缩短了流通过程，降低了流通成本。这一经营方式也改变了传统的批零关系、厂商关系、零零关系和店群关系。②建设现代物流配送体系。配送是连锁经营方式、电子商务模式的关键环节，它的核心是通过统一采购、统一配送，达到最大限度降低成本的目的。大力建设现代物流配送体系，既可以以大型连锁企业的自采自配为主导，也可以利用社会力量，发展第三方物流，还可以引导有条件的大型生产企业开展以供应链管理为核心的产、供、销一体化的物流模式。建设现代物流配送体系，着眼点应该放在构建连锁经营、网上交易、厂家直销、批发市场配送网络体系等方面。③促进电子商务发展。电子商务存在多方面问题，特别是税收、质量管理等方面的问题尤为突出。因此，要充分发挥政府的宏观规划和指导作用，加强政府有关部门之间的相互协调，保障电子商务有关政策、法规和标准的连续性和一致性，引导电子商务的健康发展。

（2）发展社区商业。以扩大内需为主导，以现代化、大型的流通企业集团为主导，以中小型商业为基础，是零售商业网络体系布局的关键所在。在这一体系建设中，要以城市分级商业中心为主导，以社区商业为基础，以商业街和专业市场为特色，完善业态结构、功能配套。

（3）积极推进内外贸一体化。以建立内外贸一体化管理的组织机构为主导，充分发挥各种协会的作用，逐步实现市场观念、运行机制和交易规则的规范化、一体化和国际化，尊重专业分工，发挥各自优势，立足国内市场，积极开拓国际市场，构建与国际接轨的国内统一市场。

1.2 商品购销的转账和入账

在经济活动中，结算属于贸易范畴，贸易的核心是交换。交换是交付商品（或服务）与支付货币两大对立流程的统一。在自由平等的正常主体之间，交换遵循的原则是等价和同步。同步交换，是交货与付款互为条件，是等价交换的保证。但在多数情况下，由于交易标的的流转验收（如商品货物的流动、服务劳务的转化）需要过程，商品流和资金流的异步和分离的矛盾不可避免，同步交换往往难以实现。

同步交换，可以规避不等价交换的风险，因此为确保等价交换，需要遵循同步交换的原则。对当面现货交易，适配即时性一步支付方式；对隔面或期货交易，适配过程化分步支付方式。过程化分步支付方式符合交易标的流转验收的过程性特点，款项从启动支付到所有权转移至对方不是一步完成，而是在中间增加中介托管环节，由原来的直接付转变为间接汇转，业务由一步完成变为分步操作，从而形成一个可监可控的过程，按步骤有条件进行支付。这样就可货走货路，款走款路，两相呼应，同步起落，使资金流适配货物流进程达到同步相应的效果，使支付结算方式更科学化、合理化地符合市场需求。

在此条件下，非现金结算应运而生。商品流通企业在日常购销活动中，经常发生非现金结算。这些结算业务，大部分需要通过银行办理转账结算，也有部分业务通过非金融系统的第三方支付结算。中国人民银行负责制定统一的支付结算制度，各商业银行可以在此基础上结合实际情况，制定具体管理实施办法。结算方式可分为一步支付方式和分步支付方式，前者包括现金结算、票据结算（如支票、本票、银行汇票、承兑汇票）、汇转结算（如电汇、网上支付），后者包括信用证结算、保函结算、第三方支付结算。

1.2.1　第三方支付结算

第三方支付由取得第三方支付牌照的公司完成。第三方支付牌照（支付业务许可证）是为了加强对从事支付业务的非金融机构的管理，根据《中华人民共和国中国人民银行法》等法律法规，以及中国人民银行制定的《非金融机构支付服务管理办法》，由中国人民银行核发的非金融行业从业资格证书。第三方支付平台要遵守的法律法规主要是《中华人民共和国中国人民银行法》、中国人民银行制定的《非金融机构支付服务管理办法》。2010 年年初，中国人民银行颁发了首批第三方支付牌照，此后第三方支付公司如雨后春笋般兴起。

第三方支付公司核心系统包括以下几种。

账户系统：即账户账务系统，它是一切支付结算业务的基础，一个账号可对应多个账户，账户中包含账户性质、是否激活、账户状态、账户类型等信息。

记账系统：记录每笔支付结算相关的资金往来。

对账系统：包含内部业务对账与外部渠道对账。

风控系统：对风险事件的监控与决策，包含政策风控、基础风控、交易风控等。

支付系统：对接入款渠道，处理支付业务，充值本质上也是支付业务。

结算系统：对接出款渠道，处理结算业务，其中典型的有提现业务。

分润系统：对涉及结算的业务进行清分轧差，与结算系统组成清算系统。

路由系统：根据预先设定的规则，只能选择最优入款、出款渠道，降低成本，提高用户体验。

接下来，简单介绍清结算系统（分润系统、结算系统）和对账系统。

清结算系统（分润系统、结算系统）对应业务典型的有提现和转账。提现是用户主动发起的，将虚拟账户资金结算到本人银行资金账户，并伴随资金流由平台客户备付金账户向用户银行资金账户划拨的过程。结算业务主要通过发起平台和包装产品两种方式来实现。从发起平台来说，有企业网银、银企直联、代付接口。处理用户的提现申请需要用企业网银，这需要财务人工处理，一般规模很小的业务量可以考虑；银企直联是很多银行提供给互联网公司的平台系统，里面有多个产品的集成，甚至有上百个接口；代付接口是很多第三方支付公司提供的，就如同提供的支付接口一样。从包装产品来说，有单笔代发、批量代发、自动转账、非自动转账、实时转账等，这些都是银行或第三方支付包装出来的产品。

对账系统：下载（获取）对账单，用来与系统内账单进行比对；上传对账单（可能需要先给对账单命名及对内部数据进行简单处理）；对账单解析，因为可能对接多个渠道，每个渠道提供的对账单格式不完全统一，所以需要解析成对账系统标准的格式；获取系统账单，并与对账单进行匹配；输出结果，一般正常是平账；差错处理。

由此看来，第三方支付平台为消费者和商户提供信用保障和安全交易服务，具有代付代收的信用中介性质。当利用第三方支付平台进行交易时，购货方先将货款支付到第三方平台账户中，第三方支付平台暂时代为收取货款，然后将收到的货款信息传递给销售方，销售方再发货，待购货方收到货物并确认之后，货款才从第三方支付平台转移到销售方的账户。

根据2017年8月央行支付结算司印发的通知，第三方支付机构必须通过网联平台清算其涉及银行账户的业务。进而第三方支付结算体系由原来用户、支付机构、银行三方直联模式转变为网联介入后的四方模式。“网联”全称“非银行支付机构网络支付清算平台”，是由中国支付清算协会在中国人民银行指导下组织筹建，旨在为支付宝、财付通等第三方支付机构提供统一的资金转接清算服务的新平台。网联模式下，网联平台将作为第三方支付清算体系的信息中枢，连接了第三方支付机构和银行系统。支付机构内部的跨行资金流动必须由网联平台清算。该机制不但有利于相关部门监管第三方支付机构的资金信息，提高清算透明度，规避系统风险，而且使支付机构与银行的互联成本降低，支付效率提高。

为规范第三方支付行业的发展，央行规定从2018年7月1日开始，包括支付宝、财付通在内的第三方支付机构在各家银行的清算账户将直接被切断，终止原来的直连模式，全部接入网联清算平台。因此今后在使用第三方支付平台进行在线银行卡消费时，必须经过网联或者银联系统。也就是说，从2018年7月1日开始，第三方支付平台（支付宝等）银行卡交易将变为“网联协议支付”。具体来讲，第三方支付平台（支付宝等）收到付款请求后，向网联发起协议支付，网联保存交易信息后，将请求转给相应的银行，银行成功扣款并通知网联，网联再传输给第三方支付平台（支付宝等），显示支付成功，交易完成。

1.2.2 传统的转账结算

1. 汇票

汇票是出票人签发的、委托付款人在见票时或者在指定日期无条件支付确定的金额给收款人或者持票人的票据。汇票按出票人分为银行汇票和商业汇票。

（1）银行汇票。银行汇票是出票银行签发的、由其在见票时按照实际结算金额无条件支付给收款人或者持票人的票据。银行汇票是自付票据，出票银行即银行汇票的付款人，银行汇票的代理付款人是代理本系统出票银行或跨系统签约银行审核支付汇票款项的银行。

（2）商业汇票。商业汇票的出票人是在银行开立存款账户的法人。在银行开立存款账户的法人和其他机构之间，必须具有真实的交易关系或债权债务关系，才能使用商业汇票。商业汇票在同城和异地均可使用，付款人为汇票承兑人。根据承兑人的不同，商业汇票可分为商业承兑汇票和银行承兑汇票。前者由银行以外的付款人承兑，后者由银行承兑。

2. 本票

本票是出票人签发的、承诺自己在见票时无条件支付确定的金额给收款人或者持票人的票据。本票按出票人分为商业本票和银行本票，这里所说的本票是指银行本票。

申请人使用银行本票，向银行填写“银行本票申请书”，填明收款人名称、申请人名称、支付金额等事项并签章。出票银行受理银行本票申请书，收妥款项后签发银行本票，交给申请人。申请人将银行本票交付给本票上记明的收款人。收款人可以将银行本票背书转让给被背书人。

持票人将银行本票和进账单送交开户银行，银行审查无误后办理转账。持票人凭票取现，银行审查后办理付现手续。对于他行签发的不定额本票，兑付银行将通过同城票据交换提交签发行。由于银行办理定额本票业务属代理性质，出票行需将其向本票申请人收取的款项划缴中央银行，而兑付行代中央银行垫付的款项应向中央银行收回。

3. 支票

支票是出票人签发的、委托办理支票存款业务的银行在见票时无条件支付确定的金额给收款人或者持票人的票据。

如果出票人和持票人均在同一银行开户，则银行受理持票人解入的本行支票，在审查无误后，即可将款项划入收款人账户。如果出票人不在该行开户，则持票人开户行将支票通过票据交换系统提交支票付款银行，付款银行在收到支票后，经审查无误，即应办妥支付手续，持票人开户行在收妥款项后入账。持票人也可以直接向付款银行提示付款。出票人在付款银行处的存款足以支付支票金额时，付款银行在见票当日足额付款。

4. 银行卡

银行卡是一种使用十分方便的非现金结算工具。持卡人在发卡银行开立银行卡存款账户，并存入一定的备用金后，可在特约商户利用银行卡购物或支付劳务费用。持卡人应提交银行卡和身份证件，但持卡人凭密码在销售点终端上消费、购物，可免验身份证件。特约商户受理银行卡，需审查该卡是否为本单位可受理的银行卡、是否在有效期内未列入止付名单等事项。经审查无误后，商户在签购单上压卡，填写实际结算金额、用途、持卡人身份证件号码、特约单位名称和编号。如结算金额超过支付限额，则商户需要确认发卡银行是否有授权，然后由持卡人在签购单上签名确认。特约单位在每日营业终了，将当日受理的银行卡签购单汇总，并填写汇总单和进账单，连同签购单一并送交收单银行办理进账。

5. 汇兑

汇兑是汇款人委托银行将款项支付给收款人的结算方式。单位和个人的各种款项结算，均可使用汇兑结算方式。汇兑按凭证传递方式的不同分为信汇和电汇两种，由汇款人选择使用。汇款人签发汇兑凭证，凭证上须记载汇款金额、收款人名称、汇款人名称、汇入地点、汇入行名称、汇出地点、汇出行名称等事项，并表明委托银行从自己账户中支付一笔款项汇给收款人。汇出银行受理汇款人签发的汇兑凭证，经审查无误后，应及时将信汇凭证连同联行报单邮寄给汇入银行，或依据电汇凭证向汇入行拍发电报，并向汇款人签发汇款回单。对于开立存款账户的收款人，汇入银行应将汇给收款人的款项直接转入其账户，并向其发出收账通知。未在银行开立存款账户的收款人，凭信汇或电汇的取款通知向汇入银行支取款项。

6. 托收承付

托收承付是根据购销合同由收款人发货后委托银行向异地付款人收取款项，由付款人向银行承认付款的结算方式。办理托收承付结算的款项必须是商品交易的款项，以及因商品交易而产生的劳务供应的款项。

收款人将托收凭证和所附发运证件或其他符合托收承付结算的有关证明和交易单证送交银行。收款人开户银行审查无误后，将托收凭证及交易单证寄付款人开户银行。对方银行收到托收凭证及其附件后，通知付款人。承付货款分为验单付款和验货付款两种。验单付款的承付期通常在1周之内，付款人在承付期内未向银行表示拒绝付款，银行即视为承付，并在承付期满的次日将款项按照收款人指定的划款方式，划给收款人。验货付款的承付期为10天之内，或由收付双方商定。付款人收到提货通知后，应立即向银行交验提货通知。银行在承付期满的次日将款项划给收款人。

7. 委托收款

委托收款是收款人委托银行向付款人收取款项的结算方式。单位和个人凭已承兑商业汇票、债券、存单等付款人债务证明办理款项的结算，均可以使用委托收款结算方式。委托收款在同城、异地均可办理。收款人首先应签发委托收款凭证，载明委托收款金额、付款人和收款人名称、委托收款凭据名称及附寄单证张数等事项，并将凭证及有关收款依据提交开户行。开户行审查后，将凭证及有关收款凭证寄交付款人开户行，后者审查无误后办理付款。

8. 国内信用证

国内信用证是指开证行依照申请人的申请开出的、凭符合信用证办法的单据支付的付款承诺。信用证为不可撤销、不可转让的跟单信用证。此处所称的信用证办法适用于国内企业之间商品交易的信用证结算。

（1）国内信用证只限于办理转账结算，不得支取现金。

（2）信用证与作为其依据的购销合同相互独立，银行在处理信用证业务时，不受购销合同的约束。

（3）一家银行做出的付款、议付或履行信用证项下其他义务的承诺不受申请人与开证行、申请人和受益人之间关系的制约。受益人在任何情况下，不得利用银行之间或申请人和开证行之间的契约关系。

（4）在信用证结算中，各有关当事人处理的只是单据，而不是与单据有关的货物及劳务。

1.2.3　商品购销的入账时间

为了使商品流通部门内各企业统一会计处理口径，以保证经过汇总后商品购销指标的正确性，需要各商品流通企业明确规定商品购销的入账时间。

商品购销的过程，是商品所有权的转移过程，因此，商品购销的入账时间，以商品所有权转移的时间为依据。也就是说，购货方以取得商品所有权的时间，作为商品购进的入账时间；销货方以失去商品所有权的时间，作为商品销售的入账时间。

1. 商品购进的入账时间

商品购进以支付货款或收到商品的时间为入账时间。在商品先到而货款尚未支付的情况下，以收到商品的时间作为购进的入账时间。因为商品到达，并验收入库，购货方即有权安排商品。同时供货方取得了向购货方收取货款的权利。在货款先付、商品后到的情况下，以支付货款的时间作为商品购进的入账时间，因为购货方收到供货方发货凭证后，支付了货款，说明购货方已取得商品的所有权。

根据上述商品购销交接方式和商品流通转账方式，商品流通企业的商品购进入账时间包括以下几种情况。

（1）本地购进商品，采用现金、支票、本票、商业汇票、等结算方式的，货款支付并取得发货证明，即刻入账；商品入库，货款未付，月末估计入账，下月红字冲回。

（2）异地购进商品，采用委托收款或托收承付结算方式的，款付时，入账；货到，款未付，暂不入账，月末估计入账，下月红字冲回。

（3）无论是本地购进商品，还是异地购进商品，采用第三方支付结算方式的，向第三方支付平台款付时，从银行存款转到其他货币资金；货到验收后，通知第三方平台付款，入账。

2. 商品销售的入账时间

商品销售是以发出商品、收取货款的时间，或以发出商品、取得收取货款权利的时间作为入账时间。

根据上述的商品购销交接方式和商品流通转账方式，可以将商品流通企业的商品销售入账时间划分为以下几种情况。

（1）采用现金、支票、本票、商业汇票等结算方式的，款到时，入账。

（2）采用异地托收承付结算方式的，办妥委托银行收款手续时，入账。

（3）采用异地汇兑结算方式的，发出商品并取得交通运输部门的商品运输证明时，入账。

（4）采用分期收款方式的，发出商品时，入账。

（5）采用第三方支付方式的，款到时，入账。

相关链接 1-1　商品流通小企业销售收入的入账时间

通常，商品流通小企业在发出商品且收到货款或取得收款权利时，确认销售商品收入。

（1）销售商品采用托收承付方式的，在办妥托收手续时确认收入。

（2）销售商品采取预收款方式的，在发出商品时确认收入。

（3）销售商品需要安装和检验的，在购买方接受商品及安装和检验完毕时确认收入。如果安装程序比较简单，那么可在发出商品时确认收入。

（4）销售商品采用支付手续费方式委托代销的，在收到代销清单时确认收入。

（5）销售商品以旧换新的，销售的商品作为商品销售处理，回收的商品作为购进商品处理。

1.3 商品流通企业会计处理的方法

1.3.1 商品流通企业会计的对象

在商品经济条件下，会计对象是一个会计主体经济活动中的价值运动（资金或资本活动）。这个运动的过程和结果，是能用货币金额来计量并用文字进行描述的。

商品流通企业的会计对象是商品流通企业的资金运动。商品流通企业的资金运动包括资金的投入、资金的循环与周转和资金的退出三个阶段，如图 1-2 所示。

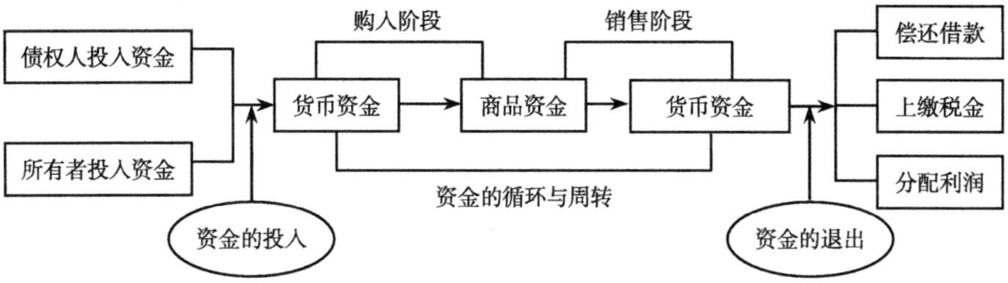

图 1-2　商品流通企业的资金运动

此外，从图 1-2 可以看出：第一，商品流通企业的资金循环存在着连续性和并存性，这是企业经营活动正常进行的基本前提；第二，商品流通企业的资金运动存在交替性，由商品购买阶段经过商品的销售阶段到纯收入的分配阶段，依次交替进行，由货币资金形态转化为商品资金状态，再转化为货币资金状态；第三，资金运动和商品运动存在统一性，即商品价值流动和商品实物流动基本保持一致。

具体到外经贸企业，会计对象如图 1-3 和图 1-4 所示。外经贸企业所从事的商品流通活动，与一般的商品流通企业有很大不同。外经贸企业的商品流通，要通过国内、国际两个市场，涉及国内、国际两种价格，使用本国货币（本币）和外币两种以上的货币。因此，外经贸企业经营过程的货币资金运动形态表现为“外币—本币”或“本币—外币”的转换过程。

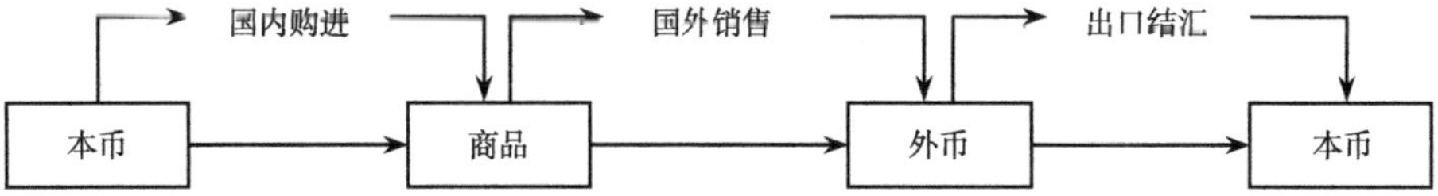

图 1-3　出口业务资金运动

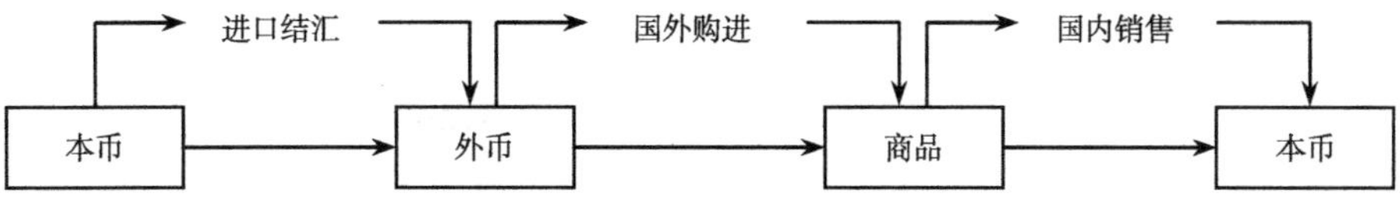

图 1-4　进口业务资金运动

商品流通企业的会计处理，既要反映商品的使用价值，又要反映商品的价值。反映商品的使用价值，要对商品分类进行实物数量核算，反映各种商品数量进、销、存增减变化情况；反映商品的价值，要以货币为计量单位，反映商品进、销、存金额的增减变化情况。商品流通企业类型较多，它们的规模大小不同，经营方式、经营商品的品种不同，购销对象也不同。

商品流通企业根据各自经营的特点和管理的需要，对商品流通业务的会计处理，采用了各种不同的方法，归纳起来主要分为进价核算法和售价核算法两种类型。进价核算法和售价核算法又各分为金额核算和数量金额核算两种。商品的数量核算和金额核算是互相联系的。

1.3.2 进价核算法

进价核算法是指以库存商品的购进价格来反映和控制商品购进、销售和储存情况的一种会计处理方法。这种方法又可再分为进价金额核算法和数量进价金额核算法两种。

（1）进价金额核算法。进价金额核算法是指库存商品总分类账户和明细分类账户都只反映商品的进价金额，不反映实物数量的一种方法。

进价金额核算法是以进价金额控制库存商品进、销、存的一种方法，主要包括如下内容。

① 库存商品总分类账和明细分类账一律以进价入账，只记金额，不记数量。

② 库存商品明细账按商品大类或柜组设置，对需要掌握数量的商品，可设置备查簿。

③ 平时销货会计处理，只计算销售收入，不计算销售成本。月末采取“以存计销”的方法，通过实地盘点库存商品，倒挤商品销售成本。其计算公式为：

本期商品销售成本=期初库存商品进价总额+本期进货总额−期末库存商品进价金额

以购入货物和发票账单同时到达为例，其会计处理流程如图 1-5 所示。

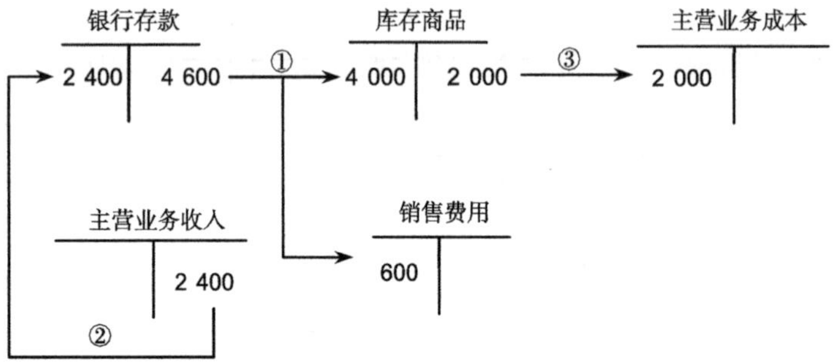

图 1-5 商品购进货单同行的会计处理流程示意

这种方法的优点是记账手续简便，工作量小。采用这种方法，由于缺乏实物数量的记载，必须通过对库存商品进行实地盘点，计算出期末结存金额后，才能倒挤商品销售成本。而且平时不能反映商品进、销、存的数量，由于月末采用盘存计销的办法，将商品销售成本、商品损耗和差错事故混在一起，不易发现企业经营管理中存在的问题。

（2）数量进价金额核算法。数量进价金额核算法是指库存商品的总分类账户和明细分类账户除均按进价金额反映外，明细分类账户还必须反映商品实物数量的一种方法。采用这种方法，可以根据已销商品的数量按进价结转商品销售成本。

数量进价金额核算法是以实物数量和进价金额两种计量单位，反映商品进、销、存情况的一种方法，主要包括以下内容。

①“库存商品”的总分类账和明细分类账统一按进价记账。总分类账反映库存商品进价总值；明细分类账反映各种商品的实物数量和进价金额。

②“库存商品”明细账按商品的编号、品名、规格、等级分户，按商品收、付、存分栏记载数量和金额，数量要求采用永续盘存法计算。

③ 根据企业经营管理需要，在“库存商品”总分类账和明细分类账之间，可设置“库存商品”类账目，按商品大类分户，记载商品进、销、存金额。

④ 在业务部门和仓库设置商品账，分户方法和“库存商品”明细账相同，记载商品收、付、存数量，不记金额。

⑤ 根据商品的不同特点，采用不同方法定期计算和结转已销商品的进价成本。

数量进价金额核算法的优点是能够按品名、规格来反映和监督每种商品进、销、存的数量和进价金额的变动情况，有利于加强对库存商品的管理和控制；能全面反映各种商品进、销、存的数量和金额，便于从数量和金额两个方面进行控制。但由于每笔进、销货业务都要填制凭证，按商品品种逐笔登记明细分类账，记账工作量较大，手续较烦琐，一般适用于规模较大、经营金额较大、批量较大而交易笔数不多的大中型商品批发企业，也适用于部分专业性零售企业。

1.3.3　售价核算法

售价核算法是指以库存商品的销售价格来反映和控制商品购进、销售和储存情况的一种方法。这种方法又可再分为售价金额核算法和数量售价金额核算法两种。

（1）售价金额核算法。售价金额核算法是指库存商品总分类账户和明细分类账户都只反映商品的售价金额，不反映实物数量的一种方法。采用这种方法，库存商品的结存数量，通过实地盘点来掌握，其商品明细分类账则按经营商品的营业柜组或门市部（也称实物负责人）设置。营业柜组或门市部对其经营的商品承担经济责任。财会部门通过商品的售价来控制营业柜组或门市部的商品。

售价金额核算法是在实物负责基础上，以售价记账，控制库存商品进、销、存情况的一种方法，主要包括如下内容。

① 建立实物负责制。根据岗位责任制的要求，按商品经营的品种和地点，划分为若干柜组，确定实物负责人，对其经营的商品承担全部责任。

② 售价记账，金额控制。库存商品的进、销、存一律按销售价格入账，只记金额，不记数量，库存商品总分类账反映售价总金额，明细分类账按实物负责人分别设置，反映各

实物负责人所经营的商品的售价金额，在总账控制下，随时反映各实物负责人的经济责任。

③ 设置“商品进销差价”账户。由于“库存商品”账户按售价反映，而商品购进支付的货款是按进价计算的，所以，设置“商品进销差价”账户，以反映商品进价和售价之间的差价，正确计算销售商品的进价成本。

④ 加强物价管理。商品按售价核算后，如遇售价变动，就会直接影响库存商品总额，因此，必须加强物价管理，明码标价。

⑤ 健全商品盘点制度。“库存商品”明细分类账按售价记账，没有数量控制，只有通过盘点才能确定实际数量，因此，必须加强商品盘点，才能检查库存商品账实是否相符及其实物负责人的工作质量和经济责任。

采用售价金额核算法时，会计处理流程如图 1-6 所示。

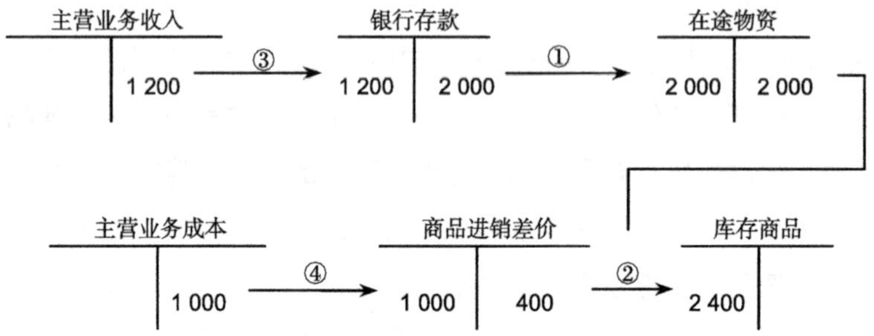

图 1-6　商品售价金额核算法会计处理流程示意

采用售价金额核算法，可以简化会计处理手续，减少工作量，是商品零售企业会计处理的主要方法。其不足之处是由于只记金额，不记数量，库存商品账不能提供数量指标以控制商品进、销、存情况，一旦发生差错，难以查明原因。

（2）数量售价金额核算法。数量售价金额核算法是指库存商品除总分类账户和明细分类账户均按售价金额反映外，明细分类账户还必须反映商品实物数量的一种方法。采用这种方法，必须按每一商品的品名、规格设置商品明细账，以随时掌握各种商品的结存数量。

数量售价金额核算法是以实物数量和售价金额两种计量单位反映商品进、销、存情况的一种方法。其主要内容基本和数量进价金额核算法相同，都是按商品品种设明细账，实行数量和金额双重控制。其不同之处有如下两点。

①“库存商品”总分类账、类目账和明细账均按售价记账。

② 设置“商品进销差价”账户，记载售价金额和进价金额之间的差额，定期分摊已销商品进销差价，计算已销商品进价成本和结存商品的进价金额。

由于采用售价记账，逢商品售价变动，就要盘点库存商品，调整商品金额和差价，工作量较大，因此，数量售价金额核算法一般适用于经营金额较小、批量较少的小型经营商品批发企业，以及经营商品零售企业的库存商品和贵重商品的会计处理。

第2章

债权、债务和资金往来

在商品经济条件下，商品流通企业通过银行借款和发行公司债券筹集资金，会形成债务。在经营过程中，作为供货方，商品流通企业为了促销、占领市场、加快资金周转，会将商品或服务赊销给客户，从而产生债权；作为购货方，商品流通企业可能由于资金短缺等，会延期支付货款，从而形成债务。同时，商品流通企业在经营过程中也会有其他应收款、其他应付款、预收账款、预付账款等资金往来业务。

在长期债权债务的会计实务中，由于时间比较长，所以要考虑货币的时间价值。本章在介绍债权、债务和资金往来的会计实务之前，先介绍货币资金的会计实务和货币时间价值的财务理念。

2.1 货币资金和货币时间价值

货币资金是指商品流通企业在生产经营过程中停留在货币形态的那部分资金，是商品流通企业流动资产的重要组成部分。

货币资金按存放地点和用途的不同，可分为库存现金、银行存款和其他货币资金。商品流通企业货币资金的入账时间一般以货币资金的实际收付时间为标准。库存现金和其他货币资金的实际收付时间比较容易确认，而银行存款存在多种转账结算方式，在不同的转账结算方式下，根据收到的不同原始凭证分别予以确认。

2.1.1 库存现金的会计处理

库存现金是指存放在商品流通企业的财会部门由出纳人员保管的库存现金，是通过设置“库存现金”账户，并由会计人员进行会计处理的。“库存现金”账户属于资产类，其借方登记收到的现金，贷方登记支出的现金，余额在借方，表示商品流通企业实际持有的库存现金。

商品流通企业的库存现金，还应设置“现金日记账”，由出纳人员进行序时记录。有外币现金的企业，按币种分别设置“现金日记账”进行会计处理。

商品流通企业按规定进行现金的清查，一般采用实地盘点法，对清查的结果编制现金盘点报告单。如果有挪用现金、白条抵库的情况，则及时予以纠正；如果有超限额留存的现金应及时送存银行。如果账款不符，发现有待查明原因的现金短缺或溢余，则先通过“待处理财产损溢”账户进行会计处理。按管理权限报经批准后，分别对以下情况进行会计处理：

（1）如果是现金短缺，那么属于应由责任人赔偿或保险公司赔偿的部分，计入其他应收款；属于无法查明原因的，计入管理费用。

（2）如果是现金溢余，那么属于应支付给有关人员或单位的，计入其他应付款；属于无法查明原因的，计入营业外收入。

相关链接 2-1　商品流通小企业现金短缺的会计处理

根据《小企业会计准则》的规定，商品流通小企业现金短缺，属于无法查明的其他原因，计入营业外支出。

2.1.2　银行存款的会计处理

银行存款是指商品流通企业存放在银行或其他金融机构并可以随时支取的货币资金。商品流通企业的银行存款账户分为基本存款账户、一般存款账户、临时存款账户和专用存款账户。在理解商品流通企业的银行存款账户时，要重点区分基本存款账户和一般存款账户。商品流通企业的基本存款账户是企业办理日常结算和现金收付的账户，企业的工资、奖金等现金的支取只能通过基本存款账户办理；一般存款账户不能用于提取现金。

银行存款的收、付业务是通过“银行存款”账户进行会计处理的，该账户属于资产类账户，借方登记存款的增加额，贷方登记存款的提取和支付金额，期末余额在借方，反映企业期末存款的数额。银行存款还应按开户银行、存款种类及币别等分别设置日记账。

2.1.3　外币业务的会计处理

如果商品流通企业有外币业务往来，那么现金和银行存款中，就可能包括外币。外币业务主要涉及货币兑换业务。

外币业务，是指商品流通企业以记账本位币以外的货币进行款项收付、往来结算和计价的经济业务。记账本位币是指商品流通企业所处的主要经济环境中的货币。外币业务主要包括外币兑换、外币购销、外币借贷、接受外币投资四种，涉及人民币与美元、欧元、日元和港币之间的折算。

商品流通企业发生外币业务，登记外币金额，同时折算为记账本位币来登记外币账户。外币业务发生时的外币交易，在初始确认时，采用交易发生时的即期汇率，或者采用系统合理的方法确定的、和交易发生日即期汇率近似的汇率，将外币金额折算为记账本位币金额。

即期汇率，是指当日央行公布的人民币外汇牌价的中间价。商品流通企业发生的外币兑换业务或涉及外币兑换的交易事项，以交易实际采用的汇率，即银行买入价或卖出价折算。即期汇率的近似汇率是“按照系统合理的方法确定的、和交易发生日即期汇率近似的汇率”，通常是指当期平均汇率或加权平均汇率等。通常情况下，商品流通企业采用即期汇率进行折算，汇率波动不大的，也可以采用即期汇率近似的汇率折算。

买入价是指银行买入其他货币的价格；卖出价是指银行出售其他货币的价格；中间价是指银行买入价和卖出价的平均价。银行的卖出价一般高于买入价，以获取其中的差价。

1. 汇兑损益

汇兑损益，是指发生的外币业务折合为记账本位币时，由发生的时间不同、采用的汇率不同而产生的记账本位币的差额，或者是不同货币兑换，由两种货币采用的汇率不同而产生的折合为记账本位币的差额。

在资产负债表日，商品流通企业分别计算各外币账户的外币和记账本位币的期末余额，再将外币期末余额按照货币性项目和非货币性项目进行相应的会计处理。

（1）货币性项目。货币性项目，是指商品流通企业持有的货币资金和将以固定或可确定的金额收取的资产或者偿付的负债。货币性项目分为货币性资产和货币性负债。货币性资产包括库存现金、银行存款、应收账款、其他应收款、长期应收款等；货币性负债包括应付账款、其他应付款、长期应付款等。

对于货币性项目，采用资产负债表日的即期汇率折算，因汇率波动而产生的汇兑差额作为财务费用，计入当期损益，同时调增或调减外币货币性项目的记账本位币金额。

（2）非货币性项目。非货币性项目，是指货币性项目以外的项目，包括存货、长期股权投资、固定资产、无形资产、实收资本、资本公积等。

① 对于以历史成本计量的非货币性项目，除其外币价值发生变动外，已在交易发生日按当日即期汇率折算，资产负债表日不改变其原记账本位币金额，不产生汇兑差额。

② 以公允价值计量的非货币性项目，如交易性金融资产，采用公允价值确定日的即期

汇率折算，折算后的记账本位币金额和原记账本位币金额的差额，作为公允价值变动，计入当期损益。

（3）外币投入资本不产生汇兑差额。外币投入资本属于外币非货币性项目，商品流通企业收到投资者以外币投入的资本，采用交易日即期汇率折算，不再采用合同约定汇率折算。外币投入资本和相应的货币性项目的记账本位币金额之间不产生外币资本折算差额。

2. 实务处理

（1）外币兑换业务。外币兑换业务，是指商品流通企业从银行购入外汇和向银行卖出外汇。商品流通企业购入外汇时，一般采用银行当日挂牌卖出价兑换，记入外汇账户时，按照当日的市场利率中间价折合为记账本位币。同时，兑换所支付的人民币，按照银行的挂牌卖出价折合记账，两者产生的差额，记入"财务费用——汇兑损益"账户。

例 2-1 利都公司以10 000美元向银行兑换人民币，当日银行美元买入价为1∶6.24，当日市场汇率中间价为1∶6.26。

借：银行存款——人民币户　　　　62 400

　　财务费用——汇兑损益　　　　200

　贷：银行存款——美元户（10 000）　　　　62 600（10 000×6.26）

（2）外币购销业务和外币借款业务。商品流通企业以外币进行款项收付、往来结算时，按照兑换日的市场汇率中间价折合为记账本位币。商品流通企业借入外汇时，按规定的汇率折合为记账本位币，和借入的外币金额同时登记"短期借款"等外币账户。偿还外币借款时，如果根据规定商品流通企业保有现汇而以外币银行存款归还借款，则仍按照规定的汇率折合为记账本位币，登记有关外币账户，产生的汇兑损益计入财务费用。如果按规定商品流通企业不得保有现汇，不允许设置现汇外币账户，则先做购汇或换汇处理，并反映其汇兑损益。

例 2-2 华商公司是一家商品流通企业，该公司账户的本位币为人民币，对外币交易采用发生时的汇率进行折算，按月计算汇兑损益。2×21年11月30日的即期汇率为1美元=6.40元人民币。11月末有关账户余额如表2-1所示。

表2-1　华商公司2×21年11月末有关账户余额表

项　目	外币账户余额（美元）	当日即期汇率	折算为人民币金额（元）
银行存款	5 000	6.40	32 000
短期借款	50 000	6.40	320 000
应付账款	100 000	6.40	640 000

华商公司12月发生以下外币业务（不考虑增值税等相关税费）：

（1）11日，从国外瑞旺客户进口原材料一批，共计50 000美元，货款尚未支付。当日的即期汇率为 1 美元=6.38 元人民币。

（2）21 日，从银行借入短期外币借款 25 000 美元。当日的即期汇率为 1 美元=6.36 元人民币。

（3）26 日，偿还上月欠国外客户的货款 10 000 美元。当日的即期汇率为 1 美元=6.33 元人民币。

本月末，市场汇率为 1 美元=6.30 元人民币。

上述业务的会计处理如下：

（1）借：原材料　　319 000

　　贷：应付账款——瑞旺美元户　　319 000（50 000×6.38）

（2）借：银行存款——美元户　　159 000

　　贷：短期借款——美元户　　159 000（25 000×6.36）

（3）借：应付账款——瑞旺美元户　　63 300

　　贷：银行存款——美元户　　63 300（10 000×6.33）

12 月末，汇兑损益计算如下：

（1）银行存款账户汇兑损益=（5 000+25 000–10 000）×6.30–（32 000+159 000– 63 300）= –1 700（元）

（2）短期借款账户汇兑损益=（50 000+25 000）×6.30–（320 000+159 000）= –6 500（元）

（3）应付账款账户汇兑损益=（100 000+50 000–10 000）×6.30–（640 000+319 000– 63 300）=–13 700（元）

期末，汇兑损益的会计处理如下：

借：短期借款——瑞旺美元户　　6 500

　　应付账款——瑞旺美元户　　13 700

　贷：银行存款——美元户　　1 700

　　财务费用——汇兑损益　　18 500

12 月末，有关账户余额如表 2-2 所示。

表 2-2　华商公司 2×21 年 12 月末有关账户余额表

项　目	外币账户余额（美元）	当日即期汇率	折算为人民币金额（元）
银行存款	20 000	6.30	126 000
短期借款	75 000	6.30	472 500
应付账款	140 000	6.30	882 000

（3）接受外币投资。商品流通企业接受外币投资，借记相关资产账户，贷记“实收资本（或股本）”账户。外币投入资本属于外币非货币性项目，按照交易日即期汇率折算。外

币投入资本和相应的货币性项目的记账本位币金额之间不产生外币资本折算差额。

例 2-3 美瑞公司是一家外商公司，投资华峰公司，合同规定美瑞公司分次投入外币资本，投资合同中没有约定资本折合汇率。华峰公司第一次收到 1 000 万美元，当日市场汇率为 1∶6.32；第二次收到 800 万美元，当日市场汇率为 1∶6.34。

① 第一次收到外币投资时：

借：银行存款——美元户　　63 200 000（10 000 000×6.32）

　贷：实收资本　　63 200 000

② 第二次收到外币投资时：

借：银行存款——美元户　　50 720 000（8 000 000×6.34）

　贷：实收资本　　50 720 000

相关链接 2-2　商品流通小企业外币业务的会计处理

根据《小企业会计准则》的规定，商品流通小企业的外币交易一般采用即期汇率折算外币，在编制报表时，资产负债表、利润表和现金流量表也是按照即期汇率折算的。

在进行外币折算时，可能会发生汇兑损益。对于汇兑收益，记入“营业外收入”账户；对于汇兑损失，记入“财务费用”账户。

2.1.4　其他货币资金的会计处理

商品流通企业的其他货币资金是指货币资金中除库存现金、银行存款以外的各种货币资金，包括外埠存款、银行汇票存款、银行本票存款、信用卡存款、信用证保证金存款、存出投资款和第三方支付平台（支付宝、微信等）未转入银行存款的资金等。其他货币资金业务，商品流通企业可以通过设置“其他货币资金”账户进行会计处理。该账户属于资产类账户，借方记录增加额，贷方记录减少额，期末余额在借方，反映期末结存数额。

商品流通企业的“其他货币资金”账户，按其内容分别设置“外埠存款”“银行汇票”“银行本票”“信用卡”“信用证保证金”“存出投资款”“支付宝（微信等）”等二级明细账户，并按外埠存款的开户银行、银行汇票、银行本票及信用证的收款单位等设置三级明细账。有信用卡业务的企业，在“信用卡”二级明细账户中按开出信用卡的银行和信用卡种类设置三级明细账户。

2.1.5　货币资金损失的税务处理

对于现金损失，《财政部 国家税务总局关于企业资产损失税前扣除政策的通知》（财税

2009 年第 57 号文，以下简称《通知》）规定，企业清查出的现金短缺减除责任人赔偿后的余额，作为现金损失在计算应纳税所得额时扣除。

对于银行存款损失，《通知》规定，企业将货币性资金存入法定具有吸收存款职能的机构，因该机构依法破产、清算，或者政府责令停业、关闭等原因，确实不能收回的部分，作为存款损失在计算应纳税所得额时扣除。

在纳税申报时，如果存在财税差异，则商品流通企业须先填报二级附表《资产损失税前扣除及纳税调整明细表》（A105090），然后将相关数据填列在一级附表《纳税调整项目明细表》（A105000），最终将相关汇总数据填列在主表《中华人民共和国企业所得税年度纳税申报表（A 类）》（A100000）的第 15 行或第 16 行。相关报表如表 2-3 ~ 表 2-5 所示。

表 2-3　资产损失税前扣除及纳税调整明细表（A105090）　　金额单位：元

行　次	项目	资产损失的账载金额	资产处置收入	赔偿收入	资产计税基础	资产损失的税收金额	纳税调整金额
		1	2	3	4	5（4–2–3）	6（1–5）
1	一、现金及银行存款损失						

表 2-4　纳税调整项目明细表（A105000）　　金额单位：元

行　次	项　　目	账载金额	税收金额	调增金额	调减金额
		1	2	3	4
34	（三）资产损失（填写 A105090）				

表 2-5　中华人民共和国企业所得税年度纳税申报表（A 类）（A100000）　　金额单位：元

行　　次	类　　别	项　　目	金　　额
15		加：纳税调整增加额（填写 A105000）	
16		减：纳税调整减少额（填写 A105000）	

相关链接 2-3　商品流通企业货币资金内部控制存在的问题

货币资金收付业务是商品流通企业发生最频繁，也是最容易发生错弊的经济业务。因此，必须加强对货币资金的管理，建立和健全货币资金内部控制制度。在实际工作中，商品流通企业货币资金内部控制存在诸多问题。

（1）货币资金的筹集、使用不经济，持有量缺乏合理的预算。货币资金是变现能力最强的资产，可以用来满足生产经营开支的各种需要，也是还本付息和履行纳税义务的保障。因此，筹集和拥有足够的货币资金对于降低企业的风险、增强企业资产的流动性和债务的可清偿性有着重要意义。但是，货币资金属于非营利性资产，即使银行存款，其利率也非常低。货币资金持有量过多，它所提供的流动性边际效益便会随之下降，进而导致企业的收益水平降低。

（2）制度不严，无章可循。有些企业不按账、款分管的原则行事，单位领导、会计人员随意经手现金，并且长期不和出纳员结算，出纳员对现金收支情况不明，因而常出现差错。有的企业为了逃避上级或有关部门的审计、检查、监督，采取隐瞒收入的手段，私设“小金库”，搞“账外账”，这样，不但会造成“账内”资金和“账外”资金相互交错，而且由于这部分资金在收支上存在不合理性和不合法性，加上长期缺乏正常监管，所以经常会出现乱批、乱支、乱花现象，这也是导致货币资金出现差错的重要原因。

（3）手续不全，疏于防范。有的出纳员填写支票、收据等不规范；有的借款无借据，或领款不签字、不盖章，时间一长，借款人、领款人遗忘，或有意赖账，或意外身亡，事后清查账务，出纳员又找不出对方借款、领款的其他证据；有的对现金、支票、存折、印鉴等保管不善，一旦遗失或被盗，就会酿成祸患。

（4）银行存款余额调节表中藏玄机。银行对账单是由开户银行出具的存款方截止日银行存款的收支结存状况的资料。银行对账单来源于企业外部的开户银行，其可靠性和证明力较高。但随着科技的发展，各种造假的手法层出不穷，使用假银行对账单或者编制虚假银行存款余额调节表来应对审计、掩盖违法违纪的问题也时有发生，如：隐瞒销售，偷漏税款；套取现金，设立小金库；出借银行账户；公款私存等。

2.1.6 货币时间价值

货币时间价值是在一定时空条件下，运动中的货币在使用过程中随着时间的推移而增值的部分。在不同的时间里，货币的价值是不一样的。货币时间价值被广泛应用于如金融资产、固定资产、无形资产、长期股权投资、非流动负债、收入、租赁等的会计计量中。在不考虑风险和通货膨胀的条件下，货币时间价值的一般形式是利率或折现率。

货币时间价值的基本因素：

第一，现值，即现在收款或付款的价值，又称本金，通常用 P 表示。

第二，终值，即货币的未来价值，包括本金和利息，通常用 F 表示。

第三，利率，通常用 i 表示。

第四，期数，通常用 n 表示。

货币时间价值的计算通常包括以下几种。

（1）单利的计算。

$$I=Pin;\quad F=P+I$$

式中，I 是利息。

（2）复利终值的计算。

$$I=P\left[(1+i)^{n}-1\right];\ F=P(1+i)^{n}$$

式中，$(1+i)^{n}$是复利系数，通常用（F/P，i，n）表示。

（3）复利现值的计算。

$$P=\frac{F}{(1+i)^{n}}$$

式中，$\frac{1}{(1+i)^{n}}$是复利现值系数，通常用（P/F，i，n）表示。复利终值系数和复利现值系数互为倒数。

（4）普通年金终值的计算。年金，是指一定时期内，按照相等的间隔期支付或收取等额的货币。年金是收付款的特殊形式，通常用 A 表示。年金分为普通年金、先付年金、递延年金、永续年金四种形式。本书只介绍普通年金的相关计算。普通年金终值是一定时期内各期等额系列收付款的复利终值之和。

$$F=A\cdot\frac{(1+i)^{n}-1}{i}$$

式中，$\frac{(1+i)^{n}-1}{i}$是普通年金终值系数，通常用（F/A，i，n）表示。

（5）普通年金现值的计算。普通年金现值是未来期间若干货币按照规定利率，用复利法换算为现值。

$$P=A\cdot\frac{1-(1+i)^{n}}{i}$$

式中，$\frac{1-(1+i)^{n}}{i}$是普通年金现值系数，通常用（P/A，i，n）表示。

既然货币具有时间价值，商品流通企业在日常经营过程中，就要密切关注这一点，做到晚缴税、拖延支付货款、早追款、少持有现金。具体来说，就是在管理债权债务时，尽可能早地收回应收账款，尽可能晚地支付应付账款和应交税费，平时不要大量持有现金，使富余的现金流动起来，流动产生价值。

2.2 债权

商品流通企业的债权主要包括短期债权和长期债权。其中，短期债权包括应收票据、应收账款等，长期债权主要包括长期应收款等。

企业的销售方式总体可分为现销和赊销两种，具体采用何种方式和市场同类商品的供求、企业商品质量、企业的抗风险能力以及新兴市场的拓展等关系密切。

2.2.1 应收票据

应收票据是指商品流通企业因赊销商品等收到的商业汇票所形成的债权。我国的应收票据一般是指商业汇票。商业汇票经承兑后，便成为承兑人的应付票据，同时作为持票人的应收票据。

应收票据按照是否计息，可以分为带息票据和不带息票据两种。带息票据指票面上注明利率及付息日期的票据，其到期时除收回票面金额外，还可收到预定的利息；不带息票据指无利息的规定，到期只能收回票面金额。商业汇票是否带息，在汇票上一般都有详细说明。

1. 取得应收票据的会计处理

商品流通企业的应收票据理论上应按现值入账，但实务中可根据应收票据期限的长短分别按照面值入账或现值入账。一般来说，商品流通企业收到的应收票据，如果票据的存续期短于 1 年，则入账金额按照面值确定；如果票据的存续期长于 1 年，则入账金额按照现值确定。由于我国的商业票据期限较短，面值和现值的差异不大，我国采用按票面价值入账的方法。

例 2-4 2×21 年 11 月 20 日，鲁河公司向伟业公司销售一批商品，货款为 100 000 元，尚未收到，适用的增值税税率为 13%。假设不结转成本。鲁河公司的会计处理如下：

借：应收账款——伟业公司　　113 000

　贷：主营业务收入　　100 000

　　应交税费——应交增值税（销项税额）　　13 000

12 月 5 日，鲁河公司收到伟业公司寄来一张于 12 月 1 日签发的 3 个月期商业承兑汇票，面值为 113 000 元，利率为 8%，抵付商品货款。鲁河公司的会计处理如下：

借：应收票据　　113 000

　贷：应收账款——伟业公司　　113 000

2. 应收票据持有期间的会计处理

应收票据持有期间的会计处理主要涉及计提利息、贴现、背书转让等问题。

（1）计提利息。对于带息票据，按照规定，在期末计提利息，并增加应收票据的票面余额。但考虑到我国商业汇票期限较短，最长付款期限不超过 6 个月，因此，通常只在半年末和年度终了时计提利息，不按月份计提利息。商品流通企业在半年末和年度终了根据应收票据的票面价值和确定的利率计算并提取利息，借记“应收票据”账户，贷记“财务费用”账户。利息的计算如下：

应计提的利息=票据面值×票面利率×计提期限（折算为年）

例 2-5　承例 2-4。鲁河公司于 2×21 年年末计算并提取应收票据的利息。

应提取的利息=113 000×8%×1/12=753.33（元）

鲁河公司的会计处理如下：

借：应收票据　　753.33

　贷：财务费用　　753.33

（2）应收票据贴现的会计处理。在应收票据到期前，商品流通企业如果急需货币资金，则将有关商业汇票背书后，向银行或其他金融机构申请贴现，以便获得所需要的资金。贴现是指商品流通企业将未到期的票据转让给银行，银行受理后从票据到期值中扣除按银行贴现率计算确定的贴现利息，然后将余额支付给企业，作为银行对商品流通企业的短期贷款。

第一，应收票据贴现的计算。应收票据贴现中，贴现日至票据到期日的期间称为贴现期，贴现银行所使用的利率称为贴现利率，贴现银行扣除的利息称为贴现利息，贴现银行将票据到期值扣除贴现利息后支付给商品流通企业的金额称为贴现净额或贴现实得款。有关计算公式如下：

贴现净额=票据到期值−贴现利息

票据到期值=票据面值×（1+票据利率×票据期限）

贴现利息=票据到期价值×贴现利率×贴现期

带息票据的到期价值为票据到期日的面值与利息之和，不带息票据的到期价值即票据的面值。而贴现期的计算和票据到期日的计算方法一样，如果承兑人在异地，则按照中国人民银行《支付结算办法》的规定，贴现期的计算另加 3 天划款日期。

例 2-6　2×21 年 5 月 20 日，宏元公司将一张为期 6 个月、票面利率 9%、面值 120 000 元的商业承兑汇票，在票据到期前的两个月向银行贴现，银行贴现率为 12%。有关计算如下：

票据到期值=票据面值×（1+票据利率×票据期限）=120 000×（1+9%×6/12）

=125 400（元）

贴现利息=票据到期价值×贴现利率×贴现期=125 400×12%×2/12=2 508（元）

贴现净额=票据到期值−贴现利息=125 400−2 508=122 892（元）

第二，应收票据贴现的会计处理。应收票据贴现的会计处理主要有两种方法：一是直接注销“应收票据”，另外在报表附注中列明已贴现票据可能导致的或有负债金额；二是不直接注销“应收票据”，另设“贴现应收票据”账户，反映或有负债。在此，只介绍前者。

商品流通企业将未到期的带息票据进行贴现，按实际收到的贴现净额借记“银行存款”账户；按应收票据的账面余额贷记“应收票据”账户或者“短期借款”账户；按其差额，借记或贷记“财务费用”账户。

例 2-7 承例 2-6。可计算出利息净收入为 2 892 元（122 892–120 000），会计处理中将冲减财务费用。宏元公司贴现的会计处理如下：

借：银行存款　　122 892

　贷：应收票据　　120 000

　　　财务费用　　2 892

可见，在这种方法下资产负债表中的应收票据反映的是企业现在持有的未到期也未向银行贴现的应收票据的价值。已贴现的应收票据，在该账户中注销。

（3）应收票据背书转让的会计处理。应收票据背书转让是指持票人因偿还前欠货款等将未到期的商业汇票背书后转让给其他单位或个人的业务活动。其中，背书是指持票人在票据背面签字，签字人称为背书人。背书人对票据的到期付款负有连带责任。

1）不带息应收票据背书转让的会计处理。商品流通企业在背书转让不带息票据以取得所需物资时，按应计入取得物资的成本的价值，借记“库存商品”等账户；按增值税专用发票中注明的增值税额，借记“应交税费——应交增值税（进项税额）”（或“应交税费——待认证进项税额”等）账户；按应收票据的账面余额，贷记“应收票据”账户。如有差额，则借记或贷记“银行存款”账户。

被背书人在收到背书转让的商业汇票时，按商业汇票的票面金额，借记“应收票据”账户；按实现的营业收入，贷记“主营业务收入”等账户；按增值税专用发票上注明的增值税额，贷记“应交税费——应交增值税（销项税额）”（或“应交税费——简易计税”等）账户。如有差额，则贷记或借记“银行存款”等账户。

例 2-8 2×21 年 3 月 31 日，神飞公司销售给顺德公司一批产品，货款 20 000 元，增值税额 2 600 元，收到对方签发并承兑的期限 6 个月、面值 22 600 元的不带息商业汇票一张。

2×21 年 7 月 5 日，神飞公司向建通公司采购一批商品，价款 22 000 元，增值税 2 860 元，将 2×21 年 3 月 31 日收到的商业汇票背书转让给建通公司支付货款，差额以银行存款补付，材料已验收入库。

神飞公司的会计处理如下。

① 2×21 年 3 月 31 日销售实现时：

借：应收票据——顺德公司　　22 600

　贷：主营业务收入　　20 000

　　　应交税费——应交增值税（销项税额）等　　2 600

② 2×21 年 7 月 5 日背书转让时：

借：库存商品　　22 000

　　应交税费——应交增值税（进项税额）等　　2 860

　　贷：应收票据——顺德公司　　22 600
　　　　银行存款　　2 260

建通公司的会计处理如下。

① 收到神飞公司背书转让的商业汇票时：

借：应收票据——顺德公司　　22 600
　　银行存款　　2 260
　　贷：主营业务收入　　22 000
　　　　应交税费——应交增值税（销项税额）等　　2 860

② 2×21 年 9 月 30 日票据到期收到款项时：

借：银行存款　　22 600
　　贷：应收票据——顺德公司　　22 600

2）带息应收票据背书转让的会计处理。商品流通企业在将持有的带息应收票据背书转让以取得所需物资时，按计入取得物资成本的金额，借记“库存商品”等账户；按可抵扣的增值税额，借记“应交税费——应交增值税（进项税额）”（或“应交税费——待认证进项税额”等）账户；按商业汇票的票面金额，贷记“应收票据”账户；按已计提的应收票据利息，贷记“应收利息”账户。如有差额，则借记或贷记“银行存款”等账户。

被背书人在收到背书转让的商业汇票时，按商业汇票的票面金额，借记“应收票据”账户；按实现的营业收入，贷记“主营业务收入”等账户；按增值税专用发票上注明的增值税额，贷记“应交税费——应交增值税（销项税额）”（或“应交税费——简易计税”等）账户。如有差额，则贷记或借记“银行存款”等账户。

例 2-9　2×21 年 11 月 30 日，秦淮公司销售给中科公司一批商品，货款 30 000 元，增值税额 3 900 元，收到对方签发并承兑的期限 4 个月、票面利率 6%、面值 33 900 元的带息商业汇票一张。2×22 年 3 月 1 日，秦淮公司从沪宁公司采购原材料一批，价款 29 000 元，增值税 3 770 元，将 2×21 年 11 月 30 日收到的商业汇票背书转让给沪宁公司支付货款，收到差额款存入银行，材料已验收入库。

秦淮公司的会计处理如下。

① 2×21 年 11 月 30 日销售实现时：

借：应收票据——中科公司　　33 900
　　贷：主营业务收入　　30 000
　　　　应交税费——应交增值税（销项税额）等　　3 900

② 2×21 年 12 月 31 日计提应收票据利息时：

借：应收利息　　169.5（33 900×6%×1/12）
　　贷：财务费用　　169.5

③ 2×22年3月1日背书转让时：

借：原材料　　29 000
　　应交税费——应交增值税（进项税额）等　　3 770
　　银行存款　　1 130
　　财务费用　　169.5
　贷：应收票据——中科公司　　33 900
　　　应收利息　　169.5

沪宁公司的会计处理如下。

① 收到秦淮公司背书转让的商业汇票时：

借：应收票据——中科公司　　33 900
　贷：主营业务收入　　29 000
　　　应交税费——应交增值税（销项税额）等　　3 770
　　　银行存款　　1 130

② 2×22年3月31日票据到期收到款项时：

借：银行存款　　34 578
　贷：应收票据——中科公司　　33 900
　　　财务费用　　678

此外，商业汇票到期，商品流通企业按照实际收到的金额，借记“银行存款”账户，贷记“应收票据”账户。

商品流通企业设置“应收票据备查簿”，逐笔登记商业汇票的种类、号数，出票日、票面金额、交易合同号，付款人、承兑人、背书人的姓名或单位名称，到期日、背书转让日、贴现日，贴现率、贴现净额，以及收款日期、收回金额、退票情况等资料。商业汇票到期结清票款或退票后，在备查簿中应予注销。

2.2.2 应收账款

应收账款，是指商品流通企业因赊销商品等业务，应向购货单位或接受劳务单位收取的款项，属于商业债权。商品流通企业在成为合同一方，并拥有收取现金的法定权利时，应无条件地将应收款项确认为金融资产。

1. 取得应收账款的会计处理

商品流通企业的应收账款处理包括应收账款取得的处理、应收账款持有的处理，以及应收账款收回的处理。

商品流通企业在销售商品产生应收账款时，按应收的货款及增值税款，借记“应收账款”账户；按实现的营业收入（不含增值税），贷记“主营业务收入”账户；按增值税专用发票中注明的增值税，贷记“应交税费——应交增值税（销项税额）”（或“应交税费——简易计税”等）账户。企业代购货单位垫付的包装费、运杂费等各种费用，借记“应收账款”账户，贷记“银行存款”账户。商品流通企业收回款项时，借记“银行存款”账户，贷记“应收账款”账户。

例 2-10 2×21 年 5 月，中储公司销售给宏大公司乙产品一批，不含税价格为 100 000 元，规定的现金折扣条件为“2/10，*N*/30”，适用的增值税税率为 13%，产品交付并办妥托收手续。假设不结转成本。

中储公司的会计处理如下：

借：应收账款——宏大公司　　113 000
　贷：主营业务收入　　100 000
　　应交税费——应交增值税（销项税额）等　　13 000

如果上述货款在 10 天内收到，则会计处理如下：

借：银行存款　　110 740
　财务费用　　2 260
　贷：应收账款——宏大公司　　113 000

如果超过 10 天收到货款，则会计处理如下：

借：银行存款　　113 000
　贷：应收账款——宏大公司　　113 000

如果商品流通企业的应收账款在收回之前，又改用商业汇票结算，则在收到已承兑的商业汇票时，将应收账款的金额从“应收账款”账户转入“应收票据”账户。

相关链接 2-4 商品流通企业赊销的得失分析

商品流通企业采用赊销方式销售产品时的利益得失分析如下：

以 1 000 000 元的赊销业务为例，如果以销售成本率 70%、销售期间费用率 10%、变动成本率 60%、所得税率 25%、银行 1 年期存款利率 2.5%、银行 1 年期贷款利率 5.6% 计算，则商品流通企业该笔赊销业务的会计处理如下：

借：应收账款　　1 130 000
　贷：主营业务收入　　1 000 000
　　应交税费——应交增值税（销项税额）　　130 000

同时商品流通企业在当月结转销售成本 700 000 元，发生销售费用 100 000 元，则实现利润 200 000 元（1 000 000–700 000–100 000），应交所得税 50 000 元（200 000×

25%），即在商品流通企业没有任何现金流入的情况下，先发生现金流出 180 000 元（130 000+50 000）。而商品流通企业将 1 000 000 元产品赊销给购货单位，将有一大部分资金被购货单位占用，商品流通企业会丧失存款利息 15 000 元（1 000 000×60%×2.5%）。如果此时商品流通企业需要取得银行贷款，则同时需要支付贷款利息 33 600 元（1 000 000×60%×5.6%）。此外，商品流通企业还会发生应收账款的管理费用（收账费用）20 000 元。这样一笔 1 000 000 元赊销业务在没有取得任何现金流入的情况下，会让商品流通企业发生现金支出 248 600 元（180 000+15 000+33 600+20 000），从而造成销货单位资金的严重短缺，还不包括坏账损失、信誉损失、客户流失损失等，可见商品流通企业在赊销商品时失去的多而得到的少。

专栏　合同资产与应收账款的比较

商品流通企业依据合同条款从购买方取得的收取现金或其他非现金资产的权利形成合同资产。换言之，商品流通企业在购货方未支付相关合同对价或者在要求购货方支付对价之前已经向购货方转移商品控制权的，应将因向购货方转移商品控制权而获得的收款权确认为合同资产，但要注意的是，仅取决于时间流逝因素的权利除外；而商品流通企业在日常经营中通过市场交换将商品或劳务转移给购货方从而取得收取款项的权利，如果该款项能否如数收回仅受时间流逝因素的影响，则作为应收账款处理。由此可见，二者的共同之处在于合同资产与应收账款都属于商品流通企业向购货方收取合同对价的权利。区别在于应收账款是商品流通企业已按合同履行了义务而获取的收取合同对价的权利，该款项的收取不存在任何附加条件，只要等待对价到期支付前所需的时间结束即可收取款项，即款项是否收取仅受时间流逝因素的影响；而合同资产是商品流通企业合同中规定有附加条件（如履约合同中的其他履约义务）的收取合同对价的权利，需要履行相关义务后才能达到无条件收取款项的条件。

从风险角度来讲，合同资产和应收账款均面临信用风险，即两者均面临随时间流逝而无法收回款项的可能，所以，两者均需要对未来可能无法收回的款项计提减值损失，以反映商品流通企业资产在未来期间可收回的实际价值。合同资产除面临信用风险外，还面临履约风险，即商品流通企业作为销货方必须在履行合同中的其他相关履约义务后，才能达到无条件收款的条件，收取相应的合同对价。

2. 应收账款坏账的会计处理

商品流通企业无法收回或收回的可能性极小的应收款项称为坏账，由发生坏账而引起的损失称为坏账损失。商品流通企业的应收款项在被证实很可能无法收回且金额能够合理估计时，确认为坏账。

（1）坏账的确认标准。商品流通企业在资产负债表日对应计提坏账准备的资产进行检查，有客观证据表明发生减值的，计提坏账准备。

《关于企业资产损失税前扣除政策的通知》（财税〔2009〕57 号）规定，企业除贷款类债权外的应收、预付账款符合下列条件之一且减除可收回金额后确认无法收回的应收、预付款项，可以作为坏账损失在计算应纳税所得额时扣除：

- 债务人依法宣告破产、关闭、解散、被撤销，或者被依法注销、吊销营业执照，其清算财产不足清偿的；
- 债务人死亡，或者依法被宣告失踪、死亡，其财产或者遗产不足清偿的；
- 债务人逾期 3 年以上未清偿且有确凿证据证明已无力清偿债务的；
- 与债务人达成债务重组协议或法院批准破产重整计划后，无法追偿的；
- 因自然灾害、战争等不可抗力导致无法收回的；
- 国务院财政、税务主管部门规定的其他条件。

（2）坏账损失的会计处理方法。对坏账损失的处理，商品流通企业会计上有直接注销法和备抵法两种方法。

1）直接注销法。在直接注销法下，商品流通企业在确认应收账款确实无法收回时，将账面上的应收账款注销，并确认坏账损失计入当期损益。直接注销的方法较为简单，在坏账损失实际发生之前，对坏账不做任何处理，从而导致资产和利润的高估。当商品流通企业每年的赊销规模和坏账比例变化不大时，该种方法的缺陷表现得还不是很充分，也就是说，直接注销法在这种情况下还可以使用。

2）备抵法。备抵法的基本处理程序包括两个主要步骤。

① 每个会计期末在检查应收款项收回的可能性的前提下，根据经验估计出债权中可能发生的坏账损失，并计提坏账准备。

② 当某一应收账款全部或部分被确认为坏账时，将其金额冲减坏账准备并注销相应的应收款项。在资产负债表上，以应收账款账面价值和坏账准备的差额列示相应的债权资产。

（3）备抵法下坏账的会计处理。对于应收账款的坏账，商品流通企业设置“坏账准备”和“信用减值损失——坏账损失”账户进行会计处理。“坏账准备”账户是“应收账款”“其他应收款”等账户的备抵账户，其贷方反映坏账准备的提取额，借方反映坏账准备的转销额，贷方余额反映已经提取尚未转销的坏账准备数额。

① 当应收账款发生减值时，按减记的金额，借记“信用减值损失”，贷记“坏账准备”。本期应提数大于其账面余额的，按差额计提；本期应提数小于其账面余额的，做相反的会计处理。

② 对于确实无法收回的应收账款，商品流通企业按管理权限报经批准后作为坏账，注销应收账款，借记“坏账准备”，贷记“应收票据”“应收账款”“预付账款”“其他应

收款”等。

③ 对于已确认并转销的应收款项以后又收回的，按实际收回的金额，借记“应收票据”“应收账款”“预付账款”“其他应收款”“长期应收款”等，贷记“坏账准备”。同时，借记“银行存款”，贷记“应收票据”“应收账款”“预付账款”“其他应收款”等。

例2-11 中储公司2×20年首次计提坏账准备，年末应收账款的余额为1 250 000元，计提坏账准备的比例为1%，则估计的坏账损失为12 500元。2×21年确认坏账损失为5 000元。2×22年，收回注销的5 000元应收账款。

在备抵法下，中储公司的会计处理如下。

2×20年估计坏账损失时：

借：信用减值损失——坏账损失　　12 500

　贷：坏账准备　　12 500

2×21年确认坏账损失时：

借：坏账准备　　5 000

　贷：应收账款——××公司　　5 000

2×22年再收回时：

借：应收账款——××公司　　5 000

　贷：坏账准备　　5 000

同时：

借：银行存款　　5 000

　贷：应收账款——××公司　　5 000

已确认并转销的应收款项以后又收回的，可以按实际收回的金额转回已计提坏账准备。从上市公司执行《企业会计准则（2006）》的情况来看，上市公司对这一条规定利用得淋漓尽致，很多上市公司利用坏账准备的转回来调整利润。在这一过程中，上市公司应收账款的收回方式有很多，如债务人直接以现金偿还、债务人以非货币资产偿还、债权人通过质押应收账款给担保公司从而通过担保公司担保向银行借款等。

专栏　坏账准备的税务处理

《中华人民共和国企业所得税法》第八条规定：“企业实际发生的与取得收入有关的、合理的支出，包括成本、费用、税金、损失和其他支出，准予在计算应纳税所得额时扣除。”《中华人民共和国企业所得税法实施条例》（简称《企业所得税法实施条例》）第三十二条规定：“企业所得税法第八条所称损失，是指企业在生产经营活动中发生的固定资产和存货的盘亏、毁损、报废损失，转让财产损失，呆账损失，坏账损失，自然灾害等不可抗力因素造成的损失以及其他损失。企业发生的损失，减除责任人赔偿和保险赔款后的余额，依照国务院财政、税务主管部门的规定扣除。企业已经作为损失处理的资产，在以后纳税年度又全部收回或者部分收回时，计入当期收入。”《企业财产损失所得税前扣除管理办法》第七条规定，企业因应收、预付账款发生的坏账损失，须经税务机关审批才能在申报企业所得税时扣除。因此，商品流通企业实际发生的符合上述条件的“坏账损失”则在税前扣除，而计提的坏账准备不得在税前扣除，商品流通企业计提坏账准备后，在纳税申报时，需做纳税调整，填报一级附表《纳税调整项目明细表》（A105000）第 33 行。例 2-11 中，中储公司 2×20 年填报的纳税调整项目明细表如表 2-6 所示。

表 2-6　纳税调整项目明细表　　金额单位：元

行次	项　　目	账载金额	税收金额	调增金额	调减金额
		1	2	3	4
33	（二）资产减值准备金	12 500	*	12 500	

我国对坏账损失的会计处理采用备抵法。具体方法主要有销货百分比法（也叫赊销百分比法）、应收账款余额百分比法、账龄分析法、个别认定法。

面对日益激烈的市场竞争，安全、有效的应收账款管理是商品流通企业在发展过程中必须具备的条件。同时，应加强应收账款管理，提高应收账款投资经济效益，运用信用标准、信用条件和收款政策来确定客户进行赊销业务。

对于应收账款的管理，商品流通企业一般情况下采取的措施是在销售合同中明确各项条款，形成定期的对账制度，每隔 3 个月或半年就必须同经销商核对一次账目，避免债权人和债务人双方的差距像滚雪球一样越滚越大，造成呆账、死账。

对于已形成的应收账款管理，商品流通企业一般是进一步强化日常管理工作，采取有力的措施进行分析、控制，及时发现问题，提前做好相应准备。所采取的措施主要包括进行应收账款追踪分析、应收账款账龄分析、应收账款收现率分析和建立应收账款坏账准备制度。

商品流通企业在实际业务中，可以根据企业自身的特点和实力来制定信用政策，其中包括哪些客户可以赊销商品、赊销金额的多少、赊销期限的长短等。商品流通企业也可以根据企业自身的实力，来决策允许客户开具商业汇票或支付货款的期限，一般来说，决策的最终目的都是尽可能地从客户那里拿到商业汇票。

3. 应收账款保理

应收账款的融通包括应收账款抵押贷款、出售应收账款、应收账款证券化和应收账款保理。本书重点介绍应收账款保理业务。

（1）应收账款保理业务的含义。应收账款保理业务主要是为以赊销方式进行销售的企业设计的一种综合性金融服务，是一种通过收购企业应收账款为企业融资并提供其他相关服务的金融业务或产品。保理的一般做法是：卖方企业（供应商）向保理商出售通常以发票来表示的对债务人（买方企业）的应收账款，同时要求保理商提供与此相关的包括应收账款回收、销售分户账管理、信用销售控制以及坏账担保等单项或多项服务。在实际操作中，保理业务多种多样。卖方企业如果享受到保理商提供的上述所有服务，则为全保理；卖方企业如仅享受到一项或几项服务，则为部分保理。

保理商通过承购应收账款向卖方企业提供融资，这是以卖方企业的供货合同为基础的。这一融资方式的主要依据是卖方产品在市场上的被接受程度和其盈利情况，而非其资产负债表的状况。

（2）保理业务的基本操作流程。保理业务的一般操作流程是：卖方企业首先和保理商签订一份保理协议，一般卖方需将通过赊销（期限一般在 90 天以内，最长可达 180 天）而产生的合格应收账款出售给保理商。签订协议后，对于无追索权保理，保理商首先要对和卖方有业务往来的买方进行资信评估，并对买方核定一个信用额度，在这一信用额度内的应收账款称为“核准的”应收账款。对这部分应收账款，在买方无能力付款时，保理商对卖方没有追索权。而对有追索权保理，当买方无力付款时，保理商将向卖方追索，收回向其提供的融资。

保理业务一般可分为以下几个步骤。

1）卖方交货或提供有关服务后，按以往的方式向买方开出发票，但这些发票应附带一份转让通知（隐蔽型保理除外），说明发票所代表的债权已转让给保理商，买方必须向保理商付款。

2）卖方在开出发票的同时将发票副本送交保理商。

3）保理商根据发票金额按事先商定的比例（最高可达 90%）向卖方支付预付款，即按销售额的一定比例为卖方提供融资，并从中扣除保理商所收取的手续费。

4）此后保理商将负责向买方催收账款，并向卖方提供合同中规定的账务管理。

5）待买方付款后，保理商向卖方支付余下的款项。

（3）保理业务的会计处理。对于保理业务，应收账款的出售方（卖方企业）根据无追索权保理和有追索权保理的不同，采取不同的会计处理方法。

1）无追索权保理。在无追索权保理方式下，保理商承担收取应收账款的风险，即可能发生的坏账损失，应收账款的出售方承担销售折扣、折让和退回等损失。为此，保理商在购买应收账款时，往往要按一定比例预留一部分，备抵出售方应承担的折扣、折让和退回等损失，待实际发生销售折扣、折让或退回时，再予以冲销。

在会计处理上，应收账款的出售方按实际收到的款项，借记“银行存款”账户；按支付的手续费，借记“财务费用”账户；按保理商预留的余款，借记“其他应收款”账户；

按应收账款的账面价值，贷记“应收账款”账户。

例 2-12　2×21 年 3 月 1 日，大商公司将其 200 000 元应收账款以无追索权保理的方式出售给某保理公司，该保理公司以应收账款总额的 10%预留余款，并按 5%收取手续费。该公司适用的增值税税率为 13%。

3 月 1 日，大商公司的会计处理如下：

借：银行存款　　170 000（200 000–200 000×10%–200 000×5%）

　　其他应收款　　20 000（200 000×10%）

　　财务费用　　10 000（200 000×5%）

　贷：应收账款　　200 000

4 月底，保理公司收回账款 188 000 元，发生销售折让 4 000 元，销售退回 2 000 元，坏账损失 6 000 元。大商公司的会计处理如下：

借：主营业务收入　　5 309.7［（4 000+2 000）÷（1+13%）］

　　应交税费——应交增值税（销项税额）

　　690.3［（4 000+2 000）÷（1+13%）×13%］

　贷：其他应收款　　6 000

5 月 1 日，大商公司和保理公司最后结算收回余款 14 000 元并存入银行。其会计处理如下：

借：银行存款　　14 000（20 000–4 000–2 000）

　贷：其他应收款　　14 000

2）有追索权保理。在有追索权保理方式下，保理商对买方无法偿付的应收账款具有追索权。如果应收账款的债务人到期无法偿付，则出售方（卖方）承担向保理商偿付的责任。已出售应收账款发生的任何坏账损失也由出售方承担。

在处理有追索权保理业务时，需要判断其业务的实质是销售还是借款。美国财务会计准则委员会（FASB）在 FAS77 中规定，只有当以下三个条件同时满足时，才能将出售的应收账款做销售处理，否则，只能视为借款业务：第一，出售方放弃对应收账款未来经济利益的控制；第二，出售方可以合理地估计其对保理商的义务；第三，保理商不能要求出售方重新购回应收账款。

如果按销售业务处理，则在出售时注销应收账款，同时将保理商收取的手续费确认为当期费用。如果按借款业务处理，则出售时不能注销应收账款，而另设一个账户“已出售应收账款”，待应收账款已全部得到清偿时，和相应的“应收账款”账户同时注销，保理商收取的手续费则作为融资成本，在应收账款持有期内摊销。

例 2-13　2×21 年 3 月 1 日，大商公司将其 200 000 元应收账款以有追索权保理的方式出售给某保理公司，保理公司以应收账款总额的 10%预留余款，并按 5%收取手续费。公司该笔保理业务符合销售的条件，公司适用的增值税税率为 13%。

3 月 1 日，大商公司的会计处理如下：

借：银行存款　　　　　　170 000（200 000−200 000×10%−200 000×5%）
　　其他应收款　　　　　　20 000（200 000×10%）
　　财务费用　　　　　　　10 000（200 000×5%）
　贷：应收账款　　　　　　　　200 000

由于是以有追索权保理方式出售，出售应收账款企业应计提坏账准备，冲减可从保理商收回的余款。如果企业同类业务频繁发生，则为该类其他应收账款单设“坏账准备”账户，否则可直接冲减其他应收款。假定大商公司计提坏账准备 5 000 元，若公司单设“坏账准备”账户，则会计处理如下：

借：信用减值损失——坏账损失　　　　　　　　　　　　5 000
　贷：坏账准备　　　　　　　　　　　　　　　　　　　　5 000

若公司直接冲减其他应收账款，则会计处理如下：

借：信用减值损失——坏账损失　　　　　　　　　　　　5 000
　贷：其他应收款　　　　　　　　　　　　　　　　　　　5 000

4 月底，保理商收回账款 188 000 元，发生销售折让 4 000 元，销售退回 2 000 元，坏账损失 6 000 元。若大商公司也单设“坏账准备”账户，则会计处理如下：

借：坏账准备　　　　　　　　　　5 000
　　信用减值损失——坏账损失　　1 000（6 000−5 000）
　　主营业务收入　　　　　　　　5 309.7［（4 000+2 000）÷（1+13%）］
　　应交税费——应交增值税（销项税额）
　　　　　　　　　　　　　　　　690.3［（4 000+2 000）÷（1+13%）×13%］
　贷：其他应收款　　　　　　　　　12 000

若大商公司直接冲减其他应收账款，则会计处理如下：

借：信用减值损失——坏账损失　　1 000（6 000−5 000）
　　主营业务收入　　　　　　　　5 309.7［（4 000+2 000）÷（1+13%）］
　　应交税费——应交增值税（销项税额）
　　　　　　　　　　　　　　　　690.3［（4 000+2 000）÷（1+13%）×13%］
　贷：其他应收款　　　　　　　　　7 000

5 月 1 日，大商公司和保理商最后结算，收回余款 4 000 元并存入银行，会计处理如下：

借：银行存款　　　　　　　　　　　4 000（10 000−2 000−1 000−3 000）
　贷：其他应收款　　　　　　　　　　4 000

例 2-14　承例 2-13。如果该笔有追索权保理业务不满足销售业务的条件，则按借款处理。

出售应收账款时，保理商按应收账款总额 200 000 元的 10%预留余款，并按 5%收取手续费。大商公司的会计处理如下：

借：银行存款　　170 000（200 000–200 000×10%–200 000×5%）

　　其他应收款　　20 000（200 000×10%）

　　财务费用　　10 000（200 000×5%）

　贷：已出售应收账款　　200 000

计提坏账准备 5 000 元时：

借：信用减值损失——坏账损失　　5 000

　贷：坏账准备　　5 000

到 4 月底，保理商收回账款 188 000 元，发生销售折让 4 000 元，销售退回 2 000 元，坏账损失 6 000 元。大商公司的会计处理如下：

借：主营业务收入　　5 309.7 [（4 000+2 000）÷（1+13%）]

　　应交税费——应交增值税（销项税额）

　　　　690.3 [（4 000+2 000）÷（1+13%）×13%]

　　信用减值损失——坏账损失　1 000（6 000–5 000）

　　坏账准备　　5 000

　贷：其他应收款　　12 000

5 月 1 日，大商公司和保理商进行最终结算，收回余款 8 000 元，会计处理如下：

借：银行存款　　8 000（20 000–4 000–2 000–6 000）

　贷：其他应收款　　8 000

同时注销“应收账款”账户：

借：已出售应收账款　　200 000

　贷：应收账款　　200 000

相关链接 2-5　保理业务和福费廷业务的区别

保理业务和福费廷业务虽然都是由出口商向银行卖断汇票或期票，银行不能对出口商行使追索权，但是，两者是有区别的。

（1）保理业务一般都在中小企业之间进行，成交的都是一般进出口商品，交易金额不大，付款期限在 1 年以下；而福费廷业务成交的商品为大型设备，交易金额大，付款期限长，并在较大的企业间进行。

（2）保理业务无须进口商所在地的银行对汇票的支付进行保证或开立保函；而福费廷业务则必须履行该项手续。

（3）在保理业务中，出口商无须事先和进口商协商；而在福费廷业务中，出进口双方必须事先协商，取得一致意见。

（4）保理业务的内容比较综合，常附有资信调查、会计处理、代制单据等服务内容；而福费廷业务的内容则比较单一，只提供远期汇票兑现的资金融通业务。

2.2.3 坏账损失的税务处理

对于应收款项、预付账款和其他应付款（后两者在 2.4 节介绍）的坏账损失，如果存在财税差异，则商品流通企业在纳税申报时须先填报二级附表《资产损失税前扣除及纳税调整明细表》（A105090），然后将相关数据填列在一级附表《纳税调整项目明细表》（A105000），最终将相关汇总数据填列在主表《中华人民共和国企业所得税年度纳税申报表（A类）》（A100000）的第 15 行或第 16 行。相关报表如表 2-7、表 2-3、表 2-4 和表 2-5 所示。

表 2-7 资产损失税前扣除及纳税调整明细表（A105090） 金额单位：元

行 次	项 目	资产损失的账载金额	资产处置收入	赔偿收入	资产计税基础	资产损失的税收金额	纳税调整金额
		1	2	3	4	5（4−2−3）	6（1−5）
2	二、应收及预付款项坏账损失						
3	其中：逾期 3 年以上的应收款项损失						
4	逾期 1 年以上的小额应收款项损失						

2.2.4 长期应收款

商品流通企业因销售商品、提供劳务等，采用递延方式收取合同或协议价款实质上具有融资性质的，在“长期应收款”账户进行会计处理。

租赁准则（2018）要求，融资租赁产生的应收款项，通过“应收融资租赁款”账户进行会计处理，具体会计处理本书不进行介绍，只是在 8.3 节涉及部分内容。

商品流通企业采用递延方式收取具有融资性质的销售商品和提供劳务等产生的应收款项，在商品发出时，按照应收的合同或协议价款，借记“长期应收款”账户；按照公允价值，贷记“主营业务收入”账户；借方和贷方的差额，贷记为“未实现融资收益”账户。

同时结转成本，按实际成本（或进价），借记“主营业务成本”账户，贷记“库存商品”账户。

每期销售实现（包括第一次收取货款）时，商品流通企业按本期应收或收取的货款金额，借记“银行存款”账户，贷记“长期应收款”等账户；同时，将应收的合同或协议价款和存货公允价值的差额在协议期间内，按照应收款项的摊余成本和实际利率计算确定的金额进行摊销，冲减财务费用。

例 2-15　华建公司 2×19 年 1 月 1 日售出大型设备一套，协议约定采用分期收款方式，从销售当年年末分 5 年分期收款，每年 100 万元，合计 500 万元，成本为 300 万元。假设不考虑增值税。假定购货方在销售成立日，该设备的销售价格为 400 万元，实际利率为 7.93%。

华建公司的会计处理如下。

2×19 年 1 月 1 日：

借：长期应收款　5 000 000

　贷：主营业务收入　4 000 000

　　未实现融资收益　1 000 000

借：主营业务成本　3 000 000

　贷：库存商品　3 000 000

2×19 年 12 月 31 日：

未实现融资收益摊销=每期期初应收款本金余额×实际利率

每期期初应收款本金余额=期初长期应收款余额–期初未实现融资收益余额

未实现融资收益摊销=（500–100）×7.93%=31.72（万元）

借：银行存款　1 000 000

　贷：长期应收款　1 000 000

借：未实现融资收益　317 200

　贷：财务费用　317 200

2×20 年 12 月 31 日：

未实现融资收益摊销=［（500–100）–（100–31.72）］×7.93%=26.305（万元）

借：银行存款　1 000 000

　贷：长期应收款　1 000 000

借：未实现融资收益　263 050

　贷：财务费用　263 050

2×21 年 12 月 31 日：

未实现融资收益摊销=［（500–100–100）–（100–31.72–26.305）］×7.93%=20.461（万元）

借：银行存款	1 000 000	
贷：长期应收款		1 000 000
借：未实现融资收益	204 610	
贷：财务费用		204 610

2×22 年 12 月 31 日：

未实现融资收益摊销=［（500–100–100–100）–（100–31.72–26.305–20.461）］×7.93%=14.154（万元）

借：银行存款	1 000 000	
贷：长期应收款		1 000 000
借：未实现融资收益	141 540	
贷：财务费用		141 540

2×23 年 12 月 31 日：

未实现融资收益摊销=100–31.72–26.305–20.461–14.154=7.36（万元）

借：银行存款	1 000 000	
贷：长期应收款		1 000 000
借：未实现融资收益	73 600	
贷：财务费用		73 600

相关链接 2-6 商品流通小企业的分期收款销售的会计处理

商品销售采用分期收款方式的，在合同约定的收款日期确认收入，并同时结转成本。

相关链接 2-7 商品流通企业应收账款证券化

应收账款证券化是企业资产证券化的一种，近 10 年来，在我国发展迅猛。商品流通企业应收账款证券化具有以下优点。

（1）提高资金流动性。商品流通企业通过应收账款资产证券化将高质量的应收账款作为基础资产，由具有专业能力的金融机构发挥自身优势进行运作，使证券化的应收账款能够在金融市场中流通交易。进行应收账款证券化后，商品流通企业将未来预期收益变现，缩短了商品流通企业获利及资金回笼时间，有利于改善商品流通企业的资金链，提升获取新业务的能力。

（2）获得新的融资渠道。商品流通企业在筹集资金时可选择的方式可分为债权融资和股权融资。当企业资产负债率比较高时，银行贷款及信用贷款等债权融资渠道会受到限制。此外，银行贷款需要商品流通企业拥有较高的信用评级，信用评级较低的商品流通企业则会选择需要抵押物和担保的信用贷款，在这种情况下企业的融资费用较高。股权融资存在较大的不确定性，尽管我国IPO制度经历了审批制、核准制到注册制的演变，但是目前商品流通企业上市仍存在一定的不确定性。因此，商品流通企业应保证稳定的现金流，资产证券化能够为商品流通企业提供一条不依赖企业信用及偿付能力的融资渠道。

（3）降低融资成本。应收账款证券化的融资成本一般低于同期银行贷款利率，能够减少融资成本。应收账款证券化的本质是将流动性差的应收账款转变为实际现金流，即资产转化为资产，通过这种方式避免了通过增加负债来增加流动资产所带来的融资成本，有利于改善商品流通企业的资产负债率。同时，应收账款证券化的基础资产是应收账款，在进行证券化后应收账款可被视为直接出售，即在资产负债表中商品流通企业可以转出该份额应收账款，提高企业流动比率和速动比率，提升商品流通企业信用等级和偿付能力，化解应收账款的回收风险。

（4）降低回购风险。通过应收账款资产证券化，商品流通企业可以将流动性差的应收账款转化为金融市场中自由交易流通的金融产品，理顺并且规范投资方与支付方之间的关系，引入社会投资者，吸收社会投资者资本，为投资者提供新的可选择的投资品种，有效避免回购风险。

在进行资产证券化过程中，企业所需支出的成本主要是前期准备发行SPV（资产支持专项计划）的费用以及在合同中约定的支付利息。前期发行SPV需要聘请专家进行可行性研究，所支付的费用从发行收入中一次性扣除。此外，由于SPV要承担风险，支付发行费用及信用增级评估费用，所以在出售时，会产生折价费。而合同约定利率主要受到应收账款质量的影响，应收账款资产证券化所选择的基础资产多为高质量的应收账款，并进行了信用增级，因此其支付利息比债权筹资少。总体而言，商品流通企业进行应收账款证券化的融资成本将低于继续持有应收账款成本。

此外，商品流通企业利用传统融资方式，尤其是债务融资，会导致资产负债率上升，而资产负债率的上升，不仅会影响投资者对于企业价值的判断，还会影响商品流通企业的再融资。通过应收账款资产证券化，商品流通企业的资产负债率可以保持不变，在实现现金流增加的情况下，提升了商品流通企业资产周转率等财务指标，提升商品流通企业资产使用效率。

2.3 债务

商品流通企业的债务主要包括短期债务和长期债务。其中，短期债务包括短期借款、应付票据、应付账款等，长期债务包括长期借款、公司债券、长期应付款等。

2.3.1 短期借款

短期借款是指商品流通企业用来维持正常的生产经营所需的资金或为抵偿某项债务而向银行或其他金融机构等外单位借入的、还款期限在1年或超过1年的一个经营周期内的各种借款。

商品流通企业的短期借款主要有经营周转借款、临时借款、结算借款、票据贴现借款、卖方信贷、预购定金借款和专项储备借款等。

短期借款的会计处理包括如下内容：

（1）取得借款。商品流通企业根据借入的本金，借记“银行存款”账户，贷记“短期借款”账户。

（2）借款利息。商品流通企业按照短期借款应计的利息金额，借记“财务费用”账户，贷记“银行存款”等账户。

（3）归还借款。短期借款到期时，商品流通企业对偿付的本金，借记“短期借款”账户，对同时偿付的利息，借记“财务费用”账户，按偿付的本息之和贷记“银行存款”等账户。

2.3.2 应付票据

商品流通企业的应付票据，是指由出票人出票，委托收款人在指定日期无条件支付确定的金额给收款人或持票人的票据。在我国，应付票据是商品流通企业根据合同进行延期付款的商品交易，或采用商业汇票结算方式而发生的由签发人签发、承兑人承兑的票据。

应付票据按票面是否注明利率，分为带息应付票据和不带息应付票据两种。对于因赊购业务而开出、承兑的商业汇票，在会计上设置“应付票据”账户进行会计处理，反映这项流动负债的现存义务。由于出票日和到期日相距很短，所以应付票据不论是否带息，发生时均按面值记入“应付票据”账户的贷方；对带息票据应在年度终了时计算应付利息，记入“应付票据”账户的贷方；到期付款或因其他原因注销票据时，按票据的账面价值记入借方；余额在贷方，表示尚未到期的应付票据本金或本息之和。

1. 不带息应付票据

不带息应付票据，其面值就是票据的到期值。不带息应付票据有两种处理方法：一是直接按面值记账；二是按一定的利率计算票据面值中所含的利息，应付票据按扣除利息后的金额记账。由于我国应付票据期限较短，会计实务中一般采用第一种方法进行会计处理，在资产负债表上按其票面价值列示于流动负债项目内。

例 2-16 顺建公司用商业汇票方式从东风公司购入一批商品，根据有关发票账单，购入商品的实际价款为 150 000 元，增值税专用发票上注明的增值税额为 19 500 元。商品尚未运到，顺建公司开出并承兑一张面值 169 500 元、期限为 3 个月的商业承兑汇票。

顺建公司开出并承兑商业承兑汇票时，会计处理如下：

借：在途物资 150 000
　　应交税费——应交增值税（进项税额） 19 500
　贷：应付票据 169 500

上述开出并承兑的商业承兑汇票到期，顺建公司支付货款时，会计处理如下：

借：应付票据 169 500
　贷：银行存款 169 500

开出并承兑的商业承兑汇票到期，商品流通企业如果无力支付票款，在票据到期且未签发新的票据时，则将“应付票据”的账面余额转入“应付账款”账户，待协商后再进行会计处理。银行承兑汇票票据到期，商品流通企业无力支付票款时，承兑银行除凭票向持票人无条件付款外，对出票人尚未支付的汇票金额转为逾期贷款处理。商品流通企业在接到银行转来的有关凭证时，借记“应付票据”账户，贷记“短期借款”账户。对计收的利息，按短期借款利息的处理方法处理。

例如，假定例 2-16 的票据到期，顺建公司无力支付票款，会计处理如下：

借：应付票据 169 500
　贷：应付账款——东风公司 169 500

假设例 2-16 的票据为银行承兑汇票，顺建公司无力支付票款，会计处理如下：

借：应付票据 169 500
　贷：短期借款 169 500

2. 带息应付票据

应付票据如为带息票据，则其票据的面值就是票据的现值。票据中的应付利息在会计处理上有以下两种方法：

（1）按期预计利息。采用这种方法时，商品流通企业在期末按照票据的票面价值和票据上规定的利率计算应付的票据利息，记入“财务费用”和“应付票据”账户。票据到期支付本息时，再注销应付票据的账面余额。这种处理方法在资产负债表上按票据面值和利息列入流动负债项目。

（2）一次性计算利息。采用这种方法时，应付票据不按期计提利息，而是在票据到期付款时，一次将全部应付利息记入当期支付的“财务费用”账户。

由于我国商业汇票期限较短，因此，通常在期末对尚未支付的应付票据计提利息，计入当期财务费用；票据到期支付票款时，尚未计提的利息部分直接计入当期财务费用。

例2-17 2×21年2月1日，黄河公司签发一张3个月期的商业承兑汇票，票据面值为113 000元，利率为8%，抵付以前欠双安公司的货款。

黄河公司的会计处理如下。

① 签发商业承兑汇票时：

借：应付账款——双安公司　　113 000

　贷：应付票据　　113 000

② 年末计算并计提应付票据的利息：

提取的应付利息=113 000×8%×1/12=753.33（元）

借：财务费用　　753.33

　贷：应付票据　　753.33

③ 票据到期，支付票款面值和利息：

实际支付的金额=113 000+113 000×8%×3/12=115 260（元）

借：应付票据　　113 753.33

　　财务费用　　1 506.67

　贷：银行存款　　115 260

带息商业承兑汇票到期，商品流通企业如果无力支付票款，则将“应付票据”的账面余额转入“应付账款”账户进行会计处理，期末不再计提利息。

商品流通企业设置“应付票据备查簿”，详细登记商业汇票的种类、号数，出票日期、到期日、票面金额、交易合同号，收款人姓名或单位名称及付款日期、金额等资料。商业汇票到期结清票款后，在备查簿中应予以注销。

2.3.3 应付账款

应付账款是指商品流通企业在正常运营过程中，因购买材料、商品或接受劳务供应等而发生的债务。这种负债主要是由买卖双方在购销活动中取得货物的时间和支付货款的时间不一致而产生的。

为了反映、监督由交易而产生的应付账款，商品流通企业需要设置“应付账款”账户进行会计处理，并按供应单位设置明细账户，进行明细会计处理。

相关链接 2-8　商品流通企业赊购的得失分析

赊购，即延期付款，相当于向卖方借款购进商品，是商品流通企业常用的筹资方式。以 1 000 000 元的赊购业务为例，如果以所得税率 25%、银行 1 年期存款利率 2.5%、银行 1 年期贷款利率 5.6%计算，那么无论是现购还是赊购，都不会给商品流通企业带来收益，因此在做决策时只要选择两者中的低者即可。商品流通企业赊购时：

借：材料采购（在途物资）等　　1 000 000

　　应交税费——应交增值税（进项税额）　　130 000

　贷：应付账款　　1 130 000

对于这笔赊购业务而言，商品流通企业应该减少现金但并没有减少现金 1 130 000 元，同时抵扣增值税 130 000 元，两项加起来相当于净增加现金 1 260 000 元。由于应付账款的周转和应收账款的周转一样，具有连续性和循环性的特征，在 1 年中可以看成一个常数，因此商品流通企业赊购是对其极为有利的无息筹资方式。商品流通企业可以将节约的 1 260 000 元存入银行取得存款利息 31 500 元（1 260 000×2.5%），商品流通企业筹集这笔资金可以免付银行贷款利息 70 560 元（1 260 000×5.6%）。在分析赊销业务及赊购业务时，利息是所有业务中最低的，也是最起码能得到的机会成本或收益，如果商品流通企业用这笔资金购买股票或进行其他投资，则其收益远远高于此。

赊购给商品流通企业带来的有利之处：一是能够缓解商品流通企业的资金压力，赊购行为的直接后果是引起现金净增加，这种依赖商业信用的筹资行为，筹资成本较低，甚至没有成本，而且会成为商品流通企业稳定的资金来源。但这种筹资方式风险较大，商品流通企业必须在 1 年内或几个月内予以支付，如果发生的金额过大，则会加重商品流通企业资金困难的局面。二是降低商品流通企业的偿债能力，特别是短期偿债能力。

在实际业务中，商品流通企业在采购商品时，可以先承诺供应商在一定时期内支付货款。在货款到期时，如果资金紧张，则通过向供应商开具商业汇票来维护自己的商业信用，同时，供应商也能够看到收到货款的希望。

2.3.4　长期借款

长期借款是指商品流通企业向银行或其他金融机构借入的、偿还期限在 1 年或一个营业周期以上的借款。

长期借款的会计处理包括借款本金的会计处理、借款利息的会计处理、外币借款发生的外币折合差额的会计处理等。

商品流通企业在借入各种长期借款时，按实际收到的款项，借记“银行存款”账户，贷记“长期借款——本金”账户；按借贷双方之间的差额，借记“长期借款——利息调整”账户。

在资产负债表日，商品流通企业按长期借款的摊余成本和实际利率计算确定的长期借款的利息费用，借记“在建工程”“财务费用”等账户、按借款本金和合同利率计算确定的应付未付利息，贷记“应付利息”账户；按其差额，贷记“长期贷款——利息调整”账户。对于商品流通企业而言，“在建工程”“研发支出”账户用得比较少，“财务费用”账户用得比较多。会计处理如图 2-1 所示。

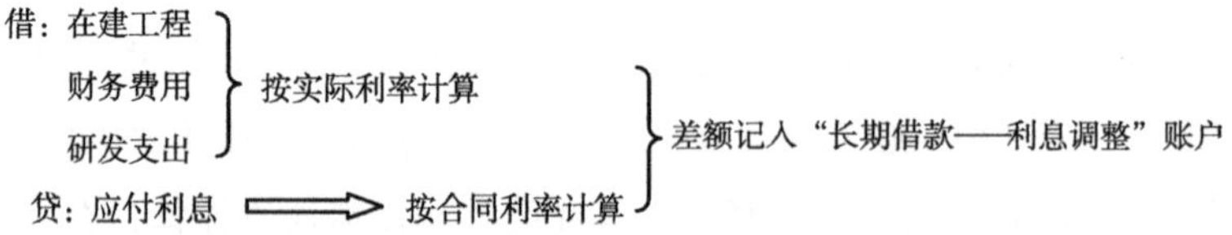

图 2-1　长期借款利息的会计处理

当实际利率和合同利率差异较小时，也可采用合同利率来计算确定利息费用。

当归还长期借款时，如果同时存在调整余额的，则借记或贷记“在建工程”“财务费用”“研发支出”等账户，贷记或借记“长期借款——利息调整”账户。

相关链接 2-9　商品流通小企业长期借款的会计处理

商品流通小企业的利息费用计算，按照借款本金和借款合同利率计提利息费用；非筹建期利息费用记入“财务费用”“在建工程”账户；不存在利息调整问题。

2.3.5　公司债券

公司债券，是指商品流通企业发行的用于筹集长期、大量资金的有价证券。它是举债企业承诺在未来向债权人偿还债券本息的书面证明，具有法律效力，可以在证券市场上自由转让。公司发行债券首先应由股东大会通过，再经政府有关部门批准，符合法定条件后，方可印制和发行。

1. 公司债券的发行价格

公司债券发行时的实际价格往往和面值不同，这主要是由债券发行时的票面利率和市场利率不同所致。债券发行的实际价格是由将来应支付的利息和债券面值按发行时的市场利率折算的现值决定的。

例 2-18　2×21 年 1 月 1 日，金运公司发行公司债券，每张面值为 1 000 元，5 年期，每年付息两次，分别为 6 月 30 日和 12 月 31 日，票面利率为 14%，共发行 10 000 张。

假设金运公司发行债券时的市场利率分别为 14%（票面利率）、16%、12%，债券面值的现值、各期利息的现值、债券发行的现值如表 2-8 所示。

表 2-8　各种发行情况下的价格　　金额单位：元

项　目	按面值发行（i=14%）	折价发行（i=16%）	溢价发行（i=12%）
按市场利率折算的债券面值的现值	10 000 000×（P/F，7%，10）=5 083 500	10 000 000×（P/F，8%，10）=4 632 000	10 000 000×（P/F，6%，10）=5 583 900
按市场利率折算的各期利息的现值	10 000 000×7%×（P/A，7%，10）=4 916 500	10 000 000×7%×（P/A，8%，10）= 4 697 000	10 000 000×7%×（P/A，6%，10）=5 152 000
债券的发行现值	5 083 500+4 916 500 =10 000 000	4 632 000+4 697 000 =9 329 000	5 583 900+5 152 000 =10 735 900
比较	10 000 000–10 000 000 =0	10 000 000–9 329 000 =671 000	10 735 900–10 000 000 =735 900

可见，当市场利率高于票面利率时，公司债券将以低于面值的价格发行，其发行价格低于面值的部分（671 000 元）称为债券折价。折价的实质是债券发行公司因票面利率低于市场利率而预先给予债券购买者的额外利息补偿（预付利息），这部分折价将在债券有效期内逐期摊销，增加各计息期的利息费用。

当市场利率低于票面利率时，公司债券将以高于面值的价格发行，其发行价格高于面值的部分（735 900 元）称为债券溢价。债券溢价的实质是债券发行公司因票面利率高于市场利率而向债券购买者预先收回的利息（预收利息），这部分溢价将在债券有效期内逐期摊销，冲减各计息期的利息费用。

2. 公司债券发行的会计处理

商品流通企业发行的一般公司债券，无论是按面值发行，还是溢价发行或折价发行，均按债券面值记入“应付债券”账户的“面值”明细账户，实际收到的款项和面值的差额，记入“利息调整”明细账户。发行债券时，按实际收到的款项，借记“银行存款”“库存现金”等账户；按债券票面价值，贷记“应付债券——面值”账户；按实际收到的款项和票面价值之间的差额，贷记或借记“应付债券——利息调整”账户。

折价发行时，商品流通企业按照实际利率法摊销利息调整，债券账面价值是逐期增加的，以此乘以实际利率，实际利息费用逐期增加，从递增的利息费用中减去每期支付的固定利息（票面利息），得出的摊销利息调整额则逐期递增。

溢价发行时，商品流通企业按照实际利率法摊销利息调整，债券账面价值是逐期减少的，以此乘以实际利率，实际利息费用逐期减少，从每期支付的固定利息（票面利息）中减去递减的利息费用，得出的摊销利息调整额则逐期递增。

实际利率法，是指计算金融资产或金融负债的摊余成本以及将利息收入或利息费用分摊计入各会计期间的方法。实际利率，是指将金融资产或金融负债在预期存续期间内的未来现金流量，折算为金融资产或金融负债当前账面价值所使用的利率。在确定实际利率时，在考虑金融资产或金融负债所有合同条款（如提前还款、展期、看涨期权或其他类似期权等）的基础上估计预期现金流量，但不考虑预期信用损失。

在资产负债表日，对于分期付息、一次还本的债券，商品流通企业按应付债券的摊余成本和实际利率计算确定的债券利息费用，借记“在建工程”“财务费用”等账户；按票面利率计算确定的应付未付利息，贷记“应付利息”账户；按其差额，借记或贷记“应付债券——利息调整”账户。对于一次还本付息的债券，在资产负债表日，按摊余成本和实际利率计算确定的债券利息费用，借记“在建工程”“财务费用”等账户；按票面利率计算确定的应付未付利息，贷记“应付债券——应计利息”账户；按其差额，借记或贷记“应付债券——利息调整”账户。对于商品流通企业而言，“在建工程”“研发支出”账户用得比较少，“财务费用”账户用得比较多。

在资产负债表日，计算利息时的会计处理如图 2-2 所示。

借：在建工程
　　财务费用　} 按摊余成本和实际利率计算
　　研发支出
贷：应付利息（分期付息）
　　应付债券——应计利息（一次还本付息）} 按票面利率计算

} 差额记入“应付债券——利息调整”账户

图 2-2　应付债券的会计处理

如果实际利率和票面利率差异较小，则采用票面利率计算确定利息费用。

例 2-19　承例 2-18，分别说明各种情况下公司发行债券时的会计处理，详见表 2-9。

表 2-9　公司债券各种发行情况下的会计处理　　金额单位：元

按面值发行（i=14%）	折价发行（i=16%）	溢价发行（i=12%）
	借：银行存款	借：银行存款
借：银行存款	9 329 000	10 735 900
10 000 000	应付债券——利息调整	贷：应付债券——面值
贷：应付债券——面值	671 000	10 000 000
10 000 000	贷：应付债券——面值	——利息调整
	10 000 000	735 900

长期债券到期，支付债券本息时，会计处理如下：

借：应付债券（包括面值、应计利息明细账户）

　　应付利息

　贷：银行存款

同时，把“应付债券——利息调整”账户中的余额转出去：

借：在建工程

　贷：应付债券——利息调整（或做相反会计处理）

例 2-20　2×19 年 12 月 31 日，凌云公司经批准发行 5 年期一次还本、分期付息的公司债券 10 000 000 元，债券利息在每年 12 月 31 日支付，票面利率为年利率 6%。假定债券发行时的市场利率为 5%。

凌云公司该批债券实际发行价格=10 000 000×（*P*/*F*，6%，5）+10 000 000×6%×（*P*/*A*，6%，5）=10 000 000×0.783 5+10 000 000×6%×4.3295=10 432 700（元）

凌云公司根据上述资料，采用实际利率法和摊余成本计算确定的利息费用，如表 2-10 所示。

表 2-10　利息费用一览表　　金额单位：元

付息日期	支付利息	利息费用	摊销的利息调整	应付债券摊余成本
2×19 年 12 月 31 日				10 432 700
2×20 年 12 月 31 日	600 000	521 635	78 365	10 354 335
2×21 年 12 月 31 日	600 000	517 716.75	82 283.25	10 272 051.75
2×22 年 12 月 31 日	600 000	513 602.59	86 397.41	10 185 654.34
2×23 年 12 月 31 日	600 000	509 282.72	90 717.28	10 094 937.06
2×24 年 12 月 31 日	600 000	505 062.94	94 937.06*	10 000 000

注：*尾数调整。

根据表 2-10 的资料，凌云公司的会计处理如下。

2×19 年 12 月 31 日发行债券时：

借：银行存款　　10 432 700

　贷：应付债券——面值　　10 000 000

　　　　　　——利息调整　　432 700

2×20 年 12 月 31 日计算利息费用时：

借：财务费用　　521 635

　　应付债券——利息调整　　78 365

　贷：应付利息　　600 000

借：应付利息　　600 000

　贷：银行存款　　600 000

2×21年、2×22年、2×23年确认利息费用的会计处理同2×20年。

2×24年12月31日归还债券本金及最后一期利息费用时：

借：财务费用　　505 062.94

　　应付债券——面值　　10 000 000.00

　　　　　　——利息调整　　94 937.06

　贷：银行存款　　10 600 000.00

本部分介绍的公司债券和“8.1.3 以摊余成本计量的金融资产”中介绍的债权投资，是债券发行这项经济业务的两方面。长期债券发行时，发行方作为公司债券，记入“应付债券”账户进行会计处理；投资方作为以摊余成本计量的金融资产，记入“债权投资”账户进行会计处理。

2.3.6 利息支出的税务处理

《企业所得税法实施条例》第三十八条规定，企业在生产经营活动中发生的下列利息支出，准予扣除：非金融企业向金融企业借款的利息支出、金融企业的各项存款利息支出和同业拆借利息支出、企业经批准发行债券的利息支出；非金融企业向非金融企业借款的利息支出，不超过按照金融企业同期同类贷款利率计算的数额的部分。

《国家税务总局关于企业所得税若干问题的公告》（国家税务总局公告2011年第34号）：根据《企业所得税法实施条例》第三十八条规定，非金融企业向非金融企业借款的利息支出，不超过按照金融企业同期同类贷款利率计算的数额的部分，准予税前扣除。鉴于目前我国对金融企业利率要求的具体情况，企业在按照合同要求首次支付利息并进行税前扣除时，应提供“金融企业的同期同类贷款利率情况说明”，以证明其利息支出的合理性。“金融企业的同期同类贷款利率情况说明”中，应包括在签订该借款合同当时，任何一家金融企业提供同期同类贷款利率情况。该金融企业应为经政府有关部门批准成立的可以从事贷款业务的企业，包括银行、财务公司、信托公司等金融机构。“同期同类贷款利率”是指在贷款期限、贷款金额、贷款担保以及企业信誉等条件基本相同的情况下，金融企业提供贷款的利率，既可以是金融企业公布的同期同类平均利率，也可以是金融企业对某些企业提供的实际贷款利率。

《关于企业关联方利息支出税前扣除标准有关税收政策问题的通知》（财税〔2008〕第121号）：在计算应纳税所得额时，企业实际支付给关联方的利息支出，不超过以下规定比例和税法及其实施条例有关规定计算的部分，准予扣除，超过的部分不得在发生当期和以后年度扣除。企业能够按照税法及其实施条例的有关规定提供相关资料，并证明相关交易活动符合独立交易原则的；或者该企业的实际税负不高于境内关联方的，其实际支付给境内关联方的利息支出，在计算应纳税所得额时准予扣除。

企业实际支付给关联方的利息支出，除符合上述规定外，企业接受关联方债权性投资与其权益性投资比例为：金融企业为 5∶1，其他企业为 2∶1。

例 2-21　A 公司、B 公司和 C 公司于 2×21 年 1 月共投资 100 万元设立 D 公司。A 公司权益性投资 20 万元，占 20%的股份；B 公司权益性投资 20 万元，占 20%的股份；C 公司权益性投资 60 万元，占 60%的股份。

2×21 年 1 月，D 公司以 10%的年利率从 A 公司借款 50 万元，以 9%的年利率从 B 公司借款 60 万元，以 7%的年利率向 C 公司借款 60 万元。

假设 A、B、C、D 公司均为非金融企业，银行同期贷款利率为 8%，D 公司实际税负高于 A 公司，且 D 公司无法提供资料证明其借款活动符合独立交易原则，B 公司可以提供税法规定的相关资料以证明其符合独立交易原则，D 公司实际税负不高于 C 公司。

1．对 A 公司支付的利息

由于 D 公司实际税负高于 A 公司，且 D 公司无法提供资料证明其借款活动符合独立交易原则，D 公司实际支付给 A 公司的利息支出，不超过 121 号文件规定的债资比例和税法及其实施条例有关规定计算的部分，准予扣除，超过的部分不得在发生当期和以后年度扣除。

D 公司接受 A 公司的债权性投资和权益性投资分别为 50 万元和 20 万元，其比例为 2.5∶1，高于规定的 2∶1，并且其约定利率 10%高于金融机构同期贷款利率 8%，故 A 公司借款利息不能全额税前扣除。其可税前扣除的借款额为 40 万元（20×2），利息额为 3.2 万元（40×8%）。2×21 年共支付 A 公司利息 5 万元（50×10%），可税前扣除 3.2 万元，其余 1.8 万元应在 2×21 年做纳税调整，且在以后年度也不可扣除。纳税调整时，D 公司填报《纳税调整项目明细表》（A105000）的第 18 行，如表 2-11 所示。

表 2-11　纳税调整项目明细表（A105000）　　金额单位：元

行次	项　目	账载金额	税收金额	调增金额	调减金额
		1	2	3	4
18	（六）利息支出	50 000	32 000		18 000

2．对 B 公司支付的利息

D 公司接受 B 公司的债权性投资可以提供税法规定的相关资料以证明其符合独立交易原则，可以不看债资比例的规定，但其约定利率 9%高于金融机构同期贷款利率 8%，故 B 公司借款利息 5.4 万元（60×9%）不能全额在税前扣除，其超过金融机构同期贷款利率的部分 0.6 万元［60×（9%–8%）］要做纳税调整。纳税调整时，D 公司填报《纳税调整项目明细表》（A105000）的第18行，如表2-12所示。

表2-12　纳税调整项目明细表（A105000）　　金额单位：元

行次	项　　目	账载金额	税收金额	调增金额	调减金额
		1	2	3	4
18	（六）利息支出	54 000	48 000		6 000

3．对C公司支付的利息

D公司实际税负不高于B公司，也可以不看债资比例的规定，其约定年利率7%低于金融机构同期贷款利率，故C公司借款利息4.2万元（60×7%）可以全额在税前扣除。

需要说明的是，年度应付关联方的利息应符合税法对利息支出的一般规定，特别是限制在银行同类贷款利率以内，不一定是应付关联方利息总和。

关于企业由于投资者投资未到位而发生的利息支出扣除问题，根据《中华人民共和国企业所得税法实施条例》第二十七条规定，凡企业投资者在规定期限内未缴足其应缴资本额的，该企业对外借款所发生的利息，相当于投资者实缴资本额和在规定期限内应缴资本额的差额应计付的利息，其不属于企业合理的支出，应由企业投资者负担，不得在计算企业应纳税所得额时扣除。

具体计算不得扣除的利息，应以企业一个年度内每一账面实收资本和借款余额保持不变的期间作为一个计算期，每一计算期内不得扣除的借款利息按该期间借款利息发生额乘以该期间企业未缴足的注册资本占借款总额的比例计算，公式为：

企业每一计算期不得扣除的借款利息=该期间借款利息额×
该期间未缴足注册资本额÷该期间借款额

企业一个年度内不得扣除的借款利息总额为该年度内每一计算期不得扣除的借款利息额之和。

2.3.7　长期应付款

长期应付款，是指商品流通企业除长期借款和应付债券以外的其他各种长期应付款项，包括以分期付款方式购入固定资产发生的应付款项等。值得注意的是，租赁准则（2018）要求，承租人因租赁（无论是融资租赁还是经营租赁）产生的尚未支付的租赁付款额的现值，在“租赁负债”账户反映，该账户可分别设置“租赁付款额”“未确认融资费用”等进行明细会计处理。而租赁准则（2006）则要求在“长期应付款”账户反映。

以分期付款方式购入固定资产。延期付款购买资产的部分，如果超过正常信用条件，则实质上具有融资性质的，所购买资产的成本以延期支付购买价款的现值为基础确定。按照购买价款的现值，借记“固定资产”“在建工程”等账户；按应支付的价款总额，贷记“长期应付款”账户；按其差额，借记“未确认融资费用”账户。实际支付的价款和购买价款的现值之间的差额，在信用期间内采用实际利率法进行摊销，计入有关资产或当期损益。

例 2-22　天河公司 2×20 年 1 月 1 日从顺达公司购入一台运输设备作为固定资产使用，该设备已收到，无须安装。购货合同约定，机器的总价款为 2 000 万元，分 3 年支付，2×20 年 12 月 31 日支付 1 000 万元，2×21 年 12 月 31 日支付 600 万元，2×22 年 12 月 31 日支付 400 万元。假定天河公司 3 年期银行借款年利率为 6%。不考虑增值税等税费。

天河公司的会计处理如表 2-13 所示。

表 2-13　2020—2022 年天河公司的会计处理　　金额单位：万元

2×20 年 1 月 1 日	2×20 年 12 月 31 日	2×21 年 12 月 31 日	2×22 年 12 月 31 日
借：固定资产 1 813.24① 未确认融资费用 186.76 贷：长期应付款 2 000	借：财务费用 108.79② 贷：未确认融资费用 108.79 借：长期应付款 1 000 贷：银行存款 1 000	借：财务费用 55.32③ 贷：未确认融资费用 55.32 借：长期应付款 600 贷：银行存款 600	借：财务费用 22.65④ 贷：未确认融资费用 22.65 借：长期应付款 400 贷：银行存款 400

注：① 固定资产入账价值=1 000/（1+6%）+600/（1+6%）^{2}+400÷（1+6%）^{3}=1 813.24（万元）

未确认融资费用=长期应付款−固定资产入账价值=2 000−1 813.24=186.76（万元）

② 1 813.24×6%=108.79（万元）

③ [（2 000−1 000）−（186.76−108.79）] ×6%=55.32（万元）

④（186.76−108.79−55.32）=22.65（万元）

长期应付款，实质上是从销货方融资，这样可以缓解购货方的资金压力，也可以保证购货方有更多的资金进行其他投资。

本部分介绍的长期应付款和本章介绍的长期应收款，是延期付款购买资产这项经济业务的两方面。在发生延期付款购买资产业务时，销货方的应收款项，记入“长期应收款”账户进行会计处理；购买方的付款款项，记入“长期应付款”账户进行会计处理。

2.4　资金往来

商品流通企业的资金往来主要包括接受货币资金投资、预付账款、预收账款、其他应收款、其他应付款等。

2.4.1 接受货币资金投资

商品流通企业设置“实收资本”或“股本”账户，进行接受投资的会计处理，贷方反映实际收到的投资者交付的注册资本，借方反映按法定程序减资时所减少的注册资本数额，贷方余额为实收注册资本总额。“实收资本”或“股本”账户按投资者设置明细账户。

1. 股东以现金投资

股东以现金投入的资本，以实际收到或者存入商品流通企业开户银行的金额作为实收资本入账。

2. 股票发行的会计处理

商品流通企业可以按照证监会的相关要求，在深圳证券交易所或上海证券交易所上市融资，也可以在香港或海外上市。以发行股票方式筹集的股本，通过“股本”账户进行会计处理；既发行普通股又发行优先股时，“股本”账户下分设明细账对普通股和不同类型的优先股分别登记。因发行股票、可转换债券转换成股票、发放股票股利等原因取得股本时，记入“股本”账户贷方；按法定程序报经批准减少注册资本的公司在实际发还股款时，记入“股本”账户借方；“股本”账户贷方余额，表示公司所拥有的股本总额。

2.4.2 预付账款

预付账款是指商品流通企业按照购货合同的规定，预先支付给供货单位的定金等而形成的短期债权。

为了反映预付账款的支付和结算情况，商品流通企业设置“预付账款”账户进行处理。该账户是资产类账户，借方登记商品流通企业向供货方预付的定金等，贷方登记商品流通企业收到所购货物时结转的预付款项，期末余额一般在借方，反映商品流通企业已经预付但尚未结算的款项。如果该账户出现贷方余额，则反映商品流通企业所购货物价款大于预付款项的差额，属于应付账款性质。该账户按供货单位或个人的名称设置明细账。

2.4.3 预收账款

预收账款，是指商品流通企业按照合同规定，向购货单位或个人预先收取的购货定金或部分货款而形成的一项负债。这项负债须在收款后 1 年内用约定的商品、劳务等来抵偿。

商品流通企业设置“预收账款”账户进行预收账款的会计处理，待用产品或劳务偿付了此项负债后，再进行清算。采取这种做法，预收货款的收入、补付、退回以及销售时货款的结算，均在“预收账款”账户内进行。“预收账款”账户的贷方反映预收的货款和收到补付的货款，借方反映应收的货款和退回多收的货款，期末贷方余额反映尚未结清的预收款项，借方余额反映应收的款项。

例 2-23 京纺公司和顺达公司签订购销合同，规定 3 个月后京纺公司向顺达公司销售货物一批，价款 500 000 元，增值税 65 000 元。京纺公司收到顺达公司的定金 200 000 元，货款在商品发出时收取。

根据上述经济业务，京纺公司的会计处理如下。

① 京纺公司收到顺达公司的定金：

借：银行存款	200 000	
贷：预收账款——顺达公司		200 000

② 京纺公司 3 个月后发出商品：

借：预收账款——顺达公司	565 000	
贷：主营业务收入		500 000
应交税费——应交增值税（销项税额）等		65 000

此时“预收账款”账户有借方余额 365 000 元，性质上属于应收账款。

③ 收到顺达公司补付货款：

借：银行存款	365 000	
贷：预收账款——顺达公司		365 000

在分析商品流通企业的偿债能力或财务风险时，需要关注资产负债表中的“预收账款”项目和“合同负债”项目在总负债中占的比重。当预收账款和合同负债占的比重比较大时，即使资产负债率这个指标比较高，也不能判断该企业的偿债能力比较差或财务风险比较高。因为商品流通企业收到的预收账款和合同负债，不需要在未来支付真金白银，而是向购货方提供商品或劳务，这在一定程度上减少了商品流通企业的资金压力。

专栏 合同负债与预收账款、递延收益的比较

商品流通企业依据合同向购货方提供经济资源（交付商品或提供劳务）的义务形成合同负债。换言之，商品流通企业未履行向购货方转让商品的义务，但购货方已经支付合同对价或者企业已经取得了无条件收取合同对价的权利，则商品流通企业在购货方支付款项的时点和合同中规定的购货方到期应付款项两个时点中选择较早的时点，并且在该时点将其因已经收取的款项或者是获得的收取款项的权利而需要履行向购货方转移商品控制权、提供劳务的履约义务作为合同负债处理。与合同负债不同，预收账款则强调商品流通企业向购货方预先收取的诸如购货订金、部分货款、工程款、备料款等性质的款项，商品流通企业预收的货款待其实际向购货方转移商品、提供劳务时再进行冲减（商品流通企业需要以商品或劳务来抵偿该负债）。相对于合同负债与预收账款，递延收益则主要核算政府补助准则中规定的商品流通企业实际收到的尚待确认计入当期损益的诸如

财政拨款、补贴资金等形式的政府补助。上述三项都属于过渡性质的负债，会计上分别设置“合同负债”“预收账款”“递延收益”三个账户进行会计处理。

（1）递延收益与合同负债。递延收益与合同负债的区别主要表现在会计处理的范围上。原有关规定中涉及的积分奖励、航空公司里程奖励、折扣券等预收了全款、附带尚未履行的义务，会分摊一部分交易对价进入递延收益进行会计处理，待实际履行履约义务时分期转为收入或收益。按《企业会计准则第14号——收入（2017）》的规定，该部分与收入业务会计处理相关的交易对价不再计入递延收益而是归入合同负债进行会计处理。

（2）预收账款与合同负债。预收账款和合同负债核算内容的区别主要体现在：①所收款项是否对应于合同规定的交付商品或提供劳务的履约义务。如果收取的款项不构成交付商品或提供劳务的履约义务，则属于预收账款，反之，则属于合同负债。例如，商品流通企业收到购货方交来的会员手续费属于预收账款，但商品流通企业向会员发售的购物卡所收款项则属于合同负债。②确认预收账款的前提是收到了款项，确认合同负债则不以是否收到款项为前提，而以合同中履约义务的确立为前提。如果所预收的款项与合同规定的特定履约义务无关，则作为预收账款进行会计处理，但前提是已收到款项。而不管款项是否已经被商品流通企业预收，如果能够认定合同中规定的履约义务确已产生，且企业履约后对这笔款项有无条件收取的权利，则商品流通企业对此确认合同负债。也就是说，合同负债的确认不以款项收取为前提条件。

2.4.4 其他应收款

其他应收款是指商品流通企业发生的非购销活动的应收债权，如企业应收的各种赔款、罚款、应收出租包装物租金、预付给企业内个人或单位的备用金、存出的保证金、应向职工个人收取的各种垫付款项等。其他应收款是商品流通企业在购销活动之外产生的短期债权，数额一般不大。

商品流通企业设置“其他应收款”账户处理上述其他应收款业务，该账户按不同的债务人设置明细账。

其他应收款会计处理内容比较复杂，实务中，会计人员通常利用其他应收款会计处理内容繁杂这一特点隐藏企业的异常交易行为。商品流通企业利用该项目进行的舞弊主要有以下情形。

（1）其他应收款反映的业务不真实、不合法，利用“其他应收款”账户隐瞒发生的业务。

① 为牟取暴利、逃避税务工商部门的管理，将超出企业经营范围的业务反映在“其他应收款”账户。

② 利用其他应收款账户来隐瞒收入，降低利润，偷逃税款。

③ 利用“其他应收款”账户为其他单位和个人套取现金。

（2）其他应收款资金占用额过大、占用期过长或长期挂账，隐藏费用。

（3）利用“其他应收款”账户隐藏短期投资，截留投资收益。

商品流通小企业的应收账款、预付账款、其他应收款不计提坏账准备，而是在实际发生坏账损失时，直接计入营业外支出；确认的已做坏账损失处理后又收回的应收账款、预付账款、其他应收款，借记“银行存款”等账户，贷记“营业外收入”账户。

需要注意的是，其他应收款和主营业务产生的债权比较数额不应过大。如果数额过大，则需对其进行质量判断：

- 可能存在关联方交易的情况，如拆借给母公司的资金等。另外，相当多的托管收益、资产置换收益等没有现金到账，以及上市公司的大额资金被关联公司无偿占用。即使有偿，收益也是挂账，大量关联方的其他应收款不能收回，一方面形成了企业不良资产，另一方面虚拟了企业的其他业务收入。
- 逃税或其他违规行为。个别企业利用所谓的职业判断，将正常的赊销收入中应记入应收账款的业务，记入其他应收款，以此合理避税。此外，有可能隐含企业的违规行为，如非法拆借资金、给个人的销售回扣、抽逃注册资金等。
- 其他应收款的坏账准备。对其他应收款坏账准备的分析，要结合信用减值损失明细表从会计报表附注的有关项目加以分析。

2.4.5　其他应付款

为了反映企业其他应付款项的收、付情况，商品流通企业设置“其他应付款”账户进行会计处理。其他应付款的明细会计处理，按款项的种类和单位或个人分户进行。

企业采用售后回购方式融入资金的，即回购价格大于原销售价格时，按实际收到的金额，借记“银行存款”账户，贷记“其他应付款”账户。回购价格和原销售价格之间的差额，在售后回购期间内按期计提利息费用，借记“财务费用”账户，贷记“其他应付款”账户。按照合同约定购回该项商品等时，按实际支付的金额，借记“其他应付款”账户，贷记“银行存款”账户。

例 2-24　朝阳、安路两家公司均为增值税一般纳税人，增值税税率为 13%。朝阳公司因需要融资，2×20 年 7 月 1 日将一批商品销售给安路公司，不含税售价为 500 万元，商品成本为 420 万元，安路公司支付了货款。按照双方协议，朝阳公司将在 1 年后以 550 万元的价格回购。朝阳公司 2×21 年 6 月 30 日按协议价格回购该批商品，并支付货款。

朝阳公司的会计处理如下：

（1）2×20 年 7 月 1 日销售商品。

借：银行存款	5 650 000	
贷：其他应付款		5 000 000
应交税费——应交增值税（销项税额）等		650 000
借：发出商品	4 200 000	
贷：库存商品		4 200 000

（2）回购价格大于原售价的，其差额可视同为利息，在销售与回购期间内按期计提利息费用。2×20 年 12 月 31 日，计提当年应负担的价差利息 25 万元。

借：财务费用	250 000	
贷：其他应付款		250 000

（3）2×21 年 6 月 30 日，计提另一半利息费用同（2）。

（4）2×21 年 6 月 30 日回购商品。

借：库存商品	4 200 000	
贷：发出商品		4 200 000
借：其他应付款	5 500 000	
应交税费——应交增值税（进项税额）	715 000	
贷：银行存款		6 215 000

除此之外，对于商品流通企业来说，其他应付款包括的一个很重要的内容就是收取的包装物押金。具体会计处理，可以参阅本书 7.5.2 节“包装物押金的会计处理”。

相关链接 2-10　供应链金融

供应链金融是指银行围绕核心企业管理上下游中小企业的资金流和物流，把单个企业不可控风险转变为供应链企业整体可控风险，将风险控制在最低的一种短期金融服务，一般融资期限在 3～12 个月。

国内供应链金融融资主要有四个发展阶段：第一时期是贸易融资。在 20 世纪 80 年代初和 90 年代末，受 WTO 影响，贸易融资从国际贸易中单独出来。贸易融资的另一面是信用证，现在国内供应链金融多用信用证来作为结算手段，将商业银行作为二者之间的一个中介。第二时期是自偿性贸易融资。在贸易过程中，一些企业用货物或者应收账款回收款来归还之前贷款，其结构上是一个链条，这样可以降低风险，商业银行可以通过中小企业在银行开立的账户来控制企业资金流，此种模式要求参与者信用水平高。第三时期是“1+N”模式。核心企业“1”供应链运用资金流、物流和信息流，对“1”和“N”企业提供结构化金融服务。第四时期是互联网与供应链金融结合。具体是利用互联网在网上进行中小企业信贷服务。

一般来说，中小企业的现金流缺口经常会发生在采购、经营和销售 3 个阶段，与各个阶段相对应的是预付账款融资、动产质押融资、应收账款融资 3 种模式。供应链金融本质上是贸易金融的延伸和深化，是基于应收账款、预付账款以及货权控制等要素进行的贸易性融资。

应收账款融资是企业最易采用的模式。金融机构围绕核心企业，以真实交易和企业信用为依据提供贷款，但具体选用何种融资模式又取决于核心企业在供应链环节中的地位。其中，当核心企业（下游债务企业）较中小企业（上游债权企业）竞争力较强、规模较大、信用评级高，并在交货、价格等方面占据主导地位时，上游债权企业赊销产生未到期应收账款。为了不扩大上游供应商成本和风险，上游企业须预先从银行得到销售现金，这就是应收账款融资模式。

供应链金融中的存货融资是指融资企业（供应链上下游中小企业）将其在第三方物流仓库的货物（仓单）质押给银行，从而获得银行的货物质押贷款。存货融资可以独立于核心企业而操作，是供应链金融中最常用的一种融资模式，涉及企业采购原材料、生产和销售的全过程。根据质押物是否现货，存货质押模式可分为现货质押和仓单质押两类。现货质押也即常说的融通仓模式，是指融资企业（供应链上下游中小企业）以存货（原材料、半成品、制成品）作为质押物向金融机构申请短期信贷，以金融机构控制其提货权为前提条件，以信贷资金支持的销售收益首先偿还信贷资金的一种融资模式。仓单质押是指融资企业（供应链上下游中小企业）以其自身或第三方合法持有的仓单作为质押物向金融机构出质，金融机构向其提供融资的授信业务。

供应链金融中预付款融资是以下游企业和核心企业之间的贸易行为为基础，针对下游企业向核心企业采购的过程中所存在的融资支付需求提供的金融服务，主要解决供应链下游企业的融资难问题。

相关链接 2-11　供应链保理

最初供应链金融和保理业务在我国是分开发展的，直到 2005 年，工商银行针对沃尔玛公司每年在我国 200 亿美元的采购，以及其上游上万家中小企业供应商难以从银行获得贷款的情况，推出了“沃尔玛供应商融资解决方案”。工商银行依托沃尔玛的良好信用，对沃尔玛与上游供应商之间的资金流、物流等实行封闭管理，从采购、生产到销售，全流程为沃尔玛上游的中小企业供应商提供资金支持，有效地解决了这些企业面临的信用弱、周转资金缺乏、应收账款回收慢这三大发展障碍。工商银行与沃尔玛供应商开展的供应链融资保理业务，标志着供应链金融与保理业务开始合并，供应链保理业务初步登台。国家开发银行与开联信息技术有限公司 2011 年合作开展了国内供应链保理业务。

供应链保理业务的操作流程大致分为六个步骤：①买卖双方签订交易合同；②供应商依据合同规定向核心企业交付货物，并开具相关的票据凭证，形成应收账款；③供应商凭借交易形成的应收账款向保理公司提出保理业务申请，并办理相应的担保手续，将合格的应收账款转让给保理公司；④核心企业收到应收账款转让通知书后，对应收账款进行到期支付确认；⑤在各项单据审核无误的情况下，保理公司根据保理合同向供应商进行放款，并按照银行同期贷款利率和保理业务的相关费率等向供应商收取该项保理业务的利息和手续费用；⑥应收账款到期后，保理公司根据保理合同的约定与核心企业对账并定期催收应收账款，核心企业将款项支付给保理公司。

保理商（资金提供方）可查看核心企业系统自动发送的针对授信供应商的调账信息、回款账户信息、付款信息。同时，保理商可通过平台将供应商的授信信息、融资结果及质押／转让通知直接反馈到核心企业系统，以便于核心企业管理线上反保理业务。总之，核心企业、供应商和保理商三方形成供应链。

供应链保理业务要求商业保理公司与核心企业建立合作关系，并且基于核心企业的业务配合服务其上游供应商和下游经销商，管理上下游企业的应收和应付账款。保理商通过管理合同订单、物流信息、验收凭证和及时的财务对账，确定基础交易和应收账款的真实性，核实核心企业的付款意愿、支付能力和付款期限等。

供应链保理适用于供应链金融管理意识强且配合度高、需要加强对其上游供应商的金融支持以保障稳定安全的核心企业，核心企业一般选择具有一定的资产规模、财务实力和信用实力的行业龙头企业。

第 3 章

商品批发的会计实务

商品批发行业是流通网络的节点和枢纽，其连接着生产和消费，广泛渗透于生产资料和生活资料等各个领域。它将交易次数集约化，降低交易成本，提高交易效率，消除生产和消费在时间和空间上的分离，实现了商品的最终消费。可以说，批发行业的发展是一个地区商品流通水平的重要标志，对联系产销、协调供需、平抑物价、引导生产均有重要的作用。

从 2014 年 1 月开始，包括批发零售业等大中型企业执行《企业产品成本核算制度（试行）》（小企业参照执行）。商品批发企业可以充分利用现代信息技术，编制、执行企业产品成本预算，对执行情况进行分析、考核，落实成本管理责任制，加强对产品生产事前、事中、事后的全过程控制，加强产品成本核算和管理各项基础工作。

商品批发企业一般按照商品的品种、批次、订单、类别等确定成本核算对象。商品批发企业一般设置进货成本、相关税费、采购费等成本项目。进货成本，是指商品的采购价款；相关税费，是指购买商品发生的进口关税、资源税和不能抵扣的增值税等；采购费，是指运杂费、装卸费、保险费、仓储费、整理费、合理损耗以及其他可归属于商品采购成本的费用。采购费金额较小的，可以在发生时直接计入当期销售费用。

商品批发企业按照权责发生制的原则，根据管理要求结转成本。商品批发企业发生的进货成本、相关税费直接计入成本核算对象成本；发生的采购费，可以结合经营管理特点，按照合理的方法分配计入成本核算对象成本。商品批发企业可以根据实物流转方式、管理要求、实物性质等实际情况，采用先进先出法、加权平均法、个别计价法、毛利率法等方法结转产品成本。

商品批发企业的特点是经营的品种不是很多，交易次数不甚频繁，但是每次交易量比较大，常常跨区经营。商品批发企业通常采用数量进价金额核算法来反映商品购进、商品销售和商品储存等业务。

3.1 批发商品购进

3.1.1 批发商品购进的分类

批发商品购进按照采购地域的不同，分为本地购进和外地购进。

1. 本地购进

本地购进，是指商品批发企业从当地的生产企业或商品批发企业进货。本地购进在支付货款和运输方面都比较简单，一般不需要复杂的结算方式。在交货方面，一般采用“送货制”或“提货制”交接货方式接收商品。货款大多采用支票结算和委托收款结算方式。进货时，由业务部门根据供货单位的增值税专用发票核对所列商品的品名、规格、数量、单价、金额是否和合同规定相符。如增值税专用发票联次不足，则填制一式多联“收货单”。经核对无误后，存根联由业务部门留存，收货联由仓库凭以验收商品和登记商品保管账，结算联由财会部门凭以结算货款，记账联经仓库收货加盖“收货”章后转财会部门凭以记账。

2. 异地购进

异地购进，是指商品批发企业从外地生产企业或商品批发企业进货。异地购进在支付货款和运输方面都比较复杂。在交货方面，一般采用“发货制”交接货方式接收商品。在货款结算方面，大多采用“托收承付”“委托收款”“商业汇票”“银行汇票”等结算方式。

采用托收承付结算方式的一般业务程序是：商品批发企业财会部门接到开户银行转来供货单位托收凭证、增值税专用发票和代垫运费单据时，先送业务部门和合同核对，经核对无误后退还财会部门凭以办理承付货款手续，同时由业务部门填制“收货单”，留存一联后，其余交储运部门提货。商品到达后，仓库根据“收货单”及供货单位的发货单（随货同行联）办理商品验收入库手续后，留一联据以登记商品保管账，其余连同增值税专用发票送财会部门编制记账凭证入账。

3.1.2 批发商品购进的会计处理

1. 账户设置和会计处理流程

商品购进时，如果付款和验收商品入库同日完成的，则直接记入“库存商品”账户；如果先付款、后验收商品入库的，则付款时先记入“在途物资”账户，验收入库时再转入

“库存商品”账户。

商品购进货单同行的会计处理流程参见第 1 章图 1-5。购进商品货到单未到的会计处理流程和购进商品单到货未到的会计处理流程分别如图 3-1 和图 3-2 所示。

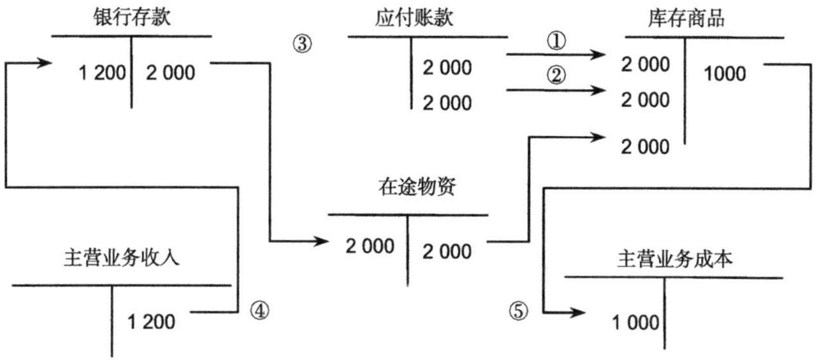

图 3-1　购进商品货到单未到的会计处理流程示意

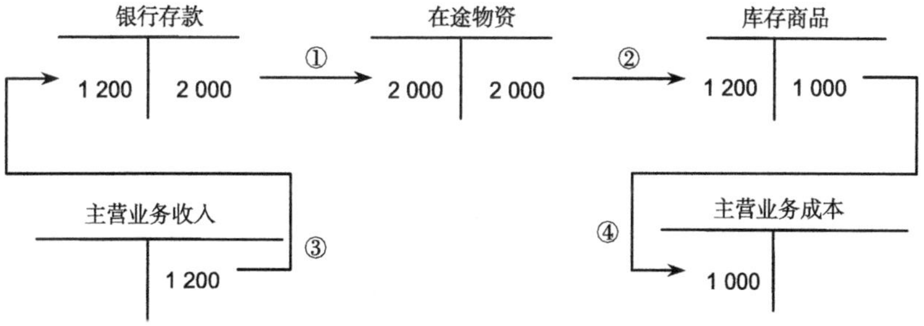

图 3-2　购进商品单到货未到的会计处理流程示意

例 3-1　北京朝批公司是一家商品批发企业，为增值税一般纳税人，增值税税率为 13%。公司 2×21 年 7 月 1 日购入甲商品 50 000 个，进货单价为 40 元，当日根据增值税专用发票、账单通过银行转账支付了价税款，同时商品验收入库。

北京朝批公司的会计处理如下：

借：库存商品　　2 000 000

　　应交税费——应交增值税（进项税额）　　260 000

　贷：银行存款　　2 260 000

如果公司 7 月 8 日收到商品验收入库，假设该公司采用实际成本法，则会计处理如下。

7 月 1 日付款时：

借：在途物资　　2 000 000

　　应交税费——应交增值税（进项税额）　　260 000

　贷：银行存款　　2 260 000

7 月 8 日入库时：

借：库存商品　　　　　　　　　　　　　　　　　　2 000 000

　贷：在途物资　　　　　　　　　　　　　　　　　　　2 000 000

2. 采购费的会计处理

采购费，是指商品批发企业在购进环节发生的各项费用。要准确地界定采购费，必须注意采购费和销售费用的区别。例如，差旅费、工资等费用发生在商品的购进环节上的，才能作为采购费，否则计入管理费用、销售费用。

《企业会计准则应用指南》规定："企业（商品流通）在采购商品过程中发生的运输费、装卸费、保险费以及其他可归属存货采购成本的费用等采购费，计入存货采购成本，也可以先进行归集，期末根据所购商品的存销情况进行分摊。"在实际工作中，对采购商品过程中的采购费具体如何处理，需要会计人员的职业判断。

大中型商品批发企业购进商品时，可选择一定标准（如重量、体积）将每批商品的采购费分别计入每种商品的采购成本。大中型商品批发企业虽然购进次数较频繁，每次购进的商品种类较多，但每种商品的数量较大，采购费容易弄清归属。

一些商品批发小企业购进商品时，由于采购的商品种类较多而每种商品的数量较少，每批采购费分配的工作量较大，每月实际发生的采购费总额也较大。如果直接计入当期损益，则会造成库存商品实际成本和账面价值偏差较大。因此，可在平时购进商品时，将采购费先通过"库存商品——采购费"账户进行归集，待月末时，根据本月商品销售额，采用一定方法计算出已销商品应分配的采购费，并将其转入本月"主营业务成本"账户。

平时购进时，根据进货发票等单证进行会计处理，具体如下：

借：库存商品——某商品

　　　　　——采购费

　应交税费——应交增值税（进项税额）等

　贷：银行存款等

到月末时，再将本月通过"库存商品——采购费"明细账归集起来的采购费在已销商品和期末结存商品之间分配。其分配方法是：

本月采购费分配率=（期初结存商品采购费+本期购进商品采购费）÷（期初结存商品总成本+本期购进商品总成本）×100%

本月已销商品应分配的采购费=本月商品销售额×本月采购费分配率

然后，将本月已销商品应分配的采购费转入"主营业务成本"账户，其会计处理为：

借：主营业务成本

　贷：库存商品——采购费

除了上述两种处理方法，还可以将采购费直接计入当期损益，列入销售费用中。

例 3-2　北京朝批公司是一家商品批发企业，为增值税一般纳税人，增值税税率为 13%。2×21 年 9 月 10 日采购一批甲商品 20 000 千克，进货单价 10 元，发生运费 5 000 元（不考虑增值税），款项均以银行存款支付，商品同时验收入库。9 月共出售该商品 16 000 千克，月末结存 4 000 千克。

（1）会计处理方法一。

商品购进时：

借：库存商品——甲商品　　200 000
　　　　　　——采购费　　5 000
　　应交税费——应交增值税（进项税额）　　26 000
　贷：银行存款　　231 000

月末按存销比例分摊采购费时：

本月已销商品分摊的运杂费=5 000×16 000÷20 000=4 000（元）

月末结存商品分摊的运杂费=5 000×4 000÷20 000=1 000（元）

借：主营业务成本　　4 000
　　库存商品　　1 000
　贷：库存商品——采购费　　5 000

月末库存商品的成本=4 000×10+1 000=41 000（元）

（2）会计处理方法二。

商品购进时：

借：库存商品——甲商品　　205 000
　　应交税费——应交增值税（进项税额）　　26 000
　贷：银行存款　　231 000

单位商品成本=205 000÷20 000=10.25（元/千克）

月末库存商品的成本=4 000×10.25=41 000（元）

（3）会计处理方法三。

商品购进时：

借：库存商品——甲商品　　200 000
　　销售费用　　5 000
　　应交税费——应交增值税（进项税额）　　26 000
　贷：银行存款　　231 000

月末库存商品的成本=4 000×10=40 000（元）

这种会计处理方式便于操作，不必逐一计算采购成本，减少了会计人员会计处理的工作量，但存在以下几方面缺点：

① 商品批发企业无论是采用数量进价金额核算法还是采用售价金额核算法，在编制资产负债表时，存货成本都是按买价列入存货项目内，存货账面价值不实。

② 当期购入商品当期没有销售完时，该批商品的采购费已经从其他商品的销售收入中得到补偿，已销商品的成本是按照原进价结转的，这会导致当期利润表不准确。

③ 采购费较高时，会引起年度利润大起大落，不能够如实反映各期的经营成果。

相关链接 3-1　商品批发小企业的采购费

商品批发小企业在购买商品过程中发生的费用（包括运输费、装卸费、包装费、保险费、运输途中的合理损耗和入库前的挑选整理费等），记入“销售费用”账户。

3. 本地购进的会计处理

本地购进时，由于商品批发企业和供货单位在同一城市，商品验收和货款结算一般在同一天办理。

例 3-3　天汇公司是北京的一家商品批发企业，2×21 年 8 月 4 日从本市新海内衣厂购进男棉毛衫 2 000 包（一包 10 件），每包单价 86 元，计 172 000 元，进项税率为 13%，计 22 360 元，价税合计 194 360 元。商品全部到达，并验收入库，货款以转账支票支付。

财会部门根据仓库交来的“收货单”和供货单位的“增值税专用发票”以及转账支票存根进行如下的会计处理：

借：库存商品——男棉毛衫　172 000
　　应交税费——应交增值税（进项税额）等　22 360
　贷：银行存款　194 360

如果商品验收入库和支付货款不是同时进行的，则有以下两种情况。

（1）支付货款，商品未到，会计处理如下：

借：在途物资——男棉毛衫　172 000
　　应交税费——应交增值税（进项税额）等　22 360
　贷：银行存款　194 360

商品到达后，验收入库，会计处理如下：

借：库存商品——男棉毛衫　172 000
　贷：在途物资——男棉毛衫　172 000

（2）商品验收入库，货款采用商业汇票结算方式，会计处理如下：

借：库存商品——男棉毛衫　172 000
　　应交税费——应交增值税（进项税额）等　22 360
　贷：应付票据　194 360

商业汇票到期付款，会计处理如下：

借：应付票据　　　　194 360

　贷：银行存款　　　　194 360

4. 异地购进的会计处理

异地购进时，由于商品批发企业和供货单位不在同一城市，商品由供货单位委托运输部门发运，而托收凭证由银行通过邮寄传递，因此，商品和托收结算凭证到达企业的时间可能会出现三种情况：一是托收凭证先到，商品后到；二是商品先到，托收凭证后到；三是托收凭证和商品同时到达。这三种情况的会计处理方法有所不同。同时，按"发货制"要求，购进商品的运费由供货单位垫付，并随同货款一并向企业托收。

（1）托收凭证先到，商品后到，即托收承付结算凭证已到而商品尚在运输途中。财会部门根据银行转来的托收凭证和增值税专用发票，经业务部门核对合同无误后承付货款。

例 3-4　中新公司是一家商品批发公司，2×21 年 7 月 28 日从 A 厂家购入洗衣粉 40 000 袋，单价 2.50 元，进项税率为 13%，价税共计 113 000 元，供货单位代垫运费 1 090 元，货款结算采用"异地托收承付"结算方式。

① 接到银行转来 A 厂家的托收凭证、"发货单"结算联和代垫运费清单，经审核无误，中新公司的会计处理如下：

借：在途物资——洗衣粉101 000[113 000÷（1+13%）+10 900÷（1+9%）]

　　应交税费——应交增值税（进项税额）等13 090[113 000÷(1+13%)×13%+10 900÷（1+9%）×9%]

　贷：银行存款　　　　114 090

② 商品运到，经仓库点验入库，根据仓库送来的"收货单"和供货单位的增值税专用发票，审核无误后，会计处理如下：

借：库存商品——洗衣粉　　　　101 000

　贷：在途物资——洗衣粉　　　　101 000

（2）商品先到，托收凭证后到，即商品已到而托收凭证未到，尚不能承付货款。这种情况暂不做会计处理，月末按暂估进价。

中新公司的会计处理如下：

借：库存商品——洗衣粉　　　　100 000

　贷：应付账款——A 厂家　　　　100 000

① 下月初对月末尚未付款的商品用红字冲回。

借：库存商品——洗衣粉　　　　100 000（红字）

　贷：应付账款——A 厂家　　　　100 000（红字）

② 接到银行转来托收凭证、增值税专用发票和代垫运费清单，经审核无误，承付货款。

中新公司的会计处理如下：

借：在途物资——洗衣粉　　　　101 000
　　应交税费——应交增值税（进项税额）等　　　　13 090
　贷：银行存款　　　　114 090

同时，根据仓库“收货单”和供货单位的增值税专用发票，审核无误后，中新公司的会计处理如下：

借：库存商品——洗衣粉　　　　101 000
　贷：在途物资——洗衣粉　　　　101 000

（3）托收凭证和商品同日到达，即承付货款和商品点验入库手续可以在同一天内办完，不存在商品在途和不能承付货款，可以按本地商品购进处理。财会部门在接到银行转来的托收凭证、增值税专用发票、代垫运费清单和仓库送来的“收货单”，经审核无误承付货款。

中新公司的会计处理如下：

借：库存商品——洗衣粉　　　　101 000
　　应交税费——应交增值税（进项税额）等　　　　13 090
　贷：银行存款　　　　114 090

值得注意的是，随着交通运输业和物流业日益发达，商品运输和单据传递的速度比以前提升了很多，在这种情况下，上述传统的会计处理可以根据实际业务进行简化。

5. 购进商品溢余和短缺的会计处理

商品购进后，商品批发企业应严格验收商品的数量和质量。在验收时如发现实收数多于或少于应收数量，则为购进商品溢余或短缺。

商品批发企业购进商品发生溢余或短缺的原因很多：有的是由于商品本身性能和自然条件的变化而造成的商品溢余或短缺；有的是由于供货单位的工作差错，多发或少发；也有的是由于运输单位的失职而造成的丢失、破坏等事故。

商品批发企业购进商品发生溢余或短缺情况，由验收部门会同运输单位做出详细记录和鉴定证明，并填制“商品溢余（短缺）报告单”报有关部门作为清查和处理的依据。

商品批发企业购进商品发生溢余或短缺，在未查明原因以前，先按商品实收数入库，并根据“商品溢余（短缺）报告单”在“待处理财产损溢——待处理流动资产损溢”账户处理溢余或短缺商品。“待处理财产损溢——待处理流动资产损溢”账户的借方登记商品短缺发生数或商品溢余转销数，贷方登记商品溢余发生数或商品短缺转销数，借方余额表示尚未处理的商品短缺数额，贷方余额表示尚未处理的商品溢余数额。

“待处理财产损溢”，一般不考虑增加增值税进项税额。如果购进商品发生毁损或短缺，属于正常情况的，则可以减少增值税进项税额，属于非正常情况的，则不能抵扣。

（1）购进商品发生溢余的会计处理。

例 3-5　京糖有限公司是一家糖酒批发公司，2×21 年 10 月 10 日从外地的津糖厂购进红糖 4 000 千克，每千克 10 元，计价款 40 000 元，增值税税率为 13%，另供货方垫付装卸费 900 元，采用托收承付结算方式结算货款。

① 收到银行转来托收凭证，经审核无误，承付货款及装卸费。

京糖有限公司的会计处理如下：

借：在途物资——红糖　　40 900
　　应交税费——应交增值税（进项税额）等　　5 200
　贷：银行存款　　46 100

② 商品运到，经点验实收数量为 4 100 千克，溢余 100 千克，计价 1 000 元，原因待查。

京糖有限公司的会计处理如下：

借：库存商品——红糖　　41 900
　贷：在途物资——红糖　　40 900
　　　待处理财产损溢——待处理流动资产损溢　　1 000

③ 经查明原因，上述红糖溢余，其中 20 千克属自然升溢，80 千克属供货单位多发，经与对方联系，同意补作购进，货款已汇出。按规定，运输途中商品自然升溢，作为京糖公司收益处理。供货单位多发，根据供货方补来的增值税专用发票补付货款及进项税额。如果不同意该公司购进，则转为代管商品。

对于多发的 80 千克红糖，京糖有限公司购进，会计处理如下：

借：待处理财产损溢——待处理流动资产损溢　　800
　　应交税费——应交增值税（进项税额）等　　104
　贷：银行存款　　904

（2）购进商品发生短缺的会计处理。

例 3-6　承例 3-5。假设点验商品，实收数量为 3 900 千克，短缺 100 千克，原因待查。

① 收到银行转来托收凭证，经审核无误，承付货款及装卸费。

京糖有限公司的会计处理如下：

借：在途物资——红糖　　40 900
　　应交税费——应交增值税（进项税额）等　　5 200
　贷：银行存款　　46 100

② 商品运到，经点验实收数量为 3 900 千克，短缺 100 千克，计价 1 000 元，原因待查。

京糖有限公司的会计处理如下：

借：库存商品——红糖　　39 900
　　待处理财产损溢——待处理流动资产损溢　　1 000
　贷：在途物资——红糖　　40 900

③ 经查明原因，上述红糖短缺，其中20千克系运输途中自然损耗，40千克为供货方少发。经与对方联系，同意补发商品（商品已运到），另40千克属运输单位责任事故，经联系，同意赔偿损失。按规定，运输途中商品自然损耗，做经营费用处理。供货单位少发商品，经与对方联系，要求补发商品或退还货款。事故损失属于运输部门责任，由运输单位赔偿；属责任人事故，由责任人负责赔偿，转入“其他应收款”账户；属该公司责任，做“销售费用”处理。

按红糖短缺原因，京糖有限公司的会计处理如下：

借：销售费用　　200
　　库存商品——红糖　　400
　　其他应收款　　400
　贷：待处理财产损溢——待处理流动资产损溢　　1 000

短缺商品属于商品批发企业作为费用或损失处理的，其价值应包括增值税在内，同时要转出抵扣的进项税额。但收到的赔偿金不做进项税额转出处理。其理由是:《增值税暂行条例》第十条第二款规定，“非正常损失的购进货物及相关的应税劳务的进项税额不得从销项税额中抵扣”。而《增值税暂行条例实施细则》第二十四条规定，“非正常损失是指因管理不善造成被盗、丢失、霉烂变质的损失”。

3.2 批发商品销售

批发商品销售业务主要包括发出商品和结算货款两个环节。批发商品销售业务涉及供货单位内部的业务、储运、物价、财会等部门，各部门之间相互配合，共同完成。

批发商品销售的业务程序与商品交接货和结算方式有着密切的联系。在进行销售收入的会计处理时，首先要确认和计量商品销售收入。

3.2.1 商品销售收入确认和计量

1. 商品销售收入的确认

商品批发企业销售商品时确认和计量收入有五个步骤，其中收入的确认有三个步骤，具体内容请参阅本书9.1.1节的相关介绍。在会计处理上，商品批发企业确认销售收入时有一些具体的应用。

首先，下列商品销售，通常按规定的时点确认为收入，有证据表明不满足收入确认条件的除外。

（1）销售商品采用托收承付方式的，在办妥托收手续时确认收入。

（2）销售商品采用预收款方式的，在发出商品时确认收入，预收的货款确认为负债。

（3）销售商品需要安装和检验的，在购买方接受商品以及安装和检验完毕前，不确认收入，待安装和检验完毕时确认收入。如果安装程序比较简单，则在发出商品时确认收入。

（4）销售商品采用以旧换新方式的，销售的商品按照销售商品收入确认条件确认收入，回收的商品作为购进商品处理。

（5）销售商品采用支付手续费方式委托代销的，在收到代销清单时确认收入。

其次，采用售后回购方式销售商品的，收到的款项确认为负债（其他应付款）；回购价格大于原售价的，差额在回购期间按期计提利息，计入财务费用。有确凿证据表明售后回购交易满足收入确认条件的，销售的商品按售价确认收入，回购的商品作为购进商品处理。

最后，采用售后租回方式销售商品的，收到的款项确认为负债（长期应付款）；售价和资产账面价值之间的差额，采用合理的方法进行分摊（一般按照租赁内含年利率或增量借款利率来进行分摊），作为折旧费用或租金费用的调整。有确凿证据表明认定为经营租赁的售后租回交易是按照公允价值达成的，销售的商品按售价确认收入，并按账面价值结转成本。

相关链接 3-2　增值税纳税义务发生时间的确定

《中华人民共和国增值税暂行条例》第十九条第一款规定：销售货物或者应税劳务，为收讫销售款项或者取得索取销售款项凭据的当天；先开具发票的，为开具发票的当天。

根据《中华人民共和国增值税暂行条例实施细则》第三十八条规定，收讫销售款项或者取得索取销售款项凭据的当天，按销售结算方式的不同，具体为：

（1）采取直接收款方式销售货物，不论货物是否发出，均为收到销售款或者取得索取销售款凭据的当天；

（2）采取托收承付和委托银行收款方式销售货物，为发出货物并办妥托收手续的当天；

（3）采取赊销和分期收款方式销售货物，为书面合同约定的收款日期的当天，无书面合同的或者书面合同没有约定收款日期的，为货物发出的当天；

（4）采取预收货款方式销售货物，为货物发出的当天，但生产销售生产工期超过 12 个月的大型机械设备、船舶、飞机等货物，为收到预收款或者书面合同约定的收款日期的当天；

（5）委托其他纳税人代销货物，为收到代销单位的代销清单或者收到全部或者部分货款的当天，未收到代销清单及货款的，为发出代销货物满180天的当天；

（6）销售应税劳务，为提供劳务同时收讫销售款或者取得索取销售款凭据的当天；

（7）除代销外的视同销售货物行为，为货物移送的当天。

2. 商品销售收入的计量

确认和计量收入五个步骤中的其他两个步骤属于收入的计量。商品批发企业销售商品满足收入确认条件时，按照已收或应收合同或协议价款的公允价值确定销售商品收入金额。在会计处理上，商品批发企业按照从购货方已收或应收的合同或协议价款确定销售商品收入金额，但已收或应收的合同或协议价款不公允的，要按照公允价值进行纳税调整。合同或协议价款的收取采用递延方式，实质上具有融资性质的，按照应收的合同或协议价款的公允价值确定销售商品收入金额。应收的合同或协议价款和其公允价值之间的差额，在合同或协议期间内采用实际利率法进行摊销，计入当期损益。

3.2.2 销售业务的会计处理

1. 本地商品销售的会计处理

一般采用“提货制”或“送货制”，货款结算大多采用支票、委托收款结算方式。

采用“提货制”交接货方式，一般由购货单位派采购员到供货单位去选购商品，由供货单位的业务部门填制统一规定的“增值税专用发票”，如联次不够，则增开补充联或另开发货单作为附件。除留下存根联备查外，其余各联交购货单位采购员办理结算货款和提货手续。供货单位财会部门在收到货款后，在“发票联”上加盖收款戳记，留下“记账联”，其余联次退还给购货单位采购员到指定的仓库提货。

采用“送货制”交接货方式，一般有两种做法：一种是购货方先付货款，然后由供货方将商品送到购货方；另一种是根据供货合同，供货方先将商品送至购货方，经购货单位验收后支付货款。采用第一种做法，其业务程序和提货制商品销售的业务程序基本相同。其中，送货运费根据合同或由供货方负担，或由供货方定期向购货方结算。采用第二种做法，一般要有一个送货验收的过程。其业务程序是：由供货单位业务部门根据购销合同或要货单，填制“增值税专用发票”，留下存根联备查，其余各联交储运部门向仓库提货送往购货单位，将发票联、税款抵扣联交购货单位凭以验收商品、结算货款。当购货方验收商品后，由送货人员将对方验收凭证带回，连同记账联转财会部门。货款由财会部门办理托收，或由购货方通过银行转来。

商品批发企业在销售商品后，按照增值税专用发票列明的价税金额收款。如果收取转账支票、银行本票的，则在存入银行时，借记“银行存款”账户；如果收取的是已承兑的商业汇票，则借记“应收票据”账户；如果收取的是现金，则借记“库存现金”账户；如果尚未收到款项，则借记“应收账款”账户。按照增值税专用发票列明的货款，贷记“主营业务收入”账户，按照增值税专用发票列明的增值税税额，贷记“应交税费——应交增值税（销项税额）”（或“应交税费——简易计税”）账户。然后计算出销售商品的进价成本，结转时，借记“主营业务成本”账户，贷记“库存商品”账户。

例 3-7　2×21 年 7 月，北京欧派服装批发公司发生下列销售业务。

（1）销售男装 100 套，每套 600 元，货款为 60 000 元，增值税额为 7 800 元，价税合计 67 800 元，收到转账支票存入银行。会计处理如下：

借：银行存款　　67 800

　贷：主营业务收入——男装　　60 000

　　　应交税费——应交增值税（销项税额）等　　7 800

（2）男装每套进价成本为 500 元，共计 50 000 元，予以结转。会计处理如下：

借：主营业务成本——男装　　50 000

　贷：库存商品——男装　　50 000

2. 异地商品销售的会计处理

商品批发企业的异地商品销售主要是将商品销售给其他地区的商品批发企业、生产企业或者商品零售企业，一般采用“发货制”交接货方式。其业务程序一般由供货单位的业务部门填制“增值税专用发票”，留下存根联备查，其余各联交储运部门向仓库提货，并办理商品发运手续。商品发运时，储运部门将发票联和税款抵扣联连同商品发运证明、垫付运杂费清单，一并送交财会部门。财会部门审核无误后留下记账联，其余凭证据以向开户银行办理托收货款手续。财会部门根据托收凭证回单联和记账联进行会计处理。

异地商品的销售业务，商品要委托运输单位运往购货单位，至于支付给运输单位的运费，根据购销合同规定，一般由购货单位负担。购货单位垫付运费时，借记“应收账款”账户，然后连同销货款、增值税款一并通过银行向购货单位办理托收。

例 3-8　2×21 年 8 月，北京欧派服装批发公司根据购销合同开出增值税专用发票，销售给济南服装公司男装 1 000 套，每套 600 元，货款共计 600 000 元，增值税额 78 000 元，商品委托运输公司运送，并且发生了下列业务。

（1）8 月 25 日，运输公司开来运费凭证 2 180 元，当即用转账支票支付。会计处理如下：

借：应收账款——应收代垫运费　　2 180

　贷：银行存款　　2 180

（2）8 月 28 日，北京欧派服装公司凭借增值税专用发票和运费凭证，共计 680 180 元，向济南服装公司收取货款。会计处理如下：

借：应收账款　　678 000
　贷：主营业务收入——男装　　600 000
　　应交税费——应交增值税（销项税额）等　　78 000

（3）8 月 31 日，收到银行转来济南服装公司承付的收款通知。会计处理如下：

借：银行存款　　680 180
　贷：应收账款　　680 180

相关链接 3-3

随着微利时代的来临，制造商加大了对渠道的掌控，经销商势力大增和新型商业渠道的崛起，都使商品批发企业不断遭受着上下游企业的挤压。存货增加，应收账款逾期严重，生存条件日趋困难，商品批发企业只有通过开展信用销售，扩大销售规模，才能在夹缝中寻求生存。但是，随着零售商付款周期的不断延长，商品批发企业的资金被占压严重，不断影响着其经营效率。拖欠批发商货款成为普遍现象，不仅增加了批发商的经营成本，而且加剧了批发商的资金周转压力，而现有银行体系无法满足中小批发商迫切的融资需求，商务信用体系不健全、企业自身信用风险管理存在的不足等因素也制约着批发业的进一步发展。

3.2.3 商品销售成本的计算和结转

1. 商品销售成本的计算

在实际工作中，为了简化会计处理手续，商品批发企业的商品销售成本仅局限于已销售商品的购入价，而其在流通领域中继续追加的费用，则作为销售费用处理。

按计算程序分，商品销售成本的计算有顺算成本和逆算成本两种。顺算成本是先计算各种商品的销售成本，再计算各种商品的结存金额。这种方法一般采用逐日结转，所以工作量较大。逆算成本又称倒挤成本，是先计算各种商品的期末结存金额，然后据以计算商品销售成本。这种方法一般采用定期结转，所以工作量较小。

计算商品销售成本直接关系到期末库存商品的价值及企业的经营成果是否正确，需要根据各企业的特点，采用适当的方法，正确地计算商品销售成本。计算商品销售成本的方法一旦确定，不得随意变更。计算商品销售成本的方法主要有个别计价法、先进先出法、月末一次加权平均法、移动加权平均法和毛利率法等。

2. 商品销售成本的结转

按结转方式分，商品销售成本的结转有分散结转和集中结转两种。分散结转是按每一库存商品明细账户逐户计算出商品销售成本，逐户转销，然后加总后作为类目账结转商品销售成本的依据。采用这种方法，账簿记录得清楚完整，有利于加强对各种商品的经营业绩进行分析考核，但工作量较大。集中结转是期末在每一库存商品明细账上只结出期末结存金额，再按类目加总后作为类目账的期末结存金额，然后在类目账上计算并结转商品销售成本。这种方法可以简化计算和记账手续，但账簿记录不够完整，只能按商品类别来考核分析其经营业绩。

按结转时间分，商品销售成本的结转有逐日结转和定期结转两种。逐日结转是逐日计算出商品销售成本后，逐日从“库存商品”账户上转销，故又称随销随转。这种方法能随时反映库存商品的结存金额，但工作量较大。定期结转是在期末集中计算出商品销售成本后，从“库存商品”账户上一次转销，故又称月末一次结转。这种方法工作量较小，但不能随时反映库存商品的结存金额。

3.3　批发商品储存

3.3.1　库存商品账户的设置和登记方法

商品批发企业财会部门为了加强对库存商品的管理和控制，正确计算库存商品的期末库存额和商品销售成本，采取数量进价金额核算法进行会计处理，对库存商品实行总账、类目账、明细账三级控制。

1. 库存商品类目账

库存商品类目账，是指商品批发企业按商品类别分户设置，登记其收入、发出和结存情况的账簿。一般采用数量金额三栏式账页，它是处于总账和明细账之间的二级账户。由于商品批发企业商品品种规格繁多，通过类目账可以加强和完善对商品明细账的数量和金额的双重控制，有利于账账之间的核对。如有不符，则缩小查找的范围。通过类目账集中计算商品销售成本，可以简化计算工作，减轻工作量，同时有利于掌握各类商品进、销、存的动态和毛利，为企业领导经营决策提供依据。

库存商品类目账的登记方法，因企业计算和结转商品销售成本的时间不同而有所区别。逐日结转商品销售成本的企业，根据每日收入和发出商品的数量和金额登记库存商品类目账；定期结转商品销售成本的企业，根据每日收入和非销售发出商品的数量和金额登记库存商品类目账，对于每日销售的商品平时只登记数量，待月末计算出商品销售成本后，再将金额一次记入库存商品类目账。

2. 库存商品明细账

库存商品明细账是指按商品的品名、规格、等级分户设置，登记其收入、发出和结存情况的账簿。一般采用数量金额三栏式账页，以反映和控制每种商品的数量和金额。

由于企业的商品销售成本主要是通过库存商品明细账进行核算的，因此要求库存商品明细账能够正确地反映商品的购进、销售和结存的情况。而库存商品明细账的记账方法和一般明细账有所不同，具体如下。

（1）购进——根据商品入库凭证，记入该账户收入方的购进数量、单价和金额栏。

（2）销售——根据商品销售的发货凭证，记入该账户的发出方。若逐日结转成本的，则登记销售数量栏，不登记单价和金额；若定期结转成本的，则平时只登记销售数量栏，不登记单价和金额栏，销售成本金额在月末一次登记。

（3）进货退出——根据进货退出凭证，用红字记入该账户收入方的购进数量和金额栏，表示购进的减少，并用蓝字登记单价。

（4）销货退回——根据销货退回凭证，记入该账户的发出方。若逐日结转成本的，则用红字登记销售数量栏和金额栏，用蓝字登记单价栏；若定期结转成本的，则平时只用红字登记销售数量栏，不登记单价和金额栏，红字表示销售的减少。

（5）购进商品退补价——将退补价款的差额记入收入方的单价和金额栏，退价用红字反映，补价用蓝字反映。

（6）商品加工收回——根据商品加工成品收回单，记入该账户收入方的其他数量、单价和金额栏。

（7）商品发出加工——根据商品加工发料单，记入该账户发出方的其他数量、单价和金额栏。

（8）商品溢余——根据商品溢余报告单，记入该账户收入方的其他数量、单价和金额栏。

（9）商品短缺——根据商品短缺报告单，记入该账户发出方的其他数量、单价和金额栏。

库存商品明细账反映的是会计库存。会计库存以商品验收数量入库作为商品收入的数量，以商品销售的入账数量作为商品发出的数量。财会部门通过会计库存全面掌握商品资金的运用情况，据以了解库存商品动态，加强商品资金管理。

3. 商品保管账

商品保管账是储运部门按不同货号、品名、规格和等级分户，记载保管商品收、发、存数量的明细账。商品保管账只登记数量，不登记金额，反映的是保管库存。

保管库存以商品验收入库作为商品收入，不论货款是否结算，均以商品出库作为商品发出。储运部门通过保管库存，掌握仓库中商品收、发、存的数量，明确物资保管责任。

4. 商品调拨账

商品调拨账是业务部门按不同货号、品名、规格和等级分户，登记可供调拨销售商品收、发、存数量的明细账。商品调拨账也只登记数量，不登记金额，反映的是可调库存。

可调库存又称业务库存，以商品验收入库作为商品收入，不论商品是否出库、货款是否结算，均以开出增值税专用发票作为商品发出。业务部门通过可调库存，掌握随时可以调拨销售的库存商品数量。

异地商品销售业务在采用发货制的情况下，从业务部门开单到提货发运办妥托收手续，一般不可能在当天完成。可调库存以开出增值税专用发票作为商品发出，而会计库存以办妥托收手续商品销售成立时才作为商品发出。由于双方入账时间不一致，所以将处在开出增值税专用发票到办妥托收手续前期间的商品称为待运商品。可调库存加上待运商品，等于会计库存。

综上所述，财会、储运和业务三个部门都从自身的需要对库存商品进行了明细分类会计处理。在实际工作中，为了简化记账手续，财会部门和业务部门也可以合并设置一套库存商品明细账，实行“两账合一”。具体做法是在库存商品明细账的“存放地点”栏内，设立“待运”分栏。异地销售业务在开出增值税专用发票时，将商品从原存放地点栏转入待运分栏内，作为“移库”处理，不改变库存商品明细账内的结存数量。当该批商品办妥托收手续做商品销售处理时，再注销待运分栏内的数量。这样，库存商品明细账内的结存数量表示会计库存，待运分栏内的数量表示待运商品，各仓库内数量之和则为可调拨库存。在一些管理水平较高的商品批发企业，ERP 得到广泛运用，这样，商品批发企业对商品储存情况了如指掌，既便于库存管理，也便于企业进销管理。

对库存商品明细账的设置，一般业务部门设商品调拨账，只记数量不记金额，仓储部门设商品保管账，也只记数量不记金额，财会部门设一套完整的库存商品账，即除设置库存商品总账和明细账外，还按库存商品类别设置类目账，从而形成库存商品总账以金额控制库存商品类目账，库存商品类目账以数量、金额控制库存商品明细账的格局。在实际操作时，可以“三账分设”，即业务部门、仓储部门、财会部门各设一套账，以相互牵制和严密管理，也可“两账合一”，即仓库设保管账，财会部门和业务部门的商品账合并设置。“三账合一”即库存商品明细账、商品调拨账、商品保管账合并设置一套商品明细账，既登记数量，又登记金额。

3.3.2　商品盘点短缺和溢余的财税处理

商品批发企业储存的大量商品，由于受自然条件或人为因素影响，可能会发生数量上的短缺或溢余以及质量上的变化，因此，须建立和健全各项规章制度，并采取财产清查的措施，以确保商品的安全。财产清查是提高商品储存质量的必要手段，它的方法主要是进行定期盘点和不定期盘点。

商品盘点是一项细致复杂的工作，须有领导、有组织、有计划地进行。在盘点前，根据盘点的范围，确定参加盘点的人员和分工，财会部门和储运部门将有关商品收发业务的凭证全部登记入账，并结出余额，以便和盘点出来的实存数量进行核对。盘点时，要根据商品的特点，采用不同的盘点方法和操作规程，避免发生重复盘点、遗漏盘点和错误盘点的现象。盘点以后，由保管人员负责填制“商品盘存表”，先根据账面资料填写商品名称、规格、单价及账存数量，再填列实存数量。“商品盘存表”上账存数和实存数如不相符，则填制“商品盘点短缺溢余报告单”一式数联，其中一联转交财会部门。财会部门据以将商品短缺或溢余的金额分别转入“待处理财产损溢”账户，以做到账实相符。等查明原因后，再区别情况，转入各有关账户。

为了反映商品批发企业在财产清查中查明的各种存货的盘盈、盘亏和毁损情况，设置“待处理财产损溢”账户，借方登记存货的盘亏、毁损金额及盘盈的转销金额，贷方登记存货的盘盈金额及盘亏的转销金额。商品批发企业清查的各种存货损益，在期末结账前处理完毕，期末处理后，“待处理财产损溢”账户余额表示尚未处理的存货清查。

商品批发企业发生存货盘盈时，借记“库存商品”等账户，贷记“待处理财产损溢”账户；在按管理权限报经批准后，借记“待处理财产损溢”账户，贷记“管理费用”账户。

商品批发企业发生存货盘亏及损毁时，借记“待处理财产损溢”账户，贷记“库存商品”等账户。在按管理权限报经批准后做如下会计处理：对于入库的残料价值，记入“原材料”等账户；对于由保险公司和过失人的赔款，记入“其他应收款”账户；扣除残料价值和应由保险公司、过失人赔款后的净损失，属于一般经营损失的部分，记入“管理费用”账户；属于非常损失的部分，记入“营业外支出”账户。

专栏 存货盘盈的税务处理

企业的存货盘盈，可以填报在《一般企业收入明细表》（A101010）的第 21 行，如表 3-1 所示。

表 3-1 一般企业收入明细表 金额单位：元

行 次	项 目	金 额
21	（五）盘盈利得	

专栏 存货盘亏的税务处理

企业的存货盘亏，属于非正常损失的，可以填报在《一般企业成本支出明细表》（A102010）的第 20 行，如表 3-2 所示。

表 3-2 一般企业成本支出明细表 金额单位：元

行 次	项 目	金 额
20	（四）非常损失	

相关链接 3-4　商品批发小企业存货盘盈、盘亏的会计处理

根据《小企业会计准则》的规定，商品批发小企业盘盈存货实现的收益，计入营业外收入，盘亏存货发生的损失，计入营业外支出。

3.3.3　商品削价和商品非正常损失的会计处理

商品削价包括残损变质商品削价和冷背呆滞商品削价两种。

残损变质商品是指在进销环节及保管过程中，因运输装卸不慎、保管不当、包装不善等造成残次损坏或霉烂变质的商品。对此，商品批发企业应及时查明商品残损变质的程度和数量，以及发生的原因和责任。

冷背呆滞商品是指花色、品种、质量不适合当时当地消费市场需要的商品。这主要是由企业经营不善、信息不灵、盲目采购商品等因素造成的。

当这两类商品需要削价时，由有关部门填制“商品削价报告单”，并按规定的审批权限，报经有关职能部门批准后再进行处理。

商品削价后的售价不论是否小于原进价，均不做会计处理，其削价损失直接体现在商品经营损益内。

商品批发企业的商品发生火灾、水灾等非正常损失时，其购进时所发生的进项税额不能从销项税额中抵扣，因此，要按规定从进项税额中转出。届时，按非正常损失商品的金额及其进项税额借记“营业外支出”账户；按非正常损失商品的金额，贷记“库存商品”账户。

例 3-9　精工针织品公司因火灾损失毛巾一批，合计金额 1 000 元、进项税额 130 元，经批准作为公司损失处理。会计处理如下：

借：营业外支出　　1 130

　贷：库存商品——毛巾类　　1 000

　　　应交税费——应交增值税（进项税额转出）　　130

存货的库存周期长短影响着存货的流动性和质量，库存周期过长的商品自然会使存货的变现能力降低。只有合理地保持各项存货的比例，商品存货才能及时实现销售，从而使存货顺利变现。考核存货流动性的指标，一般通过存货周转天数、存货周转次数和营业周期三个指标，结合企业的经营情况，以及三项指标发展趋势的对比情况来进行分析。

3.3.4　存货损失的税务处理

无论是批发行业，还是第 4 章和第 5 章介绍的零售行业，商品存货发生损失，商品批

发企业均可以填报二级附表《资产损失税前扣除及纳税调整明细表》(A105090)，如表 3-3 所示。

表 3-3　资产损失税前扣除及纳税调整明细表（105090）　　金额单位：元

行次	项　　　目	资产损失的账载金额	资产处置收入	赔偿收入	资产计税基础	资产损失的税收金额	纳税调整金额
		1	2	3	4	5（4−2−3）	6（1−5）
5	三、存货损失						
6	其中：存货盘亏、报废、损毁、变质或被盗损失						

第 4 章

商品零售的会计实务（一）

随着我国经济的快速发展，近年来很多商业零售企业一直在朝着规模化、连锁化的方向快速发展，大型商业零售企业逐渐成为业内的主导力量，如电器行业基本上实现了规模化经营。零售商品销售过程是商品实物转化为货币资金的过程，只有实现商品销售，商品价值才能真正得以实现。

商品零售企业主要是采用售价核算法进行会计处理。柜组或门市部一般采用售价金额核算法进行会计处理，不必为每笔销售业务填制销售凭证，也不必登记大量的实物数量明细账，记账较为简单，但是平时不易发现商品短缺，难以分析溢缺的原因，难以做出责任判定。这种方法通常适用于综合零售商店。一些商品零售企业采用数量售价金额核算法核算，按每一商品的品名、规格设置明细账，以便能随时掌握各种商品的结存情况。这种方法通常适用于金店、珠宝店等商品单位价值较高的商品零售企业。

4.1 零售商品购进

4.1.1 一般商品购进的会计处理

商品购进时，如果付款和验收商品入库同日完成的，则直接记入“库存商品”账户；如果先付款后验收商品入库的，则付款时先记入“在途物资”账户，验收入库时再转入“库存商品”账户。商品零售企业商品购进的会计处理（不考虑采购费用）如表 4-1 所示。

表4-1 商品零售企业商品购进的会计处理

业　　务	会 计 处 理
付款和商品入库同时	借：库存商品（含税零售价） 　　应交税费——应交增值税（进项税额）等 　贷：银行存款 　　　商品进销差价
先付款，后验收商品入库	付款时： 借：在途物资 　　应交税费——应交增值税（进项税额）等 　贷：银行存款
先付款，后验收商品入库	入库时： 借：库存商品（含税零售价） 　贷：在途物资 　　　商品进销差价

例 4-1 北京鑫发地商品零售公司是一家商品零售企业，为增值税一般纳税人，增值税税率为13%。公司2×21年7月5日购入乙商品10 000个，进价6元，当日根据增值税专用发票、账单通过银行转账支付了价税款，同时该商品由百货柜验收入库，商品的含税零售价为9.04元。

北京鑫发地商品零售公司的会计处理如下。

借：库存商品　　90 400
　　应交税费——应交增值税（进项税额）等　　7 800
　贷：银行存款　　67 800
　　　商品进销差价　　30 400

假如公司7月7日收到商品验收入库，则会计处理如下。

7月5日付款时：

借：在途物资　　60 000
　　应交税费——应交增值税（进项税额）等　　7 800
　贷：银行存款　　67 800

7月7日入库时：

借：库存商品　　90 400
　贷：在途物资　　60 000
　　　商品进销差价　　30 400

4.1.2 采购费的会计处理

在实际工作中，商业零售企业一般经营商品数量多，而且经常同批购进多种商品，所以，采用费用适用于先归集、期末再分配的方法进行处理，这样可以节省时间和人力，简化会计处理。

商品零售企业购进商品时，库存商品按买价和分配的采购费入账。企业购进商品后，先根据进货发票和付款单据，进行购进的会计处理：

借：在途物资

　　应交税费——应交增值税（进项税额）等

　贷：银行存款等

根据各实物负责人填写的验货报告，进行入库的会计处理：

借：库存商品——某柜组（按商品的零售价入账）

　贷：在途物资

　　　商品进销差价——某柜组（商品零售价和不含税买价之间的差额）

相关链接 4-1　零售小企业的采购费

零售小企业在购买商品过程中发生的费用（包括运输费、装卸费、包装费、保险费、运输途中的合理损耗和入库前的挑选整理费等），记入“销售费用”账户。

4.1.3　购进商品进项税额的会计处理

商品零售企业购进商品、进项税额的确认及会计处理，除了商品零售企业的库存商品实行售价金额核算法进行会计处理，其他环节的会计处理和商品批发基本相同。

例 4-2　北京鑫发地商品零售公司是一家商品零售企业，为增值税一般纳税人，增值税税率为 13%。2×21 年 2 月 8 日在本市无线电厂购入 300 台甲商品，1 000 元/台，增值税专用发票上注明“价款 300 000 元，税额 39 000 元（300 000×13%），款已付”，8 月 18 日入库。假设每台甲商品含税售价 1 582 元。

北京鑫发地商品零售公司的会计处理如下。

2×21 年 2 月 8 日公司付款时：

借：在途物资——甲商品　　300 000

　　应交税费——应交增值税（进项税额）等　　39 000

　贷：银行存款　　339 000

2 月 18 日商品验收入库时：

借：库存商品——甲商品　　474 600

　贷：在途物资——甲商品　　300 000

　　　商品进销差价　　174 600

例 4-2 中的“库存商品”账户，是按售价金额核算法和实物负责制的传统做法设计的。

如果库存商品按不含税售价计入，就会造成柜台价签上的标价和库存价格不符，导致实物负责人的责任不清，也违背了售价金额法和实物负责制的本意，造成各柜组月末清点库存的麻烦。因此，按照售价金额核算法进行会计处理的各柜组，购进商品结转商品采购成本时，按照含税销售价格计算库存商品，将税额计入商品进销差价，通过差价金额来抵减库存金额，从而使库存商品进价金额不含税。

当然，上述会计处理方法有其局限性，即“商品进销差价”并不是真正的进价和销价的差价，不利于分析商品的差价率（毛利率）。

例 4-2 还可以采用以下会计处理方法。

第一笔业务的会计处理不变，第二笔业务的会计处理如下：

每台甲商品不含税售价=1 582÷（1+13%）=1 400（元）

借：库存商品——甲商品　　420 000
　贷：在途物资——甲商品　　300 000
　　商品进销差价　　120 000

例 4-3　北京鑫发地商品零售公司是一家商品零售企业，2×21 年 2 月 13 日在外地某酒厂购入红酒 100 瓶，106 元/瓶，价款 10 600 元，增值税税额 1 378 元，运费发票金额 600 元，每瓶含税零售价 162 元，采用商业汇票方式结算货款。假设不考虑消费税。

北京鑫发地商品零售公司的会计处理如下。

（1）先开出商业承兑汇票，后验收商品入库。

开出商业承兑汇票承付货款时：

借：在途物资——红酒　　10 600
　　应交税费——应交增值税（进项税额）等　　1 378
　贷：应付票据　　11 978

商品运到支付运杂费时：

借：在途物资——红酒　　600
　　应交税费——应交增值税（进项税额）　　54
　贷：银行存款　　654

验收商品入库时：

含税售价=162×100=16 200（元）

借：库存商品——红酒　　16 200
　贷：在途物资——红酒　　11 200（10 600+600）
　　商品进销差价　　5 000

（2）先验收商品入库，后开出商业承兑汇票。

先验收商品入库时（月终未收到发票，未开出商业承兑汇票，按暂估进货价 100 元/瓶入账）：

借：库存商品——红酒　　16 200

　贷：应付账款　　10 000

　　　商品进销差价　　6 200

下月初对上述会计处理用红字冲回：

借：库存商品——红酒　　16 200（红字）

　贷：应付账款　　10 000（红字）

　　　商品进销差价　　6 200（红字）

开出商业承兑汇票时的会计处理同前。

4.2　零售商品销售

正如 9.1 介绍的那样，商品零售企业与购货方之间的合同同时满足下列五项条件的，商品零售企业在履行了合同中的履约义务，即在购货方取得相关商品控制权时确认收入：①合同各方已批准该合同并承诺将履行各自义务；②该合同明确了合同各方与所转让商品相关的权利和义务；③该合同有明确的与所转让商品相关的支付条款；④该合同具有商业实质，即履行该合同将改变企业未来现金流量的风险、时间分布或金额；⑤商品零售企业因向购货方转让商品而有权取得的对价很可能收回。

一般来说，商品零售属于某一时点履行的履约义务，商品零售企业在购货方取得相关商品控制权时点确认收入。正如 9.1 介绍的那样，在判断购货方是否已取得商品控制权（购货方是否能够主导该商品的使用并从中获得几乎全部的经济利益）时，商品零售企业考虑下列五个迹象：①商品零售企业就该商品享有现时收款权利，即购货方就该商品负有现时付款义务；②商品零售企业已将该商品的法定所有权转移给购货方，即购货方已拥有该商品的法定所有权；③商品零售企业已将该商品实物转移给购货方，即购货方已占有该商品实物；④商品零售企业已将该商品所有权上的主要风险和报酬转移给购货方，即购货方已取得该商品所有权上的主要风险和报酬；⑤购货方已接受该商品。

在此基础上，根据实际情况来判断零售商品销售收入的会计处理。

4.2.1　主营业务的财税处理

1. 不确认销售收入

（1）主要风险与报酬未转移给购货方，购货方没有取得商品的控制权。

例 4-4　神州商贸公司和深瑞公司订立电梯销售、安装合同，合同约定，神州商贸公司 2×21 年 3 月 25 日将 1 台电梯运往深瑞公司，电梯出厂价为 500 000 元，成本价为 400 000

元，神州商贸公司须在 4 月 20 日为深瑞公司安装。假定神州商贸、深瑞公司均为一般纳税人，增值税税率为 13%，商品价格均为不含税价格。电梯安装检验完毕，安装费 20 000 元。

由于安装检验是电梯销售合同中的重要组成部分，所以电梯发出并不表示商品所有权上的主要风险和报酬已转移给买方，安装中可能会产生一些不确定因素，从而阻碍购货方取得商品的控制权。因此，神州商贸公司在电梯发出时不能确认电梯销售收入的实现。

主要风险与报酬未转移给购货方的情形还有以下两种。

① 商品零售企业销售的商品在质量、品种、规格等方面不符合合同规定的要求，又未根据正当的保证条款予以弥补。

② 销售合同中规定了由于特定原因买方有权退货的条款，而商品零售企业又不能确定退货的可能性。

这两种情形下，购货方都没有获得商品的控制权，不能确认收入。

（2）商品零售企业因向购货方转让商品而有权取得的对价不能收回。一般情况下，商品零售企业售出的商品符合合同或协议规定的要求，买方也承诺付款，即表明销售商品的价款能够收回；如果企业判断价款不能收回，则需要提供可靠的证据。

例 4-5　2×21 年 3 月 2 日，神州商贸公司发给深瑞公司一批产品，成本 40 000 元，售价 60 000 元。假定神州商贸、深瑞公司均为一般纳税人，增值税税率为 13%，尚未开具发票。另外，神州商贸公司在产品发出时，已得知深瑞公司资金周转发生暂时困难，但神州商贸考虑到促销商品，以免积压存货，同时深瑞公司资金周转只是暂时的，未来仍能收回货款。此时，神州商贸公司在产品发出时，不能确认商品销售收入的实现。

（3）商品零售企业对商品享有现时收款权利，但是该商品的收入不能可靠计量。销售商品时，售价通常已经确定，但销售过程中，由于某种不确定因素也有可能使售价出现变动，所以在新的售价未确认前不应确认收入。

例 4-6　神州商贸公司销售给深瑞公司的商品，2×19 年的销售价为 100 元/件，但随着进价的提高，2×21 年神州商贸公司准备调整商品的销售价格。但根据双方协议要求，神州商贸公司应在 2×21 年 1 月 15 日向深瑞公司发出商品 10 000 件，成本价为 90 元/件，双方在 2 月 10 日达成约定，2×21 年上半年的价格定为 110 元/件。假定神州商贸、深瑞公司均为一般纳税人，增值税税率为 13%。

由于 2×21 年 1 月售价尚未确定，此时，神州商贸公司在发出商品时，不能确认商品销售收入的实现。

例 4-4、例 4-5 和例 4-6 在会计处理上均应按成本价，借记“发出商品”账户，贷记“库存商品”账户。

2. 确认销售收入

零售商品销售的会计处理，通过“主营业务收入”“主营业务成本”和“商品进销差价”账户进行会计处理。在售价金额法下，“库存商品”账户按零售价（含税）登记，其售价和进价的差额及销项税额在“商品进销差价”账户中反映。因此，当已销商品在“库存商品”账户中转销后，同时转销这部分已销商品的进销差价，从而求得主营业务成本。由于逐笔计算已销商品的进销差价，工作过于烦琐，所以，在实际工作中，一般是在月末一次计算转账。在平时为了反映各实物负责人的库存商品收、付、存情况，在商品销售后，从“库存商品”账户上注销已销商品时，直接按零售价（含税）转入“主营业务成本”账户。这样处理的结果，通常使“主营业务收入”账户和“主营业务成本”账户平时的数额相等，到一定时期（一般是月末）再通过一定的计算方法算出全月已销售商品实现的进销差价额后，一次转销“商品进销差价”账户和“主营业务成本”账户。经过调整后，“主营业务成本”账户所反映的是销售商品的进价成本。

例 4-7　2×21 年 3 月 3 日，万联商厦各营业组销货款（含税）：百货组 79 100 元、针织组 90 400 元、服装组 56 500 元。收入现金由收银员全部送存银行，取得银行收款单。

万联商厦的会计处理如下：

借：库存现金	226 000	
贷：主营业务收入——百货组		79 100
——针织组		90 400
——服装组		56 500
借：银行存款	226 000	
贷：库存现金		226 000

如果是营业组直接将销货款送存银行，以银行存款收款单报账，则以不通过“库存现金”账户，直接记入银行存款账户。

同时，按售价（含税）注销库存商品，结转主营业务成本。

借：主营业务成本	226 000	
贷：库存商品——百货组		79 100
——针织组		90 400
——服装组		56 500

月终调整已销商品增值税销项税额。

（1）计算增值税。其公式为：

$$\text{应交增值税}=\text{月内销售收入发生额}\div(1+13\%)\times13\%$$

$$=226\,000\div(1+13\%)\times13\%$$

=200 000×13%=26 000（元）

（2）将销项税额从销售收入中分解出来，会计处理如下：

借：主营业务收入　　　　26 000

　贷：应交税费——应交增值税（销项税额）等　　　　26 000

3. 税务处理

（1）增值税纳税义务发生时间。《增值税暂行条例实施细则》第三十八条第（一）项规定：采取直接收款方式销售货物，不论货物是否发出，均为收到销售额或取得索取销售额的凭证，并将提货单交给买方的当天。

如果商品已经发出，只要取得索取销售额凭证即可认为纳税义务已经发生；如果商品尚未发出，则在取得索取销售额凭证又同时将提货单交给买方时方可确认纳税义务发生。

索取销售额的凭证通常情况理解为“送货单”，而且是经购买方签字确认的“送货单”。同时，“送货单”上注明商品名称、数量、单价、金额，企业据此可索取货款。

（2）所得税纳税义务发生时间。上述情形除例 4-6 外的其他发出商品，在商品发出时，即使会计上未确认收入实现，在计算所得税时也要进行相应的纳税调整。

例 4-4 中，假设电梯送货单（附有增值税专用发票）已于 3 月 25 日经对方确认签字，并且注明电梯金额 500 000 元，安装费 20 000 元。会计处理如下。

3 月 25 日发出商品时：

借：应收账款——深瑞公司　　　　66 800（500 000×13%+20 000×9%）

　贷：应交税费——应交增值税（销项税额）　　　　66 800

调增应纳税所得额=500 000−400 000+20 000=120 000（元）

4 月 20 日安装完毕、检验合格时：

借：应收账款——深瑞公司　　　　520 000

　贷：主营业务收入　　　　500 000

　　　其他业务收入　　　　20 000

调减应纳税所得额=120 000（元）

例 4-5 中，同上处理，发出商品时：

借：应收账款——深瑞公司　　　　7 800

　贷：应交税费——应交增值税（销项税额）等　　　　7 800

调增应纳税所得额=60 000−40 000=20 000（元）

同时，上述“发出商品”在会计上确认收入后，重新调减应纳税所得额。

例 4-6 中，由于产品销售价格尚未确定，所取得的“送货单”只有数量、产品名称，未填写金额，所以，不能作为已取得索取销售额的凭证，从而其增值税纳税义务也未发生，也谈不上调整应纳税所得额。

4.2.2 兼营业务的会计处理

商品零售企业除经营商品购销业务外，有时还经营一些其他业务，如修理业务、出租业务等。

1. 修理业务

商品零售企业兼营修理业务一般有以下两种情况。

（1）只修理，不添配零件和材料。在这种情况下，对收取的修理费由修理人员或收款员根据收款托证填制“内部缴款单”，交财会部门进行会计处理，具体如下：

借：库存现金（银行存款）

  贷：其他业务收入

    应交税费——应交增值税（销项税额）等

（2）修理，且同时添配零件和材料。在这种情况下，按收到的修理收入（包括工、料）借记“银行存款（或库存现金）”账户，贷记“其他业务收入”“应交税费——应交增值税（销项税额）”等账户。月末采用“盘存计耗”方式计算，并结转实际耗用材料或配件的成本，会计处理如下：

借：其他业务成本

  贷：原材料

2. 出租业务

商品零售企业为了方便群众生活，有时将经营的商品，如计算机、照相机等出租。商品零售企业出租商品业务可以专设“出租商品”账户反映。收到的租金记入“其他业务收入”账户；出租商品成本的摊销、发生的修理费用等记入“其他业务成本”账户。

例4-8 2×21年3月，某商场将经营的照相机50台租出，照相机单位进价为2 500元，单位售价为3 250元。

（1）租出照相机时，根据商品调拨单，会计处理如下：

借：出租商品——照相机	125 000	
商品进销差价	37 500	
贷：库存商品——摄像器材柜组		162 500

（2）收到押金共150 000元，会计处理如下：

借：库存现金（或银行存款）	150 000	
贷：其他应付款		150 000

（3）收取租金22 600元时，会计处理如下：

借：库存现金（或银行存款）　　22 600
　贷：其他业务收入　　20 000
　　应交税费——应交增值税（销项税额）　　2 600

（4）假定出租商品摊销期为 10 个月，当月摊销 12 500 元，会计处理如下：

借：其他业务成本　　12 500
　贷：出租商品——出租商品摊销　　12 500

假设该商场是小企业，依据《小企业会计准则》，租金收入计入营业外收入，并且不结转成本。具体会计处理和税务处理，读者可以参阅 7.4 节的相关内容。

（5）假定归还时有两台照相机毁坏，报废处理，已摊销 1 000 元，会计处理如下：

借：出租商品——出租商品摊销　　1 000
　　其他业务成本　　4 000
　贷：出租商品——照相机　　5 000

（6）没收押金 6 000 元，会计处理如下：

借：其他应付款　　6 000
　贷：营业外收入　　6 000

4.2.3　商品销售成本的结转

采用售价核算法核算商品零售企业的销售成本，是按零售价格（含税价）结转的，所以平时“主营业务成本”账户的借方发生额，并非已销商品的进价成本。已销商品进价和售价的差额，反映在“商品进销差价”账户之中，这样，在月度终了，就需要运用一定的方法，计算和结转已销商品的进销差价，并调整“主营业务成本”和“商品进销差价”账户，以便确定已销商品的实际成本和经营成果。

商品零售企业由于平时按商品售价结转商品销售成本，月末为了准确计算当期商品销售业务的经营成果，需要通过计算和结转已销商品的进销差价，将销售成本由售价调整为进价。商品零售企业计算已销商品进销差价的方法主要有综合差价率推算法、分柜组差价率推算法和实际进销差价计算法三种。下面分别介绍这三种方法。

1. 综合差价率推算法

综合差价率推算法是依据全部商品的库存和销售比例，推算本期销售商品应分摊进销差价的一种方法。具体的计算方法是：

第一步，计算出本期商品的综合差价率，将期末结转前的“商品进销差价”账户余额，除以期末“库存商品”账户余额和本期主营业务收入之和。

第二步，计算出已销商品的进销差价，将综合差价率乘以本期主营业务收入。

综合差价率推算法的计算公式为：

$$综合差价率=\frac{结转前商品进销差价账户余额}{期末库存商品账户余额+本期主营业务收入}\times100\%$$

$$本期已销商品进销差价=本期商品销售收入\times综合差价率$$

例 4-9 国展商厦 2×21 年 12 月 31 日有关账户的资料如下：

库存商品账户 1 余额	8 036 000
库存商品账户 2 余额（全部为视同买断的代销商品）	1 160 000
商品销售收入账户余额	8 732 000
结转前商品进销差价账户余额	4 370 480

用综合差价率推算法计算并结转已销商品进销差价：

$$综合差价率=\frac{4\ 370\ 480}{8\ 036\ 000+1\ 160\ 000+8\ 732\ 000}\times100\%=24.38\%$$

$$本期已销商品进销差价=8\ 732\ 000\times24.38\%=2\ 128\ 861.6（元）$$

根据上述计算的结果，会计处理如下：

借：商品进销差价　　　　2 128 861.6

　贷：主营业务成本　　　　2 128 861.6

综合差价率推算法的计算和会计处理比较简单，但计算的结果不够准确，适用于所经营商品的差价率较为均衡的商品零售企业。

2. 分柜组差价率推算法

分柜组差价率推算法是按各商品零售企业的营业柜组或门市部商品的存销比例，推算本期销售商品应摊进销差价的一种方法。这种方法要求按营业柜组分别进行计算，其计算方法和综合差价率推算法相同，财会部门可编制“已销商品进销差价计算表”进行计算。

例 4-10 国展商厦采用分柜组差价率推算法，在 2×21 年 12 月 31 日有关各明细账户的资料如表 4-2 所示。

表 4-2 国展商厦有关各明细账户的情况　　金额单位：元

营业柜组	库存商品账户 1 余额	库存商品账户 2 余额	主营业务收入账户余额	结转前商品进销差价账户余额
服装组	276 600	76 000	312 400	161 730
百货组	269 200	40 000	295 200	143 002
食品组	257 800	0	265 600	132 316
合计	803 600	116 000	873 200	437 048

根据资料，国展商厦编制“已销商品进销差价计算表”，如表 4-3 所示。

表 4-3 已销商品进销差价计算表 金额单位：元

营业柜组	库存商品账户 1 余额	库存商品账户 2 余额	主营业务收入账户余额	本期存销商品合计额	结转前商品进销差价账户余额	差价率（%）	已销商品进销差价	期末商品进销差价
（1）	（2）	（3）	（4）	（5）=（2）+（3）+（4）	（6）	（7）=（6）÷（5）	（8）=（4）×（7）	（9）=（6）−（8）
服装组	276 600	76 000	312 400	665 000	161 730	24.32	75 975.68	85 754.32
百货组	269 200	40 000	295 200	604 400	143 002	23.66	69 844.32	73 157.68
食品组	257 800	0	265 600	523 400	132 316	25.28	67 143.68	65 172.32
合计	803 600	116 000	873 200	1 792 800	437 048	—	212 963.68	224 084.32

根据表格计算结果，会计处理如下：

借：商品进销差价——服装组 75 975.68
　　　　　　　——百货组 69 844.32
　　　　　　　——食品组 67 143.68
　贷：主营业务成本——服装组 75 975.68
　　　　　　　　——百货组 69 844.32
　　　　　　　　——食品组 67 143.68

分柜组差价率推算法计算较为简单，和综合差价法相比较，计算的结果较为准确，但和实际相比较，仍有一定的偏差。这种方法适用于经营柜组间差价率较大的商品零售企业，或者需要分柜组计算其经营成果的商品零售企业。

3. 实际进销差价计算法

实际进销差价计算法是商品零售企业先计算出期末商品的进销差价，进而逆算已销商品进销差价的一种方法。这种方法的具体做法是：

第一步，期末由各营业柜组或门市部通过商品盘点，编制“库存商品盘存表”和“受托代销商品盘存表”。

第二步，根据各种商品的实存数量，分别乘以销售单价和购进单价，计算出期末库存商品的售价金额和进价金额及期末受托代销商品的售价金额和进价金额。

“库存商品盘存表”和“受托代销商品盘存表”一式数联，其中一联送交财会部门，复核无误后，据以编制“商品盘存汇总表”。

期末商品进销差价、已销商品进销差价的计算公式如下：

期末商品进销差价=期末库存商品售价金额−期末库存商品进价金额+

期末受托代销商品售价金额–期末受托代销商品进价金额

已销商品进销差价=结账前商品进销差价账户余额–期末商品进销差价

例 4-11　华光商厦采用实际进销差价计算法，2×21 年 12 月 31 日根据各营业柜组的库存商品盘存表和受托代销商品盘存表编制商品盘存汇总表，如表 4-4 所示。

表 4-4　商品盘存汇总表

部门：服装组　　2×21 年 12 月 31 日　　金额单位：元

营业柜组	库存商品售价金额	库存商品进价金额	受托代销商品售价金额	受托代销商品进价金额	商品进销差价
服装组	138 300	104 832.5	38 000	28 785.7	42 681.8
百货组	134 600	102 888.2	20 000	15 284.6	36 427.2
办公家具组	128 900	96 262.7	0	0	32 637.3
合　　计	401 800	303 983.4	58 000	44 070.3	111 746.3

服装组、百货组、办公家具组结转前商品进销差价账户余额分别为 80 865 元、71 501 元和 66 158 元，计算本期已销商品进销差价如下：

服装组已销商品进销差价=80 865–42 681.8=38 183.2（元）

百货组已销商品进销差价=71 501–36 427.2=35 073.8（元）

办公家具组已销商品进销差价=66 158–32 637.3=33 520.7（元）

根据计算的结果，会计处理如下：

借：商品进销差价——服装组　　38 183.2
　　　　　　　　——百货组　　35 073.8
　　　　　　　　——办公家具组　　33 520.7
　贷：主营业务成本——服装组　　38 183.2
　　　　　　　　　——百货组　　35 073.8
　　　　　　　　　——办公家具组　　33 520.7

实际进销差价计算法计算的结果准确，但计算的工作量很大，适用于经营商品品种较少的商品零售企业，或商品零售企业需要反映其期末库存商品实际价值时采用。

在实际工作中，为了做到既简化计算手续，又准确地计算已销商品进销差价，往往在平时采取分柜组差价率推算法，到年末采用实际进销差价计算法，以保证整个会计年度会计处理资料的准确性。

我国现金流量管理的手段偏重于事后分析，而缺乏事中的控制，特别是事前的预测和安排，所以，企业实践中对现金流量的管理存在着严重的滞后性和被动性。大型商业零售企业激烈竞争的结果是同一区域内大型零售商竞相打出降价牌，把利润降到最低限度。激烈的价格战大大降低了企业盈利水平。忽视现金流管理的目标使企业丧失“造血”功能，大量依靠外来“输血”来维持企业日常经营。大型商业零售企业可以采取以下措施管理现金流量。

（1）强化现金流预算管理。现金流量预测的目的是确保大型商业零售企业在特殊情况下有足够的资金使用或以可接受的成本筹集到足够的现金。为此，预算编制部门必须做好以下工作：首先要对企业的全面经营活动有所了解，要积极参与，要和各部门加强信息沟通。通过各种渠道做出与预测相关的计划和资金使用情况说明，非常准确地了解公司的动向和把握公司宏观的资金计划。其次是进行准确可行的编制预算。准确编制预算，即现金流预算指标要具有可操作性，这个预算要保证现金流的渠道畅通，合理安排现金收支，及时反映现金的盈缺情况，然后对企业的整个运营情况量入为出。根据企业年度销售目标预算材料支出和人工成本以及营销费用，确保经营现金流的流入。

（2）加强现金流入管理。首先是提高盈利能力及质量。利润是大型商业零售企业在一定会计期间的经营成果，提高盈利能力，可以在很大程度上保证现金流的稳定增长。而盈利能力的增长主要来自两个方面，一是提高收入，二是降低成本。选择良好的投资项目，使其适销对路，扩大市场占有率，提高商品销售收入。

其次是强化筹资管理。合理利用现有的相关筹资方式和渠道，强化筹资管理。在大型商业零售企业的经营管理中有很多方面需要资金的筹集，如筹集资本金、偿还债务、调节资本结构、扩大生产规模等。筹集零售企业的铺底资金，除了国家扶持和银行贷款，可以利用连锁店的商誉和知名度，发行股票和债券吸收社会闲散资金，也可以采用职工入股的形式筹措资金，提高职工的积极性，还可以设立内部银行，调剂总部和分店资金，提高资金利用率。

（3）严格现金支出管理。采取统收统支方式集中管理现金。统收统支方式是指大型商业零售企业的现金收付活动都集中在财务部门，各分支机构或子公司不单独设立银行结算账户，现金流入流出的批准权高度集中在企业授权人员手中。同时，完善信用管理和付款制度。大型商业零售企业深入了解其供应商，定期对供应商进行检查，了解各供应商对付款期限的要求，分析哪些供应商可能要求尽快付款，哪些供应商可能允许逾期付款，然后根据供应商的不同特点来调整自己的支付速度。大型商业零售企业应充分利用供应商所给予的信用期，并不定期地对付款进度进行检查，以确认每笔款项都按预定时间进行支出。

4.3 零售商品储存

商品储存、商品购进及商品销售是相互联系、相互制约的三个环节。商品零售企业若要使商品流通正常进行，满足市场的需求，就需要保持适当的商品储存。由于采用售价金额核算法进行会计处理，所以需要加强对库存商品的管理和监督，以保护企业财产的安全。

商品储存的会计处理，包括商品的调价、削价、内部调拨、盘点溢缺以及库存商品明细分类会计处理等内容。

4.3.1 商品调价的会计处理

商品调价是商品零售企业根据市场供需状况或国家物价政策，对某些正常商品的价格进行适当的调高或调低。

由于售价金额核算法平时不计算商品的数量，所以，商品零售企业在规定调价日期的前一天营业结束后，由核价人员、财会人员会同营业柜组对调价商品进行盘点。按照实际库存数量，由营业柜组填制“商品调价差额调整单”一式数联，其中一联送交财会部门。财会部门复核无误后，将调价差额全部体现在商品经营损益内。

对商品调价的会计处理，一般按照如下方式进行：

（1）发生调高售价金额时，借记“库存商品”账户，贷记“商品进销差价”账户。

（2）发生调低售价金额时，借记“商品进销差价”账户，贷记“库存商品”账户。

例 4-12 中兴商厦根据市场情况将羊毛衫从 2×21 年 4 月 1 日起调整零售价，服装组经过盘点后，编制商品调价差额调整单，如表 4-5 所示。

表 4-5 商品调价差额调整单

填报部门：服装组　　2×21 年 4 月 1 日　　金额单位：元

品　　名	盘存数量（件）	零售单价		调整单价差额		调高金额	调低金额
		新价	原价	增加	减少		
男羊毛衫	900	198	220		22		19 800
女羊毛衫	1 120	180	200		20		22 400
合　　计							42 200

财会部门收到服装组转来的商品调价差额调整单，会计处理如下：

借：商品进销差价——服装组　　42 200

　贷：库存商品——服装组　　42 200

4.3.2 商品削价的会计处理

商品削价是商品零售企业对库存中呆滞、冷背、残损、变质的商品所做的降价处理。

商品零售企业由于采购过量会造成商品呆滞积压，或因运输不慎、保管不妥等，而使商品发生残损变质等情况，影响商品内在和外观的质量。为了减少商品损失，根据商品呆滞积压情况或残损变质的程度，按照规定的审批权限，报经批准后进行削价处理。

残损变质商品削价时，一般由有关营业柜组盘点数量后，填制“商品削价报告单”，一式数联，报经有关领导批准后，进行削价处理。

商品削价的会计处理需区分库存商品是采用进价记账还是采用售价记账。库存商品采用售价记账的企业，其“库存商品”账户是按含税零售价进行会计处理的，所以该账户包括进价成本、进销差额和增值税销项税额三个部分。对商品削价的会计处理，一般按照如下情形进行。

（1）商品削价后不含增值税的新售价高于其可变现净值时，根据削价减值金额借记“商品进销差价”账户，贷记“库存商品”账户，以调整其账面价值。

（2）商品削价后不含增值税的新售价低于其可变现净值时，除了根据削价减值金额，借记“商品进销差价”账户，贷记“库存商品”账户，调整其账面价值，还应计提存货跌价准备。

例4-13 2×21年3月30日，中兴商厦服装组发现400件中档男休闲装的式样已陈旧，其原零售单价为190元，经批准削价为135.6元，该中档男休闲装每件进价为142元。估计销售费用为3元，增值税税率为13%，计算其可变现净值如下：

中档男休闲装削价后不含增值税售价=135.6×400÷（1+13%）=48 000（元）

中档男休闲装可变现净值=48 000–（3×400）=46 800（元）

中档男休闲装可变现净值低于成本的差额=142×400–46 800=10 000（元）

（1）根据削价减少的售价金额调整其账面价值，会计处理如下：

借：商品进销差价——服装组　　21 760

　贷：库存商品——服装组　　21 760［（190–135.6）×400］

（2）同时，根据可变现净值低于存货成本的差额计提存货跌价准备，会计处理如下：

借：资产减值损失——存货减值损失　　10 000

　贷：存货跌价准备　　10 000

（3）假设已销售削价的中档男休闲装300件，收入现金40 680元，会计处理如下：

借：库存现金　　40 680

　贷：主营业务收入——服装组　　36 000

　　应交税费——应交增值税（销项税额）等　　4 680

（4）同时，结转其销售成本，会计处理如下：

借：主营业务成本——服装组　　40 680

　贷：库存商品——服装组　　40 680

（5）转销其计提的存货跌价准备，会计处理如下：

借：存货跌价准备　　7 500（10 000×3/4）

　贷：主营业务成本　　7 500

如果库存商品采用进价记账，则不涉及“商品进销差价”账户的会计处理。发生削价时按不含税新售价和成本价的差额计提存货跌价准备，借记“资产减值损失”，贷记“存货跌价准备”。削价商品售出时按进价结转成本，同时结转“存货跌价准备”。

4.3.3　商品内部调拨的会计处理

商品内部调拨是指商品零售企业在同一独立核算单位内部各实物负责小组之间的商品转移，具体表现为：各营业柜组或门市部之间为了调剂商品余缺所发生的商品转移；或设有专职仓库保管员，对在库商品单独进行会计处理和管理的企业，当营业柜组或门市部向仓库提取商品时，所发生的商品调拨转移。

商品内部调拨不作为商品销售处理，也不进行结算，只是转移各实物负责小组所承担的经济责任。在调拨商品时，一般由调出部门填制商品内部调拨单一式数联，调出部门在各联上签章后，连同商品一并转交调入部门。调入部门验收无误后，在调入部门处签章，表示商品已收讫，然后调入和调出部门各留一联，作为商品转移的凭证，另一联转交财会部门入账。商品内部调拨，在会计处理时借记调入部门库存商品的明细分类账户，贷记调出部门库存商品的明细分类账户，“库存商品”账户的总额保持不变。采取分柜组差价率推算法分摊已销商品进销差价的企业，还要相应调整“商品进销差价”账户。

例 4-14　2×21 年 3 月 10 日，万通商厦饮食服务部从食品组调入商品，食品组填制商品内部调拨单，如表 4-6 所示。

表 4-6　商品内部调拨单

调入部门：饮食服务部　　　　金额单位：元

品　　名	计量单位	数量	零售价格		购进价格		商品进销差价
			单价	金额	单价	金额	
雀巢咖啡	瓶	150	50	7 500	37.6	5 640	1 860
咖啡伴侣	瓶	150	25	3 750	18.8	2 820	930
巧克力饼干	盒	240	12	2 880	9	2 160	720
合　　计				14 130		10 620	3 510

借：库存商品——饮食服务部　　14 130

　贷：库存商品——食品组　　14 130

采取分柜组差价率推算法分摊已销商品进销差价的企业，还要将商品进销差价转账，会计处理如下：

借：商品进销差价——食品组　　3 510

　贷：商品进销差价——饮食服务部　　3 510

4.3.4 商品盘点短缺和溢余的财税处理

商品零售企业对库存商品采取售价金额核算法进行会计处理时，库存商品明细分类账一般按营业柜组或门市部设置，平时只反映和掌握各营业柜组或门市部商品进、销、存的售价金额，而不反映和掌握各种商品的结存数量。因此，需要通过商品盘点，逐项计算出各种商品的售价金额及售价总金额，再和当天“库存商品”账户余额进行核对，进而了解和控制各种商品的实存数量，确保账实相符。通过商品盘点，可以检查商品的保管情况，如果发现商品残损变质，则及时采取措施，改进商品保管方法，从而减少商品损失。通过商品盘点，还可以为企业决策部门了解和掌握商品库存结构状况、制订最佳进货计划提供依据，促使企业合理使用资金，以保证商品零售企业商品流通的正常进行。

商品零售企业要严格遵守和执行商品盘点制度，根据规定，每个月至少进行一次定期的全面盘点。在发生部门实物负责人调动、企业内部柜组调整、商品调价等情况时，可根据具体需要，进行不定期的全面盘点或局部盘点，以加强对库存商品的管理。

商品盘点发生账实不符时，营业柜组或门市部填制“商品盘点短缺溢余报告单”一式数联，其中一联报送领导审批，一联送交财会部门作为记账的依据。

商品盘点短缺或溢余是以商品的售价金额来反映的，在“商品盘点短缺溢余报告单”中，还需要将其调整为进价金额。财会部门在商品短缺或溢余原因尚未查明前，将短缺或溢余商品的进价金额先转入“待处理财产损溢”账户，以确保账实相符，等原因查明后，再根据具体情况转入各有关账户。

1. 库存商品盘盈的会计处理和税务处理

商品零售企业清查盘点中发现的库存商品盘盈，按该商品的市价或同类、类似商品的市场价格确定其实际成本，记入“待处理财产损溢”账户，经批准后冲减管理费用。

根据《企业所得税法实施条例》第二十二条的规定，企业取得的资产溢余收入属于《企业所得税法》第六条规定的“其他收入”，计入应纳税所得额。具体税务处理，可以参阅3.3.2 节的相关内容。

例 4-15 某商品零售企业在财产清查中盘盈库存商品 100 件，商品进价 100 元，商品售价 120 元，经查属于商品收发计量方面的错误。

会计处理如下：

借：库存商品	12 000	
贷：待处理财产损溢——待处理流动资产损溢		10 000
商品进销差价		2 000
借：待处理财产损溢——待处理流动资产损溢	10 000	

贷：管理费用　　10 000

相关链接 4-2　商品零售小企业存货盘盈的会计处理

根据《小企业会计准则》的规定，商品零售小企业盘盈存货，计入营业外收入。

2. 库存商品盘亏的会计处理和税务处理

商品零售企业在清查盘点中发现的库存商品盘亏或毁损，其相应的成本及不可抵扣的增值税进项税额，记入“待处理财产损溢”账户。经批准处理时，将盘亏数额减去有过失人或者保险公司等赔款和残料价值后，属于自然灾害造成的，计入当期营业外支出，属于其他情况的，计入管理费用。

《增值税暂行条例》第十条规定：“非正常损失的购进货物的进项税额不得从销项税额中抵扣。”《增值税暂行条例实施细则》第二十一条规定：“非正常损失是指生产、经营过程中正常损耗外的损失，包括自然灾害损失，因管理不善造成货物被盗窃、发生霉烂变质等损失，其他非正常损失。”因此，属于一般纳税人的商业企业对于盘亏损失属于非正常损失的，相应进项税额不得抵扣，须进行进项税额转出处理。对于正常损耗造成的存货盘亏，其进项税额允许抵扣，无须进行转出处理。

《企业所得税法实施条例》第三十二条规定，企业在生产经营活动中发生的存货的盘亏、毁损、报废损失准予在计算应纳税所得额时扣除。财政部、国家税务总局《关于企业资产损失税前扣除政策的通知》（财税〔2009〕57 号）规定，对企业毁损、报废的存货，以该存货的成本减除残值、保险赔款和责任人赔偿后的余额，作为存货毁损、报废损失在计算应纳税所得额时扣除。企业因存货盘亏、毁损、报废、被盗等原因不得从增值税销项税额中抵扣的进项税额，可以和存货损失一起在计算应纳税所得额时扣除。具体税务处理，可以参阅 3.3.2 节的相关内容。

例 4-16　某商品零售企业在财产清查中盘亏库存商品售价 5 000 元，库存商品进价 4 000 元，经查属于保管员责任，已向其索赔 1 000 元，其余部分原因不清，经批准计入营业外支出。

相应会计处理如下：

借：待处理财产损溢——待处理流动资产损溢　　4 520
　　商品进销差价　　1 000
　贷：库存商品　　5 000
　　　应交税费——应交增值税（进项税额转出）等　　520
借：其他应收款　　1 000

营业外支出　　　　　　　　　　　　　　　　　　　　　　3 520

贷：待处理财产损溢——待处理流动资产损溢　　　　　　　　　　4 520

相关链接 4-3 商品零售小企业存货盘亏的会计处理

根据《小企业会计准则》的规定，商品零售小企业盘亏存货发生的损失，计入营业外支出。这样一来，就不像《企业会计准则》规定的那样，计入管理费用。

第5章

商品零售的会计实务（二）

商业业态是指针对特定消费者的特定需要，按照一定的战略目标，有选择地运用商品经营结构、店铺位置、店铺规模、店铺形态、价格政策、销售方式、销售服务等经营手段，提供销售和服务的类型化经营形态。商业业态亦称“零售业态”。零售业的经营形态或销售形式，主要包括百货店、超级市场、大型综合超市、便利店、专业市场（主题商城）、专卖店、购物中心和仓储式商场等，这是零售业长期演化和革命性变革的结果。根据经营活动中的不同要素，如选址、规模、店铺设施、商品策略、价格策略、销售的技术手段及提供附加服务等进行组合，以区别不同的业态。由不同的经营形态和销售形式构成各种零售业态。

2010年版的《零售业态分类》将零售业态分为16类，总体上可划分为有店铺零售和无店铺零售。有店铺零售包括百货商场、超市、便利店、购物中心、仓储超市等；无店铺零售包括电视购物、邮购、网上商店等。不管是何种业态，每个商业经营主体都要面对产业链中的上下游企业战略合作模式的选择，具体来说就是商场业主和品牌供应商之间经营合作模式的选择。本章主要介绍百货商场、超市、连锁经营、网络销售等业态及线上线下商品促销的会计处理。

目前，商品促销活动形式多样，最常见的促销形式如图5-1所示，归纳起来不是打折就是送礼。无论哪种促销活动，都可能会涉及商品原销售价格的变动或数量变动，从而引起会计收入和计税收入的计量差异。

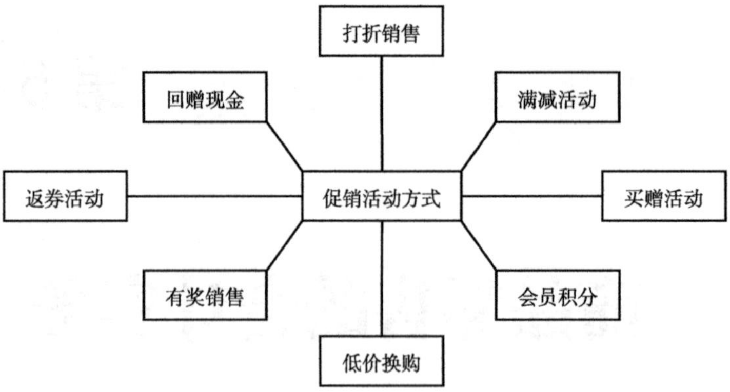

图 5-1　商品的促销方式

5.1　百货商场

百货商场和供应商之间的经营合作模式大致可分为四类：自营、代销、联营和租赁。

租赁经营模式是指百货商场作为出租方，将其部分店面出租给品牌供应商，供应商以自营店铺或柜台的方式经营，包括装修、存货和收银。租赁经营模式下供应商须单独办理分支机构工商和税务登记，而百货商场作为业主只提供相应的物业管理，并按供应商店铺或柜台销售额的一定比例收取租金。租赁经营业务不涉及商品销售的会计处理。为此，本节重点介绍自营、代销、联营的会计处理。

5.1.1　自营经营模式下的会计处理

自营是指商场从各品牌供应商处购进商品，在未销售前已获得商品的所有权，并纳入其库存管理，商场自己定价，并根据季节变化安排打折促销以处理过季旧货。该模式下未售出的商品不能退回供应商。

例 5-1　2×21 年 4 月 15 日，联华百货商场自营某服饰，从甲公司购进男装 100 件（含税单价 1 130 元），甲公司代垫运费 2 180 元，已验收入库。

（1）购进商品。联华商场收到甲公司的商品及商品销售发票和垫付的运输费发票，假设商场以收到商品验收入库后作为存货的入账时间。

借：库存商品——男装	102 000	
应交税费——应交增值税（进项税额）	13 180	
贷：应付账款——甲公司		115 180

（2）与供应商结算，付款日付款。

借：应付账款——甲公司	115 180	
贷：银行存款		115 180

（3）销售商品。商场自营模式基本上采取统一收银方式，会计人员根据商场收银系统每日汇总信息，核对系统销售数据和银行收账记录后，通过销售系统将数据导入会计处理系统。

（4）计提存货跌价准备。过季商品一般采取打折销售，有时会低于成本，因此，在资产负债表日，存货要按照成本与可变现净值孰低计量。

例 5-2　承例 5-1。2×21 年 2 月，联华商场 4 月 15 日购进的男装有 50 件过季，需要打至二折才能售出，此时存货的单位可变现净值为 200 元［1 130×0.2÷（1+13%）］，即 50 件存货的总可变现净值为 10 000 元，相比其原账面价值 51 000 元减值 41 000 元。

借：资产减值损失　　41 000
　贷：存货跌价准备　　41 000

5.1.2　代销经营模式下的会计处理

受托代销是指受托方（百货商场）按照委托方（供应商）的要求销售委托方的商品，并收取手续费（扣点）的经营活动。代销商品在销售前所有权归供应商，卖不出去的存货可以退还给供应商。代销商品无须计提存货跌价准备。

根据代销商品收货单，按商场规定的含税零售价，借记“受托代销商品”账户；按不含税接收价，贷记“受托代销商品款”账户；按两者的差额，贷记“商品进销差价”账户。

“受托代销商品”是资产类账户，用以核算企业接受其他单位委托代理出口的商品和代销的商品。百货商场收到其他单位代理出口商品或代销商品时，记入借方，代理出口商品发运后或代销商品销售后，结转其成本时，记入贷方。余额在借方，表示委托代理出口商品或代销商品的结存额。

“受托代销商品款”是负债类账户，用以核算企业接受代理出口商品和代销商品的货款。企业收到代理出口商品或代销商品时，记入贷方；代理出口商品或代销商品销售时，记入借方。余额在贷方，表示尚未销售的代理出口商品或代销商品的数额。

代销商品售出时，百货商场按含税零售价，借记“银行存款”账户，贷记“主营业务收入”账户。定期向供应商开出代销清单，根据代销清单转销受托代销商品成本，借记“主营业务成本”账户，贷记“受托代销商品”账户。收到供应商开来的增值税专用发票，借记“应交税费——应交增值税（进项税额）”（或“应交税费——待认证进项税额”等）账户，按已销售商品的不含税接收价，借记“受托代销商品款”账户，同时按供应商开具的增值税专用发票上的价款和税款之和，贷记“应付账款”账户。支付代销商品款时，借记“应付账款”账户，贷记“银行存款”账户。月末计算并结转代销商品的销项税额时，借记“主营业务收入”账户，贷记“应交税费——应交增值税（销项税额）”（或“应交税费——待转销项税”“应交税费——简易计税”等）账户。月末计算分摊代销商品的进销差价，调整受托代销商品成本时，借记“商品进销差价”账户，贷记“主营业务成本”账户。

例 5-3 北京京华百货商场为增值税一般纳税人，增值税税率为 13%，2×21 年 4 月接收代销甲商品 4 000 件，含税接收价为 22.6 元/件，不含税接收价为 20 元/件。商场规定该商品的含税零售价为 28.25 元/件。

北京京华百货商场的会计处理如下。

接收代销商品时：

借：受托代销商品　　113 000

　贷：受托代销商品款　　80 000

　　　商品进销差价　　33 000

商品销售时（销售代销商品和自营商品共计货款 65 000 元）：

借：银行存款　　65 000

　贷：主营业务收入　　65 000

月末商品全部售完时［根据各部、组填报的代销商品分户盘存计销表所列代销商品销售 2 400 件，向供应商开出代销清单，共计货款 54 240 元（2 400×22.6）。一方面索要增值税专用发票，另一方面转销其销售成本］：

借：主营业务成本　　67 800（2 400×28.25）

　贷：受托代销商品　　67 800

在实际工作中，自营商品和代销商品不易区分，可以把“受托代销商品”账户作为“库存商品”的二级账户处理。这样，在月末结转代销商品进销差价时，不必区分是代销商品还是自营商品。如果将“受托代销商品”作为“库存商品”的二级账户，则会计处理如下。

借：主营业务成本　　67 800

　贷：库存商品——受托代销商品　　67 800

收到供应商开来的增值税专用发票时（增值税专用发票列明：销售货款 48 000 元，增值税额 6 240 元）：

借：受托代销商品款　　48 000

　　应交税费——应交增值税（进项税额）等　　6 240

　贷：应付账款　　54 240

支付代销商品款时：

借：应付账款　　54 240

　贷：银行存款　　54 240

月末计算并结转代销商品销项税额时（假设本月包括代销商品销售在内的价税金额为 440 000 元）：

应计销项税额=440 000÷（1+13%）×13%=50 619（元）

借：主营业务收入　　　　　　　　　　　　　　　　50 619

　贷：应交税费——应交增值税（销项税额）等　　　　　　50 619

月末计算分摊代销商品进销差价时（由于“商品进销差价”不分自营商品和代销商品，所以，已销代销商品和自营商品应一并分摊进销差价，经计算，本月“综合差价率”为30.45%）：

应分摊的进销差价=440 000×30.45%=133 980（元）

借：商品进销差价　　　　　　　　　　　　　　　133 980

　贷：主营业务成本　　　　　　　　　　　　　　　　133 980

对于“受托代销商品”和“受托代销商品款”的列示方法有两种：一种是在计算存货项目时加上“受托代销商品”的期末借方余额，同时扣除“受托代销商品款”的期末贷方余额。这样一加一减的结果实质上是在资产负债表中未留下代销商品的任何“痕迹”，掩盖了部分会计信息，特别对于受托业务较多的百货商场，会造成其披露的信息不充分、不完整。另一种是百货商场将“受托代销商品”作为一项资产列示，将“受托代销商品款”作为一项负债列示。这种方法的缺陷也非常明显，对于同一件商品，供应商和百货商场同时作为自己的资产进行列示，显然虚增了资产总额，并且受托代销商品的控制权并未转移给百货商场，依据实质重于形式的会计信息质量要求，其不属于百货商场的资产，“代销商品款”也不属于百货商场的负债。

百货商场为代销商品发生的运费、装卸费、检验费、保管费、广告费、保险费、商品损耗支出等，有两种会计处理方法。

（1）根据代理协议由百货商场负担，会计处理方法和自营商品相同，费用发生后，直接记入百货商场的“销售费用”“管理费用”账户。

（2）根据代理协议，由供应商负担。

① 在佣金代理方式下，费用发生时：

借：其他应收款

　贷：银行存款

收回代垫费用时：

借：银行存款

　贷：其他应收款

② 在购销代理方式下，费用发生时：

借：应付账款

　贷：银行存款

结算货款时，直接从“应付账款”中扣除代垫费用。

对于代理业务在税法上只承认是“视同买断”的形式，而不承认收取手续费的形式，因此，对代理销售货物的行为，要征收增值税。

5.1.3 联营经营模式下的会计处理

联营模式是指经销商负责联系货源，组织进货，并达到百货商场要求的保底销售额，百货商场提供销售的经营场所，销售活动由百货商场统一管理，开具商场发票，商品的销货款由百货商场统一收取的一种经营模式。

随着市场竞争的加剧，百货商场迫切需要加快自身资金周转速度，提高资金使用效率。一方面，商场希望尽可能减少资金占用，另一方面，供应商希望扩大销售量，抢占市场份额，因此产生了联营商品经营方式。其基本流程如下。

（1）选择合作方。百货商场在市场分析的前提下，综合考虑商品品牌、质量、口碑及价格等各方面因素后选择意向商品供应商，然后进行谈判确定，并签订联营合同，确定合作双方权利和义务关系，明确联营商品的种类、规格、保底销售额、收益分成比例以及货款结算方式等事项。对百货商场来说，商品供应商的选择适当与否直接决定其联营商品经营效益，而对供应商来说则直接决定其营销战略的成败。

（2）商品销售。商品进驻商场场地后，百货商场只提供门面货架和商品仓库，商场此举的目的不是想获得出租货架和仓库的租金，而是想获得联营商品的销售额分成。供应商要派人负责联营商品的运送、保管和销售等日常活动，相应的费用由供应商承担，这一点和百货商场受托代销商品不同。商品销售后由百货商场统一收取货款。

（3）联营对账。一般情况下，百货商场于每月月末汇总当期全部商品销售额，并和供应商对账，以确保联营商品销售数量和销售额准确无误。

（4）计算百货商场留利和供应商返款。联营商品销售额核对无误后，百货商场根据联营合同约定的比例计算应返还供应商的款项。

（5）结算联营商品销售款。确定百货商场和供应商分别应得销售款项金额后，百货商场须在合同约定的时间内向供应商支付返还款。

百货商场根据联营协议中约定的销售额抽点比例来确定商场自身和各经销商的销售收入份额。经销商按应享有的销售收入份额为商场提供增值税专用发票，作为和商场结算的凭据，商场记为进货成本，并抵扣进项税。联营模式和自营模式在会计处理方面最大的区别点是，百货商场不需要占用自己的资金组织进货，没有真正意义上的库存，节约了库存商品管理的成本，因此不需要设置“库存商品”账户。联营方式下，所有商品的购进、储存、销售都由供应商负责，商场负责销售场所的管理和商品销售后货款的结算工作。另外，计算机使用比较普遍，借助软件完全可以满足商场单品进行会计处理的需求，因而，联营通常不采用售价金额会计处理法，而是直接核算和供应商结算的进货成本，不设置“商品进销差价”账户，月末也不进行进销差价的分摊，大大简化了会计处理。联营模式下，商场先销售，后结算。在商场和供应商签订联营协议时，说明商场和供应商联营合作关系已存在，商场核算联营商品销售后应和供应商结算的价款及可以抵扣的进项税，但商场在货款结算之前，没有取得供应商提供的增值税专用发票，不能直接确定商品的增值税进项税额。

1. 联营返点及其税务处理

“联营扣点”或“联营返点”是一种在供应商和百货商场之间进行的经营合作方式。尽管其运作形式很多，但从实质上讲，主要有三种基本模式。

（1）百货商场给供应商提供柜台或者其他经营场所，百货商场仅在供应商的商品入店时进行核查和登记数量，统计其销售价格，销售和收款等经营活动都由供应商自己负责。供应商的商品销售结束后，百货商场按一定的比例，计算收取柜台或者其他经营场所的租金。

（2）双方的业务运行流程和上述相同，但在租金的收取上，百货商场实行“保底定额加扣点（返点）”或“定额与扣点孰高确定租金”的形式，即百货商场出租柜台或者其他经营场所时，先收取一定数额的租金，期末再根据供应商的销售额计算收取一定的租金；或者先行确定一个定额基数，如果期末按销售额乘以一个商定的比例（扣点）计算出来的结果小于先行确定的基数，供应商则按先行确定的基数向商场支付租金，如果根据扣点计算的结果高于基数，供应商则按扣点计算的结果支付租金。

（3）商场给供应商提供柜台或者其他经营场所，百货商场在供应商的商品入店时不核查和登记数量，供应商派人参与商品的销售，但销售活动由商场统一管理，商品销售的款项也由商场统一收取。供应商的商品销售结束后（或者双方约定一个结算期间），百货商场按一定的比例，计算收取柜台或者其他经营场所的租金。

在（1）和（2）两种模式下，百货商场所取得的租金收入应通过“其他业务收入”账户进行会计处理。

对于模式（3），其运行活动是一种代销行为，即“联营扣点”或“联营返点”的实质是一种代销行为。从百货商场的角度来看，商场为厂商完成了销售的过程，商品销售成为商场销售收入的组成部分，从业务合同（形式）上看，商场取得的收入是场地使用权价值的实现，而从实际经济运行过程（内容）上看，百货商场取得的收入是商品销售的差价，也就是商品在流转环节的增值额。对于这样的经营业务，商场按销售收入额计算缴纳增值税。

例如，某大型零售商场按最终销售价格计算合计 6 500 万元的货物，供应商取得该商场的返还款 5 100 万元（增值税专用发票也是按此开具的），共收取进场费和宣传费 120 万元。该商场应就其 6 500 万元和返还款 5 100 万元的差额 1 400 万元缴纳增值税 182 万元。

同时应就 1 400 万元和 120 万元缴纳企业所得税。

2. 联营业务的会计处理

由于经营品种繁多、交易次数频繁，百货商场为简化会计处理、减少工作量，主要采用售价金额核算法核算商品流通业务。其会计处理过程归纳如下。

（1）日常会计处理。销货凭证由商品供应商配备的销售人员填写，一式三联，消费者持销货凭证去商场的收银台付款，经收银员盖有“付讫”字样的销货凭证分别由顾客、收银员和专柜销售人员各执一联，专柜销售人员凭此凭证发货。收银员每日终了汇总当日全部收款记录并编制收款汇总表，和留存的销货凭证和实收款项核对无误后交给商场的出纳汇总核对，出纳将全天的所有款项送存开户银行。出纳再根据收银员交来的相关资料分柜组编制销货日报表和销售人员的实物台账进行核对，核对无误后由销售人员签字、盖章确认。会计根据销货日报表和收款汇总表等原始凭证进行确认收入的会计处理，借记“银行存款”或“应收账款”账户，贷记“主营业务收入”账户。

（2）每月月末会计处理。百货商场编制销售收入月汇总表并和销售人员核对，审核无误后据此计算增值税销项税额并进行会计处理，借记“主营业务收入”账户，贷记“应交税费——应交增值税（销项税额）”（或“应交税费——待转销项税”“应交税费——简易计税”等）账户。商场编制联营商品返款明细表并和商品供应商核对，审核无误后补做商品购进入库业务的会计处理，借记“库存商品”账户，贷记“应付账款”账户。同时，结转主营业务成本，借记“主营业务成本”账户，贷记“库存商品”账户。

（3）每月月初会计处理。百货商场根据核对无误的款项结算单办理结算，借记“应付账款”账户，贷记“银行存款”账户，并根据商品供应商开来的增值税专用发票补记增值税进项税额，借记“应交税费——应交增值税（进项税额）”（或“应交税费——待认证进项税额”等）账户，贷记“商品进销差价”账户。同时，计提城市维护建设税、教育费附加，借记“税金及附加”账户，贷记“应交税费——应交消费税、应交城市维护建设税、应交教育费附加”账户。

例 5-4 联华百货商场和供应商丙公司以联营方式销售女士皮包，双方商定以销售额的 25%为扣点。

① 商品进场时。商场只通过其信息管理系统和中央收银系统记录供应商的销售额。

② 销售商品时。假设联华商场通过其收银系统记录到丙公司 2×21 年 2 月销售女士皮包共计收入 56 000 元。商场形式上做商品销售处理。这时，发生的和丙公司直接相关的费用，如银行 POS 刷卡手续费、清洁费等，商场会以综合管理费的形式向丙公司收回该部分成本。

借：银行存款　　　　　　　　56 000

贷：主营业务收入 49 557.52［56 000÷（1+13%）］

应交税费——应交增值税（销项税额）等

6 442.48［56 000÷（1+13%）×13%］

同时根据协议扣点（25%）计算销售成本：

借：主营业务成本 37 168.14［56 000×75%÷（1+13%）］

应交税费——应交增值税（进项税额）等

4 831.86［56 000×75%÷（1+13%）×13%］

贷：应付账款——丙公司 42 000（56 000×75%）

同时计算收取综合管理费（假设为销售款的 2%）：

借：应付账款——丙公司 1 120

贷：其他业务收入 1 056.6［56 000×2%÷（1+6%）］

应交税费——应交增值税（进项税额）等

63.4［56 000×2%÷（1+6%）×6%］

③ 与丙公司结算。销售次月，双方对账无误后，丙公司开出金额为 42 000 元的增值税发票给商场，同时商场开出 1 120 元的服务费发票给丙公司，然后把 40 880 元支付给丙公司。

借：应付账款——丙公司 40 880

贷：银行存款 40 880

④ 存货的跌价准备。商场不对联营商品记账，因此也不计提跌价准备。

在联营商品经营方式下，百货商场一般是不进行赊销的，这也保证了销售资金的及时回收。百货商场不仅不需要将大量的资金积压在商品上，避免了资金周转不畅现象的出现，而且可以保证百货商场实现预期的经营成果。

3. 联营商品促销的会计处理和税务处理

（1）直接打折促销。打折是最传统、最常见的促销方式。按税法规定，折扣销售的税务处理，关键看销售额和折扣额是否在同一张发票上注明。税法规定：纳税人采取折扣方式销售货物，如果销售额和折扣额在同一张发票上分别注明的，则按折扣后的销售额征收增值税。纳税人采取折扣方式销售货物，销售额和折扣额在同一张发票上分别注明是指销售额和折扣额在同一张发票上的“金额”栏分别注明的，可按折扣后的销售额征收增值税。未在同一张发票“金额”栏注明折扣额，而仅在发票的“备注”栏注明折扣额的，折扣额不得从销售额中减除。如果将折扣额另开发票，那么不论会计上如何处理，计税时均不得从销售额中减除折扣额。

这种促销方式的会计处理相对比较简单，入账金额按扣除商业折扣后的金额确定。降价、特价促销方式的会计处理与此类似。

例 5-5 云龙百货商场的专柜都是以签订联营合同的方式经营的，抽成率为 20%。商场举办让利活动，将甲品牌的商品打九折销售，某顾客购买了标价为 1 200 元的商品，支付了 1 080 元现金；将乙品牌的商品按满 300 元减 60 元销售，某顾客购买了标价为 1 280 元的商品，支付了 1 040 元现金。抽成率不变，销售额和折扣额在同一张发票上分别注明，商场各柜组销货款统一由收银台收取，商场和各供应商均为增值税一般纳税人，增值税税率为 13%，商品的标价为含税价。

① 云龙百货商场和供应商签订联营协议时，没有促销约定，按各专柜的标价和抽点比例计算出与供应商的结算额，会计处理如下：

借：受托代销商品——甲品牌　　960
　　　　　　　　——乙品牌　　1 024
　贷：受托代销商品款——甲品牌　　960
　　　　　　　　　　——乙品牌　　1 024

② 云龙百货商场实现销售时，根据销售发票确定增值税销项税额：［1 080/（1+13%）］×13%+［1 040/（1+13%）］×13%=243.9（元）。

借：银行存款　　2 120
　贷：主营业务收入——甲品牌　　955.75
　　　　　　　　　——乙品牌　　920.35
　　　应交税费——应交增值税（销项税额）等　　243.9

③ 甲、乙品牌促销，云龙百货商场按实销现货和联营协议的扣点比例和供应商进行了货款结算。

借：受托代销商品款——甲品牌　　864（1 080×80%）
　　　　　　　　　——乙品牌　　832（1 040×80%）
　贷：银行存款　　1 696

④ 云龙百货商场取得了供应商依据结算款开具的增值税专用发票。商场以经销商提供的增值税专用发票作为进货成本，进行进项税抵扣。

借：主营业务成本——甲品牌　　764.6
　　　　　　　　——乙品牌　　736.28
　　应交税费——应交增值税（进项税额）等　　195.12
　贷：受托代销商品——甲品牌　　864
　　　　　　　　　——乙品牌　　832

⑤ 冲销联营协议确定的结算款和促销实际结算款的差额。

借：受托代销商品款——甲品牌　　96

——乙品牌 192

贷：受托代销商品——甲品牌 96

——乙品牌 192

（2）返券促销。返券促销是指为刺激消费者进行大额购买，在顾客购买了一定金额的商品后，百货商场给予顾客一定金额的返利券。例如，百货商场“满 100 元送 80 现金券”的活动等就属于此类促销方式。

采用返券的促销方式，只是百货商场给予消费者在再次消费时的一种折扣承诺。百货商场在收回返利券后开票时只要在发票上注明商品总价和收取现金以及回收的返利券金额（折扣额），其实质仍然是打折销售，符合税法在同一张发票上注明销售额和折扣额的规定，可以按照实际收入计税。

在联营商品返券促销过程中，百货商场和各供应商之间的往来都和分类会计处理密切相关。在联营商品返券促销过程中，顾客可能在第一次买了某专柜的商品后，再用获得的购物券购买另一专柜的商品，这就出现了不同专柜对销售额和折扣额的分配问题。

在促销活动结束后百货商场首先计算出当期促销活动的总折扣率，计算公式如下：

当期促销活动的总折扣率=当期促销活动的总现金收入（含刷卡转账收入）÷当期促销活动的总销售额（含回收的返利券收入）

百货商场再按当期促销活动的总折扣率将折扣额在各专柜之间进行分摊，计算出各专柜的实际销售折扣，然后用各专柜的总销售额（现金和回收的返利券合计）扣除分配给各专柜的实际销售折扣后的金额入账。

如百货商场和供应商事前约定由供应商承担一定比例的返券促销金额，则当期促销活动的总折扣率的计算公式如下：

当期促销活动的总折扣率=［当期促销活动的总现金收入（含刷卡转账收入）+按约定比例厂家对返券促销承担的金额］÷当期促销活动的总销售额（含回收的返利券收入）

此外，联营经营模式下，百货商场的促销活动如会员奖励积分、满额即减、满额即赠等，都属于商场的一种让利行为，均可以比照上述方法进行会计和税务处理。

百货商场的返券行为是一种赠送行为，但不同于无偿赠送行为。根据《合同法》的规定，无偿赠送的财产有瑕疵，赠送人不承担责任。而顾客用返券购买的商品如果出现了质量问题，商场则需要承担相应的责任。因此，返券销售不能视同销售计算增值税，而是比照商业折扣，按实际销售收入计算增值税。为了反映购物券的发放和收回，并且考虑会计信息质量的谨慎性要求，设置“合同负债”账户，在送赠券时，百货商场将归属赠券的货款计入“合同负债”，待使用赠券消费时冲减合同负债，同时确认收入。

消费者在一个柜台购买商品后，很可能用返还的购物券在另一柜台消费，可见，返券销售不同于商业折扣，各柜组销售必然存在着联系，百货商场为了和各柜组进行货款结算，需要将销货现款在涉及现金和购物券交易的柜组之间进行分割。

例 5-6 云龙百货商场五一期间举行联营专柜全场“满 300 元送 238 购物券”的返券促销活动，购物券由商场统一赠送，对联营专柜按含券销售额结款，抽成率由原来的 20%提高至 45%。各柜组都收取返还的购物券，假设顾客消费 1 146 元购入甲品牌的商品，返还 714 元购物券，顾客恰好用购物券购买了 714 元乙品牌的商品。商场和各供应商均为增值税一般纳税人，增值税税率为 13%，商品的标价为含税价。此例为返利券和所购商品金额相同。

① 签订联营协议时，云龙百货商场按各专柜的售价和抽点比例计算出和供应商的结算额，会计处理如下：

甲品牌柜组分割的销货款=（1 146+714）×55%×1 146/（1 146+714）=630.30（元）

乙品牌柜组分割的销货款=（1 146+86）×55%×714/（1 146+714）=392.70（元）

借：受托代销商品——甲品牌　　630.30

　　　　　　　　——乙品牌　　392.70

　贷：受托代销商品款——甲品牌　　630.30

　　　　　　　　　　——乙品牌　　392.70

② 云龙百货商场销售商品并发放购物券时：

借：银行存款　　1 146

　贷：主营业务收入　　382.3[（1 146–714）÷（1+13%）]

　　应交税费——应交增值税（销项税额）等

　　　　49.7[（1 146–714）÷（1+13%）×13%]

　　合同负债　　714

③ 云龙百货商场收回购物券时：

借：合同负债　　714

　贷：主营业务收入　　631.86

　　应交税费——应交增值税（销项税额）等　　82.14

④ 活动结束，商场和各品牌柜组结算货款。收银台只收取了 1 146 元的现金，而对于云龙百货商场而言，卖出去 1 860 元商品，按照 45%的抽成率，联营专柜结算款为 1 023 元（1 860×55%），其中现金为 630.3 元（1 146×55%）。云龙百货商场需要将 630.3 元现金按两柜组销售商品的公允价值比例在两柜组之间进行分割。

在联营协议中约定，商场对联营专柜按含券销售额结款，因此实际支付给各专柜的现款少于联营协议中约定的结算款，两者之间的差额冲销各品牌的成本。

借：受托代销商品款——甲品牌　　630.30

——乙品牌　　392.70

贷：银行存款　　　　　　　　630.30

主营业务成本——甲品牌　　　241.97[392.70×1 146/（1 146+714）]

——乙品牌　　　150.73[392.70×714/（1 146+714）]

⑤云龙百货商场各品牌柜组开出税票时：

借：主营业务成本——甲品牌　　　　557.79

——乙品牌　　　　347.52

应交税费——应交增值税（进项税额）等　　117.69

贷：受托代销商品——甲品牌　　　　630.30

——乙品牌　　　　392.70

例 5-7　承例 5-6，假设用购物券购买零售价为 800 元的乙品牌商品，又多消费了 86 元现金，收银台共收取 1 232 元现金。此例为返利券小于所购商品金额。活动结束，销货现款分割过程如下：

甲品牌柜组分割的销货款=（1 146+86）×55%×1 146/（1 146+800）=399.04（元）

乙品牌柜组分割的销货款=（1 146+86）×55%×800/（1 146+800）=278.56（元）

借：受托代销商品款——甲品牌　　630.30

——乙品牌　　440（392.70+86×55%）

贷：银行存款　　　　　　　　677.60（630.30+86×55%）

主营业务成本——甲品牌　　　231.26[392.70×1 146/（1 146+800）]

——乙品牌　　　161.44[392.70×800/（1 146+800）]

其余会计处理同例 5-6。

例 5-8　承例 5-6，假设用购物券购买零售价为 700 元的乙品牌的商品，剩余 14 元的购物券不再消费，收银台共收取 1 146 元现金。此例为返利券大于所购商品金额。活动结束，销货现款分割过程如下：

甲品牌柜组分割的销货款=1 146×55%×1 146/（1 146+700）=391.29（元）

乙品牌柜组分割的销货款=1 146×55%×700/（1 146+700）=239.01（元）

借：受托代销商品款——甲品牌　　630.30

——乙品牌　　385（392.70−14×55%）

贷：银行存款　　　　　　　　630.30

主营业务成本——甲品牌　　　239.01[385×1 146/（1 146+700）]

——乙品牌　　　145.99[385×700/（1 146+700）]

活动结束，消费者弃用 14 元的购物券，冲减合同负债，同时确认销售收入。

借：合同负债　　　　　　　　　　14

贷：主营业务收入　12.39

　　应交税费——应交增值税（销项税额）等　1.61

其余会计处理同例 5-6。

满额立减又称“满减”，是指当消费达到一定金额时，在原价基础上减免一部分价款的促销方式。因销售额和满减额在同一张销售发票上反映，在会计处理上视同“商业折扣”，所以“满减”称得上是折扣促销的一种变式。

“加 1 元多一件”是指顾客购买某指定商品时，加 1 元可多得一件产品的促销模式。这种销售方式，“多一件”付出了相应的价格，属于折价购买，因此，只要销售额和折扣额在同一张发票上分别注明的，可按折扣后的销售额征收增值税。

“赠送”返利券实际上只是百货商场的一种促销手段，是商场以顾客消费一定金额的商品为前提，以告示顾客的折扣比例（或限额）为标准给予顾客的折扣额，所以，这种行为从本质上讲是折扣销售，是百货商场为了鼓励顾客再次前来购物而采取的促销手段，不能定性为“赠送”。

所得税税法虽然没有明确返利券的列支渠道，但在《所得税税前扣除办法》准予企业所得税税前扣除的项目中，没有支付给顾客返利券或购物券等内容，所以，支付给顾客的返利券不得从所得税税前扣除。商场给予顾客的折扣额没有在同一张发票上注明，不仅不可以扣减销售收入计交增值税和所得税的问题，而且不可以将折扣额计入销售费用税前扣除。

5.2　超市

连锁经营超市是我国的重要流通形式，其在商流和物流方面开通了新的流通渠道和运作方式。连锁超市的主要经营商品为食品和日常消费品，具有数量大、种类多、购买频繁等特点，其产品的价格也相对比较敏感。通过低价来吸引众多消费者是连锁经营超市的主要经营目标。

5.2.1　超市供应商货款的结算方式

超市能给各供应商提供一个销售其商品的场所，其销售的各种商品一般情况下无须超市外出采购，而是由供应商送货上门。依据各供应商所售商品货款的结算方式，超市供应商分为以下三种：

（1）经销商品的供应商。经销商品的供应商是依据其商品的送货数量予以结算，即供应商送多少货，超市就付多少款。经销商品的供应商依据付款时间的不同又分为现款结算和账期结算两种。现款结算指供应商送货后，超市依据送货数量及合同约定的价格付款，该类供应商所送的商品多为紧俏商品或名牌商品；账期结算指供应商送货后不当即付款，而是对一个期间（30 天、45 天或 60 天不等）内的送货按合同约定的价格集中付款。经销商品的售价由超市决定。

（2）代销结算的供应商。代销结算的供应商是依据其商品一个期间（账期结算，账期有 30 天、45 天、60 天不等）内的销货数量按合同约定的价格集中付款。该种结算方式下超市对代销供应商所送的货并不全部付款，只对在超市销售的部分按合同价格付款。所以代销不会占用超市资金，而经销商品如采购商品出现滞销，就会占用超市资金。

（3）联营结算的供应商。超市对供应商所售商品的进货数量、进价、售价一般不予干涉，而只是按其售价的一定比例提取扣点，即依据其一个期间内的销货金额，按合同约定扣率扣除后予以付款。

例如，一服装供应商在合同约定的账期内共销售 3 万元，合同约定扣率 20%，结算时超市和该供应商的结算金额是 2.4 万元［3×（1–20%）］。该种结算方式和经销、代销结算方式的不同之处在于：经销、代销结算方式的商品的售价由超市决定，而联营结算方式的商品的售价由供应商决定。

5.2.2　超市发售购物卡的会计处理

《中华人民共和国增值税暂行条例》及其实施细则规定，销售货物或者应税劳务的，增值税纳税义务发生时间为收讫销售款项或者取得索取销售款项凭据的当天；先开具发票的，为开具发票的当天。其中，采取直接收款方式销售货物，不论货物是否发出，均为收到销售款或者取得索取销售款凭据的当天；采取预收货款方式销售货物，为货物发出的当天。

从 2011 年 8 月 1 日开始，纳税人生产经营活动中采取直接收款方式销售货物，已将货物移送对方并暂估销售收入入账，但既未取得销售款或取得索取销售款凭据也未开具销售发票的，其增值税纳税义务发生时间为取得销售款或取得索取销售款凭据的当天；先开具发票的，为开具发票的当天。

在实践中，超市确认销售收入和申报纳税的主要依据不是开出的发票，而是 POS 机实际收到的货款数额。一般超市不主动给顾客开具发票，如果顾客购物后需要发票，则凭 POS 机打出的小票要求开票。

办理购物卡的客户通常会在交费办卡时要求开具发票。虽然这种情况形式上符合“先开具发票的，增值税纳税义务发生时间为开具发票的当天”这一规定，但考虑到超市经营的实际特征，将这部分款项作为“合同负债”进行会计处理，实际确认收入和纳税义务成立时点仍以 POS 机确认收到款项为准，即税法所称“采取预收货款方式销售货物的，销售货物或者应税劳务的纳税义务发生时间为货物发出的当天”。

这种处理方式存在一定的财务和税收征收管理漏洞，需要超市加强管理，并和主管税务机关取得一致认识。对发票的开具以及所有已开具的发票都应该严格控制和管理，谨防恶意虚开发票情况，避免不良后果发生。

5.2.3 超市进销的会计处理

超市采用进价金额会计处理法，同时反映售价信息，改变了以往传统零售业采用的售价金额会计处理法。这一方面简化了会计处理程序，另一方面保留了售价金额会计处理法的优点。

1. 超市进货的会计处理

（1）账户设置。

①“应付账款”账户。超市供应商的录入由采购人员在物流系统上录入，然后由物流系统将供应商信息导入账务系统，而超市购买资产、接受劳务未付款项的单位由财务部门在账务系统录入。在“应付账款”账户下设置了“资产供应商”和“商品供应商”两个二级账户；为反映超市供应商所供商品进货、销货、结存及货款结算情况，在二级账户“商品供应商”下增设了“商品结算户”“商品进货户”两个三级账户。

②“资产供应商”明细账户。核算超市购买资产、接受劳务应付未付的款项。

③“商品供应商（商品进货户）”明细账户。贷方核算经销、代销供应商送货总额，借方核算供应商的销售金额（所售商品的合同价），每月底将供应商的销售金额由该账户借方转入“商品供应商（商品结算户）”明细账户的贷方，该账户余额反映供应商送货未销售库存商品成本。

④“商品供应商（商品结算户）”明细账户。该账户贷方反映供应商的销售金额（所售商品的合同价），借方核算超市付款金额。对代销、联营供应商结算后该账户余额应为零；经销商品供应商结算后该账户余额应为借方余额，和“商品供应商（商品进货户）”明细账户的贷方金额应相等。

⑤“库存商品”账户。超市设置“经销库存商品”“联营库存商品”两个二级账户，核算经销商品进货及联营商品进货。

⑥“受托代销商品”账户。核算超市代销商品进货。

（2）会计处理。

① 经销商品进货的处理。

借：库存商品——经销库存商品

　　贷：应付账款——商品供应商（商品进货户）

② 代销商品进货的处理。

借：受托代销商品

贷：应付账款——商品供应商（商品进货户）

③ 联营商品的处理。请参照“5.1.3 联营经营模式下的会计处理”部分。

2. 超市销售的会计处理

超市的收款方式有现金、支票、银联卡、储值卡（超市内部发行）、代金券（超市内部发行）。

为便于会计处理，“银行存款”账户下除按开户行设置二级账户外，增设“支票”“银联卡”两个二级账户。具体处理程序是：超市收银员收款时，依据顾客的交款方式，在 POS 机上选择收款方式（现金、储值卡等），下班时填写收银员交款单，将款项连同交款单上交会计部，收款人员收款时和物流系统记录的每位收款员的收款金额及收款项目逐一核对，相符后签字确认，并将实际收款金额录入系统。收款人员收款后将收银员交款单及款项交给处理收入的会计，处理收入的会计人员将收银员交款单和物流系统逐一复核，生成收入凭证。

借：库存现金——营业现金（实际收取金额）

　　银行存款——支票（按收到支票的票面金额）

　　　　　　——银联卡（按收到顾客签字的银联回单）

　　合同负债——储值卡（按收到顾客签字的银联回单）

　　　　　　——代金券（按收到代金券的票面金额）

　　营业外收入——收银长短款（实际收取金额和贷方差额）

　贷：主营业务收入——收银差异（系统生成尾差）

　　　　　　　　——代销（系统生成）

　　　　　　　　——联营（系统生成）

　　　　　　　　——经销（系统生成）

（1）处理收入的会计将现金、支票存入银行时：

借：银行存款——××银行

　贷：库存现金——营业现金

　　　银行存款——支票

（2）处理收入的会计将现金转给出纳时：

借：库存现金——出纳现金

　贷：库存现金——营业现金

（3）收到银行转来的银联进账单时：

借：银行存款——××银行（进账单金额）

　　财务费用——手续费（按进账单金额计算）

贷：银行存款——银联卡

3. 销售成本结转

销售收入每天依据收银员交款单进行结转处理，月底结转销售成本，同时将各经销、代销供应商已售商品成本从“应付账款——商品供应商（商品进货户）”账户转入“应付账款——商品供应商（商品结算户）”账户，并倒挤“联营库存商品”。

借：主营业务成本——联营
　　　　　　　　——经销
　　　　　　　　——代销
　贷：库存商品——联营库存商品
　　　　　　　——经销库存商品
　　　　　　　——受托代销商品
借：库存商品——联营库存商品
　　应付账款——商品供应商——商品进货户——经销
　　　　　　　　　　　　　　　　　　　　——代销
　贷：应付账款——商品供应商——商品结算户——联营
　　　　　　　　　　　　　　　　　　　　　——经销
　　　　　　　　　　　　　　　　　　　　　——代销

对连锁超市来说，促销费用直接关系到商品的利润，是重要的变动的期间费用。促销费用是超市为了开拓市场、扩大销售、提高销售量等而额外提供给市场运作的专项资金。超市期望通过促销得到更大的利润，但是促销搞得很成功，利润没有变化，这是没有做好促销费用的会计处理和控制的结果。连锁超市对促销费用的控制也采取了很多措施，严格控制促销费用的发生，如连锁超市的限货量、限门店、赠品置换等。

5.2.4 鲜活商品的会计处理

超市经营零售商品中有一些属于农副业生产的鲜活商品，包括鱼、肉、禽、蛋、蔬菜和瓜果等商品。这些鲜活商品自身所具有的特点，决定了其会计方法尽可能采用进价金额核算法。

1. 鲜活商品的特点

鲜活商品在经营过程中，容易腐烂变质，经常会发生质量等级的变化。一般需要对其进行清选整理，分等分级；鲜活商品售价变动频繁，随时需要调整零售价格，因此会产生早晚不同的时价；鲜活商品交易较频繁，而且数量零星；鲜活商品季节性较强，一般大批进货，零星出售，购买力集中。

2. 鲜活商品的会计处理方法

鲜活商品的特点决定了其会计处理难以控制其售价和数量。如果采用售价金额核算法进行会计处理，那么每发生一次商品数量变动或售价调整都需要盘点库存商品以核实商品数量。因此，为了简化会计处理，通常采用进价金额核算法进行会计处理。但是对于那些质量比较稳定、等级差别不大，而且无须随时调整售价的商品，也可采用售价金额核算法进行会计处理。一般情况下，超市采用“进价记账、盘存计销”和“进价记账、售价控制”的进价金额核算法。鲜活商品的会计处理方法和售价金额核算法的区别是，超市向营业柜组交付商品时需要按进价记账，营业柜组售出商品交回货款时，只需反映主营业务收入，不随时注销已销商品成本，待到月末盘点商品时，按最后进价计算库存商品余额，再计算并结转已销商品进价成本。

（1）“进价记账、盘存计销”的主要内容。“进价记账、盘存计销”是指以进价总金额控制实物负责人或柜组经营商品进、销、存情况的一种会计处理方法。其会计处理特点是：商品购进后，登记按实物负责人设置的库存商品明细账，只记进价金额，不记数量。商品销售后，超市按照实际取得的销售收入，贷记“主营业务收入”账户，平时不结转商品销售成本，定期对鲜活商品进行实地盘点，查明实存数量，用倒挤的方法计算并结转商品销售成本。具体会计处理要求如下。

1）“库存商品”账户的总分类账和明细分类账设置时，需要按商品大类或营业柜组设置，只记金额，不记数量。如果营业上需要掌握数量的商品，则设置备查账簿。

2）商品购进时，超市按进价金额记入“库存商品”账户。对于在商品购进过程中，发生的正常溢余或损耗，一般以增减商品损耗处理，列入“销售费用”等账户。

3）商品销货收入。按每天发生的销售金额，记入“主营业务收入”账户。在销售过程中发生的一般损耗、等级变化及售价调整等，会计部门不做会计处理。如果发生事故损失，则及时查明原因，并按规定及时批准处理。

4）月末，采用以存计销方法计算已销商品进价。先实地盘点库存商品，按原进价或最后一次进价计算出库存商品进价总金额，再倒挤商品销售成本。计算公式为：

本期商品销售成本=期初结存商品金额+本期收入商品金额−
本期非销售发出商品金额−期末结存商品金额

（2）“进价记账、售价控制”的主要内容。为弥补“进价记账、盘存计销”进价金额核算法进行会计处理的不足，加强鲜活商品的会计处理和管理，可以在采用“进价记账、盘存计销”方法的同时，辅之以售价控制。其会计处理如下。

1）会计部门仍采用进价金额记账，月末倒挤成本，但需要对各实物小组实行售价控制。

2）购进鲜活商品时，由业务部门填制“商品内部调拨单”按售价拨给营业柜组实物负责人直接验收。

3）鲜活商品销售后，应按实收金额列入商品销售收入。

4）每天营业终了，各营业柜组需要进行商品盘点，计算出本日应销商品金额。计算公式为：

本日应销商品金额=（昨日库存数量+本日进货数量–本日存货数量）×单价（含税）

5）将应销金额和实销金额进行核对。如有不符，则应及时查明原因。

6）按计算公式，计算出已销商品的进价，并计算出当日的已销商品成本和毛利，填制“鲜活商品核算日报表”。鲜活商品核算日报表如表 5-1 所示。

表 5-1　鲜活商品核算日报表

填制单位：　　　　　　　　年　月　日　　　　　　　　金额单位：元

<table>
<tr><th rowspan="2">品名规格</th><th rowspan="2">摘要</th><th colspan="2">昨日存货</th><th colspan="2">本日供货</th><th colspan="2">本日存货</th><th colspan="3">本日应销</th><th rowspan="2">备注</th></tr>
<tr><th>数量</th><th>金额</th><th>数量</th><th>金额</th><th>数量</th><th>金额</th><th>数量</th><th>售价</th><th>金额</th></tr>
<tr><td></td><td></td><td></td><td></td><td></td><td></td><td></td><td></td><td></td><td></td><td></td><td></td></tr>
<tr><td></td><td></td><td></td><td></td><td></td><td></td><td></td><td></td><td></td><td></td><td></td><td></td></tr>
<tr><td>合计</td><td></td><td></td><td></td><td></td><td></td><td></td><td></td><td></td><td></td><td></td><td></td></tr>
<tr><td rowspan="2">销售记录</td><td>本日应销</td><td colspan="2">本日实销</td><td colspan="2">本日溢余</td><td colspan="2">本日损耗</td><td colspan="2">销售成本</td><td>销售毛利</td><td>毛利率</td></tr>
<tr><td></td><td></td><td></td><td></td><td></td><td></td><td></td><td></td><td></td><td></td><td></td></tr>
</table>

小知识　超市收取柜台租金是否承担纳税义务

某超市属于增值税一般纳税人。最近，超市为搞活经营，将部分农产品销售柜台出租给个人承包，收取租金。超市收取租金业务是否承担纳税义务？

按照《税收征收管理法实施细则》第四十九条规定，承包人或者承租人有独立的生产经营权，在财务上独立进行会计处理，并定期向发包人或者出租人上缴承包费或者租金的，承包人或者承租人就其生产、经营收入和所得纳税，并接受税务管理。但是，法律、行政法规另有规定的除外。

《增值税暂行条例实施细则》第七条又规定，纳税人兼营非增值税应税项目的，应分别核算货物或者应税劳务的销售额和非增值税应税项目的营业额。未分别核算的，由主管税务机关核定货物或者应税劳务的销售额。超市出租柜台收取租金的行为属于非增值税应税项目，按照上述规定执行。

相关链接 5-1 超市内部控制和财务管理流程的完善

1. 完善超市的内部控制管理制度

在超市财务管理流程中，须注重内部控制的应用，根据制衡性、全面性原则，严格依照内部控制的要求，做好财务管理工作。同时，有机融合业务流程、权责分配及部门设置等三方面内容，并使其相互之间形成制约和监督，从而加强企业内部控制。首先，注重规范自身流程，以控制关键岗位为前提，将流程中的业务经办工作与会计记录、稽核审批、授权批准等职务相分离。根据 ERP 系统，规范特别授权的范围，设置各流程操作人员权限，从而严格控制特别授权，完善内部控制制度。其次，加强财产保护控制，企业财务部门要定时盘点库存商品，并仔细核实账目。针对核实中出现的差异问题，要及时寻找责任人，并仔细分析原因，然后向管理层上报，由管理层做出决策。最后，制定层级权限，加强仓库管理人员责任意识，做好仓库管理工作，并完善仓库管理制度，对各个部门设置层级分明的权限，严格控制未授权人员接触资产。另外，在部门专业绩效考核中融入资产保护控制流程，要求相关人员遵守规章制度，并制定奖惩措施，根据考核结果，对不合格人员进行降级、调岗或辞退等处罚，提高其竞争意识。

2. 完善超市的财务管理职能和流程

超市以内部控制规范为基础，落实各项财务管理流程，并完善各部门财务管理职能。首先，对资金管理人员进行严格的职责分工，避免相互推诿责任或出现舞弊行为。实现提现人员与业务操作人员之间的岗位职责分离，使员工或部门之间相互监督、相互制约。另外，关于第三方支付账户，在注册用户名时，零售业应严格把关，设立专业邮箱，确保资金的准确性。同时，在资金管理体系中融入第三方支付账户，做到日清月结，确保资金的安全性。其次，根据商品零售企业自身特性，结合市场经济发展，科学合理地设置会计账户，为资金核算提供有效依据。规范结账操作或会计处理方法，充分发挥财务管理工作的作用。最后，在制定预算目标时，做好预算工作的前期准备，如预测进行广告和促销所用的资金或进行市场调研，从而选取合适的预算编制方法。同时，做好预算目标的指标分解，加强预算管理制度，并正确选择预测起点，满足经营战略目标要求。另外，加强预算执行的监督与考核，发挥财务管理工作的预算职能。通过各部门之间的交流沟通，了解预算执行情况，掌握财务信息监控情况，分析差异原因并提出改进措施，进行正确的预算决策。

相关链接5-2 连锁超市的税收监管难点和对策

问题一：会计处理资料高度集中，征管难。大部分超市属连锁经营，有的还是全国连锁，会计处理高度集中，一般核算地都设在总部，账簿、凭证、供货合同等原始资料均在总部统一保管。而税务部门执行的是属地管理为主。

对策：加强对连锁超市的增值税管理。一是重点理顺大型超市、连锁经营户的增值税管理方式，对超过小规模标准的要严格按照一般纳税人的管理规范实施管理。二是认真加强增值税防伪税控系统的运行和管理，加强认证、报税管理。三是积极推行增值税一般纳税人“一机多票”工作。

加强对连锁超市的所得税管理。防止总分机构之间、超市和供应商之间利用税收规避筹划，逃避或减少总公司或各分公司的企业所得税。

问题二：税基难监控。一是一些超市为了达到少缴税的目的，以销售小票或信用卡凭证代替普通发票；二是超市电脑收银机尚未纳入税控管理，容易产生漏洞；三是大型超市发票使用不规范。目前，国税部门对大型超市发售卷筒票，但这种票无存根，超市可以随意打印。相当一部分超市大量使用自制的小票，造成超市收支在税收监控体系之外循环。

对策：加大商品销售的控管力度。切实加强税控装置的推广力度，所有业务必须通过税控收款机开票，所有销售收入数据必须进入税控存储。在税控收款机中添加能准确记录超市经营情况的“税控黑匣子”，这样无论超市销售出去的货物是否开具发票，税控收款机都能自动存储其销售额。税控收款机的密码由税务机关掌握，税务机关按月将超市存储的信息和其申报的信息进行比对，确保超市销售收入的准确性。

问题三：商品损耗难以核实。在连锁超市企业，生鲜商品贬值、变质的情况时有发生，但相关部门没有规定将其作为一定的合理损耗。目前连锁超市在结转生鲜商品销售成本时一般都采用倒挤成本法。这种成本结算方式，实际上是将生鲜商品非正常损耗计入了生鲜商品销售成本，没有对生鲜商品的非正常损耗进行单独会计处理，对这一部分的进项税额也就没有做转出处理，而且人为调节生鲜商品的销售成本，影响盘点表的真实性。

对策：加强对商品损耗的管理。首先，统一商品损耗率标准。目前各超市对商品损耗的处理不尽相同，而且由于超市经营种类繁多，各大类商品损耗情况较为复杂，建议统一测算超市各大类别商品的正常损耗率，制定和规范商品损耗率标准。其次，加强生鲜商品损耗的检查。可按照下列公式测算被评估企业的生鲜商品损耗值：

生鲜商品损耗值=期初生鲜商品库存+本期生鲜商品购进−本期生鲜商品销售收入×

（1–生鲜商品平均毛利率）–期末生鲜商品盘点数

问题四："店中店"难区分。很多有一定规模的超市将柜台或部分场地租赁给其他经营者自主经营，税务机关无法区分哪些是租赁经营的，哪些是超市经营的。租赁给其他经营者自主经营的经营收入没有通过超市的商业管理软件记录，形成税收管理的"真空地带"。

对策：加强对"店中店"的定期检查。建立大型连锁超市出租柜台或经营场地向税务机关备案制度。税务机关可采取明察暗访等形式重点对大型连锁超市内的品牌专卖或特色商品专营柜台和场地进行实地评估。

问题五："代币券"难控管。"代币券"即超市发行的货币代用卡和会员卡等，多数超市对代币券这部分收入存在迟记现象，企业将这部分收入先挂在往来账上，造成税款滞纳。

对策：加强普通发票的日常管理和监督。税收管理员定期对商业超市 POS 机的收银数据、上传数据、申报数据进行分析、评估，对商业超市 POS 机机打发票的使用情况进行抽查、核对，掌握其真实情况。

5.3　连锁经营

连锁经营是一种通过对若干商品零售企业共同经营产生规模经济效应的流通方式，主要体现为集中采购、统一配送、规范化管理和分散销售。商业连锁企业的主要经营活动是购入货物和销售货物，没有生产制造过程，因此其存货主要是购入待销售的商品，也包括为经营而准备的自身耗用的材料物资。连锁经营包括直营连锁（或正规连锁）、特许连锁（或加盟连锁、契约连锁）、自愿连锁（或自由连锁）等管理形式。

5.3.1　连锁经营企业种类及其会计处理方式的选择

直营连锁，又称正规连锁，是连锁经营企业最为基本的组织形式，其他的组织大多是从这种方式演化而来的。直营连锁的总部对商品零售企业的控制力度较高，各门店的人力、物力和财力都是在总部的控制下进行运营、流通的。

特许连锁，又称加盟连锁，即各商品零售企业是以加盟店的方式和总部达成契约进行连锁经营的组织形式。在这种连锁方式下，总部拥有先进的技术和管理经验，通过特许经营方式建立连锁经营体系，并将其丰富的技术经验传授给各加盟店，相应地收取一定比例的费用。

自愿连锁，又称自由连锁，是指在龙头企业的统领下，各商品零售企业通过资源加盟的方式组成经营联合体。顾名思义，在这种连锁形式下，各加盟店的经营自主权较大，经营的收益和成本属于自愿连锁企业的所有者，仅使用系统的运作技术和龙头企业的品牌等专有信息。

根据企业的规模、经营范围以及总部对各商品零售企业控制程度的不同，连锁经营企业在进行会计处理时可以采用两种方式：独立会计处理方式和统一会计处理方式。

独立会计处理方式的主体分别是总部和各商品零售企业，前者进行部分统一的会计处理，后者进行相对独立的会计处理。在这种会计处理方式下，总部和商品零售企业都要设置独立的会计机构。首先，总部对各零售店进行投资而具有经济关系，总部将其作为“长期股权投资”进行会计处理，各零售店在收到投资时将其作为“实收资本”进行会计处理。其次，在经营过程中，总部负责所有商品的采购、配送工作，总部按内部商品价格进行结算，并根据配送数量和价格开具增值税专用发票或普通发票；各零售店根据发票内容相应地增加存货。最后，在月末时，各零售店要计算并结转当期经营成果，编制财务会计报告，上缴利润；总部根据各零售店的财务报告和上缴利润编制合并财务报表。

统一会计处理方式的主体是总部。总部通过将商品零售企业的经营活动进行汇总，实行统一的会计处理。总部会计机构在进行会计处理时，会对基层的商品零售企业的经营成果进行考核，根据经营业绩相应地确定他们的劳动报酬，并设立备用金制度，其额度根据各商品零售企业的需要而定。各商品零售企业实行报账制，并没有单独设立会计机构，只需要设立一名会计人员，负责对商品零售企业的业务活动设置部分会计账簿，并核算本部门的营业收入和营业费用，将收入上缴总部，发放员工工资，并负责本部门备用的使用、保管工作。总部对本企业的所有经济资源和经营活动拥有控制权，对商品进行统一的采购和配送。在商品配送时，总部和各商品零售企业不需要进行增值税的计算，只需对库存商品的明细账户进行调整。各商品零售企业将开展经营活动的全部收入上缴总部，总部根据各商品零售企业的经营情况编制个别会计报表。

直营连锁形式下的连锁经营企业适合采用统一会计处理方式。连锁企业的总部对各商品零售企业的控制力度较大，负责分店所有的资产、负债和经营损益。直营连锁企业实行集中会计处理制，即采用统一的会计处理方式，有助于总部更好地对各商品零售企业进行监督、管理。在实践中，直营连锁企业的会计处理方式有两种模式：一是“总部—门店”方式。这种方式是指所有零售门店的账目全部并入总部账目，零售门店只是设置相应的辅助账目，以便定期和总部进行账目的核对。这种模式适用于处于同一地区或者城市、企业结构较为简单的直营连锁企业。二是“总部—地区总部—门店”方式。在这种方式下，地区总部将管辖内的所有门店的账目进行汇总，编制该地区的账目。各零售门店建立辅助账目，方便定期和地区总部进行账目核对。只有在年度末，企业总部才会将所有地区总部的会计报表进行合并，编制合并财务报表。在整个经营过程中，总部对各零售门店的资产、负债和损益实现信息化管理，商品在企业内部的转移按照进货价格进行会计处理。

特许连锁方式下的连锁经营企业通常采用独立会计处理方式。特许连锁方式下，各加盟店具备法人资格，但需要向其特许者即总部支付和生产经营相关的特许权使用费，并计入管理费用。特许者将收到的特许权使用费计入其他业务收入。由于加盟店不需要总部进行投资，所以其利润也不需要向总部上缴。因此，在这种情况下，加盟店有能力也有必要进行独立的会计处理。

自愿连锁方式下的连锁经营企业通常采用独立会计处理方式。自愿连锁的各个零售门店保留原有的资本所有权，具有很大的经营自主权。按照协议各零售门店支付给总部相应的服务费用，并计入管理费用。总部收到该费用后计入其他业务收入。总部和各零售门店的商品转移按照独立会计处理的企业进行进、销、存的会计处理。

5.3.2　连锁经营企业统一会计处理形式下具体业务的会计处理

（1）总店向分店拨付资金的会计处理。总店向分店拨付资金时，根据资金划拨单据，借记“备用金——某直营店”账户，贷记“银行存款”账户。

（2）商品统一采购业务的会计处理。总部根据商品采购增值税专用发票和转账通知单，借记“商品采购”“应交税费——应交增值税（进项税额）”（或“应交税费——待认证进项税额”等）账户，贷记“银行存款”账户。

（3）商品入库业务的会计处理。总部根据各分店转来的收货单，借记“库存商品——某直营店”或“库存商品——配送中心”账户，贷记“商品采购”“商品进销差价——某直营店”账户。

（4）商品纵向调拨业务的会计处理。总部根据配送中心转来的送货单和各分店转来的收货单，借记“库存商品——某直营店”账户，贷记“库存商品——配送中心”“商品进销差价——某直营店”账户。

（5）商品横向调拨业务的会计处理。总部根据分店之间的商品调拨单，借记“库存商品——调入分店”“商品进销差价——调出分店”账户，贷记“库存商品——调出分店”“商品进销差价——调入分店”账户。

（6）各分店成本费用的会计处理。各分店持费用发生时的原始凭证向总部报销时，总部借记“管理费用——某直营店（××费）”或“销售费用——某直营店（××费）”等账户，贷记“银行存款”账户。

（7）各分店经营成果的会计处理。各分店将定期汇总的销售收入有关原始凭证统一上缴总部时，总部借记“银行存款”账户，贷记“主营业务收入——某直营店”“应交税费——应交增值税（销项税额）”（或“应交税费——待转销项税”“应交税费——简易计税”等）账户。

5.3.3 连锁经营企业独立会计处理形式下具体业务的会计处理

（1）总店向分店拨付资金的会计处理。总部总店向分店拨付资金时根据有关转账付款凭证，借记“基层往来——某分店”账户，贷记“银行存款”账户。分店则在收到总店拨付的资金时，借记“银行存款”账户，贷记“总部往来”账户。

（2）总部商品统一采购业务的会计处理。因为连锁企业一般由总部统一采购，所以只涉及总部一方的会计处理，总部根据商品采购增值税专用发票和转账通知单，借记“商品采购”“应交税费——应交增值税（进项税额）”（或“应交税费——待认证进项税额”等）账户，贷记“银行存款”或“应付账款”账户。

（3）商品入库业务的会计处理。

1）配送中心和直营店商品入库业务的会计处理。总部根据配送中心和直营店转来的收货单，借记“基层往来——配送中心”“基层往来——某直营店”账户，贷记“商品采购”账户。直营店根据其填制的收货单，借记“库存商品”账户，贷记“总部往来”“商品进销差价”账户。配送中心根据其填制的收货单，借记“库存商品”账户，贷记“总部往来”账户。

2）加盟店商品入库业务的会计处理。由于加盟店不是总部直接投资设立的，总部统一采购的商品运到加盟店入库，应视同总部按内部调拨价销售给加盟店。总部根据内部调拨单和增值税专用发票按内部调拨价确认收入和销项税额，借记“基层往来——某加盟店”账户，贷记“主营业务收入”“应交税费——应交增值税（销项税额）”（或“应交税费——待转销项税”“应交税费——简易计税”等）账户；同时按统一采购价结转销售成本，借记“主营业务成本”账户，贷记“商品采购”账户。加盟店则视同按内部调拨价向总部购进商品，根据收货单和增值税专用发票，借记“库存商品”“应交税费——应交增值税（进项税额）”（或“应交税费——待认证进项税额”等）账户，贷记“总部往来”“商品进销差价”账户。

（4）纵向配送商品业务的会计处理。

1）向直营店纵向配送商品业务的会计处理。向直营店纵向配送商品业务的会计处理是所有权同属于总部的配送中心和直营店这两个独立会计处理主体之间商品的内部移库业务的会计处理。总部借记“基层往来——甲直营店”账户，贷记“基层往来——配送中心”账户；配送中心借记“总部往来——商品配送”账户，贷记“库存商品”账户；直营店借记“库存商品”账户，贷记“总部往来——商品配送”“商品进销差价”账户。

2）向加盟店纵向配送商品业务的会计处理。这是所有权属于总部的配送中心和不属于总部的加盟店的两个独立会计处理主体之间的商品销售业务的会计处理。

① 加盟店借记“库存商品”“应交税费——应交增值税（进项税额）”（或“应交税

费——待认证进项税额”等）账户，贷记“总部往来”“商品进销差价”账户。

② 配送中心借记“总部往来——商品配送”账户，贷记“库存商品”账户。

③ 总部借记“基层往来——乙加盟店”账户，按内部调拨价，贷记“主营业务收入”“应交税费——应交增值税（销项税额）”（或“应交税费——待转销项税”“应交税费——简易计税”等）账户，同时借记“主营业务成本”账户，贷记“基层往来——配送中心”账户。

（5）商品横向调拨业务的会计处理。

1）直营店向自营店商品调拨业务的会计处理。调出直营店，借记“总部往来——商品调拨”“商品进销差价”账户，贷记“库存商品”账户。调入直营店，借记“库存商品”账户，贷记“总部往来——商品调拨”“商品进销差价”账户。总部借记“基层往来——调入店”账户，贷记“基层往来——调出店”账户。

2）加盟店向加盟店商品调拨业务的会计处理。调出加盟店，借记“总部往来——商品调拨”“商品进销差价”账户，贷记“库存商品”“应交税费——应交增值税（进项税额转出）”（或“应交税费——待认证进项税额”等）账户。调入加盟店，借记“库存商品”“应交税费——应交增值税（进项税额）”（或“应交税费——待认证进项税额”等）账户，贷记“总部往来——商品调拨”“商品进销差价”账户。总部借记“基层往来——调入店”账户，贷记“基层往来——调出店”账户。

3）加盟店向直营店商品调拨业务的会计处理。

① 调出加盟店视同商品购进退货业务的会计处理，借记“总部往来——商品调拨”“商品进销差价”账户，贷记“库存商品”“应交税费——应交增值税（进项税额转出）”（或“应交税费——待认证进项税额”等）账户；调入直营店，借记“库存商品”账户，贷记“总部往来——商品调拨”“商品进销差价”账户。

② 总部视同销售退货业务的会计处理，借记“主营业务收入”“应交税费——应交增值税（销项税额）”（或“应交税费——待转销项税”“应交税费——简易计税”等）账户，贷记“基层往来——调出的加盟店”账户；同时借记“基层往来——调入的直营店”账户，贷记“主营业务成本”账户。

4）直营店向加盟店商品调拨业务的会计处理。

① 调出直营店，借记“总部往来——商品调拨”“商品进销差价”账户，贷记“库存商品”账户。

② 调入加盟店视同商品购进业务的会计处理，借记“库存商品”“应交税费——应交增值税（进项税额）”（或“应交税费——待认证进项税额”等）账户，贷记“总部往来——商品调拨”“商品进销差价”账户。

③ 总部视同商品销售业务的会计处理，借记“基层往来——调入的加盟店”账户，贷

记“主营业务收入”“应交税费——应交增值税（销项税额）”（或“应交税费——待转销项税”“应交税费——简易计税”等）账户；同时借记“主营业务成本”账户，贷记“基层往来——调出的直营店”账户。

（6）成本费用的会计处理。直营门店的销售成本、期间费用等损益类账户余额定期结转到总部，加盟门店的销售成本、期间费用等损益类账户余额无须结转到总部。

（7）经营成果的会计处理。加盟店独立会计处理的销售收入和销售成本无须结转到总部。但需要通过“总部往来”账户解缴营业款，总部扣除必要的费用后，其余部分为加盟店自由动用的金额。具体而言，总部扣除加盟店的款项中，必要的费用包括收取的商品调拨款、加盟店缴纳的加盟费、总部拨给加盟店的包装物费用等。

此外，总部和分店的费用的发生和会计处理可能不一致。有些分店经营费用，分店并不记录，而由总部记录。例如，分店如果是总部的直营店，其固定资产记录在总部的账簿中，那么相应的折旧也由总部进行会计处理。总部收到分店的收入后，将净收益用分店的折旧费用进行冲减并入账，这导致了分店账面净收益由于缺少折旧费用的冲减而偏高。和折旧性质类似的坏账损失也有同样的效果。以此类推，如果总店将某笔费用分配给分店负担，那么也做上述会计处理，即用分店上报的净收益减去其应负担的总店记录的费用，作为分店的净收益，总店将这些费用分担给分店一部分，能够真实反映总部和分店的真实经营业绩。

连锁企业在发展的同时面临一些成本控制问题：

一是连锁店面的租金高且持续上升成为阻碍成本控制的最大因素。零售业被认为是一种“选址”产业，连锁经营企业更是如此。店址的选择对连锁店铺的经营至关重要。然而，近年来店铺的租金节节攀升，特别是热门地区商业地产的租金更是高得让一般商家望而却步。而店铺选址往往成为连锁投资中最刚性的一部分，所占总投资的比重也往往是最重的一块，许多小型连锁企业的店面租金支出甚至超过人员工资，而这部分开支往往很难控制或者降下来，而且一些知名的连锁加盟企业对店面的面积、客流等要素有严格的规定。

二是人工劳动成本支出难以有效控制。连锁经营属于劳动密集型产业，因此这里面除去加盟费和门店租金成本外，最大的支出就是人工成本。而随着国家经济的快速发展，人民的生活水平不断提高，人均劳动报酬增长较快，这使连锁经营模式的劳动力成本节节攀升。而如果通过裁员增效的方式来缓解现状，又会导致客户需求得不到满足。

相关链接 5-3　连锁经营纳税处理方式

（1）直营连锁经营企业所得税纳税处理。根据《跨地区经营汇总纳税企业所得税征收管理暂行办法》（国税发〔2008〕28 号）、《跨省市总分机构企业所得税分配及预算管理暂行办法》（财税〔2008〕10 号）、《关于跨地区经营汇总纳税企业所得税征收管理若干问题的通知》（国税函〔2009〕221 号）和《关于跨地区经营汇总纳税企业所得税征收管理有关问题的通知》（国税函〔2008〕747 号）的有关规定，企业所得税实行“统一计算，分级管理，就地预缴，汇总清算，财政调库”的办法。这一办法所关涉的纳税程序，对汇总纳税的直营连锁企业来说，相比增值税直接由总店纳税的简单程序，不仅过程烦琐，而且计算复杂，会计处理工作量大，门店分布区域越多，涉及的税务和会计人员越多，增加了纳税人的纳税成本，征税效益极低。

（2）直营连锁经营企业内部调拨商品物资缴纳的增值税。根据《增值税暂行条例实施细则》规定，设有两个以上机构并实行统一会计处理的纳税人，将货物从一个机构移送其他机构用于销售的，视同销售货物，缴纳增值税，货物移送当天为纳税义务发生时间。直营连锁由总店统一纳税，会计上由总店统一会计处理，货物由总店采购和配送，而门店一般不具有法人主体资格，只是作为总店的一个销售机构。另外，还会出现门店之间相互调拨货物余缺、向配送中心退回货物等情况，根据《增值税暂行条例实施细则》规定，直营连锁经营企业内部调拨商品物资应视同销售缴纳增值税，这些内部调拨商品的情况导致计算缴纳增值税非常复杂。同时，由于内部一进一销单纯的配送并未使货物发生增值，对直营连锁经营企业内部调拨商品物资不缴纳增值税。

5.4 网络销售与网络促销

网络销售，是指借助网络实现商品或服务从卖家转移到消费者的过程。在整个过程中，资金流、商流、物流和信息流中的任何一个环节有网络的参与，都称为网络购物。直观地说，也就是把传统的商店直接“搬”回家。它是电子商务的一个重要组成部分。网络销售主要有 B2C 和 C2C 两种形式。除此之外，还有 O2O 模式。O2O 电子商务的交易流程如下。

（1）线上撮合。消费者通过线上获取商品或服务信息，做出选择并进行评估，做出购买决策。

（2）线上支付。经线上撮合后，消费者通过网络银行或第三方支付等在线支付工具进行在线支付或在线预付购买商品或服务，支付成功后，领取数字凭证。

（3）线下消费。消费者凭借数字凭证或优惠券到线下实体店去消费所购买的商品或服务，实现线下消费。

（4）消费反馈。消费完成后，对和交易相关的数据进行实时处理，平台把分析的消费数据提供给商家，并把商品信息和消费反馈信息准确推送给消费者，这些准确的信息为消费者再次购买商品或服务提供依据。

网络销售的交易模式主要分为三种：一是有担保方的先付款后发货模式；二是无担保

方的先付款后发货模式；三是先发货后付款模式。网络促销也是商家常用的营销手段。本节主要介绍网络销售的会计处理和网络促销的会计处理。

5.4.1 网络销售的会计处理

1. 有担保方的先付款后发货模式的会计处理

有担保方的先付款后发货模式是客户先付款至担保方，担保方收款后通知商家发货，客户确认收货后通知担保方付款。

在购销活动中，第三方支付平台是提供资金转移服务的中介支付机构。第三方支付平台为消费者和商户提供信用保障和安全交易服务，具有代付代收的信用中介性质。当利用第三方支付平台进行交易时，购货方先将货款支付到第三方平台账户中，第三方支付平台暂时代为收取货款，然后将收到的货款信息传递给销售方，销售方再发货，待购货方收到货物并确认之后，货款才从第三方支付平台转移到销售方的账户。随着互联网技术、移动通信技术的不断发展，以支付宝为代表的第三方平台变成线上资金中转和线下移动支付的多领域支付渠道。

网购交易流程及商家销售商品的会计处理如下。

（1）接收买家订单。此步为交易协调阶段，买卖双方交流沟通，协商确定交易价格，商家无须进行会计处理。

（2）买家付款至担保方。由于网购交易的不确定性，此款项是否最终流入商家存在未知数，故在买家付款至担保方时，商家无须做会计处理。

（3）组织发货。虽然货物已经发出，但由于网购交易的不确定性，不能确认收入和成本。商家发货时，从库存商品转为发出商品处理，借记“发出商品”账户，贷记“库存商品”账户；货物由物流公司配送货，支付的物流费用，借记“销售费用”账户，贷记“应付账款”或“库存现金”账户。

（4）买家确认收货，标志网购交易成功，此时可以进行收入和成本确认。商家确认收入时，借记“应收账款”账户，贷记“主营业务收入”“应交税费——应交增值税（销项税额）”（或“应交税费——待转销项税”“应交税费——简易计税”等）账户；结转销售成本时，借记“主营业务成本”账户，贷记“发出商品”账户。

（5）担保方清算货款。客户确认付款，商家收到经担保方扣除手续费后的货款时，借记“其他货币资金——支付宝”“财务费用”（或“销售费用”）账户，贷记“应收账款”账户。

在交易过程中，若客户不收货，做退货处理，则商家借记“库存商品”账户，贷记“发出商品”账户。

例 5-9 某客户网购 A 商品两件，协商价格为每件 226 元（含税），客户通过购物网站订货后，付款至支付宝。支付宝通知网店配发货物，网店通过甲物流公司将货物发出（发生物流费用 30 元）。客户验货，发现商品有问题只收取一件，另一件退货。客户通知支付宝支付一件的货款（支付宝按货款的 0.5%收取手续费），余款退回。A 商品每件成本为 150 元，增值税税率为 13%。

发出商品时，商家的会计处理如下：

借：发出商品——A 商品　　300

　贷：库存商品——A 商品　　300

商品通过物流公司进行配送，购物网站需要向物流公司支付物流运输费等费用。若以现金支付，则商家的会计处理如下：

借：销售费用　　27.52[30÷（1+9%）]

　　应交税费——应交增值税（销项税额）　　2.48[30÷（1+9%）×9%]

　贷：库存现金　　30

若购物网站和物流公司签有费用定期结算协议，则商家的会计处理如下：

借：销售费用　　27.52

　　应交税费——应交增值税（销项税额）　　2.48

　贷：应付账款——甲物流公司　　30

商品运达，客户验货，商家根据客户对货物的接收情况，进行会计处理。客户接收一件商品，商家确认销售收入，并结转销售成本；客户拒收一件商品，商家做退货处理。

商家确认收入时，会计处理如下：

借：应收账款——支付宝　　226

　贷：主营业务收入　　200

　　　应交税费——应交增值税（销项税额）等　　26

商家确认成本时，会计处理如下：

借：主营业务成本　　150

　贷：发出商品　　150

客户退货时，商家的会计处理如下：

借：库存商品　　150

　贷：发出商品　　150

收到支付宝结算货款时，商家做收款处理，其中支付宝扣除的手续费作为“财务费用”（或“销售费用”）入账，商家的会计处理如下：

借：其他货币资金——支付宝　　224.87

　　财务费用（或“销售费用”）　　1.13

　贷：应收账款——支付宝　　226

对于客户拒收商品的退款，是客户和支付宝之间的业务，商家无须进行会计处理。

下面通过一个例题，全面介绍确认订单发货、确认收货、退货退款等业务中销售方、购货方和第三方平台的会计处理。

例5-10 2×21年3月1日，A公司在天猫上向B公司购买投影仪一台，该投影仪价格为6 000元，价税合计为6 780元。该投影仪的成本为4 000元。双方公司均为支付宝注册用户，A公司使用其支付宝余额付款（交易双方都属于一般纳税人），支付宝按货款的0.5%收取手续费。

1．确认订单。

（1）购货方A公司的会计处理如下：

A公司向支付宝账户转入款项时：

借：其他货币资金——支付宝　　6 780

　贷：银行存款——C银行　　6 780

（2）第三方平台支付宝的会计处理如下：

支付宝收到买家支付的款项时：

借：银行存款——网联清算资金（C银行）　　6 780

　贷：其他应付款——B公司　　6 780

（3）销货方B公司的会计处理如下：

收到支付宝发货通知，向购货方A公司发出投影仪。

借：发出商品——投影仪　　4 000

　贷：库存商品——投影仪　　4 000

2．确认收货业务。

3月7日，购货方A公司收到货物，验收无误后确认付款。

（1）购货方A公司的会计处理如下：

借：库存商品——投影仪　　6 000

　　应交税费——应交增值税（进项税额）　　780

　贷：其他货币资金——支付宝　　6 780

（2）第三方平台支付宝的会计处理如下：

收取手续费，并把将预收购货方A公司货款转入销货方B公司账号：

借：其他应付款——B公司　　33.9（6 780×0.5%）

　贷：主营业务收入　　31.98［33.9÷（1+6%）］

　　　应交税费——应交增值税（销项税额）　1.92［33.9÷（1+6%）×6%］

借：其他应付款——B公司　　6 746.1（6 780−33.9）

　贷：银行存款——网联清算资金（C银行）　　6 746.1

（3）销货方 B 公司的会计处理如下：

B 公司的支付宝账号收到货款确认收入，并支付平台的手续费：

借：应收账款——A 公司　　6 746.1

　　财务费用（或“销售费用”）　　31.98

　　应交税费——应交增值税（进项税额）　　1.92

　贷：主营业务收入　　6 000

　　　应交税费——应交增值税（销项税额）　　780

借：其他货币资金——支付宝　　6 746.1

　贷：应收账款——A 公司　　6 746.1

结转成本。

借：主营业务成本　　4 000

　贷：发出商品——投影仪　　4 000

3．退货退款。

（1）如果购货方 A 公司收到货物不满意，就不用确认收货，经过与卖方沟通可申请退货退款。

① 购货方 A 公司的会计处理如下：

A 公司收到退货款时：

借：银行存款——C 银行　　6 780

　贷：其他货币资金——支付宝　　6 780

② 第三方支付宝的会计处理如下：

先冲销销货方 B 公司的其他应付款，再将钱退还至买家账户。

借：其他应付款——B 公司　　6 780

　贷：银行存款——网联清算资金（C 银行）　　6 780

③ 销货方 B 公司的会计处理如下：

收到 A 公司退回的货物时：

借：库存商品——投影仪　　4 000

　贷：发出商品——投影仪　　4 000

（2）假设购货方 A 公司在确认收货后要求退货退款。

① A 公司的会计处理如下：

将货物退还给 B 公司：

借：应收账款——B 公司　　6 780

　贷：库存商品　　6 000

　　　应交税费——应交增值税（进项税额转出）　　780

A公司收到退货款时：

借：其他货币资金——支付宝　　6 780

　贷：应收账款——B公司　　6 780

② 第三平台支付宝的会计处理如下：

借：其他应收款——B公司　　6 746.1

　　主营业务收入　　31.98［33.9÷（1+6%）］

　　应交税费——应交增值税（销项税额）　　1.92［33.9÷（1+6%）×6%］

　贷：其他应付款——支付宝（A公司）　　6 780

收到B公司转入的账款：

借：银行存款——网联清算资金（C银行）　　6 746.1

　贷：其他应收款——B公司　　6 746.1

将款项退还给A公司：

借：其他应付款——支付宝（A公司）　　6 780

　贷：银行存款——网联清算资金（C银行）　　6 780

③ 销货方B公司的会计处理如下：

收到A公司退回的货物时：

借：发出商品——投影仪　　4 000

　贷：主营业务成本　　4 000

借：主营业务收入　　6 000

　　应交税费——应交增值税（销项税额）　　780

　贷：应付账款——A公司　　6 746.1

　　　应交税费——应交增值税（进项税额转出）　　1.92

　　　财务费用（或“销售费用”）　　31.98

用支付宝余额支付应付账款：

借：应付账款——A公司　　6 746.1

　贷：其他货币资金——支付宝　　6 746.1

2. 无担保方的先付款后发货模式的会计处理

无担保方的先付款后发货模式是客户通过相关支付方式付款至商家，商家收款后发货。商家网购交易流程及会计处理如下。

（1）接收买家订单。商家无须进行会计处理。

（2）客户付款到账。款项流入企业，作为合同负债处理，有结算手续费时做费用处理，借记“银行存款”“财务费用”（或“销售费用”）等账户，贷记“合同负债”账户。

（3）组织发货。会计处理同有担保方的先付款后发货模式。

（4）买家确认收货，标志交易成功，此时可以进行收入和成本确认。商家确认收入时，借记“合同负债”账户，贷记“主营业务收入”“应交税费——应交增值税（销项税额）”（或“应交税费——待转销项税”“应交税费——简易计税”等）账户；结转销售成本时，借记“主营业务成本”账户，贷记“发出商品”账户。

在交易过程中，若客户不收货并取消交易，则做退货、退款处理，退货时，借记“库存商品”账户，贷记“发出商品”账户；退款时，借记“合同负债”账户，贷记“银行存款”或其他账户。

例 5-11　某客户网购 A 商品两件，协商价格为每件 226 元（含税），客户通过购物网站订货后，直接付款至购物网站。购物网站收到货款后配发货物，通过甲物流公司将货物发出（发生物流费用 30 元）。客户验货，发现商品有问题只收取一件，另一件退货。A 商品每件成本为 150 元，增值税税率为 13%。

收到货款时，商家的会计处理如下：

借：银行存款　452

　贷：合同负债　452

在网站发货时，只是改变商品的状态，由在库改为发出，并按商品成本进行计量，故发出商品时，商家的会计处理如下：

借：发出商品——A 商品　300

　贷：库存商品——A 商品　300

商品通过物流公司进行配送，购物网站需要向物流公司支付物流运输费等费用，若以现金支付，则商家的会计处理如下：

借：销售费用　27.52［30÷（1+9%）］

　　应交税费——应交增值税（销项税额）　2.48［30÷（1+9%）×9%］

　贷：库存现金　30

若购物网站和物流公司签有费用定期结算协议，则会计处理如下：

借：销售费用　27.52

　　应交税费——应交增值税（销项税额）　2.48

　贷：应付账款——甲物流公司　30

商品运达，客户验货，商家根据客户对货物的接收情况，进行会计处理。客户接收的一件商品，商家确认销售收入，并结转销售成本；拒收的一件商品做退货处理，并需进行退款处理。

确认收入时，会计处理如下：

借：合同负债　226

贷：主营业务收入　　　　　　　　　　　　　　　　　200

　　应交税费——应交增值税（销项税额）等　　　　　26

确认成本时，商家的会计处理如下：

借：主营业务成本　　　　　　　　　　　　　　150

　贷：发出商品　　　　　　　　　　　　　　　　　150

退货时，商家的会计处理如下：

借：库存商品　　　　　　　　　　　　　　　　150

　贷：发出商品　　　　　　　　　　　　　　　　　150

退款时，商家的会计处理如下：

借：合同负债　　　　　　　　　　　　　　　　226

　贷：银行存款　　　　　　　　　　　　　　　　　226

3. 先发货后付款模式的会计处理

先发货后付款模式是商家根据订单先发货，客户收货后同时付款，其网购交易流程及会计处理如下：

（1）接收买家订单。商家无须进行会计处理。

（2）组织发货。商家的会计处理同有担保方的先付款后发货模式。

（3）买家确认收货并付款，标志交易成功，此时可以进行收入和成本确认。商家确认收入时，借记“银行存款”或“库存现金”账户。若为物流公司代收，则借记“应收账款”账户，贷记“主营业务收入”“应交税费——应交增值税（销项税额）”（或“应交税费——待转销项税”“应交税费——简易计税”等）账户。商家结转销售成本时，借记“主营业务成本”账户，贷记“发出商品”账户。

在交易过程中，若客户不收货并取消交易，则做退货处理，商家的会计处理：借记“库存商品”账户，贷记“发出商品”账户。

5.4.2 网络团购的会计处理

团购，可以定义为团体购买，根据薄利多销、量大价优的原理，使消费者以低于零售价格的折扣价从商家获取商品或服务。网络团购则借助互联网，将具有相同购买意向的零散消费者集合起来，向商家大批量购买，求得最优惠的价格。网站向消费者提供同城商家的优惠商品和服务，并从中抽取佣金，消费者得到优惠的价格，而商家也从中赚取利润。网络团购的交易一般涉及三方当事人，包括团购网站、商户和消费者。团购网站本质上是为商家及消费者提供一个网络团购服务平台。

网络团购根据团购标的物的不同分为实物团购和电子券团购两种方式。

实物团购，即消费者以团购的方式购买实物。实物团购主要涉及有形商品的交易。消费者若对实物感兴趣就可以点击购买，在通过支付宝、财付通等网上支付工具付清货款后，直接填写所购实物的快递送达地址，所购实物最终由物流公司送至消费者手中。在这一过程中，团购网站则从商品的货款中获取了一定比例的佣金收入。

电子券团购主要涉及餐饮、娱乐等服务行业。消费者在团购网站上付款之后会收到团购网站发的电子消费券，消费者即可凭电子券到商户实地消费。在这一过程中，团购网站除了在商品的货款中获取了一定比例的佣金收入，还从消费者团购开始到实际消费的这一段时间内获取了资金沉淀的收益。

网络团购是由委托方（商家）将商品直接交付给消费者，商品售出前商品的控制权属于委托方（商家），因此在团购网站进行团购活动时，委托方（商家）不符合收入确认条件，而在委托方（商家）向消费者交付产品时，委托方（商家）符合收入确认条件，且收入金额可以准确计量，因此可确认收入。收取手续费的团购业务是在团购活动开始时，商品并未交给团购网站进行销售，商品的控制权也没有发生转移。团购活动结束后，若团购数量达到团购协议最低数量，则团购活动成功，委托方（商家）和团购网站结算款项并收取手续费，反之则由团购网站向消费者退款，确认负债的减少，做相反的会计处理。

团购网站交给商家代销清单时确认收入，将消费者支付的款项转付给商家，同时，按事先和商家约定的手续费率收取手续费。商家在向消费者发出商品或提供服务时，确认收入。

评价返利是团购网站为吸引消费者重复消费的营销手段，一方面可作为销售费用处理，另一方面形成团购网潜在的负债。团购网站给予消费者返利时，借记“销售费用”账户，贷记“合同负债”账户。消费者使用返利时，借记“合同负债”账户，贷记“主营业务收入”账户。评价返利实际上是顾客第一次团购消费时，团购网站给予消费者的优惠协议，当顾客再次团购时可使用这项返利，冲抵现金。

1. 实物团购的会计处理

我国目前对网络团购模式下收入的确认，在理论上没有单独的标准，实物团购收入本质上是商品的销售，可将收入确认条件作为参考依据。

对于商家而言，实物团购方式和传统商品销售方式基本相同，经历“合约—交货—收款—售后”的过程。

首先，消费者点击付款订购商品，对于商户而言实物商品订单生成，消费者通过网络第三方支付平台支付货款给团购网站，款项尚未到达商家的账户，此时实物商品的控制权尚未转移给消费者，不能确认收入。

其次，商家发出商品，如果不考虑其他情况，商家在发货之后即满足了收入确认的条件，那么按发出商品的数量以及团购的单价来确认收入。

再次，如果该实物团购存在消费者退货方面的合约条款，即使商品已经发出，但商品的控制权属于商家，那么这样的实物团购方式和传统附退货条件的商品销售相似，具体的会计处理可以比照附有退货条件的传统销售来处理，由商家是否可以合理估计退货比例来决定是否在发货时确认收入以及金额。

最后，团购网站根据订单和商户提供的发货凭据进行资金结算。目前主流的做法是分批进行结算，如第一次结算一半的款，3 个月后结算另一半。团购网站从商品的货款中获取了一定比例的佣金收入。对于商家而言，收到货款后可以冲减债权，同时将支付给团购网站的佣金计入销售费用。

例 5-12 某团购网站有一款团购旅行背包产品，原价每件 200 元，团购价每件 160 元，A 公司提供背包 1 000 件，成本为每件 90 元。A 公司要求团购数量最少为 100 件。截至团购活动结束，已有 680 人参加了团购，有 200 人参与了评价返利活动，团购网站给予评价的人 5 元/人的抵用券供下一次团购使用，团购网站共收到消费者支付的购销款 108 800 元。商家和团购网站约定的佣金率为 3%。

（1）该团购网站的会计处理如下。

① 收到消费者在线支付的购销款时：

借：银行存款　　108 800

　贷：合同负债——A 公司　　108 800

② 消费者收到团购的背包，支付给 A 公司款项，同时向 A 公司收取 3%的佣金，将佣金确认为收入：

借：合同负债——A 公司　　108 800

　贷：银行存款　　105 536

　　主营业务收入　　3 079.25[108 800×3%÷（1+6%）×6%]

　　应交税费——应交增值税（销项税额）等　　184.75

③ 团购活动结束，给予消费者返利时：

借：销售费用　　1 000

　贷：合同负债　　1 000

（2）A 公司的会计处理如下。

① A 公司发出背包时，可视同委托代销：

借：委托代销商品　　108 800

　贷：库存商品　　108 800

② 消费者收到背包后，团购网站将款项支付给 A 公司，并确认销售收入：

借：银行存款　　108 800

贷：销售费用　　3 264

　　主营业务收入　　93 394.69

［（108 800−3264）÷（1+13%）］

　　应交税费——应交增值税（销项税额）　　12 141.31

［（108 800−3264）÷（1+13%）×13%］

③ 同时结转已销售背包的成本：

借：主营业务成本　　61 200

　　贷：委托代销商品　　61 200

2. 电子券团购的会计处理

电子券团购的销售主要在餐饮、娱乐等服务业，向消费者提供餐饮或者娱乐服务，可以将收入确认条件作为参考依据。

对于电子券团购方式，其经历的过程为“合约—订单—提供服务—收款”。

（1）消费者在团购网站上点击支付款项后，团购网站会将电子券券号和密码发到顾客的手机上，顾客凭借该短信信息即可在未来的一定时间段内去商家消费。这个过程对于商家而言只是形成服务订单，真正的服务尚未提供，故不能确认收入的实现。

（2）消费者到商家消费，此时真正的劳务开始提供，符合收入确认的条件，商家根据实际消费的数量确认收入的实现。

（3）商家和团购网站进行资金结算通常采用预付模式。目前主流的做法是，商家在订单生成服务未提供前将收到一部分的款项，通常为 50%，当一半的消费者实现消费时，商家将收到第二部分的款项，通常为 30%，服务期结束后，商家会收到剩余 20%的款项。商家按照实际消费量来确认每个期间的收入，而预收的款项作为一项负债来进行处理。

例 5-13　D 团购网站推出一种自助餐团购，市场价格为 150 元/人，团购价为 100 元/人。餐饮商 E 限量供应 300 份。F 公司开展活动，为其员工团购该自助餐 200 份。D 团购网站收取 2%的手续费。D 网站和 E 公司都是增值税一般纳税人。

（1）D 团购网站的会计处理如下：

① F 公司在线支付款项后，D 团购网站做如下会计处理：

借：银行存款　　20 000

　　贷：合同负债　　20 000

② 待 F 公司员工到 E 餐饮商消费后，D 团购网站将款项支付给餐饮商 E，并收取手续费确认收入：

借：合同负债　　20 000

　　贷：银行存款　　19 600

主营业务收入　　377.36

［20 000×2%÷（1+6%）］

应交税费——应交增值税（销项税额）等　　22.64

［20 000×2%÷（1+6%）×6%］

（2）E餐饮商的会计处理如下：

① 待F公司员工消费后，确认收入：

借：合同资产　　20 000

　贷：主营业务收入　　18 867.92

［20 000÷（1+6%）］

应交税费——应交增值税（销项税额）等　　1 132.08

［20 000÷（1+6%）×6%］

② 收到D团购网站扣除手续费后的款项：

借：银行存款　　19 600

　　销售费用　　400

　贷：合同资产　　20 000

5.4.3 网络促销的会计处理

目前网络销售的促销手段较多，如虚拟优惠券（红包）和平台积分等，本部分主要介绍这两种网络促销的会计处理。

1. 虚拟优惠券

虚拟优惠券常见形式是红包。红包是支付宝等网络支付平台为卖家提供的一项增值服务，也是网络商家的一种促销方式，由卖家批量发送给用户，用于支付宝等网络支付平台交易中的虚拟优惠券。红包所抵用的金额，由发送红包的卖家承担。

（1）商家发行红包的会计处理。商家发行促销红包以支付宝等网络支付账户为平台，其发行方式有三种：定向发行、红包按钮发行、获取码发行。用户可凭获得的卡号、验证码登录支付宝等网络支付平台领取红包。商家发行红包不需要向支付宝等网络支付平台支付手续费等交易费用。但是发行红包消耗的支付宝等网络支付平台账户里的资金在交易之前和交易正在进行中都会被冻结。为清晰反映商家银行存款账户的发生明细，发行红包冻结的金额被纳入专户管理，即借记“其他货币资金——红包冻结款”账户，贷记“银行存款”账户。

例5-14　A淘宝商家2×21年5月1日发行10个50元的促销红包，用于回馈本月来店铺购物的买家。买家使用支付宝单笔消费满200元送50元的红包，买家可以使用红包购买本商家的任何一种商品，赠送的红包可以合并使用。红包自发行之日起 15 内天有效，过期作废。

A 淘宝商家的会计处理如下：

借：其他货币资金——红包冻结款　　500

　贷：银行存款　　500

（2）商家赠送红包的会计处理。

1）商家在销售商品或提供劳务的同时按其金额授予买家一定数额的促销红包。商家红包销售所收取的款项包含两部分：一部分是该项交易所售出的商品的价值；另一部分是促销红包的价值。商家将收到的和该项交易相关的那部分价款确认为收入，而赠送的红包是买家为下一次以优惠的价格购买商品或服务预先支付的款项，即商家收取红包款在先提供商品或服务在后。因此和红包相关的部分收入，待买家实际使用时再确认，即借记“银行存款”账户，贷记“主营业务收入”“合同负债”等账户，同时结转售出商品的实际成本。

2）假设商家当前交易金额超过免费交易流量根据支付宝等网络支付平台当前收费（优惠期）标准：每笔交易按照 0.5%收取服务费，不足 1 元按 1 元收费，25 元封顶。该项服务手续费是随销售交易而发生的从属性费用，应计入销售费用，即借记“销售费用”账户，贷记“银行存款”账户。

例 5-15　承例 5-14，2×21 年 5 月 3 日该商家销售各类商品共计 2 000 元（不包括顾客使用红包购买的商品），送出的红包共计 500 元。假定当前该商家交易金额超出本月免费交易流量标准，须按每笔交易额的 0.5%缴纳服务费，不足 1 元按 1 元收费，25 元封顶。不考虑增值税及其他因素。

A 淘宝商家的会计处理如下：

借：银行存款　　2 000

　贷：主营业务收入　　1 500

　　　合同负债　　500

借：销售费用　　10

　贷：银行存款　　10

（3）买家兑换红包的会计处理。持有促销红包的买家满足商家规定的兑付条件时，有权取得授予商家的商品或服务。在买家兑换促销红包时，授予商家将原计入合同负债、和所兑换红包相关的部分确认为收入，确认收入的金额为此次消耗的红包数额，即借记“合同负债”账户，贷记“主营业务收入”等账户；同时解冻和所兑换红包相关的部分金额，解冻金额为实际付出的红包数额，即借记“销售费用”账户，贷记“其他货币资金——红包冻结款”账户。

（4）未兑换红包的会计处理。失效的红包结转计入当期损益，即借记“合同负债”账户，贷记“主营业务收入”账户。同时根据支付宝等网络支付平台红包的使用规则“发行红包时被冻结的资金如果交易失败（买家在有效期内未使用红包），则对应的红包金额将退还给红包发行者（商家）”，即借记“银行存款”账户，贷记“其他货币资金——红包冻结款”账户。

例 5-16 承例 5-14，2×21 年 5 月 11 日，该顾客在此商家购买了 200 元的裤子和 500 元的毛呢大衣，以 5 月 1 日领取的红包抵付 100 元的价款，其余价款以现金支付。不考虑增值税及其他因素。

A 淘宝商家的会计处理如下：

借：银行存款	600	
合同负债	100	
贷：主营业务收入		700
借：销售费用	100	
贷：其他货币资金——红包冻结款		100

若剩余的红包买家没有在有效期内使用，则 A 淘宝商家的会计处理如下：

借：合同负债	400	
贷：主营业务收入		400
借：银行存款	400	
贷：其他货币资金——红包冻结款		400

2. 电商平台积分

电商平台积分营销竞争激烈，纷纷推出各具特色积分政策，包括积分获取、积分获取规则、积分使用消费、积分消费规则、积分扣减和积分管理等多项内容。

与实体店积分（5.5.4 积分销售（奖励客户积分）的会计处理）营销政策不同，互联网积分获取途径比较多，除了传统的消费积分获取，还有行为积分获取，即客户尚未支付任何形式的等额货币仅仅依靠签到、新用户注册、登录、商品评价、晒单等行为就可以获取积分。

此外，互联网平台积分有扣减规则主要是对用户错误行为的负激励，比如客户注册提供虚假资料、退货、拒收、恶意评价、恶意投诉等。依托于互联网，积分权益日益扩充，包括积分加现金消费、积分兑换商品消费、积分兑换优惠券消费、积分赠送消费等。

（1）获取积分的会计处理。

1）互联网平台发放积分。客户购物消费获取积分，积分附着于销售行为，为了获得顾客忠诚度，商家在客户再次购物时给予价格上的优惠。在这种情况下，商家可以根据 9.1 介绍的收入确认和计量的五个步骤来进行送达商品和发放积分的会计处理。发放积分是客户取得额外购买选择权，客户行使该权利时，能够享受到超过该地区或该市场中其他同类客户所能够享有的折扣，该选择权是一项重大权利，作为单项履约义务。

2）互联网平台赠送获取积分。客户通过执行签到、注册、登录、商品评价、晒单等行为获取积分，此种积分政策设计是激励客户做正确行为，增加平台参与度、活跃度，引导促进客户下单，实现客户的有效转化的有效途径。客户用各种行为获取一定积分后在未来购物消费时等价值抵减部分款项，而对互联网平台来说，此项抵扣减少了部分款项收入，实实在在给予了客户商品服务的相关价格优惠。针对此类情况，在赠送积分时不进行会计处理，仅仅记录在积分体系中，待到客户行使积分权益时可视同商业折扣予以确认。

（2）积分消费和积分扣减的会计处理。

1）发放积分被消费或扣减。发放积分视同商家提供了重大权利，确认为单项履约义务，在商家发放积分时已确认为一项流动负债（合同负债）。客户行使积分权益，即行使购买选择权取得相关商品控制权时，结转负债（合同负债），确认收入。如果此类积分被扣减、失效或者被客户放弃，即认为该选择权失效时，则做相同的会计处理。

2）赠送积分被消费或扣减。客户获得积分后可直接充当一部分现金支付，也可以选择兑换优惠券后支付，两者的本质相同。客户享受积分权益可视同商业折扣确认，即在折扣发生时按实际折扣后的金额据实入账。赠送积分时不进行会计处理，相应地，如果此类积分被扣减、失效或者被客户放弃，则不需进行会计处理，调整积分体系即可。

例 5-17　某互联网平台实行奖励积分促销政策：签到、注册、登录、购物评价、晒图可赠送相应积分，另外规定购物 10 元可兑换 1 个积分，获得的积分可以以 0.02 元/分的价格充当货币在商品购买过程中等额抵扣价款。2×21 年 1 月 1 日到 3 月 1 日 A 消费者在该平台经过一段时间的签到、注册、登录获得了积分 40 分。

消费者获赠积分不进行会计处理，该互联网平台企业在积分体系中记录 A 消费者积分余额：赠送积分 400 分、发放积分 0 分。

3 月 2 日消费者 A 通过平台购买商品价款 100 元（不含税，增值税 13%，下同），其选择通过赠送的积分 400 分抵扣商品货款 8 元（400 分×0.02 元/分），实际支付 92 元。

赠送积分抵货款，互联网平台减少收入 8 元，可作为商业折扣确认，按 92 元收入据实入账。会计处理如下：

借：库存现金（银行存款等）　103.96
　贷：主营业务收入——某商品　92
　　应交税费——应交增值税（销项税额）　11.96

消费后，互联网平台积分体系记录 A 消费者积分余额：赠送积分 0 分、发放积分 0 分。

3 月 5 日 A 消费者继续在该平台购物，A 采购商品 10 000 元，获得平台公司发放的 1 000 个积分，价值 20 元。会计处理如下：

借：库存现金（银行存款等）　　11 300

　贷：主营（其他）业务收入——某商品　　9 980.04

　　　[10 000×10 000/（10 000+20）]

　　合同负债　　19.96

　　应交税费——应交增值税（销项税额）　　1 300

此时积分体系记录A消费者积分余额：赠送积分0分、发放积分1 000分。

3月8日A消费者第二次在该平台购物消费20 000元。A获得平台发放的2 000个积分，价值40元，并享受上次购物获得的1 000个积分抵减20元货款。会计处理如下：

借：库存现金（银行存款等）　　22 580.04

　　合同负债　　19.96

　贷：主营业务收入——某商品　　19 960.08

　　　[20 000×20 000/（20 000+40）]

　　合同负债　　39.92

　　应交税费——应交增值税（销项税额）　　2 600

3月5日至10日，A消费者通过各种行为，获取平台赠送积分200分。此时积分体系记录A消费者积分余额：赠送积分200分、发放积分2 000分。

3月12日A消费者第三次在该平台购物消费30 000元，A获得平台公司发放的3 000个积分，价值60元，并享受前次购物获得的2 000个积分抵减40元货款和赠送200个积分抵减4元。本案例中既涉及发放积分权益又涉及赠送积分权益，可考虑扣除商业折扣后交易价格为29 996元，销项税额为3 899.48元，再进一步对交易价格29 996元进行分摊，计算3 000个积分价值60元，最后可以确认本次收入为29 936元。A消费者实际优惠金额为44.52元，分别是赠送积分优惠4.52（4×1.13）元和第二次2 000个积分价值40元。会计处理如下：

借：库存现金（银行存款等）　　33 855.4

　　合同负债　　40

　贷：主营业务收入——某商品　　29 936.12

　　　[29 996×20 000/（20 000+40）]

　　合同负债　　59.88

　　应交税费——应交增值税（销项税额）　　3 899.48

交易后平台积分体系记录A消费者积分余额：赠送积分0分、发放积分3 000分。

值得注意的是，近些年来，人工智能、大数据、物联网等前沿科技兴起，驱动零售业全面变革和创新。商品零售企业通过数据驱动全流程优化，实现人、货、场关系的重构，打造了商品信息化、经营数字化、渠道一体化的高效、精准体验的售卖模式。随着电商红利逐渐消退，线上和线下指结合的运作模式开始兴起，以数据赋能将分散客户变为会员客户的新实体店、以顾客需求和技术驱动的社交化新电商等新零售业态不断涌现。新零售的核心是以消费者为中心的会员、支付、库存、服务等方面数据的全流程打通，其经营重点从以经营商品为中心转变为以经营顾客为中心。新零售不断加深，阿里系、腾讯系在线下零售板块布局白热化，线上业务与线下流量加速融合。新旧业态模式叠加发展，但新业态出现速度大于旧业态淘汰速度，业态的复杂度将增加。作为反映经济交易的商业语言，会计将随着这些变革发生新的变化。

5.5　实体店商品促销

本节主要介绍一些商品促销方式的会计处理，部分促销方式（如折扣、返券等）的会计处理已在前几节介绍过，这里不再赘述。

5.5.1　返利促销的会计处理

市场经济下的营销方式多变，返利销售原本是厂家为占领市场，对商家经营本厂产品低于市场价格的利益补偿，是新产品占领市场的有效手段，是市场营销策略的组成部分。返利是商品流通企业在销售过程中为了获得更多销售量或金额而承诺销售结算时给予购货方（或劳务、服务接收方）一定的金额或货物优惠。目前常见的返利形式有实物返利、现金返利（又称账扣返利）和冲抵货款（又称票扣返利）三种方式。销售返利有两个特征：其一，是否返利并不能在即刻确定。销售返利往往只有在达到销售方设定的某个或多个条件时才可能获得，并不是买方购货时就能确定的。其二，销售返利的金额是不确定的。一般销售返利金额都是与销售方最终确定的销售额或销售量挂钩的，不能在销售方销货（或买方购货）时就即刻确定。在实际工作中，会出现以下情形：商家接到这些现金、实物后，现金不入账也不作价外收入，更不做“进项税额转出”，形成账外经营。

对于返利促销方式，目前税收要求按实物折扣视同销售处理，缴纳增值税。对于返利支出和返利收入，销货方应做销售费用处理，购货方应冲减商品购买成本。

例 5-18　华商公司为完成年度目标销售任务，扩大和抢占销售市场，在同类竞品中取胜，制订了一系列销售计划及营销推广方案。其方案为：月度完成销售任务的，给予 2%的返利，季度给予 1.5%的返利，年度给予 1%的返利，在完成任务后的下月进行结算。假设华商公司适用的增值税税率为 13%，2×21 年对甲客户进行了重点促销，促销的是 W 商品。该商品正常销售定价为 10 元/件，销售成本为 8 元/件。甲客户各月均完成了促销所要求的销售额指标，如表 5-2 所示。

表5-2 甲客户产品销售汇总表

产品销售时间	销售数量（件）	计算返利（元）
1月	10 000	200
2月	20 000	400
3月	20 000	400
第一季度	50 000	750
第二季度	30 000	450
第三季度	40 000	600
第四季度	35 000	525
年度	155 000	1 550

1月确认收入时，会计处理如下：

借：银行存款　　113 000

　贷：主营业务收入　　100 000（10 000×10）

　　　应交税费——应交增值税（销项税额）等　　13 000

月末结转销售成本：

借：主营业务成本　　80 000

　贷：库存商品　　80 000

2月以现金支付1月份的返利款时，会计处理如下：

借：销售费用　　200

　贷：银行存款　　200

如果以赠送实物的方式返利，则视同销售确认会计收入和计税收入。

2月、3月确认销售收入和结转成本及纳税义务、支付返利的会计处理同上。

例5-19 假设某经销商2×21年1月共向某供应商采购打印机10次，每次100台，每台含税价1 130元，均已取得增值税专用发票，款项已通过银行转讫。根据双方的协议，经销商每月进货超过200台后，可享受供应商1%的现金返利，同时享受1%的实物返利，实物为供应商生产的打印机墨盒。假设其生产成本为售价的80%，返利于每月5日兑现。

2×21年1月，每次进货，供应商给经销商开具增值税专用发票时，会计处理如下：

借：应收账款　　113 000

　贷：主营业务收入　　100 000

　　　应交税费——应交增值税（销项税额）等　　13 000

2×21年2月5日，经销商凭折扣协议，向主管税务机关审核确认后，出具“开具红字增值税专用发票通知单”，供应商收到经销商送达的通知单后，开具红字增值税专用发票，价税合计金额为22 600元（100×1 130×10×2%），会计处理如下：

借：主营业务收入　　20 000
　　应交税费——应交增值税（销项税额）等　　2 600
　贷：应收账款　　22 600

转让支付现金返利 11 300 元（100×1 130×10×1%）时，会计处理如下：

借：销售费用　　11 300
　贷：应收账款　　11 300

实物返利的金额为 11 300 元（100×1 130×10×1%），供应商开具增值税专用发票后，作为销售处理，冲减原来的应收账款。

确认收入和结转成本的会计处理如下：

借：应收账款　　11 300
　贷：主营业务收入　　10 000
　　　应交税费——应交增值税（销项税额）等　　1 300
借：主营业务成本　　9 040（11 300×80%）
　贷：库存商品　　9 040

冲抵货款的销售返利实务中俗称票扣返利。销货方的会计处理与现金返利一致。值得注意的是，购买方在获得冲抵货款的销售返利时，按照净额进行会计处理，抵扣后的货物价款净额计入“库存商品”和“应付账款”，这样处理使存货管理信息系统记录的商品金额与总账的存货余额存在不符。为了减少这种账账不符，票扣方式的会计处理可采用如下方式：

买方收到含有折扣金额的发票后做采购处理。

借：库存商品
　　应交税费——应交增值税（待抵扣进项税额）
　贷：应付票据（应付账款等）

买方根据发票中的负数金额冲减企业的营业成本。

借：应付票据（应付账款等）
　贷：主营业务成本（其他业务成本）
　　　应交税费——应交增值税（待抵扣进项税额）

期末结转待抵扣进项税额至进项税。

借：应交税费——应交增值税（进项税额）
　贷：应交税费——应交增值税（待抵扣进项税额）

专栏　现金返利的税务处理

《国家税务总局关于纳税人折扣折让行为开具红字增值税专用发票问题的通知》（国

税函〔2006〕1279 号）规定 ："纳税人销售货物并向购买方开具增值税专用发票后，由于购货方在一定时期内累计购买货物达到一定数量，或者由于市场价格下降等原因，销货方给予购货方相应的价格优惠或补偿等折扣、折让行为，销货方可按现行《增值税专用发票使用规定》的有关规定开具红字增值税专用发票。"由此，有人主张现金返利不属于无偿赠送，应冲减收入，不建议计入销售费用，可以开具红字发票。

例 5-19 中，转让支付现金返利 11 300 元（100×1 130×10×1%）时，会计处理如下：

借：主营业务收入　　10 000

　　应交税费——应交增值税（销项税额）　　1 300

　贷：应收账款　　11 300

5.5.2 赠送礼品的会计处理

赠送礼品也是常见的促销方式之一。其礼品可能是厂家提供，也可能是商家提供。对赠送的礼品，税收法规规定视同销售，按正常销售价格确认计税收入缴纳增值税。其会计处理可分三种情况进行：

（1）对厂家提供的赠品，商家准备随商品同进同出。这种情况由厂家视同销售处理，商家只做备查登记，不做会计处理。

（2）厂家提供的赠品，商家准备作为商品出售。这种情况除了厂家要视同销售，商家作为正常的商品销售，按出售价格确认收入，但该收入的销售成本为零，因为赠品进来时其成本为零。

（3）赠品由商家提供。商家为促销有时候会无条件赠送一些物品给顾客，此类赠品多属低值物品，如手帕、笔、杯子等，它们随商品的售出而赠送，赠品数量确定，送完即止。这种销售是最常见实用的促销方式，它通过赠送低值的物品吸引消费群体，对所有的企业都适用。这种情况视为商家的一项宣传活动，税务上按计税价格确认计税收入，但会计处理不确认收入，而是按赠送商品的成本加增值税销项税额记入"销售费用"账户，同时贷记"库存商品""应交税费——应交增值税（销项税额）"。

随货赠送和无偿赠送相比，存在以下两点本质差异。

第一，无偿赠送应按《增值税暂行条例实施细则》的规定，单位或个体经营者将自产、委托加工或购买的货物无偿赠送他人的行为，视同销售货物。而销售主货物、赠送从货物行为不属于无偿赠送，应属于附有条件、义务的有偿赠送，类似于成套、捆绑或降价销售，只不过没有将主货物和赠品包装到一起，而是分开包装，有时还会允许消费者选择等值赠品，因此应将此行为界定为销售前的实物折扣，不适用《增值税暂行条例实施细则》的上述规定，即不能作为视同销售处理，对赠品不能再次征税，对赠送赠品的价值应作为销售成本的组成部分在所得税前扣除。

第二，对于赠送财产的质量，根据《合同法》的规定，赠送的财产有瑕疵的，赠送人不承担责任。受赠人对受赠商品的质量问题不能完全得到赔偿。而销售主货物时赠送的从货物即赠品如果出现质量问题，则根据《合同法》的规定，受损害方根据标的的性质以及损失的大小，可以合理选择要求对方承担修理、更换、重做、退货、减少价款或者报酬等违约责任，即赠送人应承担完全责任，消费者能够得到完全赔偿。

例 5-20　某家电商场为促销某种微波炉，2×21 年 1 月推出了买一台微波炉送一台电磁炉的促销方式。电磁炉进价是 140 元/台，销售价是 180 元/台。2×21 年 1 月 1 日当天共销售微波炉 100 台，送出电磁炉 100 台。该家电商场适用的增值税税率为 13%。

对于正价销售的微波炉按照正常销售商品处理，对于赠送的电磁炉，会计处理如下：

借：销售费用　　16 070.8

　贷：库存商品　　14 000

　　应交税费——应交增值税（销项税额）等

　　　　2 070.8［180×100÷（1+13%）×13%］

有偿赠送如何进行会计处理，根据国家税务总局《关于企业处置资产所得税处理问题的通知》(国税函〔2008〕828 号）可区分以下三种情形：

（1）如果主货物和从货物均为自制，那么将总销售金额按各项商品的公允价值的比例来分摊确认各项的销售收入。

（2）如果主货物为自制，但从货物为外购，则从货物的销售收入按照采购价格计算，主货物的销售收入按照总销售额扣除从货物的销售收入后的余额计算。

（3）如果主货物和从货物均为外购，则从货物的销售收入按照采购价格计算，主货物的销售收入按照总销售金额扣除从货物的销售收入后的余额计算。

例 5-21　为扩大销售的需要，飞诺公司对外宣传购买手机一部，赠送品牌电池一块。手机对外含税售价 3 300 元。

（1）假定手机、品牌电池均属于自制产品，假设单独销售，手机含税售价 3 390 元，成本 2 500 元，电池含税售价 33.9 元，成本 20 元。相关会计处理如下：

手机不含税收入=3 300÷（1+13%）×3 000÷［（3 390+33.9）÷（1+13%）］=2 891（元）

电池不含税收入=3 300÷（1+13%）−2 891=29（元）

借：库存现金　　3 300

　贷：主营业务收入——手机　　2 891

　　　　——品牌电池　　29

　　应交税费——应交增值税（销项税额）等　　380

借：主营业务成本　　2 520

　贷：库存商品——手机　　2 500

——电池　　20

（2）假定手机属于自制产品，品牌电池属于外购产品，手机成本 2 500 元，电池的不含税采购成本 20 元，则相关会计处理如下：

手机不含税收入=3 300÷（1+13%）–20=2 900（元）

借：库存现金　　3 300
　贷：主营业务收入——手机　　2 900
　　　　　　　　——品牌电池　　20
　　应交税费——应交增值税（销项税额）等　　380
借：主营业务成本　　2 520
　贷：库存商品——手机　　2 500
　　　　　　——电池　　20

（3）假定手机、品牌电池均属于外购产品，手机不含税采购成本 2 500 元，电池的不含税采购成本 20 元，则相关会计处理如下：

手机不含税收入=3 300÷（1+13%）–20=2 900（元）

借：库存现金　　3 300
　贷：主营业务收入——手机　　2 900
　　　　　　　　——品牌电池　　20
　　应交税费——应交增值税（销项税额）等　　380
借：主营业务成本　　2 520
　贷：库存商品——手机　　2 500
　　　　　　——电池　　20

从增值税的链条来说，企业生产（销售）手机有对应的进项税额和销项税额，但生产（销售）电池只有进项税额而没有销项税额，表面上看不合理，其实电池的销项税额隐含在手机的销项税额当中，只是没有剥离出来而已。因此对于赠品的进项税额应允许其申报抵扣，赠送赠品时也不应该单独再次计算销项税额。

例 5-22　北京华联超市举行促销活动，推出“买一赠一”的销售方式，购买一大瓶花生油赠送同品牌一小瓶花生油。大瓶进价 30 元/瓶，售价 43.60 元/瓶；小瓶进价 7 元/瓶，售价 10.90 元/瓶。（以上售价为含税价，税率 9%）

根据《中华人民共和国增值税暂行条例实施细则》第四条提到的“视同销售”规定，按税法将自产、委托加工或购买的货物无偿赠送他人，按视同销售缴纳增值税。因此，会计处理如下。

确认收入时：

借：库存现金　　43.60

　　贷：主营业务收入　　　　　　　　　　　　40

　　　　应交税费——应交增值税（销项税额）　　3.60

结转成本时：

借：主营业务成本　　　　　　　　　　　　30

　　贷：库存商品　　　　　　　　　　　　30

赠品的会计处理：

借：销售费用　　　　　　　　　　　　7.9

　　贷：库存商品　　　　　　　　　　　　7

　　　　应交税费——应交增值税（销项税额）　　0.90

在税务处理上，对于上述实现的销售收入，北京华联超市只确认大瓶花生油的 40 元收入，不确认小瓶花生油的收入，并将小瓶花生油的 7 元成本作为促销费用列入销售费用管理。

根据国家税务总局《关于确认企业所得税收入若干问题的通知》（税函〔2008〕875 号）规定，企业以买一赠一等方式组合销售本企业商品的，不属于捐赠，将总的销售金额按各项商品的公允价值的比例来分摊确认各项的销售收入。所得税法上则以大瓶和小瓶花生油的公允价值 54.50 元（43.60+10.9）之比为基础，来分摊实际销售收到的 40 元，确认大瓶和小瓶花生油各自应实现的销售收入，如大瓶花生油应实现 32 元，小瓶花生油应实现 8 元。

例 5-23　某商场举办让利活动，凡是购物满 100 元者，均可获赠价值 20 元的商品。某顾客购买了 1 000 元的商品，支付了 1 000 元现金，商品的含税进价为 700 元。

正价销售商品的会计处理如下：

借：库存现金　　　　　　　　　　1 000

　　贷：主营业务收入　　　　　　　　884.96

　　　　　　　　　　　　　　　　　　［1 000÷（1+13%）］

　　　　应交税费——应交增值税（销项税额）等　　115.04

　　　　　　　　　　　　　　　　　　［1 000÷（1+13%）×13%］

借：主营业务成本　　　　619.47［700÷（1+13%）］

　　贷：库存商品　　　　619.47

价值 200 元的赠品的会计处理如下：

假设赠品为厂家提供给商场，赠品不记库存，随商品同进同出即可。赠品不需进行相应的会计处理。

应纳增值税=（1 000–700）÷（1+13%）×13%=34.51（元）

应纳企业所得税=（1 000–700）÷（1+13%）×25%=66.37（元）

税后利润=（1 000–700）÷（1+13%）×（1–25%）=199.12（元）

假设赠品为商场自己提供，价值200元赠品的含税进价为140元。

在企业所得税法中，是将随货赠送的赠品视同捆绑销售看待的。该笔交易中，商家所取得的含税收入1 000元是“销售商品”和“赠品”的总和，对应的含税成本是840元。“买一赠一”的行为实质上属于降价销售，按照实际取得的销售收入计算缴纳增值税。

结转赠品成本的会计处理如下：

借：主营业务成本　　123.89［140÷（1+13%）］

　贷：库存商品　　123.89

应纳增值税=（1 000−700−140）÷（1+13%）×13%=18.41（元）

应纳企业所得税=（1 000−700−140）÷（1+13%）×25%=35.4（元）

税后利润=（1 000−700−140）÷（1+13%）×（1−25%）=106.19（元）

专栏　视同销售的税务处理

国税函〔2008〕828号规定：

一、企业发生下列情形的处置资产，除将资产转移至境外以外，由于资产所有权属在形式和实质上均不发生改变，可作为内部处置资产，不视同销售确认收入，相关资产的计税基础延续计算。

（一）将资产用于生产、制造、加工另一产品；

（二）改变资产形状、结构或性能；

（三）改变资产用途（如自建商品房转为自用或经营）；

（四）将资产在总机构及其分支机构之间转移；

（五）上述两种或两种以上情形的混合；

（六）其他不改变资产所有权属的用途。

二、企业将资产移送他人的下列情形，因资产所有权属已发生改变而不属于内部处置资产，应按规定视同销售确定收入：

（一）用于市场推广或销售；

（二）用于交际应酬；

（三）用于职工奖励或福利；

（四）用于股息分配；

（五）用于对外捐赠；

（六）其他改变资产所有权属的用途。

视同销售的纳税调整，商品流通企业可以填报《视同销售和房地产开发企业特定业务纳税调整明细表》（A105010），如表5-3所示。

表 5-3　视同销售和房地产开发企业特定业务纳税调整明细表（部分）　金额单位：元

行次	项　目	税收金额	纳税调整金额
		1	2
1	一、视同销售（营业）收入（2+3+4+5+6+7+8+9+10）		
2	（一）非货币性资产交换视同销售收入		
3	（二）用于市场推广或销售视同销售收入		
4	（三）用于交际应酬视同销售收入		
5	（四）用于职工奖励或福利视同销售收入		
6	（五）用于股息分配视同销售收入		
7	（六）用于对外捐赠视同销售收入		
8	（七）用于对外投资项目视同销售收入		
9	（八）提供劳务视同销售收入		
10	（九）其他		
11	二、视同销售（营业）成本（12+13+14+15+16+17+18+19+20）		
12	（一）非货币性资产交换视同销售成本		
13	（二）用于市场推广或销售视同销售成本		
14	（三）用于交际应酬视同销售成本		
15	（四）用于职工奖励或福利视同销售成本		
16	（五）用于股息分配视同销售成本		
17	（六）用于对外捐赠视同销售成本		
18	（七）用丁对外投资项目视同销售成本		
19	（八）提供劳务视同销售成本		
20	（九）其他		

5.5.3　捆绑销售的会计处理

捆绑销售实际上也是商家促销商品的一种形式，它是一种附带特定条件的折扣销售商品行为。其特定条件就是客户必须对捆绑的商品一起购买，不可以拆分。对捆绑销售商品的价格小于商品正常销售价格的部分，仍然属于商业折扣，只是这个折扣是一个综合折扣而已。会计和税务都按扣除商业折扣后的金额确定销售商品收入。

例 5-24　某商场春节促销活动中，将部分化妆品和护肤护发品组成套装，共销售套装产品 2 000 盒，每盒含税价格 498 元（单独销售时价格分别为：化妆品 452 元、护肤护发品 113 元）。化妆品消费税税率为 30%。

计算应交税费：

应税销售额=498÷（1+13%）×2 000=881 415.93（元）

应纳增值税=881 415.93×13%=114 584.07（元）

应纳消费税=881 415.93×30%=264 424.78（元）

根据以上计算，会计处理如下。

确认销售收入：

借：银行存款	996 000	
贷：主营业务收入		881 415.93
应交税费——应交增值税（销项税额）等		114 584.07

计提消费税：

借：税金及附加	264 424.78	
贷：应交税费——应交消费税		264 424.78

5.5.4 积分销售（奖励客户积分）的会计处理

积分销售是指客户购买企业的产品或劳务时，商品零售实体店会依据事先确定的标准授予客户一定数量的积分，客户可凭借取得的积分参加企业举办的打折、抵现、兑换等各种优惠促销活动。目前积分销售已经成为一种较为普遍的促销模式，具体操作有两种形式：一种是在顾客获得的积分达到一定标准后，企业会在其后期消费中给予更多的折扣；另一种是顾客获得的奖励积分累积到一定数额时，在规定的期限内可以向商品流通企业换购一定的商品或者劳务。

对于客户奖励积分而言，商品零售实体店需要评估该选择权是否向客户提供了一项重大权利。如果客户只有在订立了一项合同的前提下才取得了额外购买选择权，并且客户行使该选择权购买额外商品时，能够享受到超过该地区或该市场中其他同类客户所能够享有的折扣，则通常认为该选择权向客户提供了一项重大权利。该选择权向客户提供了重大权利的，作为单项履约义务。在这种情况下，客户在该合同下支付的价款实际上购买了两项单独的商品：一是客户在该合同下原本购买的商品；二是客户可以免费或者以折扣价格购买额外商品的权利。就如 9.1 介绍的那样，商品零售实体店将交易价格在这两项商品之间进行分摊，其中，分摊至后者的交易价格与未来的商品相关，因此，商品零售实体店在客户未来行使该选择权取得相关商品的控制权时，或者在该选择权失效时确认为收入。

例 5-25 甲公司以 100 元的价格向客户销售 A 商品，购买该商品的客户可得到一张 40%的折扣券，客户可以在未来的 30 天内使用该折扣券购买甲公司原价不超过 100 元的任一商品。同时，甲公司计划推出季节性促销活动，在未来 30 天内针对所有产品均提供 10%的折扣。上述两项优惠不能叠加使用。根据历史经验，甲公司预计有 80%的客户会使用该折扣券，额外购买的商品的金额平均为 50 元。上述金额均不包含增值税，并且假定不考虑相关税费影响。

本例中，购买 A 商品的客户能够取得 40%的折扣券，其远高于所有客户均能享有的 10%的折扣，因此，甲公司认为该折扣券向客户提供了重大权利，作为单项履约义务。考虑到客户使用该折扣券的可能性以及额外购买的金额，甲公司估计该折扣券的单独售价为 12 元［50×80%×(40%–10%)］。甲公司按照 A 产品和折扣券单独售价的相对比例对交易价格进行分摊，A 商品分摊的交易价格为 89 元［100÷(100+12)×100］，折扣券选择权分摊的交易价格为 11 元［12÷(100+12)×100］。

甲公司在销售 A 商品时的会计处理如下：

借：银行存款	100	
贷：主营业务收入		89
合同负债		11

例 5-26 2×21 年 1 月 1 日，甲公司开始推行一项奖励积分计划。根据该计划，客户在甲公司每消费 10 元可获得 1 个积分，每个积分从次月开始在购物时可以抵减 1 元。截至 2×21 年 1 月 31 日，客户共消费 100 000 元，可获得 10 000 个积分，根据历史经验，甲公司估计该积分的兑换率为 95%。上述金额均不包含增值税，且假定不考虑相关税费影响。

本例中，甲公司认为其授予客户的积分为客户提供了一项重大权利，作为单项履约义务。客户购买商品的单独售价合计为 100 000 元，考虑积分的兑换率，甲公司估计积分的单独售价为 9 500 元（1×10 000×95%）。甲公司按照商品和积分单独售价的相对比例对交易价格进行分摊：

商品分摊的交易价格=［100 000÷(100 000+9 500)］×100 000=91 324(元)

积分分摊的交易价格=［9 500÷(100 000+9 500)］×100 000=8 676(元)

因此，甲公司在商品的控制权转移时确认收入 91 324 元，同时，确认合同负债 8 676 元。

截至 2×21 年 12 月 31 日，客户共兑换了 4 500 个积分，甲公司对该积分的兑换率进行了重新估计，仍然预计客户会兑换的积分总数为 9 500 个。因此，甲公司以客户兑换的积分数占预期将兑换的积分总数的比例为基础确认收入。积分当年确认的收入为 4 110 元（4 500÷9 500×8 676）；剩余未兑换的积分为 4 566 元（8 676−4 110），仍然作为合同负债。

截至 2×22 年 12 月 31 日，客户累计兑换了 8 500 个积分。甲公司对该积分的兑换率进行了重新估计，预计客户会兑换的积分总数为 9 700 个。积分当年确认的收入为 3 493 元（8 500÷9 700×8 676−4 110）；剩余未兑换的积分为 1 073 元（8 676−4 110−3 493），仍然作为合同负债。

需要说明的是，商品流通企业向客户授予奖励积分，该积分可能有多种使用方式，如该积分只能用于兑换本企业提供的商品、只能用于兑换第三方的商品，或者客户可以在二者中进行选择等。商品流通企业授予客户的奖励积分为客户提供了重大权利从而构成单项履约义务时，商品流通企业根据具体情况确定收入确认的时点和金额。具体而言，该积分只能用于兑换本企业提供的商品的，商品流通企业通常只能在将相关商品转让给客户或该积分失效时，确认与积分相关的收入；该积分只能用于兑换第三方提供的商品的，商品流通企业需要分析，对于该项履约义务而言，其身份是主要责任人还是代理人，商品流通企业是代理人的，通常应在完成代理服务时（如协助客户自第三方兑换完积分时）按照其有权收取的佣金等确认收入；客户可以选择兑换由本企业或第三方提供的商品的，在客户选择如何兑换积分或该积分失效之前，商品流通企业需要随时准备为客户兑换积分提供商品，当客户选择兑换本企业的商品时，商品流通企业通常只能在将相关商品转让给客户或该积分失效时确认相关收入，当客户选择兑换第三方提供的商品时，商品流通企业需要分析其是主要责任人还是代理人，并进行相应的会计处理。

专栏　积分销售的会计处理方法介绍

积分销售实际上源于1981年“美利坚航空公司常客项目”，其形式是按照乘客的飞行里程奖励积分，并将里程积分兑换成免费机票的营销方式。后来被多个行业广泛应用，出现了形式多样的积分销售方式，其主要目的就是促销，培养顾客忠诚度。

积分销售的会计处理一般有三种方法。①增量成本法。将发放的积分视为一项负债，其发放可不以发生销售业务为前提。②递延收益法。将一笔业务拆分成两项内容：销售业务记入“主营业务收入”账户，积分发放业务记入“递延收益”账户。这种方法需要以满足条件的销售业务为前提。③直接费用化。发放积分时，只登记台账，不做会计处理及税务处理，仅在积分兑换环节，根据实际兑换的方式做相应的会计处理。直接费用化方法简单易行，不做介绍，这里主要介绍前两种方法。

1. 增量成本法

增量成本法是将消费积分的兑换视为因消费积分而增加的额外成本，是一种预测和确认销售收入的方法。该成本发生的条件有两个：一是客户的购买金额是否达到可获取积分的条件；二是达到条件时，客户是否会向商家兑换积分。

增量成本法认为设置积分就是一次正常的交易，目的是销售产品。销售产品取得的收入要全部计入当期的销售收入，积分被兑换产生的成本计为经济利益的流出，商品流通企业所预计的提供折扣或免费商品的款项计为合同负债。当客户使用积分兑换商品时，再进行视同销售的处理。按照兑换的金额确认收入，在冲销合同负债的同时，结转成本。

增量成本法的优缺点：优点是体现了实质重于形式和谨慎性要求，并且缩小了企业利用奖励积分操控利润的空间；缺点是将积分计入销售费用会增加费用，减少利润，提高了资产负债率。

2. 递延收益法

递延收益法是指把销售收入分为两个部分，一个部分为销售产品所获得的收入，另一部分为客户使用积分所兑换的收入，相当于按公允价值在销售产品的收入和积分之间进行分配，将积分的部分作为递延收益的一种方法。

在递延收益法下，授予积分时，按积分对应兑换产品的公允价值作为积分的公允价值。商品流通企业将公允价值金额分为两个部分，第一个部分是企业所收到的货款扣除积分兑换的公允价值，第二个部分是积分对应的公允价值，借记“银行存款”等账户，贷记“递延收益”账户。当客户使用兑换权时，借记“递延收益”账户，将积分从“递延收益”转为收入，待客户未兑换的积分失效时，转入当期损益。

递延收益法的优缺点：优点是符合权责发生制，能够以销售商品或提供劳务收到现金的权利或支付现金责任的发生为标志，确认本期收入和费用；缺点是不符合配比原则，当积分到期时，如果客户没有及时实现兑换，就会导致收入与费用不配比。

5.5.5　推出特价商品的会计处理

推出特价商品的目的是带动其他商品销售。一般而言，特价商品的价格会大大低于成本，对于特价让利商品所形成的亏损，由其他商品所实现的销售利润弥补。对特价出售的商品，会计和税务都不需要进行特别处理，仍视为商业折扣，都以让利后的销售价格确认收入。

5.5.6　低价换购

低价换购是超市比较常用的一种促销手段，通常规定单张小票满多少元就可以低廉的价格换购某商品。例如，某超市规定，顾客在儿童节当日，消费满 61 元，可以加 3 元换购一个售价为 10 元的塑料盆（成本 5 元）。一名顾客消费 90 元，并加 3 元换购了一个塑料盆，则商家对顾客正常购买的价值 90 元的商品按照正常程序确认收入，结转成本，对于低价换购的塑料盆，按照换购价确认收入 3 元，同时，按照历史成本结转相应的成本 5 元。

第 6 章

进出口业务的会计实务

进口商品业务分为自营进口、代理进口、易货贸易进口、国家调拨进口等，本书仅介绍自营进口商品和代理进口商品的会计处理。出口商品业务分为自营出口、代理出口、易货贸易出口等，本书主要介绍自营出口销售和代理出口销售的会计处理。

6.1　进口业务的会计实务

为满足市场需要，商品流通企业通过编制计划，签订进口合同，从国外购进适销对路的商品。在接到对方发运通知后，做好接运准备及办理投保手续，收到银行转来国外寄来的全套单据后，和进口合同进行核对，经审核无误后办理货款结算手续。

6.1.1　进口业务概述

自营进口是商品流通企业用自有外汇或外汇借款进口商品并销售给国内用户的业务，该业务的盈亏由商品流通企业自行负担。

代理进口是指根据委托人的授权，以自己的名义为委托人设定权利和义务，并由委托人承担风险和享受收益。受托人依照代理进口商品的到岸价格（CIF）收取一定比例的手续费。

1. 进口贸易的价格术语

在进口贸易中，常常会用到 FOB、CFR、CIF 三种价格。

（1）FOB（Free on Board），即船上交货（指定装运港），习惯称为装运港船上交货。FOB 价格包含了国内的所有费用。如果货物比较多或利润比较高，就可以不用考虑国内的费用。而如果货物比较少，就需要相应提高价格，因为单位成本增加了很多。单位成本主要包括内陆运费（工厂到港口或者集装箱仓库）、装卸费（特别是一些不能机械装卸的货物）、拼箱费、码头费、报送费、报检费等。

（2）CFR（Cost and Freight），即成本加运费（指定目的港），是指卖方必须负担货物运至约定目的港所需的成本和运费。这里所指的成本相当于 FOB 价，故 CFR 术语是在 FOB 价的基础上加上装运港至目的港的通常运费。

（3）CIF（Cost，Insurance and Freight），即成本、保险费加运费（指定目的港）。按 CIF 成交，是指卖方必须在合同规定的日期或期间内在装运港将货物交至运往指定目的港的船上，负担货物越过船舷为止的一切费用和货物灭失或损坏的风险；负责租船订舱，支付从装运港到目的港的正常运费，并负责办理货运保险，支付保险费。由此可以看出，CIF 术语除具有 CFR 术语相同的义务外，卖方还应负责办理货运保险和支付保险费。

FOB、CFR、CIF 之间的换算：

CFR 价=FOB 价+国外运费

CIF 价=（FOB 价+国外运费）÷［1-（1+投保加成率）×保险费率］

CIF 价= CFR 价÷［1-（1+投保加成率）×保险费率］

2. 进口业务的佣金

商品流通企业进口商品的佣金收入，分为明佣、暗佣和累计佣金。

明佣，又称发票内佣金，是指在销货发票上除列明销售货款总额外，还注明佣金率、应扣佣金金额和销售货款净额。在有明佣的情况下，商品流通企业所支付的进口货款为扣除佣金后的净额，因此，进口商品的入账价格为扣除佣金金额后的货款净额。

暗佣，又称发票外佣金，是指在销货发票上只填列销售货款总额，不注明佣金率，不扣除佣金金额，而另行支付的佣金。对于暗佣，凡能按照购入进口商品认定的，应冲减进口商品进价，企业将佣金收入向银行办理结汇时，按实际收到人民币金额，借记“银行存款”账户；按实际银行结售的外币金额和选定的市场汇价折合的人民币金额，贷记“销售费用”账户（或以红字借记“销售费用”账户）；按借贷差额，借记或贷记“财务费用——汇兑损益”账户。

累计佣金，是指商品流通企业作为包销、代理客户，根据订立的协议，在一定时期内按照累计销售金额乘以佣金率而计算收取的佣金。累计佣金的会计处理方法和暗佣相同。

3. 缴纳进口关税和消费税

进口商品除按规定缴纳增值税以外，还应缴纳进口关税。如果商品流通企业进口应税消费品，如汽车等，则还应缴纳消费税。

关税和消费税是价内税，计入进口商品的采购成本，借记“在途物资”账户，贷记“应交税费”账户；实际缴纳时，借记“应交税费”账户，贷记“银行存款”账户。增值税是价外税，进项税额予以抵扣。

进口商品的增值税、消费税和关税的计算公式如下：

进口商品的关税完税价格=进口商品的到岸原币价格×市场汇率

应交关税=关税完税价格×进口关税税率

应交消费税=消费税的计税价格×消费税税率

式中

消费税的计税价格=（关税完税价格+关税）÷（1–消费税税率）

应交增值税=增值税计税价格×增值税税率

式中

增值税计税价格=关税完税价格+关税+消费税

增值税、消费税、关税的计算和会计处理，可以参阅第 10 章。

例 6-1 2×21 年 3 月 15 日，京贸公司自营进口某商品 100 箱，进口单价（CIF）为 1 000 美元，价款计 100 000 美元，关税税率为 5%，海关完税凭证注明的增值税税率为 13%，当日的汇率为 1 美元=6.30 元人民币。该商品应缴纳消费税，消费税税率为 10%。

进口商品的关税完税价格=100 000×6.30=630 000（元）

应交关税=630 000×5%=31 500（元）

消费税的计税价格=（630 000+31 500）÷（1–10%）=735 000（元）

应交消费税=735 000×10%=73 500（元）

增值税计税价格=630 000+31 500+73 500=735 000（元）

应交增值税=735 000×13%=95 550（元）

6.1.2 自营进口业务

进口商品采购成本是指商品到达目的港以前发生的各种支出，包括国外进价和进口税费两个部分。

进口商品的国外进价，一律以到岸价格（CIF）为基础。凡进口合同以 FOB 或 CFR 价格成交的，商品离开对方口岸后，由进口企业负担的国外运费、保险费均作为商品的国外进价入账。商品流通企业收到的能够直接认定的进口商品佣金，冲减商品的国外进价；不能按照商品直接认定的佣金，冲减销售费用。商品到达我国口岸后发生的运输装卸费、保险费等进货费用不能计入进价，直接计入当期损益。

进口税费是指进口商品在进口环节缴纳的计入进口商品成本的各种税金，包括海关征收的进口关税和消费税。进口商品在国内销售环节缴纳的各种税金，不计入商品采购成本中。

1. 自营进口商品购进的会计处理

外贸企业采购国外商品主要采用信用证结算方式。当收到银行转来国外全套进口结算单据时，和信用证或合同条款核对，通过银行向国外出口商承付款项，借记“在途物资”账户，贷记“银行存款”账户。假设需要支付国外运费和保险费时，借记“在途物资”账户，贷记“银行存款”账户。进口商品到达我国口岸，向海关申报缴纳进口关税、消费税和增值税时，借记“应交税费——应交增值税（进项税额）（或“应交税费——待认证进项税额）、应交关税、应交消费税”等账户，贷记“银行存款”账户；同时，借记“在途物资”账户，贷记“应交税费——应交关税、应交消费税”等账户。企业收到出口商汇来佣金时，借记“银行存款”账户，贷记“在途物资”账户。购入外汇支付的人民币金额和购入外汇折合的人民币金额之间的差额，借记或贷记“财务费用”账户。进口商品采购完毕，验收入库，结转采购成本时，借记“库存商品”账户，贷记“在途物资”账户。

采用信用证结算方式的，根据信用证结算凭证及所附发票账单，借记“在途物资”账户；根据海关提供的完税凭证上注明的增值税额，借记“应交税费——应交增值税（进项税额）”（或“应交税费——待认证进项税额”等）账户；按支付金额，贷记“其他货币资金——信用证存款”和“银行存款”账户；购入外汇支付的人民币金额和购入外汇折合的人民币金额之间的差额，借记或贷记“财务费用——汇兑损益”账户，如图 6-1 所示。

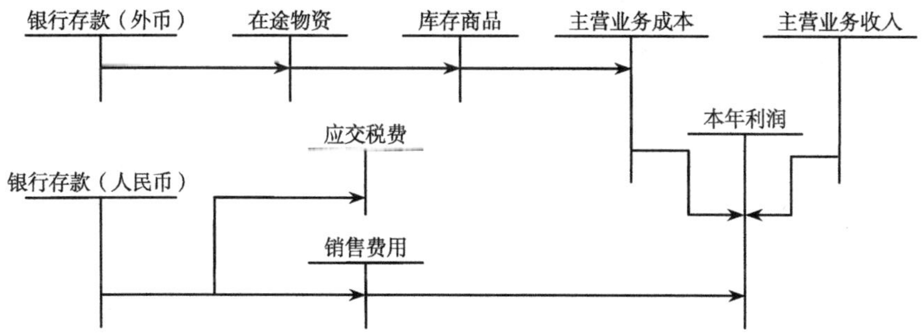

图 6-1　自营进口的会计处理流程

例 6-2　某商品流通企业进口某商品 100 件，计 FOB 价格 10 000 美元。

（1）收到转来的全套进口单据及其他有关凭证，经审核无误同意承付货款。当日银行卖出价格为 1 美元=6.34 元人民币，企业将业务发生时市场汇价作为折合汇率，当日市场汇价为 1 美元=6.30 元人民币，则该企业买入外汇支付的人民币金额为 63 400 元（10 000×6.34），购入外汇折合的人民币金额为 63 000 元（10 000×6.30），发生的汇兑损失为 400 元，该批商品应支付的增值税额为 8 190 元。

根据有关凭证，会计处理如下：

借：在途物资　　63 000

　财务费用——汇兑损益　　400

　应交税费——应交增值税（进项税额）　　8 190

　贷：银行存款　　71 590

（2）支付国外运费和保险费1 000美元，当日银行卖出价为1美元=6.32元人民币，市场汇价为1美元=6.30元人民币，该企业购入外汇支付的人民币金额为6 320元（1 000×6.32），购入外汇折合的人民币金额为6 300元（1 000×6.30），发生的汇兑损失为20元。

根据有关凭证，会计处理如下：

借：在途物资　　6 300

　财务费用——汇兑损益　　20

　贷：银行存款　　6 320

（3）计提应支付的进口关税11 050元。

根据有关凭证，会计处理如下：

借：在途物资　　11 050

　贷：应交税费——应交关税　　11 050

（4）收到国外出口商汇来佣金100美元，结算日银行买入价为1美元=6.31元人民币，当日市场汇价为1美元=6.33元人民币，该企业收到的人民币金额为631元（100×6.31），折合的人民币金额为633元（100×6.33），发生的汇兑损失为2元。

根据有关凭证，会计处理如下：

借：银行存款　　631

　财务费用——汇兑损益　　2

　贷：在途物资　　633

（5）商品到货验收入库，根据有关凭证，会计处理如下：

借：库存商品　　79 717

　贷：在途物资　　79 717

例6-3　2×21年7月7日，北京华凯商品进出口公司自营进口商品一批，到岸价为100 000美元，关税税率为20%，海关完税凭证注明增值税税率为13%。假设当日汇率为6.26元。

（1）按照国外发票原币金额支付折合人民币计算为626 000元，另以人民币计算应交关税为125 200元，增值税为97 656元［626 000×（1+20%）×13%］。

支付价款时，北京华凯商品进出口公司的会计处理如下：

借：在途物资　　751 200

　应交税费——应交增值税（进项税额）等　　97 656

　贷：银行存款　　848 856

如果该批进口商品属于应缴纳消费税的商品，则将消费税计入该项商品的成本，用人民币支付。

北京华凯商品进出口公司的会计处理如下：

借：在途物资

　贷：银行存款

如果进口商品是按离岸价成交，则用外汇支付的运费、保险费应折合人民币，按实际支出计入进口商品采购成本。

（2）以银行存款支付检验费 500 元，银行手续费 200 元。北京华凯商品进出口公司的会计处理如下：

借：在途物资	700	
贷：银行存款		700

（3）结转进口商品采购成本，会计处理如下：

借：库存商品	751 900	
贷：在途物资		751 900

2. 自营进口商品销售的会计处理

商品流通企业收到银行转来的全套正本进口单据或收到进口货物到港通知后，应根据内销合同等开出进口结算单和国内客户办理货款结算手续。

经营自营进口业务的商品流通企业，在与国内用户办理货款结算时，其办理方式根据结算时间的不同分为单到结算、货到结算和出库结算。

单到结算，是指不管进口商品是否到达我国港口，在收到国外进口单据时，向国内用户办理结算。

货到结算，是指海运进口，在货船到达我国港口取得外运公司的船舶到港通知后，向国内用户办理结算。

出库结算，是指进口商品到货后，先验收入库，入库的进口商品在销售出库时向国内用户办理结算。

至于采用哪种方式，由企业和国内用户根据业务经营的具体情况商定。由于自营进口业务对内结算时间不同，进口商品的会计处理也不尽相同。

（1）单到结算的进口商品购进的会计处理。在单据结算情况下，商品流通企业收到银行转来的进口单据，与合同或信用证核对无误，向国外承付货款时，可以向国内订货单位办理结算，并进行进口销售的会计处理，而进口商品的采购成本则需通过“在途物资”账户归集，待归集完毕后再结转进口商品销售成本。由于商品没有入库就直接销售了，所以可以归集的商品采购成本直接从“在途物资”账户转入“主营业务成本”账户。

例 6-4 韵达公司应国内用户要求，进口一批商品，采用即期信用证结算方式，合同成交价格为（FOB）30 万美元，存入银行开证保证金 5 万美元，支付境外运费 3 万美元，保险费 2 万美元。和国内用户签订内销合同，销售总额为 3 390 000 元（价税合计）。假设汇率为 6.30 元/美元，该商品关税税率为 8%，增税税率为 13%。

① 收到银行转来的全套进口单据，经审核无误后，支付货款。

借：在途物资　　1 890 000（300 000×6.30）

　贷：银行存款　　1 575 000（250 000×6.30）

　　其他货币资金——信用证保证金　　315 000（50 000×6.30）

② 按照合同规定向国内用户开具增值税专用发票，办理货款结算手续。

借：应收账款　　3 390 000

　贷：主营业务收入　　3 000 000

　　[3 390 000÷（1+13%）]

　　应交税费——应交增值税（销项税额）等　　390 000

③ 支付境外运保费。

借：在途物资　　315 000（30 000×6.30+20 000×6.30）

　贷：银行存款　　315 000

④ 缴纳关税及增值税。

借：在途物资　　176 400 [（300 000+30 000+20 000）×6.30×8%]

　贷：应交税费——应交关税　　176 400

借：应交税费——应交增值税（进项税额）等　　309 582

　　——应交关税　　176 400

　贷：银行存款　　485 982

⑤ 结转进口成本。

借：主营业务成本　　2 381 400（1 890 000+315 000+176 400）

　贷：在途物资　　2 381 400

（2）货到结算的进口商品购进的会计处理。当商品流通企业收到银行转来的全套进口单据，与合同或信用证核对无误，确认承付货款时，根据有关结算凭证和所附发票账单，借记“在途物资”账户；根据海关提供的完税凭证上注明的增值税额，借记“应交税费——应交增值税（进项税额）”（或“应交税费——待认证进项税额”等）账户；按支付金额，贷记“银行存款”账户；购入外汇支付的人民币金额和购入外汇折合的人民币金额之间的差额，借记或贷记“财务费用——汇兑损益”账户。采用信用证方式结算的，根据信用证结算凭证及所附发票账单，借记“在途物资”账户；根据海关提供的完税凭证上注明的增值税额，借记“应交税费——应交增值税（进项税额）”（或“应交税费——待认证进项税额”等）账户；按支付金额，贷记“其他货币资金——信用证存款”和“银行存款”账户；购入外汇支付的人民币金额和购入外汇折合的人民币金额之间的差额，借记或贷记“财务费用——汇兑损益”账户。

例 6-5　承例 6-4。

① 接到外运公司通知，进口货物已抵达港口，按合同规定向国内用户开具增值税专用发票，办理货款结算手续。

借：应收账款　　　　　　　　3 390 000

　贷：主营业务收入　　　　　　　　　　3 000 000［3 390 000÷（1+13%）］

　　应交税费——应交增值税（销项税额）等

　　　　　　　　　　　　　　　　　　　390 000（3 000 000×13%）

② 同时结转成本。

借：主营业务成本　　　　　　　2 381 400（1 890 000+315 000+176 400）

　贷：在途物资　　　　　　　　　　2 381 400

从例 6-4 和例 6-5 可以看出，进口商品购进采用货到结算或单到结算情况下，在取得外运公司的船舶到港通知后或收到国外进口单据时，即可向国内订货单位办理结算，将商品售给国内订货单位，因此，商品无须验收入库。

（3）出库结算的进口商品购进的会计处理。商品流通企业进口商品采用出库结算，当收到进口商品时应验收入库，并按实际采购成本，借记“库存商品”账户，贷记“在途物资”账户。支付进口货款的会计处理和货到结算情况下进口商品购进的会计处理方法相同。

例 6-6　承例 6-4。

① 接到外运公司通知，进口货物已抵达港口。

收到进口商品时应验收入库，会计处理如下：

借：库存商品　　　　　　　2 381 400（1 890 000+315 000+176 400）

　贷：在途物资　　　　　　　　2 381 400

按合同规定向国内用户开具增值税专用发票，办理货款结算手续，会计处理如下：

借：应收账款　　　　　　　　　3 390 000

　贷：主营业务收入　　　　　　　　　　3 000 000［3 390 000÷（1+13%）］

　　应交税费——应交增值税（销项税额）等　390 000（3 000 000×13%）

② 同时结转成本。

借：主营业务成本　　　　　　　　　　2 381 400

　贷：库存商品　　　　　　　　　　　　　2 381 400

3. 自营进口商品索赔理赔的会计处理

自营进口商品销售采取单到结算方式，当进口商品到达时，所有权已属于国内客户，由其检验商品。发生商品短缺、质量和合同规定不符，区别情况进行处理。属于运输单位责任或属于保险公司负责赔偿的范围，由国内客户向运输单位或保险公司索赔；属于国外出口商的责任，由企业根据商检部门出具的商品检验证明书，在合同规定的对外索赔期限内向出口商提出索赔，并向国内客户理赔。

例6-7 东方粮油进出口公司2×21年5月从美国达拉斯公司购进黄豆250吨，每吨400美元（CIF价格），计货款100 000美元，佣金2 000美元，当日美元汇率为6.30元/美元，缴纳进口关税额20 000元，缴纳增值税额63 306元。这批黄豆采取单到结算方式，已售给泰康食油厂，每吨4 000元，计货款1 000 000元，增值税额100 000元，款已收妥入账。5月5日，黄豆到达港口，泰康食油厂检验黄豆时发现其中25吨已霉烂变质。

（1）5月9日，收到泰康食油厂转来商检部门出具的商品检验证明书，25吨黄豆霉烂变质系美国达拉斯公司的责任。泰康食油厂向外商提出索赔。经协商后，外商同意赔偿9 800美元，予以冲减商品销售成本。

借：应收账款　　　61 740（9 800×6.30）
　贷：主营业务成本　　　61 740

（2）5月10日，同时做销货退回处理，开出红字增值税专用发票，应退货款100 000元，增值税额10 000元。

借：主营业务收入　　　100 000
　　应交税费——应交增值税（销项税额）　　　11 000
　贷：应付账款　　　110 000

（3）5月12日，向税务机关申请退还25吨霉烂变质黄豆已交的进口关税2 000元。

借：应交税费——应交关税　　　2 000
　贷：主营业务成本　　　2 000

（4）5月21日，收到美国达拉斯公司付来赔偿款9 800美元，当日美元汇率为6.26元/美元，予以结汇。

借：银行存款　　　61 348
　　财务费用——汇兑损益　　　392
　贷：应收账款　　　61 740

（5）5月31日，收到税务机关退还25吨变质黄豆的进口关税2 000元，增值税额6 330.6元，存入银行。

借：银行存款　　　8 330.6

贷：应交税费——应交关税　　2 000

——应交增值税（进项税额转出）　　6 330.6

6.1.3 代理进口业务

商品流通企业经营代理进口业务，不垫付进口商品资金和进口税费，不负担进口商品的国外直接费用和国内费用，也不承担进口业务盈亏；外方付来的进口佣金和国外对进口商品的理赔款，全部交给委托单位。商品流通企业根据进口商品 CIF 金额，按规定的费率向委托单位收取代理手续费。

委托单位须预付采购进口商品的资金，企业在向委托单位收妥款项后，才能和进口商签订进口合同和对外开立进口信用证。

商品流通企业代理进口业务，以开立代理进口结算单，向国内委托单位办理货款结算的时间并确认销售收入。代理进口发生的国内外直接费用，如运费、保险费、银行手续费和公司手续费等，由委托方负担。间接费用，如电信费等，应从收取的委托方手续费中补偿。

在实际会计处理时，商品流通企业的代理进口业务如果属于主营业务或经常性业务，则记入“主营业务收入”账户；如果属于非主营业务，则记入“其他业务收入”账户。同时，还要进行增值税的会计处理。

例 6-8　瑞德公司是一家进出口公司，受国内立丰公司委托，代理进口一台设备，采用即期信用证结算方式，境外进价为（FOB）20 万美元，支付境外运费 2 万美元，保险费 1 万美元。收委托方预付货款 200 万元，双方签订的委托合约不可撤销，经和银行洽谈面授开证保证金。该设备关税税率为 5%，增值税税率为 13%，代理进口手续费率为 3%。假设汇率为 6.30 元/美元，不考虑代理服务的增值税。

（1）收到委托单位预付款。

借：银行存款　　2 000 000

贷：合同负债　　2 000 000

（2）收到银行转来的进口单据，经审核无误，对外付款，同时向立丰公司办理货款结算。

关税=（200 000+20 000+10 000）×6.30×5%=72 450（元）

代理进口销售收入=进价+运保费+关税+代理手续费

=（200 000+20 000+10 000）×6.30+72 450+

（200 000+20 000+10 000）×6.30×3%

=1 564 920（元）

借：合同负债　　1 564 920

贷：主营业务收入　　1 564 920

同时结转代理进口销售成本：

代理进口销售成本=（200 000+20 000+10 000）×6.30+72 450=1 521 450（元）

借：主营业务成本　　1 521 450

　贷：银行存款　　1 521 450

（3）代委托单位垫付进口增值税。

垫付进口增值税=1 521 450×13%=197 788.5（元）

借：合同负债　　197 788.5

　贷：银行存款　　197 788.5

（4）结算立丰公司往来款。

借：合同负债　　237 291.5

　贷：银行存款　　237 291.5

上述会计处理主要反映了代理进口销售收入和代理进口销售成本。在实际工作中，还可以采用主要反映代理进口手续费收入的做法。在该种方法下，例6-8的会计处理如下：

（1）收到委托单位预付款。

借：银行存款　　2 000 000

　贷：合同负债　　2 000 000

（2）收到银行转来的进口单据，经审核无误，对外付款及代付进口运保费、关税、增值税。

关税=（200 000+20 000+10 000）×6.30×5%=72 450（元）

进价、运保费、关税、增值税合计=1 521 450+1 521 450×13%=1 719 238.5（元）

借：合同负债　　1 719 238.5

　贷：银行存款　　1 719 238.5

（3）收取代理手续费。

借：合同负债　　43 470［（200 000+20 000+10 000）×6.30×3%］

　贷：主营业务收入　　43 470

（4）结算立丰公司往来款。

借：合同负债　　237 291.5

　贷：银行存款　　237 291.5

6.2　出口业务的会计实务

出口业务涉及的增值税及其出口退税的会计处理，请参阅第10章的相关内容。

6.2.1　自营出口的会计处理

商品流通企业根据国家有关政策组织货源，将商品销售给境外客户，并承担经营盈亏的业务称为自营出口业务。所谓自营，要有两个要件：自负盈亏；自办业务。它的销售收入归出口企业所有，出口商品进价和出口业务有关的国内外一切费用，以及佣金、索赔、理赔、罚款等均由出口企业自己负担，经营的盈亏也归出口企业并纳入其总损益额内。

对出口业务来说，为了使销售收入的汇账口径一致，不论出口成交是哪种价格条款，都以离岸价（FOB）为准。在 FOB 条件下，进口方负责租船订舱和投保运输险，因此，运费和保险费和出口方无关。如按 CIF 对外成交的，那么在商品离境后所发生的应由出口方负担的以外汇支付的国外运费、保险费、佣金和银行财务费用等，冲减收入。发生的对外理赔，冲减收入。

1. 自营出口销售收入的会计处理

商品流通企业出口销售通常采用信用证结算，业务部门根据贸易合同和信用证的规定，开具出库单一式数联，由储运部门据以向运输单位办理托运，然后将出库单转给财会部门，财会部门根据出库单借记“发出商品”账户，贷记“库存商品”账户。

业务部门待出口商品装船，取得全套货运单据，持出口发票正本向银行交单办理收汇手续，取得银行回单。财会部门取得业务部门转来的发票副本及银行回单时，借记“应收账款”账户，贷记“主营业务收入”账户。同时根据储运部门转来的出库单，结转商品销售成本，借记“主营业务成本”账户，贷记“发出商品”账户。待收到贷款时，借记“银行存款”账户，贷记“应收账款”账户，如图 6-2 所示。

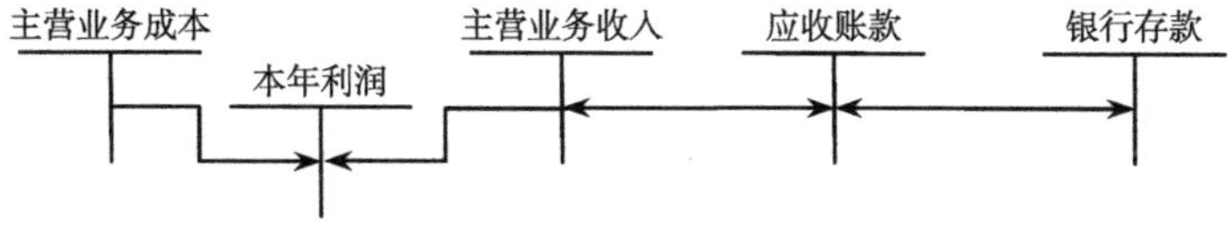

图 6-2　自营出口销售收入会计处理流程

例 6-9　2×21 年 5 月，富勒进出口公司根据出口贸易合同，销售给日本一家酒业公司黄酒 200 吨，采用信用证结算。

（1）5 月 1 日，收到储运部门转来出库单列明出库黄酒 200 吨，每吨 2 500 元，予以转账。

借：发出商品　　500 000

　贷：库存商品　　500 000

（2）5 月 5 日，收到业务部门转来销售黄酒的发票副本和银行回单，发票开列黄酒 200 吨，每吨 400 美元（CIF 价格），共计货款 80 000 美元，当日美元汇率为 6.30 元。

借：应收账款　　　　　　　　　　504 000（80 000×6.30）

　贷：主营业务收入　　　　　　　　504 000

（3）5 月 5 日，同时根据出库单结转出口黄酒销售成本。

借：主营业务成本　　　　　　　　　　　500 000

　贷：发出商品　　　　　　　　　　　　　500 000

（4）5 月 15 日，收到银行收汇通知，80 000 美元已收汇。银行扣除 100 美元手续费并将其余部分已存入外汇存款账户，当日美元汇率价为 6.29 元。

借：银行存款　　　　　　　　　　502 571（79 900×6.29）

　　财务费用——手续费　　　　　　629（100×6.29）

　　　　　　——汇兑损益　　　　　800

　贷：应收账款　　　　　　　　　　504 000（80 000×6.30）

2. 支付国内、国外费用的会计处理

（1）支付国内费用的会计处理。企业出口商品所需支付的国内有关费用包括运输费、装卸搬运费、港务费及劳务费等，均作为企业的销售费用。支付时，借记“销售费用”账户，贷记“银行存款”账户。

例 6-10　承例 6-9。5 月 4 日富勒进出口公司签发转账支票支付潍坊运输公司将黄酒运送到威海的运杂费 6 000 元，并电汇给威海港黄酒的装运费 1 500 元。富勒进出口公司的会计处理如下：

借：销售费用　　　　　　　　　　　　　7 500

　贷：银行存款　　　　　　　　　　　　　7 500

（2）支付国外费用的会计处理。国外费用主要有运费、保险费和国外佣金三项。

1）支付国外运费和保险费的会计处理。在国际贸易中有各种不同的价格条件，当按照不同的价格条件成交时，买卖双方所负担的费用也各不相同。例如，按 FOB 价格条件成交，商品流通企业（卖方）无须负担国外运费和保险费用；按 CIF 价格条件成交，商品流通企业应负担国外运费和保险费用；以 CFR 价成交，商品流通企业只承担国外运费。

国外运费是指国际贸易价格条件所规定的应由出口商支付并负担的从装运港到目的港的运输费用。保险费是指商品流通企业为转移商品在运输途中的风险，并在遭受损失时能得到必要的补偿，向保险公司投保并负担支付的费用。

由于自营出口商品销售收入是按 FOB 价格扣除佣金后计价的，所以商品流通企业负担的国外运费和保险费应冲减“主营业务收入”账户。

例 6-11　承例 6-9。富勒进出口公司发生国外运费和保险费。

5 月 2 日，收到外轮运输公司发票一张，金额 2 500 美元，为 200 吨黄酒的运费。当即

从外币账户汇付对方，当日美元汇率的中间价为 6.28 元。

富勒进出口公司的会计处理如下：

借：主营业务收入——运费　　15 700（2 500×6.28）

　贷：银行存款　　15 700

5 月 3 日，按照黄酒销售发票金额 80 000 美元的 115%向保险公司投保，保费率为 0.2%，签发转账支票从外币账户支付，当日美元汇率的中间价为 6.28 元。

富勒进出口公司的会计处理如下：

借：主营业务收入——保险费　　1 155.52（80 000×115%×0.2%×6.28）

　贷：银行存款　　1 155.52

2）支付国外佣金的会计处理。佣金是指价格条件或合同规定应支付给中间商的推销报酬。佣金有明佣、暗佣和累计佣金三种支付方式。

① 在明佣的情况下，商品流通企业根据扣除佣金后的销售货款净额收取货款，不再另付佣金。入账时，按扣除佣金后的销售货款净额，借记“应收账款”账户；按销售货款总额，贷记“主营业务收入”账户；所付的佣金，借记“主营业务收入”账户。

② 在暗佣的情况下，商品流通企业应按销售总额收取货款，佣金另行支付。对于支付的佣金，借记“主营业务收入”账户，贷记“应付账款”账户；收到货款后汇付佣金时，借记“应收账款”账户，贷记“银行存款”账户；因支付佣金购入外汇支付的人民币金额和购入外汇折合的人民币金额之间的差额，借记或贷记“财务费用——汇兑损益”账户。

例 6-12　承例 6-9。采用暗佣支付方式，佣金率为 3%。

5 月 3 日，根据出口黄酒金额 3%的佣金率，将应付客户暗佣入账。当日美元汇率的中间价为 6.28 元。

富勒进出口公司的会计处理如下：

借：主营业务收入——佣金　　15 072（80 000×3%×6.28）

　贷：应付账款　　15 072

5 月 17 日，货款已于 15 日收到，先将佣金汇付日本酒业公司，当日美元汇率的中间价为 6.27 元。

富勒进出口公司的会计处理如下：

借：应付账款　　15 072

　贷：银行存款　　15 048（80 000×3%×6.27）

　　财务费用——汇兑损益　　24

此外，暗佣也可以在出口后向银行议付信用证时，由银行按规定的佣金率将佣金在结汇款中扣除。按销售净额，借记“银行存款”账户；按扣除的佣金金额，借记“应付账款”账户；按销售金额，贷记“应收账款”账户。

③ 商品流通企业所支付的累计佣金往往不易按出口商品认定，因此，将其列入销售费用。累计佣金倘若能直接认定到具体出口商品的，则其会计处理和其他佣金一样，冲减“主营业务收入”账户；倘若不易认定到具体出口商品的，则记入“销售费用”账户；支付佣金时购入外汇支付的人民币金额和购入外汇折合的人民币金额之间的差额，借记或贷记“财务费用——汇兑损益”账户。

3. 出口商品收回货款的会计处理

商品流通企业收到出口销售货款时，按银行挂牌汇率结算给外汇指定银行。在进行会计处理时，按实际收到的人民币金额，借记“银行存款”账户；按实际向银行结售的外币金额和按企业选定的市场汇价折合的人民币金额，贷记“应收账款”等账户；按借款的差额，借记或贷记“财务费用——汇兑损益”账户。

例 6-13 京华外贸公司和国外客户通过函电成交，出口一批羊绒衫。

（1）收到国外客户开来的信用证，经审核无误，仓库发货待运，该批商品的进价为 150 000 元。

根据有关凭证，京华外贸公司的会计处理如下：

借：库存商品——待运和发出商品（羊毛衫）　　150 000

　贷：库存商品——羊毛衫　　150 000

（2）商品出口，已向银行办理交单，财会部门收到有关凭证，出口发票所列货款总额为（CIF）30 000 美元，出口佣金率为 3%，共计 900 美元，货款净额为 29 100 美元。该公司采用业务发生时的市场汇价作为折合率，当日市场汇率为 1 美元=6.33 元人民币。

根据有关凭证，京华外贸公司的会计处理如下：

借：应收账款　　184 203（29 100×6.33）

　　销售费用　　5 697（900×6.33）

　贷：主营业务收入　　189 900（30 000×6.33）

借：主营业务成本　　150 000

　贷：库存商品——待运和发出商品（羊毛衫）　　150 000

（3）京华外贸公司支付该批商品国内运费 1 000 元（不考虑增值税）。

根据有关凭证，京华外贸公司的会计处理如下：

借：销售费用　　1 000

　贷：银行存款　　1 000

（4）支付国外运费 1 000 美元及保险费 200 美元，当日市场汇价为 1 美元=6.31 元人民币，银行卖出价为 1 美元=6.34 元人民币。

根据有关凭证，京华外贸公司的会计处理如下：

借：财务费用——汇兑损益 36
  销售费用 7 572（1 200×6.31）
 贷：银行存款 7 608（1 200×6.34）

（5）接到银行通知，上项出口货款收妥结汇，当日市场汇率为 1 美元=6.32 元人民币，银行买入价为 1 美元=6.29 元人民币。

根据有关凭证，京华外贸公司的会计处理如下：

借：财务费用——汇兑损益 873
  银行存款 183 039（29 100×6.29）
 贷：应收账款 183 912（29 100×6.32）

（6）收到退回的该批出口商品应退的增值税（进项税额）计 10 500 元。

根据有关凭证，京华外贸公司的会计处理如下：

借：银行存款 10 500
 贷：应交税费——应交增值税（出口退税） 10 500

4. 国外退回商品的会计处理

已装运出口的商品因故退回国内的，业务部门应及时联系储运、财会部门，落实退回商品的运输及货款的处理，并在取得退回商品的运单后办理入库通知单，随同应冲转的原发票，交财会部门据以冲转自营出口销售账。有关退回商品的运杂费、保险费、境外费用，包括已支付的佣金，如属出口方责任的，那么经企业领导批准后，记入“营业外支出”账户；如属供货单位责任的，那么按合同的有关条款提出赔偿；如系境外客户责任的，那么其退回商品的运杂费由对方负担，如出口方已支付时，在退回货款时予以扣回。财会部门对退回的商品，须在查清原出口贷款确已全部收妥的情况下，对外支付以上款项。

商品如因故遭到境外客户退货，则在收到商品的海运提单时，会计处理如下。

借：主营业务收入
 贷：应收账款

同时，冲销原结转成本：

借：在途物资
 贷：主营业务成本

收到境外客户退货商品，经验收入库后：

借：库存商品
 贷：在途物资

对退货的原出口运保费和退货的运保费，根据双方商定的原则进行处理。如由对方承担责任的，那么出口方不负担任何退货费用；假定因出口方责任造成的出口商品退回，则将原出口运保费及退货的运保费，连同其他因退货发生的费用，转到“待处理财产损溢”账户，经批准后再记入“营业外支出”账户。

5. 国外客户提出索赔的会计处理

对境外客户提出的索赔应分清责任处理。如属出口方责任的，那么经领导批准后，记入“营业外支出”账户；如属供货单位责任的，那么一般由供货单位以人民币赔偿。对供货单位造成的商品短缺、规格等级或包装、质量和错发等事故，按业务部门和供货单位商定的理赔方案或理赔金额，交由财会部门据以分别调整主营业务收入及成本。对属保险责任范围内的一切损失，一律由保险公司负责赔偿。属于运输单位责任造成损坏短少的，向运输单位索赔。

（1）境外客户提出索赔，经查实确属出口方违约，如质量问题、逾期出运或其他原因造成的损失，凡不属保险责任范围，又在合约规定索赔期限以内，境外客户也提供了合法的证明，由出口方负责赔偿的金额，先记入“待处理财产损溢”账户，经批准后，转入“营业外支出”账户，会计处理如下：

借：待处理财产损溢

　贷：应付账款

（2）境外客户提出索赔，如属出口方少发商品时，那么经核实后确认理赔，根据外销出仓凭证（红字）等，先按少发数量和原会计处理所列单价分别冲转原收入和成本，会计处理如下：

借：主营业务收入

　贷：应收账款

同时，调整原销售成本：

借：待处理财产损溢

　贷：主营业务成本

经查，如上述少发商品确在仓库时，则根据仓库盘存溢余报告单，会计处理如下：

借：库存商品

　贷：待处理财产损溢

经查，如上述少发商品系供货单位造成的，则经双方确认，向供货方追回少发商品的货款时，会计处理如下：

借：银行存款

　贷：待处理财产损溢

经查，如上述少发商品确系短缺，是出口方责任，则按规定审批权限，报经批准后，记入“营业外支出”账户，会计处理如下：

借：营业外支出

　贷：待处理财产损溢

（3）境外客户提出索赔，如属出口方错发错运造成的，则在对方提供合法证明或查明情况的基础上，根据不同情况，区别处理。

如双方同意以调换商品方式处理，则根据业务部门开具的有关进出仓凭证调整库存及销售成本，会计处理如下：

借：主营业务成本

　　库存商品——退回错发商品

　贷：库存商品——补发商品

如补发商品金额小于退回错发商品金额时，则借记“主营业务收入”账户予以调整。对运回及补发商品所发生的境内外费用，其处理方法和上述境外销货退回支付境外费用处理相同，先记入“待处理财产损溢”账户，经报批准后，记入“营业外支出”账户。

如双方同意不再调换商品，以补差价方式处理，则根据有关进出仓凭证，除做调整库存处理外，还应根据更改出口发票调整销售收入，会计处理如下：

借：库存商品

　　主营业务成本

　贷：库存商品

同时，进行以下退补会计处理：

借：应收账款

　　主营业务收入

　贷：主营业务收入

境外进口商毁约、不履行合同的，商品流通企业根据合同规定向外商提出索赔，经对方确认后，将索赔款收入进行如下会计处理：

借：应收账款

　贷：营业外收入

6.2.2　代理出口的会计处理

代理出口是指外贸企业或其他出口企业，受委托方的委托，代办出口货物销售的一种出口业务。代理出口业务的特点是，受托单位对出口货物不做进货和自营出口销售的会计处理，不负担出口货物的盈亏，只收取一定比例的代理出口手续费。委托方提供出口货源，负担一切境内外基本费用，承担出口销售盈亏，支付代理出口手续费。

代理出口业务有视同买断方式和收取手续费方式两种。

视同买断方式是指由委托方和受托方签订协议，委托方按协议价收取所代销商品的货款，实际售价（出口价）可由受托方自定，实际售价和协议价之间的差额归受托方所有的销售方式。受托方销售的委托代销商品收入的实现及会计处理，和本企业商品对外销售收入的实现及会计处理相同。

收取手续费方式是指受托方根据所代销商品数量向委托方收取手续费的销售方式。在这种代销方式下，委托方在受托方将商品销售后，向委托方开具代销清单时，确认收入；受托方在商品销售后，按应收取的手续费确认收入（这里主要是指企业的主要业务就是从事代理业务；如果企业的代理业务不是主要业务，那么其收入按收取的手续费计入“其他业务收入”账户）。

代理出口销售收入的计量和自营出口相同，以离岸价为基础，即以出口发票所列应收货款的外币，扣除境外佣金，按交单日银行买入价折合为人民币，作为收入的入账金额，再以销售净收入扣除代理手续费的金额作为代理出口销售成本。

代理出口发生的境内、外直接费用，均由委托方负担。国内直接费用即销售费用，既可由受托方垫付后向委托方收取，也可由委托方先预付一笔金额待以后清算，还可简化手续，经双方协商按定额进行结算。间接管理费用应以向委托方收取的手续费进行补偿。

受托的出口企业，按照出口发票的金额及规定的手续费率，向委托方收取一定比例的手续费，作为办理代理出口业务的管理费用开支和收益。

商品流通企业代理出口销售业务如采取全额收（结）汇法，则收到银行转来收汇通知收取全部款项时，借记“银行存款”账户，贷记“应收账款”账户。然后由业务部门按代理出口销售收入的一定比例开具收取代理手续费的发票，其中一联记账联送交财会部门扣款。财会部门根据代理出口销售收入金额减去垫付的国内外费用后的差额，借记“应付账款”账户；根据业务部门转来的代理手续费发票记账联，贷记“其他业务收入”账户；将两者之间的差额汇付委托单位，根据汇款回单，贷记“银行存款”账户。

1. 代理出口商品收发的会计处理

商品流通企业根据合同规定收到委托单位发来代理出口商品时，根据储运部门转来代理业务入库单上所列的金额，借记“受托代销商品”账户，贷记“代销商品款”账户。代理商品出库后，根据储运部门转来的代理业务出库单上所列的金额，借记“发出商品——受托代销商品”账户，贷记“受托代销商品”账户。

例 6-14 2×21 年 3 月，上海服装进出口公司受理常熟服装厂代理出口服装业务，男西服已运到。

（1）3 月 2 日，收到储运部门转来代理业务入库单，列明入库男西服 800 套，每套 350 元。会计处理如下：

借：受托代销商品——常熟服装厂　　　　280 000

贷：代销商品款——常熟服装厂　　280 000

（2）3月5日，收到储运部门转来代理业务出库单，列明出库男西服800套，每套350元。会计处理如下：

借：发出商品——受托代销商品　　280 000

贷：受托代销商品——常熟服装厂　　280 000

2. 代理出口商品销售收入的会计处理

代理出口商品交单办理收汇手续，取得银行回单时就意味着销售已经确认，然而这是委托单位的销售收入，因此通过“应付账款”账户进行会计处理。届时根据代理出口商品的销售金额，借记“应收账款”账户，贷记“应付账款”账户。同时结转代理出口商品的销售成本，根据代理出口商品的出库金额，借记“代销商品款”账户，贷记“发出商品”账户。

例6-15　上海服装进出口公司根据代理出口合同销售给美国波士顿公司男西服。

（1）3月6日，收到业务部转来代理销售男西服的发票副本和银行回单，发票开列男西服800套，每套62.50美元（CIF价格），共计货款50 000美元，佣金1 000美元，当日美元汇率的中间价为6.28元。会计处理如下：

借：应收账款　　307 720（49 000×6.28）

贷：应付账款——常熟服装厂　　307 720

（2）3月6日，同时根据代理业务出库单（转账联）结转代理出口男西服销售成本。会计处理如下：

借：代销商品款——常熟服装厂　　280 000

贷：发出商品——受托代销商品　　280 000

3. 垫付国内外直接费用的会计处理

商品流通企业在垫付国内外直接费用时，借记“应付账款”账户，贷记“银行存款”账户。

例6-16　上海服装进出口公司代理销售男西服发生国内外直接费用。

（1）3月7日，签发转账支票两张，分别支付上海运输公司将西服运送上海港运杂费956元，上海港西服的装船费700元。会计处理如下：

借：应付账款——常熟服装厂　　1 656

贷：银行存款　　1 656

（2）3月8日，签发转账支票两张，分别支付外轮运输公司的运费800美元，保险公司的保险费150美元，当日美元汇率的中间价为6.28元。会计处理如下：

借：应付账款——常熟服装厂　　5 966（950×6.28）

贷：银行存款——外币存款　　5 966

4. 代理出口销售收汇的会计处理

商品流通企业代理出口销售收汇时，如采取异地结汇法，那么收到银行转来的垫付代理出口商品的国内外直接费用和代理手续费时，根据收到的金额，借记“银行存款”账户，贷记“应收账款”账户，并根据业务部门转来按代理出口销售收入金额的一定比例收取代理手续费发票的金额，借记“应收账款”账户，贷记“其他业务收入”“应交税费——应交增值税（销项税额）”等账户。同时，根据银行划拨款委托单位的金额，借记“应付账款”账户，贷记“应收账款”账户。

例 6-17　上海服装进出口公司代理销售男西服采取异地结汇法，代理业务的手续费率为 2%，发生收汇业务。

（1）3 月 20 日，收到银行转来分割收结汇的收账通知，金额为 2 150 美元。其中，代理业务代垫国内运费 956 元，装船费 700 元；代垫国外运费 800 美元，保险费 150 美元；代理手续费 1 000 美元，款项全部存入外币存款户。当日美元汇率的中间价为 6.28 元。会计处理如下：

借：银行存款——外币存款　　13 502（2 150×6.28）

　贷：应收账款　　13 502

（2）3 月 20 日，同时根据代理业务收取代理手续费的发票（记赔联），会计处理如下：

借：应付账款——常熟服装厂　　6 280（1 000×6.28）

　贷：其他业务收入　　5 924.53［6 280÷（1+6%）］

　　应交税费——应交增值税（销项税额）等　　355.47［6 280÷（1+6%）×6%］

（3）3 月 20 日，同时根据银行转来分割结汇通知，划拨常熟服装厂收汇余额 47 850 美元。会计处理如下：

借：应付账款——常熟服装厂　　300 498（47 850×6.28）

　贷：应收账款　　300 498

5. 代理出口销售业务税金的会计处理

代理出口销售业务的退税由委托单位自行办理。

商品流通企业代理出口销售业务所取得的代理手续费收入，根据税法规定，按规定的税率缴纳增值税，在月末提取时，借记“其他业务成本”账户，贷记“应交税费”账户，次月初在向税务机关缴纳增值税时，借记“应交税费”账户，贷记“银行存款”账户。

在信用证支付方式下，代理出口贸易存在着货物风险、货款风险、费用风险、员工风险等。可采取多种措施，从信用证审核、货物检验、报关装运、制单交单、货款监管、费用预收、款项预留等着手以规避这些风险。

信用证支付方式下代理出口贸易风险规避做法包括以下几点：

（1）掌控出口货物。不见货物不签约，牢牢控制出口货物。

（2）弄清信用证真伪及条款可行性。出口商和通知行要严格审核信用证的真实性和条款的可行性。出口商和通知行还要共同审核信用证条款的可行性，预防软条款陷阱。一旦发现可疑条款，出口商可要求国外进口商通过其开证银行修改信用证。收到修改书前，不办理出口报关。

（3）实时监控出口环节。对于代理出口贸易，特别是异地检验和异地报关代理出口贸易，委托方不直接对外洽谈成交签约，对外不承担任何法律责任。受托方要派出可靠人员实时跟踪，监控购货、检验、出仓、进仓、配船、报关、装柜、提（运）单领取等关键环节，严格核对批号、批次、唛头、包装、件数。

（4）受托方制单和交单。信用证付款是纯单证交易。单证质量决定货款命运。对于信用证支付方式下代理出口贸易，所有议付单证都用受托方名义制作和提交。为杜绝虚假伪造单证，确保发票、商检证书、提单等单证的真实性，受托方可指定经验丰富的业务员制单和交单。

（5）加强款项监控。

第 7 章

其他商品流通业务的会计实务

本书所指的其他商品流通业务主要包括委托加工、代购、代销、出租商品、出售与出租包装物、商品退回、商品退补价、拒付货款和拒收商品、存货跌价准备等业务。本章主要介绍这些业务的会计处理。

7.1 委托加工

委托加工是指商品流通企业和外单位双方签订委托加工合同，由外单位代为加工，支付加工费用的一种加工方式。对于委托加工业务，商品流通企业可以通过“委托加工物资”账户进行会计处理。“委托加工物资”是资产类账户，按加工合同、委托加工单位以及加工物资的品种进行明细会计处理。

（1）发出委托加工物资的会计处理。

借：委托加工物资

　贷：库存商品等

（2）支付加工费的会计处理。

借：委托加工物资

　　应交税费——应交增值税（进项税额）等

　贷：银行存款

（3）缴纳消费税的会计处理。

1）加工后，直接销售：

借：委托加工物资

贷：银行存款等

2）加工后，继续生产：

借：应交税费——应交消费税

贷：银行存款等

直接销售的规定，以及委托加工涉及的消费税的会计处理，请参阅 10.2 节。

（4）收回委托加工物资的会计处理。

借：库存商品等

贷：委托加工物资

例 7-1 2×21 年 5 月 10 日，北京毛绒制品贸易公司将库存 6 000 米粗毛呢委托红豆制衣厂加工女大衣 3 000 件。库存粗毛呢每米进价 20 元。

（1）发出粗毛呢 6 000 米，财会部门根据加工商品发料单转账，会计处理如下：

借：委托加工物资——女大衣 120 000

贷：库存商品——粗毛呢 120 000

（2）以银行存款支付加工费用，按每件 20 元计算，共计 60 000 元，增值税税率 13%，根据增值税专用发票，会计处理如下：

借：委托加工物资——女大衣 60 000

应交税费——应交增值税（进项税额）等 7 800

贷：银行存款 67 800

（3）收回加工商品时，由业务部门填制“加工商品收货单”一式数联，交有关部门。收货部门凭以验收入库，财会部门据以计算加工商品的总成本及单位成本转账，会计处理如下：

女大衣总成本=120 000+60 000=180 000（元）

借：库存商品——女大衣 180 000

贷：委托加工物资——女大衣 180 000

采用售价核算法核算的，按照售价，借记“库存商品”账户；按照实际成本，贷记“委托加工物资”账户；按照实际成本和售价之间的差额，借记或贷记“商品进销差价”账户。

7.2 代购

委托代购商品是商品流通企业委托其他单位代购商品。代购，是指受托方按照合同、协议或委托方的要求，替委托方购买商品的行为。代购行为分两种情况：一种是受托方向委托方收取手续费的方式；另一种是受托方按照正常购销价格和供应商和委托方结算的方式。

受托方向委托方收取手续费方式的代购行为，须同时具备以下条件：第一，受托方不能垫付资金；第二，销货方（供应商）将增值税专用发票开具给委托方，并由受托方将该发票转交给委托方；第三，受托方按代购实际发生的销售额和增值税额与委托方计算货款，并另收取手续费。委托方支付的手续费作为一项期间费用从企业所得税前列支，不得直接增加购买货物本身的成本。

受托方按照正常购销价格与供应商和委托方结算方式的代购行为，其特点是不同时具备上述三个条件。一般来说，受托方替委托方代购货物，不论其以什么价格购进，都和委托方按约定的价格结算，这样在购销过程中受托方要垫付资金。在这种情况下，购销差价归受托方所有，按正常的购销业务缴纳增值税。即对受托方来说，其从供应商购货视同正常购进业务，允许抵扣增值税进项税额，从委托方收取代购款项视同正常销售业务，需计算缴纳销项税；而对委托方来说，其支付给受托方的代购款项视同正常购进业务，允许抵扣增值税进项税额。

7.2.1　委托代购商品的会计处理

目前商品流通企业的委托代购商品业务，主要是委托收购农副产品。农副产品收购企业为了便利农民销售农产品，除了自营收购，在一些未设收购机构的地区，可以委托当地商品流通企业或其他企业代购。委托代购时，双方应签订代购合同，规定代购农副产品的品种、规格、费用负担、手续费标准、交接货方式，以及结算办法等。

委托代购农副产品的会计处理有三种处理方法，即代购费用实报实销、代购费用定额包干和作价交接。

1. 代购费用实报实销

代购费用实报实销是指委托收购农副产品的收购费用（包括运杂费、保管费、包装费等），先由受托单位代垫，再向委托单位按实报销，并另行收取代购手续费的处理办法，委托单位对这部分代购费用计入商品进价。

例 7-2　上进兔毛加工公司委托夏顺公司代购兔毛 1 000 千克，收购价每千克 200 元，增值税税率为 13%，受托方代垫包装费 200 元。代购手续费按收购金额的 3%计算。商品验收入库，价款及费用以银行存款支付。假设不考虑包装费的增值税。

根据有关凭证，上进公司的会计处理如下：

借：库存商品——兔毛　　　　　　206 200［200×1 000×（1+3%）+200］

　　应交税费——应交增值税（进项税额）等

　　　　　　　　　　　　　　　　　26 000

　贷：银行存款　　　　　　　　　　　232 200

2. 代购费用定额包干

代购费用定额包干是指委托代购农副产品的代购费用按代购金额核定一个比例，由委托代购单位包干，另加手续费，委托单位将这部分包干费用计入商品进价的处理办法。

例 7-3 承例 7-2。假设代购费用定额为 5%，上进公司的会计处理如下：

借：库存商品——兔毛　210 200［200×1 000×（1+5%）+200］

　应交税费——应交增值税（进项税额）等　27 300

　贷：银行存款　237 500

3. 作价交接

作价交接是指代购双方按代购合同商定的“交接价”办理结算手续的处理办法。“交接价”包括农副产品收购价、收购费用，以及代购手续费等。委托单位按“交接价”作为商品进价。

例 7-4 设例 7-2 中，双方议定代购兔毛的交接价为每千克 260 元，共计 260 000 元，增值税税率为 13%，以银行存款支付。

上进公司的会计处理如下：

借：库存商品——兔毛　260 000

　应交税费——应交增值税（进项税额）等　33 800

　贷：银行存款　293 800

7.2.2 受托代购商品的会计处理

受托代购商品是指商品流通企业代其他单位收购商品。目前，商品流通企业的受托代购业务主要有代购农副产品、代购进口商品等业务。受托代购商品的会计处理一般以不垫资金、收取手续费为主要形式。

例 7-5 北京广华公司是一家商品流通企业，接受外地天津利达公司委托代购一批商品，双方签订代购合同，手续费为代购金额的 3%。预收代购资金 600 000 元。

（1）收到利达公司的代购资金 600 000 元，存入银行。

借：银行存款　600 000

　贷：其他应付款——利达公司　600 000

（2）支付代购商品货款（包括增值税）570 000 元。

借：其他应付款——利达公司　570 000

　贷：银行存款　570 000

（3）收取手续费 17 100 元（570 000×3%）。

借：其他应付款——利达公司 17 100

贷：其他业务收入 16 132.08［17 100÷（1+6%）］

应交税费——应交增值税（销项税额）等

967.92［17 100÷（1+6%）×6%］

（4）退还多余账款。

借：其他应付款——利达公司 12 900

贷：银行存款 12 900

如属受托单位垫付资金，则以“应收账款”账户入账。

值得注意的是，随着我国经济的快速发展及信息网络技术的不断提高，电子商务已经成为人们日常生活中不可或缺的交易方式。近些年来，由于互联网的发展和人们生活水平的提高，作为电子商务重要组成部分的网络海外代购应运而生并日益繁荣。

网络代购是指网络代购商通过网络接收买方的订单，利用差价或者收取代购费用而有偿地从事商品购买的一种商业行为。网络海外代购行为，是指跨国的通过互联网来进行代购的行为，它区别于其他代购行为的特点是，买方和所购商品位于两个不同的国家。网络海外代购主要包括以下两种形式：一种是通过专门的海外代购网站或者大型购物网站的海外代购专区进行的；另一种是通过个人设立的海外代购网络店铺进行的。不管是属于哪种形式，都是以营利为目的进行的一种商业活动，且由于所代购的大都是特定种类的商品（以价格较高的奢侈品见多），盈利空间相对比较大，应对其征税。

在网络海外代购的两种形式中，专门的海外代购网站或者大型购物网站的海外代购专区因其管理比较规范而相对易于监管，而个人代购因其形式自由、随意、隐蔽和灵活等会产生更多的问题，应加以重视。

7.3 代销

一般来说，商品流通按商品所有权是否转移分为经销和代销两种。经销（定约销售）是由经销商按照和生产厂商签订的经销协议所规定的范围经销商品，包括多头经销、独家经销、总经销。代销是代理商受另一企业或个人委托代理销售指定的商品，双方只是代理和委托关系，没有发生商品所有权转移。本节主要介绍代销的会计处理。一般来说，委托代销商品分为视同买断的委托代销方式和收取手续费的委托代销方式两种。从严格意义上讲，前者不属于代销行为，后者是一种纯粹的代销行为。

1. 视同买断的委托代销方式

采用视同买断方式代销商品时，由委托方和受托方签订协议，委托方按协议价收取所代销的货款，实际售价可由受托方自定，实际售价和协议价之间的差额归受托方所有。如果委托方和受托方之间的协议标明受托方在取得商品后，无论商品是否卖出，均和委托方无关，那么，符合收入确认条件的，委托方确认收入。如果协议标明受托方可以将没有销售出去的商品退回给委托方，或者受托方代销商品出现亏损时可以要求委托方补偿，那么，商品的控制权并未转移给受托方。因此，委托方在交付商品时不确认收入。受托方销售商品后，向委托方开具代销清单，委托方收到代销单时，确认收入。

例 7-6　2×21 年 10 月，华润公司委托时代公司销售甲商品 100 件，协议价为 1 000 元/件，该商品成本 600 元/件，增值税税率为 13%。华润公司收到时代公司开来的代销清单时开具增值税发票，发票上注明"售价 100 000 元，增值税 13 000 元"。时代公司实际销售时开具的增值税发票上注明"售价 120 000 元，增值税 15 600 元"。假设甲商品没有卖出去，时代公司可以将其退回给华润公司。

华润公司的会计处理如下。

（1）华润公司将甲商品交付时代公司时：

借：发出商品	60 000	
贷：库存商品		60 000

（2）华润公司收到代销清单时：

借：应收账款——时代公司	113 000	
贷：主营业务收入		100 000
应交税费——应交增值税（销项税额）等		13 000
借：主营业务成本	60 000	
贷：发出商品		60 000

（3）收到时代公司汇来的货款 113 000 元时：

借：银行存款	113 000	
贷：应收账款——时代公司		113 000

2. 收取手续费的委托代销方式

采用收取手续费的委托代销方式时，受托方根据所代销的商品数量向委托方收取手续费，这对受托方来说实际上是一种劳务收入。这种代销方式和视同买断的代销方式相比，主要特点是，受托方通常按照委托方规定的价格销售，不得自行改变售价。

委托方的会计处理：委托方在商品发出代销时，做发出商品转账；在收到代销清单时，确认商品销售收入入账；在结算代销手续费时，做销售费用处理。

例 7-7　承例 7-6。假定代销合同规定，时代公司按每件 1 000 元售给顾客，华润公司按售价的 10%支付时代公司手续费。时代公司实际销售时，即向买方开一张增值税专用发票，发票上注明“甲商品售价 100 000 元，增值税 13 000 元”。华润公司在收到时代公司交来的代销清单时，向时代公司开具一张相同金额的增值税发票。

华润公司的会计处理如下。

（1）华润公司将甲商品交付时代公司时：

借：发出商品　60 000

　贷：库存商品　60 000

（2）华润公司收到代销清单时：

借：应收账款——时代公司　113 000

　贷：主营业务收入　100 000

　　　应交税费——应交增值税（销项税额）等　13 000

借：主营业务成本　60 000

　贷：发出商品　60 000

借：销售费用——代销手续费　10 000

　贷：应收账款——时代公司　10 000

（3）收到时代公司汇来的货款净额 103 000 元（113 000–10 000）时：

借：银行存款　103 000

　贷：应收账款——时代公司　103 000

在代销方式下，委托方并未将商品的控制权实质转移给受托方，所以销售并未实现，“委托代销商品”仍作为一项资产计入委托方资产负债表中的存货项目列示。

相关链接 7-1　商品流通小企业采用支付手续费方式委托代销商品的会计处理

商品流通小企业采用支付手续费方式委托代销商品的会计处理，和例 7-7 基本一致，只是商品流通小企业在发出商品时不用作会计处理，在结转成本时，贷记“库存商品”。

7.4　出租商品

商品流通企业为了方便群众，会开展商品出租业务，如照相机、自行车、雨具等。

出租商品时，商品流通企业设置“库存商品”账户进行会计处理，并按出租商品的品名、规格设置明细分类账或备查簿，以反映出租及收回情况。出租商品，按进价入账。

出租商品时，向租户收取押金，收回商品时退还押金。押金的收取或退还，通过“其他应付款”账户处理。收取的租金在“其他业务收入”账户进行会计处理，发生出租商品的摊销、修理、废弃等业务，在“其他业务成本”账户进行会计处理。

“其他业务收入”和“其他业务成本”账户都是损益类账户，用来计算除销售商品以外的其他销售收入和与此相关的成本、费用和税金及附加等支出。

例 7-8　2×21 年 1 月，乐舞服装公司从库存商品中拨出 100 件演出服，每件进价 360 元，售价 500 元，乐舞服装公司采用售价金额法进行会计处理。

（1）根据内部商品调拨单，会计处理如下：

借：库存商品——出租演出服　　36 000
　　商品进销差价　　14 000
　贷：库存商品——在库演出服　　50 000

（2）月内收到出租演出服租金 3 000 元，会计处理如下：

借：库存现金（或银行存款）　　3 000
　贷：其他业务收入　　2 830.19［3 000÷（1+6%）］
　　　应交税费——应交增值税（销项税额）等　　169.81［3 000÷（1+6%）×6%］

（3）月末进行摊销（设在 1 年内摊销，每月摊销 3 000 元）会计处理如下：

借：其他业务成本　　3 000
　贷：库存商品——出租演出服摊销　　3 000

（4）本月有 10 件演出服已不复使用，报废处理，已摊销 3 000 元。乐舞服装公司的会计处理如下：

借：库存商品——出租演出服摊销　　3 000
　　其他业务成本　　600
　贷：库存商品——出租演出服　　3 600（360×10）

（5）出租时收取押金 1 000 元，会计处理如下：

借：库存现金或银行存款　　1 000
　贷：其他应付款　　1 000

（6）收回出租演出服退还押金 1 000 元，会计处理如下：

借：其他应付款　　1 000
　贷：库存现金或银行存款　　1 000

相关链接 7-2　商品流通小企业出租商品的会计处理

商品流通小企业出租商品，记入“营业外收入”账户，不结转成本，即借记“银行存款”账户，贷记“营业外收入”账户。

专栏　出租商品的税务处理

商品流通企业在纳税申报时，将出租商品的租金收入填报在一级附表《一般企业收入明细表》（A101010）的第 14 行，如表 7-1 所示。

表 7-1　一般企业收入明细表　　金额单位：元

行　次	项　目	金　额
14	4．出租包装物和商品收入	

商品流通小企业在纳税申报时，如果实施查账征收，则将出租商品的租金收入填报在一级附表《一般企业收入明细表》（A101010）的第 26 行，如表 7-2 所示。

表 7-2　一般企业收入明细表　　金额单位：元

行　次	项　目	金　额
26	（十）其他	

7.5　出售与出租包装物

包装物，是指为包装产品而提供的各种包装容器，如桶、箱、瓶、坛、袋等用于储存和保管产品或使产品美观的材料。包装物在企业经营活动中发挥着相当重要的作用，既能够保护商品不受损害，又便于向消费者传递商品的相关信息，还能够吸引消费者购买被包装的产品。

7.5.1　发出包装物的会计处理

商品流通企业发出包装物，根据其用途不同，分别进行会计处理。

1. 随商品出售的包装物

随商品出售的包装物，分单独计价和不单独计价两种情况，会计处理方式不同。

一是随同商品出售而单独计价的包装物，在随同商品出售时要单独计价，单独反映其收入，相应地单独反映其销售成本。因此，在商品出售时，视同材料销售处理。

例 7-9　某商场 6 月销售雪茄烟一批，开具的增值税专用发票上注明价款 100 000 元。收取单独计价的包装物价款 2 260 元，开具普通发票。已知雪茄烟成本 60 000 元，包装物成本 1 200 元，消费税税率为 36%。

该商场的会计处理如下。

（1）确认收入。

借：银行存款　　　　115 260

贷：主营业务收入　　100 000

其他业务收入　　2 000（2 260 ÷ 1.13）

应交税费——应交增值税（销项税额）等

13 260［（100 000+2 260 ÷ 1.13）×13%］

（2）应交消费税。

借：税金及附加　　36 720

贷：应交税费——应交消费税　　36 720［（100 000+2 260 ÷ 1.13）×36%］

（3）结转成本。

借：主营业务成本　　60 000

其他业务成本　　1 200

贷：库存商品　　60 000

包装物　　1 200

二是随同商品出售不单独计价的包装物，在包装物发出时，按其实际成本计入销售费用中。

例 7-10　某化妆品公司 3 月销售一批高档化妆品，连同包装物一并销售，增值税专用发票上注明价款 150 000 元，收到款项存入银行。已知化妆品成本 80 000 元，包装物成本 1 000 元，化妆品消费税税率为 30%。

该化妆品公司的会计处理如下。

（1）确认收入。

借：银行存款　　169 500

贷：主营业务收入　　150 000

应交税费——应交增值税（销项税额）等　　19 500（150 000×13%）

（2）应交消费税。

借：税金及附加　　45 000

贷：应交税费——应交消费税　　45 000（150 000×30%）

（3）结转成本。

借：主营业务成本　　80 000

贷：库存商品　　80 000

同时，结转包装物成本：

借：销售费用　　1 000

贷：包装物　　1 000

2. 出租的包装物

企业多余的包装物可以出租，在第一次领用时，按出租包装物的实际成本处理：

借：其他业务成本

　贷：包装物

收取出租包装物的租金：

借：银行存款

　贷：其他业务收入

　　　应交税费——应交增值税（销项税额）等

期满收回残余价值或变价收入冲减“其他业务成本”账户：

借：原材料等

　贷：其他业务成本

相关链接 7-3　商品流通小企业包装物租金的会计处理

商品流通小企业收取出租包装物的租金，记入“营业外收入”账户，不结转成本，即借记“银行存款”账户，贷记“营业外收入”账户。

专栏　出租包装物的税务处理

商品流通小企业在纳税申报时，将出租包装物的租金收入填报在一级附表《一般企业收入明细表》（A101010）的第14行，如表7-3所示。

表7-3　一般企业收入明细表　　金额单位：元

行　次	项　　目	金　　额
14	4．出租包装物和商品收入	

商品流通小企业在纳税申报时，如果实施查账征收，则将出租包装物的租金收入填报在一级附表《一般企业收入明细表》（A101010）的第26行，如表7-4所示。

表7-4　一般企业收入明细表　　金额单位：元

行　次	项　　目	金　　额
26	（十）其他	

3. 出借的包装物

出借包装物一般都是为了销售的需要，按出借包装物的实际成本记入“销售费用”账户。

借：销售费用
　贷：包装物
期满收回残余价值或变价收入冲减“销售费用”账户：
借：原材料等
　贷：销售费用

7.5.2　包装物押金的会计处理

包装物不作价随同商品销售，押金不并入销售额中计税，但对逾期未收回的包装物不再退还的和已收取 1 年以上的押金，并入应税消费品的销售额，按照应税消费品的适用税率征收消费税。出租出借包装物收取的押金，借记“银行存款”或“库存现金”账户，贷记“其他应付款”账户；待包装物到期未收回而将押金没收时，借记“其他应付款”账户，贷记“其他业务收入”账户；按应交的增值税额，贷记“应交税费——应交增值税（销项税额）”（或“应交税费——待转销项税”“应交税费——简易计税”等）账户，同时计提消费税。

例 7-11　方包公司（一般纳税人）销售应税消费品（非酒类），收取包装物押金 4 520 元，适用消费税税率为 10%。

方包公司的会计处理如下。

（1）收取包装物押金时：
借：银行存款　　4 520
　贷：其他应付款　　4 520
（2）包装物逾期未收回时：
借：其他应付款　　4 520
　贷：其他业务收入　　4 000［4 520 ÷（1+13%）］
　　应交税费——应交增值税（销项税额）等　　520［4 520 ÷（1+13%）×13%］
（3）包装物押金逾期应计提消费税额：
借：税金及附加　　400［4 520 ÷（1+13%）×10%］
　贷：应交税费——应交消费税　　400

7.5.3　包装物摊销的会计处理

包装物的摊销方法主要包括一次转销法和分次摊销法。金额较大的周转材料，采用分次摊销法。商品流通企业领用时按照其成本，借记“包装物——在用”账户，贷记“包装物——在库”账户；按照使用次数摊销时，按照其摊销额，借记“管理费用”“其他业务成本”等账户，贷记“包装物——摊销”账户。

例 7-12 2×21 年 3 月 1 日，达利公司因业务需要向科健公司出租全新的包装物一批，价值 12 000 元，租期 3 个月，租金 4 000 元/月。5 月 31 日科健公司归还包装物，达利公司报废该包装物，残值变价收入 1 000 元。包装物采用分次摊销。

达利公司的会计处理如下。

（1）3 月 1 日包装物领用时：

借：包装物——出租　　12 000

　贷：包装物——库存　　12 000

3 月收取租金及包装物摊销时：

借：银行存款　　4 000

　贷：其他业务收入　　3 539.83［4 000÷（1+13%）］

　　应交税费——应交增值税（销项税额）等　　460.17［4 000÷（1+13%）×13%］

借：其他业务成本　　4 000

　贷：包装物——摊销　　4 000

（2）4 月、5 月收取租金及包装物摊销，会计处理同 3 月。

（3）变价收入的会计处理。

借：银行存款　　1 000

　贷：其他业务成本　　1 000

7.6 商品退回

7.6.1 购进退回

商品流通企业购进的商品，在已承付货款并验收入库以后，发现商品的规格、品种、质量和合同不符，在征得供货单位的同意后，可以作为进货退出处理。办理退货时，取得当地税务部门开具的进货退出证明单，送交销货方凭以开具红字增值税专用发票作为扣减进项税额的凭证，并由业务部门填制“进货退出发货单”或红字“收货单”作附件通知储运部门将商品发运给供货单位。财会部门根据上述凭证转销“库存商品”账户借方数额。

例 7-13 2×21 年 9 月 8 日，海路被服公司向外地的凯歌服装厂购入男衬衫 500 件，单价为 100 元，计货款 50 000 元，增值税税率为 13%，价税合计 56 500 元。货款已承付，商品按整箱验收入库，事后拆箱时发现该批商品中有女衬衫 100 件，和合同规定不符，经与供货单位联系，同意退货处理。

（1）业务部门转来红字增值税专用发票及“进货退出发货单”，海路被服公司的会计处理如下：

借：应收账款——凯歌服装厂　　11 300

　应交税费——应交增值税（进项税额）等　　1 300（红字）

　贷：库存商品——女衬衫　　10 000

（2）收到供货单位退回货款时，海路被服公司的会计处理如下：

借：银行存款　　11 300

　贷：应收账款——凯歌服装厂　　11 300

商品零售企业购进商品后，发现商品的品种、规格、数量等和增值税专用发票所列的内容不符合，和供货单位联系，由供货单位开出红字增值税专用发票，办理退货手续，然后将商品退回，并做相应的会计处理。

例 7-14　蓝岛商厦发现 2×21 年 3 月购进的女裤有 10 条不符合质量要求，和厂家联系后同意退货。裤子每条进价 80 元，售价 100 元。

（1）裤子退货后，根据服装组转来的红字收货单，蓝岛商厦的会计处理如下：

借：库存商品　　1 000（红字）

　贷：在途物资　　800（红字）

　　商品进销差价　　200（红字）

（2）收到对方开来退货的红字增值税专用发票，退货款 800 元，增值税 104 元，款项未收到。蓝岛商厦的会计处理如下：

借：在途物资　　800（红字）

　应交税费——应交增值税（进项税额）等　　104（红字）

　贷：应收账款　　904（红字）

7.6.2　销售退回

销售退回，是指商品流通企业因售出的商品质量、品种不符合要求等原因而发生的退货。在例 7-14 中，对于销售退回，蓝岛商厦企业区分不同情况进行会计处理：

（1）对于未确认收入的售出商品发生销售退回的，蓝岛商厦企业按已记入“发出商品”账户的商品成本金额，借记“库存商品”账户，贷记“发出商品”账户。采用售价核算法核算的，按售价记入“库存商品”账户，同时计算商品进销差价。

（2）对于已确认收入的售出商品发生退回的，企业在发生时冲减当期销售商品收入，同时冲减当期销售商品成本，借记“库存商品”等账户，贷记“主营业务成本”账户。

如该项销售退回已发生现金折扣的，则同时调整相关财务费用的金额；如该项销售退回允许扣减增值税额的，则同时调整“应交税费——应交增值税（销项税额）”（或“应交税费——待转销项税”“应交税费——简易计税”等）账户的相应金额。

已确认收入的售出商品发生的销售退回，属于资产负债表日后事项的，按照有关资产负债表日后事项的相关规定，进行会计处理。按照税法规定，在此期间的销售退回所涉及的应交所得税，作为该年度的纳税调整事项。

例 7-15 2×20 年 12 月 18 日，佳方公司销售一批商品，售价 100 000 元，增值税额 13 000 元，成本 52 000 元。合同规定现金折扣条件为：2/10，1/20，N/30。买方于 12 月 27 日付款，享受现金折扣 2 000 元。2×21 年 3 月 20 日该批产品因质量严重不合格被退回。

佳方公司的会计处理如下。

（1）销售商品时：

借：应收账款　　113 000

　贷：主营业务收入　　100 000

　　　应交税费——应交增值税（销项税额）等　　13 000

借：主营业务成本　　52 000

　贷：库存商品　　52 000

（2）收回货款时：

借：银行存款　　111 000

　　财务费用　　2 000

　贷：应收账款　　113 000

（3）销售退回时：

借：主营业务收入　　100 000

　　应交税费——应交增值税（销项税额）　　13 000

　贷：银行存款　　111 000

　　　财务费用　　2 000

借：库存商品　　52 000

　贷：主营业务成本　　52 000

《中华人民共和国企业所得税法》实施后，国家税务总局专门出台了《关于确认企业所得税收入若干问题的通知》（国税函〔2008〕875 号），规定企业因售出商品质量、品种不符合要求等原因而发生的退货属于销售退回。企业已经确认销售收入的售出商品发生销售折让和销售退回，在发生当期冲减当期销售商品收入。

如果销售退回发生在确认收入的当期或者发生在财务报告报出之后，则不存在财税差异；如果销售退回属于资产负债表日后事项的，则适用《企业会计准则第 29 号——资产负债表日后事项》。资产负债表日后进一步确定了资产负债表日前购入资产的成本或售出资产的收入。属于资产负债表日后调整事项，调整资产负债表日的财务报表。例如，2×21 年 1 月退回一笔 2×20 年 10 月销售的 100 万元商品，则商品流通企业需要填报在《纳税调整项目明细表》（A105000）的第 10 行，如表 7-5 所示。

表 7-5　纳税调整项目明细表　　金额单位：元

行次	项　　目	账载金额	税收金额	调增金额	调减金额
		1	2	3	4
10	（八）销售折扣、折让和退回（2×20 年）	100	0	100	
10	（八）销售折扣、折让和退回（2×21 年）	0	100		100

值得注意的是，在现实中，经常发生销售货物遭索赔的情况，但是销售货物已交增值税不能退回。例如，某公司销售一种新材料给客户，合同价款 150 万元。客户在使用该材料后，产品质量未能达标，检查结果是原材料的质量出了问题。为此，客户向公司索赔。双方于 2×21 年 2 月在法院的调解下达成赔偿协议：公司向客户赔偿 170 万元，包括货款 150 万元，连带损失 20 万元。此例中已缴纳的增值税不能申请退回，因为税务机关退税，客户又凭已开具的增值税发票抵扣了进项税额，国家会蒙受损失。

7.7　商品退补价

商品流通企业购进商品，有时因供货单位的计价错误或按暂作价计算等原因，商品的进价和实际进价发生差异。退价或补价时，由供货单位填制增值税专用发票及附件“销货更正单”据以办理退、补价手续。

（1）进货退价。进货退价是指应计的进价低于已结算的进价，由供货单位退还给进货单位的差价款。在会计处理上，当收到退价款时，区别以下两种情况。

① 商品尚未售出或虽已售出但尚未结转商品销售成本，商品流通企业根据供货单位的红字增值税专用发票及“销货更正单”，会计处理如下：

借：银行存款

　　应交税费——应交增值税（进项税额）等（红字）

　贷：库存商品——××商品（采购成本）

② 商品已售出，并已结转主营业务成本，商品流通企业根据供货单位的红字增值税专用发票及“销货更正单”，会计处理如下：

借：银行存款

　　应交税费——应交增值税（进项税额）等（红字）

　贷：主营业务成本（采购成本）

进货折扣与折让的会计处理和进货退价相同。

（2）进货补价。进货补价是指应计的进价高于已结算的进价，由进货企业补付货款差额。在会计处理上，也应区别以下两种不同情况。

① 商品尚未售出，或已售出但尚未结转商品销售成本，商品流通企业根据供货单位增

值税专用发票及“销货更正单”补付货款时，会计处理如下：

借：库存商品——××商品

应交税费——应交增值税（进项税额）等

贷：银行存款

② 商品已售出，并已结转主营业务成本，商品流通企业根据供货单位的增值税专用发票及“销货更正单”补付货款时，会计处理如下：

借：主营业务成本

应交税费——应交增值税（进项税额）等

贷：银行存款

商品零售企业购进商品后，可能会收到供货单位开来的更正发票，更正开错的商品货款。一般来说，可能存在以下几种情况。

（1）如果只更正购进价格，没有影响商品的零售价格，那么商品零售企业会计处理时，调整“商品进销差价”账户，不调整“库存商品”账户。

（2）如果供货单位退还货款，那么商品零售企业根据红字增值税专用发票冲减商品采购金额和进项税额，用红字借记“在途物资”账户和“应交税费——应交增值税（销项税额）”（或“应交税费——待转销项税”“应交税费——简易计税”等）账户，贷记“应付账款”账户；同时需要增加商品的进销差价，用红字借记“商品进销差价”账户，贷记“在途物资”账户。

（3）如果供货单位补收货款，那么商品零售企业根据增值税专用发票增加商品采购金额和进项税额，借记“在途物资”账户和“应交税费——应交增值税（销项税额）”（或“应交税费——待转销项税”“应交税费——简易计税”等）账户，贷记“应付账款”账户；同时需要减少商品的进销差价，借记“商品进销差价”账户，贷记“在途物资”账户。

例7-16 2×21年3月10日，三利百货从北京毛巾厂购进毛巾1 000条，进价10元，售价15元，商品已经入库。3月15日，收到厂方的更正发票，每条毛巾为9元，应退货款1 000元，增值税130元。

（1）冲减商品采购金额和进项税金额，三利百货的会计处理如下：

借：在途物资　　1 000（红字）

应交税费——应交增值税（进项税额）等　　130（红字）

贷：应付账款　　1 130（红字）

（2）调整商品进销差价。三利百货的会计处理如下：

借：商品进销差价　　1 000（红字）

贷：在途物资　　1 000（红字）

供货单位由于品种等原因开错价格，事后开来更正发票，此时需要更正批发价和零售价。如果供货单位需要退款，那么除了根据更正增值税专用发票冲减采购金额、进项税额和应付账款，还要冲减库存商品的售价金额、进价成本和商品进销差价。如果供货单位补收货款，那么除了根据更正增值税专用发票增加商品采购金额、进项税额和应付账款，还要增加库存商品的售价金额、进价成本和商品进销差价。

例 7-17　2×21 年 3 月 10 日，三利百货从北京毛巾厂购进一级毛巾 1 000 条，进价 10 元，售价 15 元，商品已经入库。3 月 15 日，收到厂方的更正发票，该毛巾为二级，每条毛巾为 9 元，售价为 13 元，应退货款 1 000 元，增值税 130 元。

（1）冲减商品采购金额和进项税金额，三利百货的会计处理如下：

借：在途物资　　1 000（红字）

　　应交税费——应交增值税（进项税额）等　　130（红字）

　贷：应付账款　　1 130（红字）

（2）冲减库存商品的售价金额和进价成本。三利百货的会计处理如下：

借：库存商品　　2 000（红字）

　贷：商品进销差价　　1 000（红字）

　　　在途物资　　1 000（红字）

7.8　拒付货款和拒收商品

商品流通企业无论是购进业务还是销售业务，都会遇到采购的商品或销售的商品不符合合同的规定，可能发生拒付货款或拒收商品的情形。下面分别介绍商品流通企业作为购货方拒付货款与拒收商品和作为销货方被购货方拒付货款与拒收商品这两种情况的会计处理。

7.8.1　商品流通企业作为购货方的会计处理

商业流通企业从异地购进商品，采用发货制和托收承付结算方式。在承付货款和商品验收过程中，如发现发票和商品和合同规定的品种、规格、数量、质量不符，则按合同规定，有权拒付全部或部分货款，或者拒收全部或部分商品。拒付货款和拒收商品一般有以下两种情况，分别进行会计处理。

（1）货款未付的会计处理。商品流通企业接到银行转来的托收凭证和发票联、结算联等单据，经与合同核对，如发现商品的品种、规格、数量、质量不符，则向银行提出“拒绝承付理由书”，拒付全部或部分货款，不做会计处理。当拒付货款的商品到达时，作为拒收商品，代供货单位暂行保管，不做会计处理。

如果托收凭证未到，商品先到，验收时发现商品的品种、规格、数量、质量和合同不符，则予以拒收。待收到银行转来托收凭证时，再填制“拒绝付款理由书”，通过银行予以拒付，不做会计处理。

例7-18 2×21年5月8日，海路被服公司向外地笙歌被服厂购进6尺（1尺≈0.33米）床单10 000条，单价26元，计货款260 000元，增值税税率为13%，计33 800元，价税合计293 800元，另笙歌被服厂代垫运费2 180元。

① 商品先到，发现其中有4尺床单1 000条，单价16元，和合同规格不符，拒绝收货，暂作代管，其余9 000条，已验收入库，待收到银行转来托收凭证，办理部分拒付手续。

海路被服公司的会计处理如下：

借：库存商品——6尺床单　　235 800（260 000×90%+2 000×90%）

　　应交税费——应交增值税（进项税额）等

　　　　　　　　　　　　　30 582［（33 800+180）×90%］

　贷：银行存款　　　　　　　　266 382

② 接笙歌被服厂函告1 000条4尺床单系错发，请求海路被服公司购进。海路被服公司同意寄去扣税证明单办理更正手续。接笙歌被服厂寄来红字增值税专用发票及4尺床单发票联据以转账。每条14元，增值税税率不变，价税共计15 820元，代管1 000条4尺床单点验入库，并汇出货款。

海路被服公司的会计处理如下：

借：库存商品——4尺床单　　　14 200（1 000×14+2 000×10%）

　　应交税费——应交增值税（进项税额）等

　　　　　　　　　　　　　　1 838（1 820+180×10%）

　贷：银行存款　　　　　　　　　16 038

同时，注销代管商品记录。

（2）货款已承付的处理。商品流通企业接到银行转来托收凭证和发票联、结算联等单据，经与合同核对无误，已全数承付货款，并已入账。待商品到达后，在验收时发现商品和合同规定的品种、规格、数量、质量不符，可以向供货单位提出拒收全部或部分商品。在会计处理上，将拒收商品的金额和运杂费，从“在途物资”账户和“销售费用”账户转入“应收账款”账户，同时将拒收商品做代管处理。

例7-19 2×21年5月8日，海路被服公司向外地笙歌被服厂购入羊毛毯200条，每条进价230元，增值税税率为13%，价税共计51 980元。

① 接银行转来托收凭证及发票联、结算联等单据，经与合同核对无误，承付全部货款。

海路被服公司的会计处理如下：

借：在途物资——羊毛毯　　　　　　　　　　46 000

　　应交税费——应交增值税（进项税额）等　　5 980

贷：银行存款　　　　51 980

② 商品运到后，验收发现其中 50 条质量不符合合同规定要求，做拒收商品处理，并相应扣减增值税 1 495 元，经与供货单位联系，同意退回拒收商品，其余 150 条验收入库。

根据供货单位红字发票，海路被服公司的会计处理如下：

借：库存商品——羊毛毯　　　　34 500

应收账款——笙歌服装厂　　　　12 995

应交税费——应交增值税（进项税额）等　　　　1 495（红字）

贷：在途物资——羊毛毯　　　　46 000

③ 商品已发运，货款已收到，海路被服公司的会计处理如下：

借：银行存款　　　　12 995

贷：应收账款——笙歌服装厂　　　　12 995

商业流通企业从本地购进商品，发生的拒收商品和拒付货款业务，可以比照上述业务进行会计处理。

7.8.2　商品流通企业作为销货方的会计处理

在采用发货制，并采用托收承付结算方式时，商品已经发送，并向银行办妥托收手续后，即视为商品销售。当购货单位收到托收凭证发现内附增值税专用发票列示的商品和合同不符，或者与商品的数量、规格、质量等不符时，会发生拒付货款或者拒收商品的情况，此时需要根据不同情况进行会计处理。

商品少发的处理有两种情况：补发商品，在商品发运后，收到购货单位货款、增值税税额及垫付运费时，借记“银行存款”账户，贷记“应收账款”账户；如不再补发商品，则由业务部门填制红字增值税专用发票，做销货退回处理。

发票开错的，业务部门填制红字增值税专用发票，财会部门做销货退回处理。

质量不符合要求，或品种、规格发错，储运部门入库，财会部门根据转来的红字增值税专用发票做销货退回处理，退回商品的运费列入“销售费用”账户。

例 7-20　2×21 年 8 月 4 日，大河制冷销售公司销售给华光商厦空调机 100 台，每台 2 000 元，货款共计 200 000 元，增值税 26 000 元，代垫运费 4 360 元，货款已经支付。

（1）8 月 12 日，向银行办妥托收销货款、增值税额和代垫运输费的手续。大河制冷销售公司的会计处理如下：

借：应收账款　　　　230 360

贷：主营业务收入　　　　200 000

应交税费——应交增值税（销项税额）等　　　　26 000

银行存款　　　　4 360

（2）8 月 18 日，银行转来收账通知，华光商厦支付货款、增值税款及运费 207 324 元。同时收到“拒绝付款理由书”，拒付其中 10 台的货款、增值税款及运费 23 036 元。大河制冷销售公司的会计处理如下：

借：银行存款　　207 324

　贷：应收账款　　207 324

（3）8 月 30 日，查明 10 台空调质量不好，已退回，业务部门转来红字发票，财会部门审核无误。大河制冷销售公司的会计处理如下：

借：主营业务收入　　20 000

　　应交税费——应交增值税（销项税额）等　　2 600

　　销售费用　　436

　贷：应收账款　　23 036

7.9 存货跌价准备

为了准确地反映存货质量，商品流通企业需要在期末对存货进行全面清查。例如，发生存货毁损，全部或部分陈旧、过时，或销售价格低于成本等情况，导致存货成本高于可变现净值的，按可变现净值低于存货成本的部分，提取存货跌价准备，同时确认存货的跌价损失。这种方法为成本与可变现净值孰低法，该方法主要用于对期末存货价值的调整。

成本与可变现净值孰低法，是指商品流通企业对期末存货按照成本与可变现净值中较低者计价的方法，即当存货的成本低于可变现净值时存货仍然按成本计价，当存货的可变现净值低于成本时存货按可变现净值计价。这里的“成本”指的是存货的历史成本，即购入存货的采购成本。

可变现净值，是指在日常活动中，存货的估计售价减去至完工时估计将要发生的成本、估计的销售费用及相关税费后的金额。其中，估计售价可以参照合同价格或一般的市场价格。

7.9.1 存货可变现净值的确定方法

存货持有目的不同，可变现净值的确定方法也不同，因此，存货可变现净值应区分不同情况确定。

（1）用于直接出售的存货。该类存货包括没有销售合同约定的用于直接出售的产成品或商品存货，以及用于直接出售的材料。

① 没有销售合同约定的用于直接出售的商品存货可变现净值的确定。没有销售合同约定的商品等直接用于出售的存货，其可变现净值为正常生产经营条件下该存货市场销售价

格减去估计销售费用和相关税费后的金额。

例 7-21　2×21 年 12 月 31 日，空港公司库存商品 20 台，每台实际成本为 5 000 元。同日，该商品的市场销售价格为每台 6 000 元。该存货估计销售费用为 7 000 元，相关税费约为 15 200 元。该商品没有签订销售合同。

没有签订销售合同，该类存货可变现净值为商品的市场销售价格减去估计销售费用，再减去相关税费。即：

可变现净值=该商品的市场销售价格–估计销售费用–相关税费

=20×6 000–7 000–15 200=97 800（元）

② 用于出售的材料存货可变现净值的确定。商品流通企业因产品市场需求变化，可能将材料用于出售，以减少损失。该类材料存货可参照用于出售的产品的可变现净值确定方法确定其可变现净值，即用于出售材料可变现净值为该类材料市场销售价格减去估计销售费用和相关税费后的金额。

例 7-22　因市场需求发生变化，空港公司为减少损失，决定将甲材料 2 000 千克出售。2×21 年 12 月 31 日该材料每千克实际成本为 120 元，市场购买价格为每千克 115 元，为销售该材料估计将发生销售费用 4 500 元，相关税费 5 300 元。

因市场需求变化，该材料决定出售，因此该类材料可变现净值可参照用于出售的产品的可变现净值确定方法确定其可变现净值。即：

可变现净值=该材料市场销售价格–估计销售费用–相关税费

=2 000×115–4 500–5 300=220 200（元）

（2）为执行销售合同或劳务合同而持有的存货。为执行销售合同或劳务合同而持有的存货，因其价格一般已在合同中约定，所以该类存货可变现净值以合同价格为基础减去估计销售费用和相关税费后确定。如果商品流通企业持有同一项存货的数量大于销售合同定购数量，则分别以合同价格和市场销售价格为基础确定可变现净值。

例 7-23　2×20 年 11 月 2 日，空港公司和长城公司签订购销合同约定，空港公司 2×21 年 2 月 10 日以每台 5 000 元的价格向长城公司提供 30 台甲产品。2×21 年 12 月 31 日，空港公司库存甲产品 40 台，每台成本 4 000 元，市场销售价格每台 5 200 元。为执行合同销售的 30 台甲产品估计销售费用为 6 000 元，相关税费为 16 000 元，其余 10 台甲产品估计销售费用为 2 000 元，相关税费为 4 000 元。

甲产品有 40 台，其中 30 台持有的目的是执行销售合同，另外 10 台持有的目的是用于出售，分别以合同销售价格和市场销售价格为基础确定可变现净值。即：

执行销售合同 30 台甲产品的可变现净值=合同销售价格–估计销售费用–相关税费

=30×5 000–6 000–16 000=128 000（元）

用于出售的 10 台甲产品的可变现净值=市场销售价格–估计销售费用–相关税费

=10×5 200–2 000–4 000 =46 000（元）

此外，如果商品流通企业持有专门用于生产销售合同中规定产品的材料存货，则该材料存货的可变现净值也以产品的合同价格为基础确定。

7.9.2 计提存货跌价准备的会计处理

采用成本与可变现净值孰低法对期末存货计价，当可变现净值低于成本时，会发生存货跌价损失。这些存货损失分别记入资产负债表和利润表中，作为存货成本的减少和存货跌价损失的增加。会计实务中对存货跌价损失的处理有两种方法：一是直接冲减法；二是备抵法。本书重点介绍我国通用的备抵法。

备抵法是指对期末存货可变现净值低于成本的损失，设置"存货跌价准备"账户（属存货账户的备抵调整账户）单独反映，以抵减存货成本。我国采用备抵法，并要求将存货跌价损失记入"资产减值损失"账户。具体处理如下。

（1）会计期末，商品流通企业比较成本与可变现净值，计算出应计提的跌价准备，然后和"存货跌价准备"账户的余额进行比较。若两者不一致，则对已入账的存货跌价准备进行调整，使调整后的"存货跌价准备"的贷方余额能正确反映期末存货按可变现净值计价应抵减的价值，具体会计处理如下。

补提跌价准备时：

借：资产减值损失——存货减值损失

　贷：存货跌价准备

冲减跌价准备时：

借：存货跌价准备

　贷：资产减值损失——存货减值损失

（2）补提跌价准备，说明存货价格继续下跌，进一步提取跌价准备并确认跌价损失；冲减跌价准备，是因为存货的市价下跌后又上升，此时冲减的跌价准备不得超过原已计提的金额，即以跌价准备的余额冲减至零为限，调增存货的账面价值不得超过存货的历史成本。

（3）平时领用、出售已计提跌价准备的存货时，不必同时调整已计提的跌价准备，待年度终了补提或冲减跌价准备时再予以调整。

例 7-24　嘉华公司发生下列和存货跌价有关的事项，采用备抵法进行会计处理。

① 2×20 年年末某批库存商品因陈旧，其市价已低于成本，该批商品的总成本为 100 000 元，其总市价为 80 000 元。年末计提跌价准备时，嘉华公司的会计处理如下：

借：资产减值损失——存货减值损失　　　　20 000

　贷：存货跌价准备　　　　　　　　　　　　20 000

② 2×21 年，上述商品削价出售，取得收入 90 400 元。嘉华公司的会计处理如下：

借：库存现金　　　　　　　　　　　90 400

　贷：主营业务收入　　　　　　　　　　80 000［90 400÷（1+13%）］

　　　应交税费——应交增值税（销项税额）等

　　　　　　　　　　　　　　　　　　10 400［90 400÷（1+13%）×13%］

借：主营业务成本　　　　　　　　　　　　　　　100 000

　贷：库存商品　　　　　　　　　　　　　　　　　　100 000

这一笔业务，账面亏损为 22 000 元，但在 2×20 年已确认 20 000 元的损失，并计提了存货跌价准备，因此 2×21 年承担的损失只有 2 000 元。为简化会计处理，此时已计提的存货跌价准备可不必立即调整，留待年终计提本年存货跌价准备时一并调整。

③ 2×21 年年末，经清查发现部分商品市价估计为 450 000 元，低于 480 000 元的账面成本。假设现有存货跌价准备的余额为 20 000 元，年末应计提存货跌价准备 10 000 元（30 000–20 000）。嘉华公司的会计处理如下：

借：资产减值损失——存货减值损失　　　　　　　10 000

　贷：存货跌价准备　　　　　　　　　　　　　　　10 000

专栏　存货跌价准备的税务处理

《企业所得税法实施条例》第五十六条规定，企业的各项资产，包括固定资产、生物资产、无形资产、长期待摊费用、投资资产、存货等，以历史成本为计税基础。前款所称历史成本，是指企业取得该项资产时实际发生的支出。企业持有各项资产期间资产增值或者减值，除国务院财政、税务主管部门规定可以确认损益外，不得调整该资产的计税基础。因此，存货跌价准备不得在税前扣除，商品流通企业计提存货跌价准备后，在纳税申报时，需做纳税调整，填报在一级附表《纳税调整项目明细表》（A105000）的第 33 行。例 7-24 中，嘉华公司 2×21 年填报的《纳税调整项目明细表》如表 7-6 所示。

表 7-6　纳税调整项目明细表　　金额单位：元

行次	项　目	账载金额	税收金额	调增金额	调减金额
		1	2	3	4
33	（二）资产减值准备金	10 000	*	10 000	

注：*表示不需要填报，即税法不确认该减值准备。

7.9.3 转回存货跌价准备的会计处理

商品流通企业在资产负债表日确定存货的可变现净值。当以前减记存货价值的影响因素已经消失时，减记的金额予以恢复，但只能在原已计提的存货跌价准备金额内转回，转回的金额计入当期损益。也就是说，当原先导致存货价值低于其成本的因素消除时，对该项存货或该类存货所计提的减值准备允许在原来已计提的金额内予以转回，转回的金额以将存货跌价准备余额冲减至零为限。

例 7-25 2×20 年 12 月 31 日，假设京顺公司库存商品总成本为 400 万元，由于市场变化，该产品可变现净值为 320 万元。2×21 年 3 月 1 日，该公司以 180 万元的价格出售该产品的 50%，增值税税率为 13%。3 月 31 日，该库存产品由于原材料价格下降，可变现净值为 180 万元。假设不考虑所得税的影响。

京顺公司的会计处理如下：

（1）2×20 年 12 月 31 日，确认资产减值损失，计提存货跌价准备 80 万元（400–320）。

借：资产减值损失——存货减值损失　　800 000

　贷：存货跌价准备　　800 000

此时，资产负债表存货减少 80 万元，所有者权益减少 80 万元；利润表资产减值损失增加 80 万元，营业利润减少 80 万元。

（2）2×21 年 3 月 1 日，实现主营业务收入 180 万元，由库存商品转为主营业务成本为 200 万元；同时，要将已计提的 40 万元（80×50%）存货跌价准备转回，冲减主营业务成本。

借：应收账款　　2 034 000

　贷：主营业务收入　　1 800 000

　　应交税费——应交增值税（销项税额）等　　234 000

借：主营业务成本　　2 000 000

　贷：库存商品　　2 000 000

借：存货跌价准备　　400 000

　贷：主营业务成本　　400 000

（3）2×21 年 3 月 31 日，库存该商品账面余额为 200 万元，存货跌价准备为贷方余额 40 万元，即库存该商品的账面价值为 160 万元，可变现净值为 180 万元，说明前期确认的减值损失已恢复，减少本期减值损失 20 万元，并冲回 20 万元的存货跌价准备。

借：存货跌价准备　　200 000

　贷：资产减值损失——存货减值损失　　200 000

2×21 年 3 月该笔销售产品及期末计价，其结果对资产负债表及利润表影响如下：

（1）资产负债表。期初存货项目金额为 320 万元。由 3 月 1 日的会计处理可知，销售产品使库存商品减少 200 万元，同时冲回存货跌价准备使存货项目增加 40 万元，二者综合减少 160 万元存货价值；由 3 月 31 日的会计处理可知，期末冲回存货跌价准备又使存货项目金额增加 20 万元。由此，本期最终存货项目金额减少 140 万元，期末存货项目金额为 180 万元。

（2）利润表。本期营业收入为 180 万元，由于冲减了 40 万元的主营业务成本，所以营业成本为 160 万元（200–40），加之资产减值损失减少 20 万元，最后营业利润增加 40 万元。

当以前减记存货价值的影响因素已经消失时，减记的金额予以恢复，转回的金额计入当期损益。从 2007 年以来上市公司执行《企业会计准则（2006）》的情况来看，对于这一条规定，上市公司经常利用存货跌价准备的转回来调整利润。

相关链接 7-4　商品流通小企业存货损失的会计处理

商品流通小企业不计提存货跌价准备，按照实际发生的存货损失直接计入当期损益。

发生的存货毁损，按照处置收入、可收回的责任人赔偿和保险赔款，扣除其成本、相关税费后的净额，计入营业外收入或营业外支出。

第 8 章 投资、固定资产、使用权资产和长期待摊费用

8.1 投资

商品流通企业的对外间接投资包括金融工具投资和长期股权投资。其中，金融工具投资很大一部分是金融资产投资，本节主要介绍金融资产投资和长期股权投资。

8.1.1 金融资产的定义与分类

1. 金融资产的定义

金融资产，是指商品流通企业持有的现金、其他方的权益工具以及符合下列条件之一的资产。

（1）从其他方收取现金或其他金融资产的合同权利。例如，商品流通企业的银行存款、应收账款、应收票据等均属于金融资产。而预付账款不是金融资产，因其产生的未来经济利益是商品或服务，不是收取现金或其他金融资产的权利。

（2）在潜在有利条件下，与其他方交换金融资产或金融负债的合同权利。例如，商品流通企业购入的看涨期权或看跌期权等衍生工具。

（3）将来须用或可用商品流通企业自身权益工具进行结算的非衍生工具合同，且商品流通企业根据该合同将收到可变数量的自身权益工具。

（4）将来须用或可用商品流通企业自身权益工具进行结算的衍生工具合同，但以固定数量的自身权益工具交换固定金额的现金或其他金融资产的衍生工具合同除外。

2. 金融资产的分类

商品流通企业根据其管理金融资产的业务模式和金融资产的合同现金流量特征，将金融资产划分为以下三类。

（1）以摊余成本计量的金融资产。

（2）以公允价值计量且其变动计入其他综合收益的金融资产。

（3）以公允价值计量且其变动计入当期损益的金融资产。

上述分类一经确定，不得随意变更。

商品流通企业的金融资产同时符合下列条件的，分类为以摊余成本计量的金融资产。

（1）商品流通企业管理该金融资产的业务模式是以收取合同现金流量为目标。

（2）该金融资产的合同条款规定，在特定日期产生的现金流量，仅为对本金和以未偿付本金金额为基础的利息的支付。

商品流通企业的金融资产同时符合下列条件的，分类为以公允价值计量且其变动计入其他综合收益的金融资产。

（1）商品流通企业管理该金融资产的业务模式，既以收取合同现金流量为目标，又以出售该金融资产为目标。

（2）该金融资产的合同条款规定，在特定日期产生的现金流量，仅为对本金和以未偿付本金金额为基础的利息的支付。

以公允价值计量且其变动计入当期损益的金融资产。商品流通企业分类为以摊余成本计量的金融资产和以公允价值计量且其变动计入其他综合收益的金融资产之外的金融资产，分类为以公允价值计量且其变动计入当期损益的金融资产。

8.1.2　以公允价值计量且其变动计入当期损益的金融资产

1. 一般业务的会计处理和税务处理

以公允价值且其变动计入当期损益的金融资产在初始确认时，按照公允价值进行计量，相关交易费用直接计入当期损益，即记入“投资收益”账户，不计入初始确认金额。交易费用，是指可直接归属于购买、发行或处置金融工具的增量费用。增量费用是指企业没有发生购买、发行或处置相关金融工具的情形就不会发生的费用，包括支付给代理机构、咨询公司、券商、证券交易所、政府有关部门等的手续费、佣金、相关税费及其他必要支出，不包括债券溢价、折价、融资费用、内部管理成本和持有成本等与交易不直接相关的费用。债券溢价、折价及融资费用通常构成债券的初始成本。

后续计量的会计处理，以公允价值计量且其变动计入当期损益的金融资产的利得或损失，计入当期损益，具体来说，记入“公允价值变动损益”账户。

例 8-1 2×21 年 1 月 1 日，华商公司取得交易性金融资产（债券——面值 100 万元，利率 3%），支付价款 103 万元（含已宣告发放利息 3 万元），另支付交易费用 2 万元。2×21 年 1 月 10 日收到最初支付价款中所含利息 3 万元。2×21 年 12 月 31 日债券公允价值为 110 万元。2×22 年 1 月 10 日收到 2×21 年的利息 3 万元。2×22 年 5 月 1 日将该债券处置，售价 112 万元。

华商公司的会计处理如下。

（1）2×21 年 1 月 1 日取得交易性金融资产。

借：交易性金融资产——成本　　　　1 000 000
　　应收利息　　　　30 000
　　投资收益　　　　20 000
　贷：其他货币资金——存出投资款　　　　1 050 000

专栏　税务处理

《企业所得税法实施条例》第五十六条规定，企业的各项资产，包括固定资产、生物资产、无形资产、长期待摊费用、投资资产、存货等，以历史成本为计税基础。前款所称历史成本，是指企业取得该项资产时实际发生的支出。因此，此项交易性金融资产的计税成本是 102 万元，其账面价值为 100 万元，计入当期损益的 2 万元交易费用，在纳税申报时应做纳税调增，填报在一级附表《纳税调整项目明细表》（A105000）的第 6 行，如表 8-1 所示。

表 8-1　纳税调整项目明细表　　　　金额单位：元

行次	项　目	账载金额	税收金额	调增金额	调减金额
		1	2	3	4
6	（五）交易性金融资产初始投资调整	*	*	20 000	*

（2）2×21 年 1 月 10 日收到最初支付价款中所含利息 3 万元。

借：其他货币资金——存出投资款　　　　30 000
　贷：应收利息　　　　30 000

（3）2×21 年 12 月 31 日，债券公允价值为 110 万元。

借：应收利息　　　　30 000
　贷：投资收益　　　　30 000

借：交易性金融资产——公允价值变动　　　　70 000

贷：公允价值变动损益　　70 000

借：公允价值变动损益　　70 000

贷：本年利润　　70 000

专栏　税务处理

依据《企业所得税法实施条例》第五十六条，企业持有各项资产期间资产增值或者减值，除国务院财政、税务主管部门规定可以确认损益外，不得调整该资产的计税基础。因此，税法不认可上述会计处理的 70 000 元公允价值变动损益，在纳税申报时应做纳税调减，填报在一级附表《纳税调整项目明细表》（A105000）的第 7 行，如表 8-2 所示。

表 8-2　纳税调整项目明细表　　金额单位：元

行次	项　目	账载金额	税收金额	调增金额	调减金额
		1	2	3	4
7	（六）公允价值变动净损益	70 000	*		70 000

（4）2×22 年 1 月 10 日收到 2×21 年的利息。

借：其他货币资金——存出投资款　　30 000

贷：应收利息　　30 000

（5）2×22 年 5 月 1 日将该债券处置（售价 112 万元）。

借：其他货币资金——存出投资款　　1 120 000

贷：交易性金融资产——成本　　1 000 000

——公允价值变动　　70 000

投资收益　　50 000

专栏　税务处理

《企业所得税法实施条例》第七十一条规定，企业在转让或者处置投资资产时，投资资产的成本，准予扣除。通过支付现金方式取得的投资资产，以购买价款为成本。因此，该项交易性金融资产的计税成本和账面价值存在差异，导致各自确认的投资收益存在差异，纳税申报时需做纳税调整，填报在二级附表《投资收益纳税调整明细表》（A105030）的第 1 行，如表 8-3 所示。

表8-3　投资收益纳税调整明细表（部分）　　金额单位：元

行次	项　　目	处置收益						
		会计确认的处置收入	税收计算的处置收入	处置投资的账面价值	处置投资的计税基础	会计确认的处置所得或损失	税收计算的处置所得	纳税调整金额
		4	5	6	7	8（4–6）	9（5–7）	10（9–8）
1	一、交易性金融资产	1 120 000	1 120 000	1 100 000	1 020 000	20 000	100 000	80 000

2. 以公允价值计量且其变动计入当期损益的金融资产的重分类

（1）商品流通企业将一项以公允价值计量且其变动计入当期损益的金融资产重分类为以摊余成本计量的金融资产的，以其在重分类日的公允价值作为新的账面余额。

（2）商品流通企业将一项以公允价值计量且其变动计入当期损益的金融资产重分类为以公允价值计量且其变动计入其他综合收益的金融资产的，继续以公允价值计量该金融资产。

对以公允价值计量且其变动计入当期损益的金融资产进行重分类的，商品流通企业根据该金融资产在重分类日的公允价值确定其实际利率。同时，商品流通企业自重分类日起对该金融资产适用金融资产减值的相关规定，并将重分类日视为初始确认日。

相关链接8-1　商品流通小企业短期投资的会计处理

交易性金融资产，在商品流通小企业会计处理中通过短期投资进行。

短期投资，是指商品流通小企业购入的能随时变现并且持有时间不准备超过1年（含1年）的投资。例如，小企业以赚取差价为目的从二级市场购入的股票、债券、基金等。

短期投资采用历史成本计量。取得短期投资，按照实际支付的购买价款作为成本进行计量。实际支付价款中包含的已宣告但尚未发放的现金股利或已到付息期但尚未领取的债券利息，单独确认为应收股利或应收利息，不计入短期投资的成本。

短期投资在持有期间，被投资单位宣告发放的现金股利或在资产负债表日按分期付息、一次还本债券投资的票面利率计算的利息收入，计入投资收益。

出售短期投资，将实际取得的价款和短期投资账面余额之间的差额计入投资收益。

8.1.3 以摊余成本计量的金融资产

一般而言，能够划分为以摊余成本计量的金融资产，主要是指债券型投资，如从二级市场上购入的固定利率国债、浮动利率金融债券等。

以摊余成本计量的金融资产通常具有长期性质，但期限较短（1 年以内）的债券投资，符合以摊余成本计量的金融资产条件的，也可以将其划为以摊余成本计量的金融资产。

1. 以摊余成本计量的金融资产的初始计量

商品流通企业在进行以摊余成本计量的金融资产的会计处理时，主要解决该项金融资产实际利率的计算、摊余成本的确定、持有期间的收益确认，以及处置该金融资产时的损益处理等问题。

以摊余成本计量的金融资产初始确认时，按照公允价值计量和交易费用之和作为入账金额，计算确定其实际利率，并在以摊余成本计量的金融资产预期存续期间内保持不变。以摊余成本计量的金融资产取得时发生的交易费用，按照规定计入初始确认金额。以摊余成本计量的金融资产取得时的交易费用在发生时，先记入“债权投资——利息调整”账户，在以后的持有期间内和以摊余成本计量的金融资产发生的溢折价一并按实际利率法进行摊销，计入当期损益。实际利率法在 2.3 节已做介绍，请读者参阅。

例 8-2 2×21 年 1 月 1 日，长远公司从活跃市场上购入京金公司当日发行的 5 年期债券作为以摊余成本计量的金融资产，债券面值 20 000 元，购入价 20 400 元，另发生交易费用 437 元，票面利率为 7%。该债券为每年付息、到期还本债券。不考虑其他相关因素，则该债权投资的初始确认金额为 20 837 元，如表 8-4 所示。

表 8-4 债权投资利息收益一览表 金额单位：元

年　份	应收利息 （a=面值×票面利率）	实际利息 （b=d×实际利率）	利息调整 （c=a–b）	摊余成本 d
2×21 年 1 月 1 日				20 837
2×21 年年末	1 400	1 250	150	20 687
2×22 年年末	1 400	1 241	159	20 528
2×23 年年末	1 400	1 232	168	20 360
2×24 年年末	1 400	1 222	178	20 182
2×25 年年末	1 400	1 218 *	182	20 000

注：*尾数调整。

计算实际利率 i：

$$20\,000\times(P/F,i,5)+20\,000\times7\%\times(P/A,i,5)=20\,837$$

通过插值法，计算出 i=6%。

（1）2×21 年 1 月 1 日购入债券。

借：债权投资——成本	20 000	
——利息调整	837	
贷：其他货币资金——存出投资款		20 837

（2）2×21 年 12 月 31 日，确认实际利息收入。

借：应收利息	1 400	
贷：债权投资——利息调整		150
投资收益		1 250

收到利息时：

借：其他货币资金——存出投资款	1 400	
贷：应收利息		1 400

2. 以摊余成本计量的金融资产的后续计量

商品流通企业采用实际利率法，对以摊余成本计量的金融资产进行后续计量。摊余成本，是指金融资产的初始金额经过下列调整后的结果：

（1）扣除已偿还的本金。

（2）加上或减去采用实际利率法将该初始金额和到期日金额之间的差额进行摊销形成的累计摊销额。

（3）扣除计提的累计信用减值准备（仅适用于金融资产）。

摊余成本的计算公式：

摊余成本=初始确认金额−已偿还的本金−累计摊销额−信用减值准备（或无法收回的金额）

商品流通企业在持有以摊余成本计量的金融资产期间，采用实际利率法，按照摊余成本和实际利率计算利息收入，计入投资收益。

例 8-3　2×21 年 1 月 1 日，万通公司以 95 083 元的价格（包括买价和交易费用）购入京金公司面值 100 000 元、3 年期、利率 10%的公司债券，将其划为以摊余成本计量的金融资产。该债券每半年（1 月 1 日和 7 月 1 日）付息一次。根据计算，可知该债券投资的实际利率为 12%。按实际利率法摊销折价及计算各期利息，如表 8-5 所示。

表 8-5 债权投资利息收益一览表 金额单位：元

付息日期	借：银行存款（或应收利息）（1）=面值×5%	贷：投资收益（利息收入）（2）=实际利率（6%）×上期（4）	贷：持有至到期投资（利息调整）（3）=（2）−（1）	摊余成本（4）=上期（4）+（3）
2×21 年 1 月 1 日				95 083
2×21 年 6 月 30 日	5 000	5 705	705	95 788
2×21 年 12 月 31 日	5 000	5 747	747	96 535
2×22 年 6 月 30 日	5 000	5 792	792	97 327
2×22 年 12 月 31 日	5 000	5 840	840	98 167
2×23 年 6 月 30 日	5 000	5 890	890	99 057
2×23 年 12 月 31 日	5 000	5 943	943	100 000
合计	30 000	34 917	4 917	—

万通公司的会计处理如下：

2×21 年 1 月 1 日：

借：债权投资——成本 100 000

　贷：债权投资——利息调整 4 917

　　　其他货币资金——存出投资款 95 083

2×21 年 6 月 30 日：

借：应收利息 5 000

　　债权投资——利息调整 705

　贷：投资收益 5 705

2×21 年 7 月 1 日：

借：其他货币资金——存出投资款 5 000

　贷：应收利息 5 000

2×21 年 12 月 31 日：

借：应收利息 5 000

　　债权投资——利息调整 747

　贷：投资收益 5 747

2×22 年 1 月 1 日：

借：其他货币资金——存出投资款 5 000

　贷：应收利息 5 000

假定万通公司经过计算，发现所持有的京金公司的债券在 2×21 年 12 月 31 日的现值只有90 000元，则万通公司计提债权投资减值准备6 535元（96 535–90 000）。

借：信用减值损失　　6 535

　贷：债权投资减值准备　　6 535

专栏　债权投资减值准备的税务处理

《企业所得税法实施条例》第五十六条规定，企业的各项资产，包括固定资产、生物资产、无形资产、长期待摊费用、投资资产、存货等，以历史成本为计税基础。前款所称历史成本，是指企业取得该项资产时实际发生的支出。企业持有各项资产期间资产增值或者减值，除国务院财政、税务主管部门规定可以确认损益外，不得调整该资产的计税基础。因此，债权投资减值准备不得在税前扣除，商品流通企业计提债权投资减值准备后，在纳税申报时，需做纳税调整，填报在一级附表《纳税调整项目明细表》（A105000）的第33行。例8-3中，万通公司2×21年填报的《纳税调整项目明细表》，如表8-6所示。

表8-6　纳税调整项目明细表　　金额单位：元

行次	项　目	账载金额	税收金额	调增金额	调减金额
		1	2	3	4
33	（二）资产减值准备金	6 535	*	6 535	

3. 以摊余成本计量的金融资产的重分类

（1）商品流通企业将一项以摊余成本计量的金融资产重分类为以公允价值计量且其变动计入当期损益的金融资产的，按照该资产在重分类日的公允价值进行计量。原账面价值与公允价值之间的差额计入当期损益。

例8-4　2×21年10月15日，华通公司以公允价值500 000元购入一项债券投资，并按规定将其分类为以摊余成本计量的金融资产，该债券的账面余额为500 000元。2×22年10月15日，华通公司变更了其管理债券投资组合的业务模式，其变更符合重分类的要求，因此，华通公司于2×23年1月1日将该债券从以摊余成本计量重分类为以公允价值计量且其变动计入当期损益。2×24年1月1日，该债券的公允价值为490 000元，已确认的减值准备为6 000元。假设不考虑该债券的利息收入。

华通公司的会计处理如下：

借：交易性金融资产　　490 000

　　债权投资减值准备　　6 000

　　公允价值变动损益　　4 000

　贷：债权投资　　500 000

（2）商品流通企业将一项以摊余成本计量的金融资产重分类为以公允价值计量且其变动计入其他综合收益的金融资产的，按照该金融资产在重分类日的公允价值进行计量。原账面价值与公允价值之间的差额计入其他综合收益。该金融资产重分类不影响其实际利率和预期信用损失的计量。待该金融资产发生减值或终止确认时转出，计入当期损益。

例 8-5　假设大华股份公司是一家上市的商品流通企业，2×21 年 1 月 2 日购入华凯公司 2×21 年 1 月 1 日发行的 5 年期债券，票面利率为 14%，债券面值 1 000 元。公司按 105 359 元的价格购入 100 份，支付有关交易费 2 000 元。该债券于每年 6 月 30 日和 12 月 31 日支付利息，最后一年偿还本金并支付最后一次利息。持有 1 年后即 2×22 年 1 月 2 日，由于管理层投资意图改变，不再打算将其持有至到期而改为可出售债券投资。由于市场利息变动，华凯公司债券每份市场价格，即公允价值为 1 050.14 元，总投资公允价值为 105 014 元，而此时大华公司该项投资的摊余成本为 106 208.57 元。

大华股份公司的会计处理如下：

2×22 年 1 月 2 日：

借：其他债权投资　　105 014

　　其他综合收益　　1 194.57

　贷：债权投资——成本　　100 000

　　　　　　　——利息调整　　6 208.57

假设大华公司于 2×22 年 6 月 1 日出售该债券投资，收取现金 106 100 元，此时将计入所有者权益的差额转出，计入当期损益。会计处理如下：

借：其他货币资金——存出投资款　　106 100

　　投资收益　　108.57

　贷：其他债权投资　　105 014

　　　其他综合收益　　1 194.57

以摊余成本计量的金融资产按照实际利率法确认的利息收入，可计入当期应纳税所得额。

相关链接 8-2　商品流通小企业长期债券投资的会计处理

以摊余成本计量的金融资产，在商品流通小企业会计处理中通过长期债券投资进行。

长期债券投资，是指商品流通小企业购入的在 1 年内（不含 1 年）不能变现或不准备随时变现的债券投资。

长期债券投资按照实际支付的购买价款作为成本进行计量。

实际支付价款中包含的已到付息期但尚未领取的债券利息，单独确认为应收利息，不计入长期债券投资的成本。

长期债券投资在持有期间，按月计算的应收利息确认为投资收益。分期付息、一次还本的长期债券投资，按月计算的应收未收利息确认为应收利息，不增加长期债券投资的账面余额。一次还本付息的长期债券投资，按月计算的应收未收利息增加长期债券投资的账面余额。

长期债券投资损失于实际发生时计入营业外支出，同时冲减长期债券投资账面余额。

处置长期债券投资，实际取得价款和其账面余额之间的差额，计入投资收益。

8.1.4 以公允价值计量且其变动计入其他综合收益的金融资产

以公允价值计量且其变动计入其他综合收益的金融资产，相关交易费用计入初始确认金额。

以公允价值计量且其变动计入其他综合收益的金融资产所产生的利得或损失，除减值损失或利得和汇兑损益外，均计入其他综合收益，直至该金融资产终止确认或被重分类。但是，采用实际利率法计算的该金融资产的利息计入当期损益。该类金融资产计入各期损益的金额与视同其一直按摊余成本计量而计入各期损益的金额相等。该类金融资产终止确认时，之前计入其他综合收益的累计利得或损失从其他综合收益中转出，计入当期损益。

指定为以公允价值计量且其变动计入其他综合收益的非交易性权益工具投资，除获得的股利（属于投资成本收回部分的除外）计入当期损益外，其他相关的利得和损失（包括汇兑损益）均应计入其他综合收益，且后续不得转入当期损益。当其终止确认时，之前计入其他综合收益的累计利得或损失从其他综合收益中转出，计入留存收益。

1. 股票投资

商品流通企业取得的以公允价值计量且其变动计入其他综合收益的金融资产为股票投资的，按其公允价值和交易费用之和，借记“其他权益工具投资——成本”账户；按支付的价款中包含的已宣告但尚未发放的现金股利，借记“应收股利”账户；按实际支付的金额，贷记“其他货币资金——存出投资款”等账户。在这种情况下，虽然以公允价值计量且其变动计入其他综合收益的金融资产也是股票投资，但和以公允价值计量且其变动计入当期收益的金融资产中的股票投资不同，以公允价值计量且其变动计入当期收益的金融资产中的交易费用冲减投资收益，以公允价值计量且其变动计入其他综合收益的金融资产中的交易费用计入投资成本。

例 8-6 2×21 年 4 月 10 日，万商公司购入华航公司股票 2 万股，作为以公允价值计量且其变动计入其他综合收益的金融资产，每股 10 元（含已宣告但尚未发放现金股利 1 元），另支付交易费用 0.1 万元。

万商公司的会计处理如下：

借：其他权益工具投资——成本　　181 000（20 000×9+1 000）

　　应收股利　　20 000（20 000×1）

　贷：其他货币资金——存出投资款　　201 000

2. 债券投资

商品流通企业取得的以公允价值计量且其变动计入其他综合收益的金融资产为债券投资的，按债券的面值，借记“其他债权投资——成本”账户；按支付的价款中包含的已到付息期但尚未领取的利息，借记“应收利息”账户，一次还本付息债券支付价款中包含的应计利息，借记“其他债权投资——应计利息”账户；按实际支付的金额，贷记“其他货币资金——存出投资款”等账户；按差额，借记或贷记“其他债权投资——利息调整”账户。处置金融资产时产生的交易费用直接冲减处置资产的收益，即减少投资收益的账面余额。

例 8-7 华大商贸公司于 2×21 年 12 月 15 日购入一项公允价值为 1 000 万元的债务工具，分类为以公允价值计量且其变动计入其他综合收益的金融资产。该工具合同期限为 10 年，年利率为 5%，假定实际利率也为 5%。初始确认时，华大商贸公司已经确定其不属于购入或源生的已发生信用减值的金融资产。

2×21 年 12 月 31 日，由于市场利率变动，该债务工具的公允价值跌至 950 万元。华大商贸公司认为，该工具的信用风险自初始确认后并无显著增加，应按 12 个月内预期信用损失计量损失准备，损失准备金额为 30 万元。为简化起见，不考虑利息。

2×22 年 1 月 1 日，华大商贸公司决定以当日的公允价值 950 万元，出售该债务工具。

华大商贸公司的会计处理如下：

（1）2×21 年 12 月 15 日购入该工具时。

借：其他债权投资——成本　　10 000 000

　贷：其他货币资金——存出投资款　　10 000 000

（2）2×21 年 12 月 31 日。

借：信用减值损失　　300 000

　　其他综合收益——其他债权投资公允价值变动　　500 000

　贷：其他债权投资——公允价值变动　　500 000

　　　其他综合收益——信用减值准备　　300 000

华大商贸在其 2×21 年年度财务报表中披露了该工具的累计减值 30 万元。

（3）2×22 年 1 月 1 日。

借：其他货币资金——存出投资款　　9 500 000

投资收益　　200 000
其他综合收益——信用减值准备　　300 000
其他债权投资——公允价值变动　　500 000
贷：其他综合收益——其他债权投资公允价值变动　　500 000
其他债权投资——成本　　10 000 000

3. 以公允价值计量且其变动计入其他综合收益的金融资产的重分类

（1）商品流通企业将一项以公允价值计量且其变动计入其他综合收益的金融资产重分类为以摊余成本计量的金融资产的，将之前计入其他综合收益的累计利得或损失转出，调整该金融资产在重分类日的公允价值，并以调整后的金额作为新的账面价值，即视同该金融资产一直以摊余成本计量。该金融资产重分类不影响其实际利率和预期信用损失的计量。

（2）商品流通企业将一项以公允价值计量且其变动计入其他综合收益的金融资产重分类为以公允价值计量且其变动计入当期损益的金融资产的，继续以公允价值计量该金融资产。同时，商品流通企业将之前计入其他综合收益的累计利得或损失从其他综合收益转入当期损益。

例 8-8　2×21 年 9 月 15 日，北岑商贸公司以公允价值 500 000 元购入一项债券投资，并按规定将其分类为以公允价值计量且其变动计入其他综合收益的金融资产，该债券的账面余额为 500 000 元。2×22 年 10 月 15 日，北岑商贸公司变更了其管理债券投资组合的业务模式，其变更符合重分类的要求，因此，北岑商贸公司于 2×23 年 1 月 1 日将该债券从以公允价值计量且其变动计入其他综合收益的金融资产重分类为以摊余成本计量的金融资产。2×23 年 1 月 1 日，该债券的公允价值为 490 000 元，已确认的减值准备为 6 000 元。假设不考虑利息收入。

北岑商贸公司的会计处理如下：

借：债权投资　　500 000
其他债权投资——公允价值变动　　10 000
其他综合收益——信用减值准备　　6 000
贷：其他债权投资——成本　　500 000
其他综合收益——其他债权投资公允价值变动　　10 000
债权投资减值准备　　6 000

8.1.5 长期股权投资

根据《企业会计准则第 2 号——长期股权投资》（2014），长期股权投资，是指商品流通企业对被投资单位实施控制、重大影响的权益性投资，以及对其合营企业的权益性投资。

为了计算长期股权投资，商品流通企业设置“长期股权投资”账户；利用权益法计算长期股权投资时，商品流通企业还要设置“成本”“损益调整”“其他权益变动”等明细账户，进行明细会计处理。

1. 长期股权投资的成本法

商品流通企业的长期股权投资，分不同情况采用成本法或权益法进行会计处理，确定期末账面余额。投资方能够对被投资单位实施控制的长期股权投资，采用成本法进行会计处理。投资方对联营企业和合营企业的长期股权投资，采用权益法进行会计处理。长期股权投资成本法的会计处理分为投资时的会计处理、持有期间的会计处理和处置时的会计处理。

（1）投资时的会计处理。初始投资或追加投资时，按照初始投资或追加投资时的初始投资成本或追加投资后的初始投资成本，作为长期股权投资的账面价值。

（2）持有期间的会计处理。

1）现金股利的处理。被投资单位宣告分派的利润或现金股利，投资企业按应享有的部分，确认为当期投资收益。

例 8-9　中商公司 2×21 年 1 月 1 日，以银行存款购入华为公司 70%的股份，并准备长期持有，采用成本法进行会计处理。华为公司于 2×21 年 5 月 2 日宣告分派 2×20 年度的现金股利 100 000 元。

2×21 年 5 月 2 日宣告发放现金股利时，中商公司按投资持股比例计算的份额确认为投资收益。中商公司的会计处理如下：

借：应收股利　　　　70 000（100 000×70%）
　贷：投资收益　　　　　　70 000

2）期末计提减值。商品流通企业长期股权投资的减值准备，可以通过“长期股权投资减值准备”账户进行会计处理。“长期股权投资减值准备”期末贷方余额，反映商品流通企业已计提但尚未转销的长期股权投资减值准备。

资产负债表日，长期股权投资发生减值的，按应减记的金额，借记“资产减值损失”账户，贷记“长期股权投资减值准备”账户。

处置长期股权投资时，同时结转已计提的长期股权投资减值准备。

（3）处置时的会计处理。处置长期股权投资，其账面价值和实际取得价款的差额，计入当期损益（投资收益）。

借：其他货币资金——存出投资款（收到的价款）
　　长期股权投资减值准备
　贷：长期股权投资
　　　投资收益（亏损在借方）

2. 长期股权投资的权益法

权益法，是指投资以初始投资成本计量后，在投资持有期间根据投资企业享有被投资单位所有者权益份额的变动对投资的账面价值进行调整的方法。

长期股权投资权益法的会计处理也分为投资时的会计处理、持有期间的会计处理和处置时的会计处理。

（1）投资时的会计处理。投资时的会计处理先确定初始投资成本，然后对初始投资成本进行调整。

例 8-10 中商公司支付 200 万元取得建峰公司 30%的股权，取得投资时被投资单位可辨认净资产的公允价值为 600 万元。假设中商公司能够对建峰公司施加重大影响。

中商公司的会计处理如下：

借：长期股权投资——建峰公司（投资成本） 2 000 000

　贷：其他货币资金——存出投资款 2 000 000

假设投资时建峰公司可辨认净资产的公允价值为 700 万元，中商公司的会计处理如下：

借：长期股权投资——建峰公司（投资成本） 2 100 000

　贷：其他货币资金——存出投资款 2 000 000

　　营业外收入 100 000

上例中，中商公司在纳税申报时，将 100 000 元的营业外收入填报在《一般企业收入明细表》（A101010）的第 26 行，如表 8-7 所示。

表 8-7　一般企业收入明细表（A101010）　　金额单位：元

行　次	项　目	金　额
26	（十）其他	100 000

（2）持有期间的会计处理。采用权益法，持有期间的会计处理有确认损益、期末计提减值。

1）确认损益。一般情况下，商品流通企业取得长期股权投资后，按照应享有或应分担的被投资单位实现的净损益的份额，确认投资损益并调整长期股权投资的账面价值。

① 被投资企业产生净利润，商品流通企业确认投资收益，同时增加长期股权投资的账面价值。商品流通企业按照被投资单位宣告分派的利润或现金股利计算应分得的部分，相应减少长期股权投资的账面价值。其会计处理如下：

借：长期股权投资——××公司（损益调整）

　贷：投资收益

借：应收股利

贷：长期股权投资——××公司（损益调整）

② 被投资企业发生亏损，商品流通企业确认投资收益，同时减少长期股权投资的账面价值。商品流通企业确认被投资单位发生的净亏损，以长期股权投资的账面价值及其他实质上构成对被投资单位净投资的长期权益减记至零为限。如果以后各期被投资单位实现净利润，商品流通企业在计算的收益分享额超过未确认的亏损分担额以后，则按超过未确认的亏损分担额的金额，恢复投资的账面价值。

需要注意的是，采用权益法时，如果投资合同或协议中约定在被投资单位出现超额亏损，商品流通企业需要分担额外损失的，那么在"长期股权投资"账户及其他实质上构成投资的长期权益的账面价值均减记至零的情况下，对于按照投资合同或协议规定仍然需要承担的损失金额，借记"投资收益"账户，贷记"预计负债"账户。如果投资合同或协议中没有约定商品流通企业需要分担被投资单位出现的超额亏损，那么商品流通企业在按照合同或协议确认了应承担的超额损失后，对仍存在被投资单位的额外亏损，不再进行确认。

③ 被投资企业净利润以外的权益变动，商品流通企业确认其他综合收益，同时调整长期股权投资，记入"长期股权投资——其他权益变动"账户。

商品流通企业对于被投资单位除净损益以外所有者权益的其他变动，在持股比例不变的情况下，按照持股比例计算应享有或承担的部分，调整长期股权投资的账面价值，记入"长期股权投资——其他权益变动"账户，同时增加或减少其他综合收益。会计处理如下：

借：长期股权投资——××公司（其他权益变动）

　贷：其他综合收益

2）期末计提减值。长期股权投资采用权益法进行会计处理时，计提减值的会计处理：

借：资产减值损失

　贷：长期股权投资减值准备

（3）处置时的会计处理。采用权益法在处置长期股权投资时，按投资成本比例结转原记入"其他综合收益"账户的金额，借记或贷记"其他综合收益"账户，贷记或借记"投资收益"账户。会计处理如下：

借：其他货币资金——存出投资款

　　长期股权投资减值准备

　　其他综合收益

　贷：长期股权投资——成本

　　　　　　　　——损益调整

　　　　　　　　——其他权益变动

　　　投资收益

专栏　长期股权投资减值准备的税务处理

《企业所得税法实施条例》第五十六条规定，企业的各项资产，包括固定资产、生物资产、无形资产、长期待摊费用、投资资产、存货等，以历史成本为计税基础。前款所称历史成本，是指企业取得该项资产时实际发生的支出。企业持有各项资产期间资产增值或者减值，除国务院财政、税务主管部门规定可以确认损益外，不得调整该资产的计税基础。因此，长期股权投资减值准备不得在税前扣除，商品流通企业计提长期股权投资减值准备后，在纳税申报时，需做纳税调整，填报在一级附表《纳税调整项目明细表》（A105000）的第33行，如表8-8所示。

表8-8　纳税调整项目明细表　金额单位：元

行次	项　目	账载金额	税收金额	调增金额	调减金额
		1	2	3	4
33	（二）资产减值准备金		*		

此外，根据《关于企业股权投资损失所得税处理问题的公告》，企业对外进行股权投资所发生的损失，在经确认的损失发生年度，作为企业损失在计算企业应纳税所得额时一次性扣除。

企业取得短期投资、长期债券投资、长期股权投资等转让收入，不论是以货币形式还是非货币形式体现，除另有规定外，均应一次性计入确认收入的年度计算缴纳企业所得税。

相关链接8-3　商品流通小企业长期股权投资的会计处理

长期股权投资按照成本进行计量。

长期股权投资采用成本法进行会计处理。被投资单位宣告分派的现金股利或利润，按照应分得的金额确认为投资收益。

处置长期股权投资，实际取得的价款和其成本之间的差额，计入投资收益。

长期股权投资损失于实际发生时计入营业外支出，同时冲减长期股权投资账面余额。

从上述规定可以看出，商品流通小企业在进行长期股权投资会计处理时，采用实际成本进行初始计量，采用成本法进行后续计量，并且不计提长期股权投资减值准备。

8.1.6　投资损失和投资收益的税务处理

1. 投资损失的税务处理

投资损失，意味着股权投资或债权投资等资产受到损害，商品流通企业在纳税申报时，如果存在财税差异，则需填报二级附表《资产损失税前扣除及纳税调整明细表》（A105090），然后将相关数据填列在一级附表《纳税调整项目明细表》（A105000）中，最终将相关汇总数据填列在主表《中华人民共和国企业所得税年度纳税申报表（A 类）》（A100000）的第 15 行或第 16 行。相关报表如表 8-9～表 8-11 所示。

表 8-9　资产损失税前扣除及纳税调整明细表（A105090）　　金额单位：元

行次	项　　目	资产损失的账载金额	资产处置收入	赔偿收入	资产计税基础	资产损失的税收金额	纳税调整金额
		1	2	3	4	5（4−2−3）	6（1−5）
16	八、债权性投资损失（17+22）						
17	（一）金融企业债权性投资损失（18+21）						
18	1．符合条件的涉农和中小企业贷款损失						
19	其中：单户贷款余额 300 万元以下（含）的贷款损失						
20	单户贷款余额 300 万元～1 000 万元（含）的贷款损失						
21	2．其他债权性投资损失						
22	（二）非金融企业债权性投资损失						
23	九、股权（权益）性投资损失						
24	其中：股权转让损失						
25	十、通过各种交易场所、市场买卖债券、股票、期货、基金及金融衍生产品等发生的损失						

表 8-10 纳税调整项目明细表（A105000） 金额单位：元

行次	项　　目	账载金额	税收金额	调增金额	调减金额
		1	2	3	4
34	（三）资产损失（填写 A105090）				

表 8-11 中华人民共和国企业所得税年度纳税申报表（A 类）（A100000） 金额单位：元

行　次	类　别	项　目	金　额
15		加：纳税调整增加额（填写 A105000）	
16		减：纳税调整减少额（填写 A105000）	

2. 投资收益的税务处理

商品流通企业持有投资资产期间和处置投资资产产生的投资收益，在纳税申报时，如果存在财税差异，则商品流通企业需填报二级附表《投资收益纳税调整明细表》（A105030），然后将相关数据填列在一级附表《纳税调整项目明细表》（A105000）中，最终将相关汇总数据填列在主表《中华人民共和国企业所得税年度纳税申报表（A 类）》（A100000）的第15行或第16行。相关报表如表8-12～表8-14所示。

表 8-12 投资收益纳税调整明细表（A105030） 金额单位：元

行次	项　目	持有收益			处置收益							纳税调整金额
		账载金额	税收金额	纳税调整金额	会计确认的处置收入	税收计算的处置收入	处置投资的账面价值	处置投资的计税基础	会计确认的处置所得或损失	税收计算的处置所得	纳税调整金额	
		1	2	3（2–1）	4	5	6	7	8（4–6）	9（5–7）	10（9–8）	11（3+10）
1	一、交易性金融资产											
2	二、可供出售金融资产											
3	三、持有至到期投资											
4	四、衍生工具											
5	五、交易性金融负债											
6	六、长期股权投资											
7	七、短期投资											
8	八、长期债券投资											
9	九、其他											
10	**合计**											

表 8-13　纳税调整项目明细表（A105000）　　金额单位：元

行　次	项　目	账载金额	税收金额	调增金额	调减金额
		1	2	3	4
4	（三）投资收益（填写 A105030）				

表 8-14　中华人民共和国企业所得税年度纳税申报表（A 类）（A100000）　　金额单位：元

行　次	类别	项　目	金　额
15		加：纳税调整增加额（填写 A105000）	
16		减：纳税调整减少额（填写 A105000）	

需要说明的是，商品流通企业根据税法、《国家税务总局关于贯彻落实企业所得税法若干税收问题的通知》（国税函〔2010〕79 号）等相关规定，以及国家统一企业会计制度，填报投资收益的会计处理、税法规定，以及纳税调整情况。发生持有期间投资收益，并按税法规定为减免税收入的（如国债利息收入等），《投资收益纳税调整明细表》（A105030）不做调整。处置投资项目按税法规定确认为损失的，《投资收益纳税调整明细表》（A105030）不做调整，在《资产损失税前扣除及纳税调整明细表》（A105090）进行纳税调整。此外，商品流通企业须根据不同的会计准则区分投资资产类别填报《投资收益纳税调整明细表》（A105030），大中型商品流通企业填报第 1～6 行，小商品流通企业填报第 6～8 行。

例 8-11　2×21 年 1 月 1 日，B 商品流通公司取得 A 公司 40%的股权，支付价款 8 000 万元，取得时应享有的 A 公司净资产份额为 10 000 万元。A 公司 2021 年实现净利 2 400 万元，2×21 年年底经股东会决议分配 1 000 万元利润。分配利润后，B 商品流通公司把 10%的股份转让给大股东，转让价为 3 000 万元（假设不考虑相关税费）。

B 商品流通公司的会计处理如下（单位以万元表示）：

（1）取得投资时。

借：长期股权投资——投资成本　　10 000

　贷：其他货币资金——存出投资款　　8 000

　　　营业外收入　　2 000

（2）A 公司实现利润。

借：长期股权投资——损益调整　　960（2 400×40%）

　贷：投资收益　　960

（3）宣告分配股利。

借：应收股利　　400（1 000×40%）

　贷：长期股权投资——损益调整　　400

（4）股权转让。

借：其他货币资金——存出投资款　　3 000

　贷：长期股权投资——投资成本　　2 500

　　　　　　　　　——损益调整　　140

　　投资收益　　360

B 商品流通公司在纳税申报时，需要填制如表 8-15～表 8-17 所示的报表。

表 8-15　纳税调整项目明细表（A105000）　　金额单位：万元

行次	项　目	账载金额	税收金额	调增金额	调减金额
		1	2	3	4
5	（四）按权益法核算长期股权投资对初始投资成本调整确认收益	*	*	*	2 000

8.2　固定资产

固定资产，是指商品流通企业为提供劳务、出租或经营管理而持有的，使用寿命超过一个会计年度的有形资产。

8.2.1　固定资产的初始计量

固定资产的来源渠道不同，取得成本的具体构成内容不同，其初始计量方法也不尽相同。

1. 外购的固定资产

商品流通企业外购的固定资产的成本包括买价、进口关税、运输和保险等相关费用，以及为使固定资产达到预计可使用状态所发生的可直接归属于该资产的所有必要支出，如场地整理费、运费、装卸费、安装费和专业人员服务费等。

增值税一般纳税人购进（包括接受捐赠、实物投资）固定资产发生的进项税额，凭增值税专用发票、海关进口增值税专用缴款书和运输费用结算单据从销项税额中抵扣。

外购的固定资产有两种分类：一种是按照付款方式，分为正常支付的固定资产和延期支付的固定资产；另一种是按照外购后是否需要安装，分为需要安装的固定资产和不需要安装的固定资产。

正常信用条件下支付的固定资产，按照一般购买业务进行会计处理即可，不做介绍，这里重点介绍延期支付的固定资产。不需要安装的固定资产的会计处理比较简单，此处主要介绍需要安装固定资产的会计处理。

表 8-16　投资收益纳税调整明细表（A105030）

金额单位：万元

行次	项　目	持有收益			处置收益							纳税调整金额
		账载金额	税收金额	纳税调整金额	会计确认的处置收入	税收计算的处置收入	处置投资的账面价值	处置投资的计税基础	会计确认的处置所得或损失	税收计算的处置所得	纳税调整金额	
		1	2	3（2–1）	4	5	6	7	8（4–6）	9（5–7）	10（9–8）	11（3+10）
6	六、长期股权投资	960	400	–560	3 000	3 000	2 640	2 000	360	1 000	640	80

表 8-17　符合条件的居民企业之间的股息、红利等权益性投资收益优惠明细表（A107011）

金额单位：万元

行次	被投资企业	被投资企业统一社会信用代码（纳税人识别号）	投资性质	投资成本	投资比例	被投资企业利润分配确认金额		被投资企业清算确认金额			撤回或减少投资确认金额						合计
						被投资企业做出利润分配或转股决定时间	依决定归属于本公司的股息、红利等权益性投资收益金额	分得的被投资企业清算剩余资产	被清算企业累计未分配利润和累计盈余公积应享有部分	应确认的股息所得	从被投资企业撤回或减少投资取得的资产	减少投资比例	收回初始投资成本	取得资产中超过收回初始投资成本部分	撤回或减少投资应享有被投资企业累计未分配利润和累计盈余公积	应确认的股息所得	
	1	2	3	4	5	6	7	8	9	10（8 与 9 孰小）	11	12	13（4×12）	14（11–13）	15	16（14 与 15 孰小）	17（7+10+16）
1	A 公司	×××× ××	直接投资	8 000	40%	2×21.12	400										400

（1）延期支付的固定资产。商品流通企业购买固定资产的价款超过正常信用条件延期支付，实质上是具有融资性质的，固定资产的成本以购买成本的现值为基础确定，实际支付的价款以购买价款的现值为基础确定，实际支付的价款和购买价款的现值之间的差额，在信用期间内采用实际利率法进行摊销，摊销金额除满足借款费用资本化条件计入固定资产成本外，均在信用期间内确认为财务费用，计入当期损益。

相关链接 8-4　商品流通小企业分期付款购入固定资产的会计处理

商品流通小企业分期付款购入的固定资产，按照合同约定的付款总额和在签订合同过程中发生的相关税费等，借记“固定资产”账户或“在建工程”账户，贷记“长期应付款”等账户，如果发生增值税，则借记“应交税费——应交增值税（进项税）”（或“应交税费——待认证进项税额”等）账户。

（2）需要安装的固定资产。需要安装的固定资产是指购入后需要经过安装才能交付使用的固定资产。这类固定资产，以购入时实际支付的价款及相关税费，且包括安装过程中的安装成本，作为固定资产的入账价值。为了汇总反映固定资产的购进和安装过程，购入需要安装的固定资产，先通过“在建工程”账户归集固定资产的购入成本和安装成本，待固定资产安装完毕交付使用后，再从“在建工程”账户转入“固定资产”账户。

需要注意的是，根据《关于企业手续费及佣金支出税前扣除政策的通知》（财税〔2009〕29 号），商品流通小企业已计入固定资产等相关资产的手续费及佣金支出，通过折旧方式分期扣除，不得在发生当期直接扣除。

2. 盘盈的固定资产

对盘盈的固定资产，作为前期差错进行更正处理。商品流通企业在盘盈固定资产时，首先确定盘盈固定资产的原值、累计折旧和固定资产净值。在按管理权限报经批准处理前，根据确定的固定资产原值，借记“固定资产”账户，贷记“累计折旧”账户，两者的差额，贷记“以前年度损益调整”账户。

（1）存在同类或类似固定资产活跃市场。盘盈的固定资产，按同类或类似固定资产的市场价格（重置成本），减去按该项资产的新旧程度估计的价值损耗后的余额，作为入账价值。

例 8-12　2×21 年 1 月 8 日，华利公司对公司全部的固定资产进行清查，盘盈一台七成新的运输设备，该设备同类产品市场价格为 500 000 元。

华利公司的会计处理如下：

借：固定资产　　　　500 000

贷：累计折旧　　　　　　　　　　　　　　　　　　　　　　150 000

　　以前年度损益调整　　　　　　　　　　　　　　　　　　350 000

（2）不存在同类或类似固定资产活跃市场。盘盈的固定资产，若不存在市场价格，则按该固定资产的预计未来现金流量的现值，作为入账价值。

例 8-13　2×21 年 12 月，丽华公司盘盈一台运输设备，将其出租每年扣除税费后可得净收入 20 000 元，估计尚可使用 3 年，3 年后报废清理时净收入 2 000 元，假设折现率为 6%。

$$
\begin{aligned}
\text{该项固定资产的入账价值} &= 20\,000 \div (1+6\%) + 20\,000 \div (1+6\%)^2 + \\
&\quad (20\,000 + 2\,000) \div (1+6\%)^3 \\
&= 55\,140\text{（元）}
\end{aligned}
$$

商品流通企业在取得固定资产时，要在购买和租赁之间进行权衡。如果选择购买，在付款方式上则要在正常支付和延期支付之间进行权衡；如果选择租赁，则要在经营租赁和融资租赁之间进行权衡。尽管租赁业务的会计处理不再区分经营租赁和融资租赁，但是两者在固定资产的所有权和租金额上还存在很大的区别。例如，某商品流通企业需要增加一台运输设备来满足日常进货和销货的运输需要。此时，该企业就需要根据运输设备的使用频率、购买价款、相关税费、日常维护设备和自身资金周转程度费等决策是购买还是租赁。

相关链接 8-5　商品流通小企业盘盈固定资产的会计处理

商品流通小企业盘盈的固定资产，按照同类或类似固定资产的市场价格或评估价值扣除按照新旧程度估计的折旧后的余额，借记“固定资产”账户，贷记“待处理财产损溢——待处理非流动资产损溢”账户，不用进行以前年度损益调整。小商品流通企业一般不用“以前年度损益调整”账户。

3. 接受捐赠的固定资产

商品流通企业取得捐赠的固定资产，按入账价值，借记“固定资产”账户；捐赠方开具了增值税专用发票的，按照增值税专用发票金额，借记“应交税费——应交增值税（进项税额）”（或“应交税费——待认证进项税额”等）账户，贷记“营业外收入”账户；按企业因接受捐赠资产支付或应付的金额，贷记“银行存款”等账户。

该资产附带有关协议、发票、报关单等凭证注明的价值和公允价值差异不大的，以有关凭证中注明的价值为公允价值；如果没有注明价值或注明价值和公允价值差异较大但有活跃市场的，则根据有确凿证据表明的同类或类似资产市场价格作为公允价值；如果没有注明价值且没有活跃市场、不能可靠取得公允价值的，则以资产未来预计的现金流量的现值计量。

财政部下发的《关于做好执行会计准则企业 2008 年年报工作的通知》，其中对接受捐赠的会计处理做出了规定：如果接受控股股东或控股股东的子公司直接或间接的捐赠，从经济实质上判断属于控股股东对企业的资本性投入，则作为权益性交易，相关利得计入所有者权益。

例 8-14 2×21 年 2 月，龙德公司接受控股股东捐赠的运输车辆一台，判断其经济实质属于控股股东对公司的资本性投入。根据捐赠运输车辆的发票等有关单据确定其价值为 10 万元，估计折旧额为 2 万元，适用的企业所得税税率为 25%。龙德公司的会计处理如下。

借：固定资产 80 000

　贷：应交税费——应交所得税 20 000 [（100 000–20 000）×25%]

　　　其他综合收益 60 000

8.2.2 固定资产的后续计量

商品流通企业固定资产的后续计量主要包括固定资产折旧、减值、复核、处置和报废等业务。此处主要介绍商品流通企业的固定资产折旧、后续支出和减值的会计处理。

1. 固定资产折旧

固定资产参与商品流通企业的日常经营活动，一方面会为企业带来收益，另一方面其价值因为使用或技术进步等原因而逐渐损耗和贬值。折旧，是指在固定资产使用寿命内，按照确定的方法对应计折旧额进行系统分摊。应计折旧额，是指计提折旧的固定资产的原价扣除其预计净残值后的金额。已计提减值准备的固定资产，还应扣除已计提的固定资产减值准备累计金额。

会计实务，每月计提折旧，一般是通过编制“固定资产折旧计算表”来完成的。商品流通企业按月计提固定资产折旧时，借记“销售费用”“管理费用”“其他业务成本”等账户，贷记“累计折旧”账户。“累计折旧”账户是固定资产的备抵账户，当计提固定资产折旧额时，记入“累计折旧”账户的贷方；因出售、报废清理、盘亏、转出等原因减少固定资产而相应转销其所提折旧额时，记入“累计折旧”账户的借方；“累计折旧”账户的余额在贷方，反映商品流通企业现有固定资产的累计折旧额。这里只介绍不存在弃置费用的固定资产折旧。

计算不存在弃置费用的固定资产折旧时，按照固定资产的原价减去预计残值、减值准备来计算固定资产的应计折旧额。

专栏 固定资产折旧的税务处理

商品流通企业根据税法、《国家税务总局关于企业固定资产加速折旧所得税处理有关问题的通知》（国税发〔2009〕81 号）、《国家税务总局关于融资性售后回租业务中承租方出售资产行为有关税收问题的公告》(国家税务总局公告 2010 年第 13 号)、《国家税务总局关于企业所得税若干问题的公告》(国家税务总局公告 2011 年第 34 号)、《国家税务总局关于发布〈企业所得税政策性搬迁所得税管理办法〉的公告》(国家税务总局公告 2012 年第 40 号)、《国家税务总局关于企业所得税应纳税所得额若干问题的公告》(国家税务总局公告 2014 年第 29 号)、《财政部 国家税务总局关于完善固定资产加速折旧税收政策有关问题的通知》(财税〔2014〕75 号)、《财政部 国家税务总局关于进一步完善固定资产加速折旧企业所得税政策的通知》(财税〔2015〕106 号)、《国家税务总局关于全民所有制企业公司制改制企业所得税处理问题的公告》(国家税务总局公告 2017 年第 34 号)、《财政部 税务总局关于设备器具扣除有关企业所得税政策的通知》(财税〔2018〕54 号)、《国家税务总局关于设备器具扣除有关企业所得税政策执行问题的公告》(国家税务总局公告 2018 年第 46 号)、《财政部 税务总局关于扩大固定资产加速折旧优惠政策适用范围的公告》(财政部 税务总局公告 2019 年第 66 号)等相关规定，固定资产折旧的纳税调整可以填报《资产折旧、摊销情况及纳税调整明细表》(A105080)，如表 8-18 所示。

2. 固定资产后续支出

固定资产后续支出是指固定资产使用过程中发生的更新改造支出、修理费用等，其会计处理方法是：与固定资产有关的修理费用等后续支出，不符合固定资产确认条件的，计入当期损益；与固定资产有关的更新改造等后续支出，符合固定资产确认条件的，计入固定资产成本，同时将被替换部分的账面价值扣除。

(1) 费用化的后续支出。固定资产在其使用过程中，由于各个组成部分耐用程度不同或使用的条件不同，往往会发生局部损坏。为了保持固定资产的正常运转和使用，充分发挥其使用效能，需要对其进行必要的修理。固定资产修理的目的是恢复固定资产的原有性能，一般不会延长固定资产的使用年限或提高其预计的服务能力。因此，会计上通常将发生的修理支出均直接计入当期费用，根据不同情况分别在发生时计入管理费用或销售费用。

(2) 资本化的后续支出。固定资产发生的可资本化的后续支出，通过“在建工程”账户进行会计处理。商品流通企业一般将该固定资产的原价、已计提的累计折旧和减值准备转销，将固定资产的账面价值转入在建工程，并在此基础上重新确定固定资产原价。因已转入在建工程，所以停止计提折旧。在固定资产发生的后续支出完工并达到预定可使用状态时，再从在建工程转为固定资产，并按重新确定的固定资产原价、使用寿命、预计净残值和折旧方法计提折旧。

表 8-18　资产折旧、摊销情况及纳税调整明细表（A105080）（部分）

金额单位：万元

行次	项目		账载金额			税收金额					纳税调整金额
			资产原值	本年折旧、摊销额	累计折旧、摊销额	资产计税基础	税收折旧、摊销额	享受加速折旧政策的资产按税收一般规定计算的折旧、摊销额	加速折旧、摊销统计额	累计折旧、摊销额	
			1	2	3	4	5	6	7=5-6	8	9（2-5）
1	一、固定资产（2+3+4+5+6+7）							*	*		
2	所有固定资产	（一）房屋、建筑物						*	*		
3		（二）飞机、火车、轮船、机器、机械和其他生产设备						*	*		
4		（三）与生产经营活动有关的器具、工具、家具等						*	*		
5		（四）飞机、火车、轮船以外的运输工具						*	*		
6		（五）电子设备						*	*		
7		（六）其他						*	*		
8	其中：享受固定资产加速折旧及一次性扣除政策的资产加速折旧额大于一般折旧额的部分	（一）重要行业固定资产加速折旧（不含一次性扣除）									*
9		（二）其他行业研发设备加速折旧									*
10		（三）固定资产一次性扣除									*
11		（四）技术进步、更新换代固定资产									*
12		（五）常年强震动、高腐蚀固定资产									*
13		（六）外购软件折旧									*
14		（七）集成电路企业生产设备									*

固定资产改良也称固定资产改建、扩建。固定资产改良支出一般数额较大，受益期较长（超过 1 年），而且通常会延长固定资产的预计使用年限或提高固定资产的使用质量。为此，固定资产的改良支出计入固定资产的账面价值，同时将被替换部分的账面价值扣除，但其增计后的金额不应超过该固定资产的可收回金额。

固定资产进行更换后的原价=该项固定资产进行更换前的账面价值+发生的后续支出–该项固定资产被更换部件的账面价值

例 8-15　韩通公司的一台设备，原价 400 万元，已提折旧 50 万元，未计提减值准备。2×21 年 1 月 1 日对该设备的某一部件进行更换（原价 120 万元），经过 5 个月，2×21 年 6 月 1 日完成了该设备的改建工程，共发生支出 150 万元，假设不考虑该部件更换前的折旧额。改建后的设备功能大幅提高，使用寿命延长了 5 年，假设改建过程中没有发生其他相关税费。韩通公司的会计处理如下。

（1）2×21 年 1 月 1 日的会计处理。

借：在建工程　　3 500 000

　　累计折旧　　500 000

　贷：固定资产　　4 000 000

（2）改建过程中发生的支出。

借：在建工程　　1 500 000

　贷：银行存款　　1 500 000

（3）2×21 年 6 月 1 日，该设备达到预定可使用状态。

借：固定资产　　3 800 000（3 500 000+1 500 000–1 200 000）

　贷：在建工程　　3 800 000

商品流通企业对房屋、建筑物等固定资产在未足额提取折旧前进行改扩建的，如属于推倒重置的，则该资产原值减除提取折旧后的净值，并入重置后的固定资产计税成本，并在该固定资产投入使用后的次月起，按照税法规定的折旧年限，一并计提折旧；如属于提升功能、增加面积的，则该固定资产的改扩建支出，并入该固定资产计税基础，并从改扩建完工投入使用后的次月起，重新按税法规定的该固定资产折旧年限计提折旧，如该改扩建后的固定资产尚可使用的年限低于税法规定的最低年限的，则按尚可使用的年限计提折旧。

固定资产后续支出，进行费用化还是资本化的会计处理，在实际工作中的界限比较模糊，这就给商品流通企业提供了很大的自主判断空间，也给商品流通企业提供了利用资本化或费用化的会计政策选择调整资产规模和利润的机会。

3. 固定资产减值

固定资产是按照“项”或“资产组”来计量的，因此在进行固定资产减值的判断和会计处理时，也是从单项固定资产减值和固定资产组减值两方面来进行。本书主要介绍单项固定资产减值的会计处理。固定资产组减值的会计处理可以参考单项固定资产的会计处理。

固定资产的可收回金额低于其账面价值的，将固定资产的账面价值减记至可收回金额，减记的金额确认为资产减值损失，计入当期损益，同时计提相应的固定资产减值准备。商品流通企业提取的固定资产减值准备，通过“固定资产减值准备”账户进行会计处理。该账户是固定资产的备抵账户，其贷方反映固定资产减值准备的提取，借方反映处置固定资产时注销的减值准备，期末贷方余额反映商品流通企业已提取的固定资产减值准备。

期末，商品流通企业将固定资产的可收回金额和账面价值比较，如果其可收回金额大于账面价值，则不进行减值处理，如果其可收回金额小于账面价值，则意味着固定资产发生了减值，需要计提减值准备。

固定资产减值损失一经确认，在以后会计期间不得转回。但是，遇到资产处置、出售、对外投资、以非货币性资产交换方式换出、在债务重组中抵偿债务等情况，同时符合固定资产终止确认条件的，可将相关资产减值准备予以转销。

专栏　固定资产减值准备的税务处理

《企业所得税法实施条例》第五十六条规定，企业的各项资产，包括固定资产、生物资产、无形资产、长期待摊费用、投资资产、存货等，以历史成本为计税基础。前款所称历史成本，是指企业取得该项资产时实际发生的支出。企业持有各项资产期间资产增值或者减值，除国务院财政、税务主管部门规定可以确认损益外，不得调整该资产的计税基础。因此，固定资产减值准备不得在税前扣除，商品流通企业计提固定资产减值准备后，在纳税申报时，需做纳税调整，填报在一级附表《纳税调整项目明细表》(A105000)的第33行，如表8-19所示。

表8-19　纳税调整项目明细表　　金额单位：元

行次	项　目	账载金额	税收金额	调增金额	调减金额
		1	2	3	4
33	（二）资产减值准备金		*		

相关链接8-6　商品流通小企业固定资产的会计处理

商品流通小企业固定资产的会计处理和本章介绍的内容基本一致，但存在以下不同之处。

（1）固定资产折旧年限，主要依据规定的固定资产计提折旧的最低年限，不需要考虑其他因素。

（2）固定资产折旧影响因素不包括固定资产减值准备，因为小企业会计准则不要求资产计提减值准备。

（3）固定资产后续支出的会计处理方法和税法的规定一致。

8.2.3 固定资产处置的会计处理

固定资产清理是指固定资产因出售、使用期满发生报废或技术进步、管理不善发生的提前报废，以及因各种不可抗拒的自然灾害而遭到毁损，按规定程序办理固定资产出售、报废手续并进行清理的过程。

商品流通企业因调整经营方针或考虑技术进步等因素，可以将日常经营不需要的固定资产出售给其他企业。《财政部、国家税务总局关于实施增值税转型改革若干问题的通知》（财税〔2008〕170 号）规定，自 2009 年 1 月 1 日开始，纳税人销售自己使用过的固定资产，应区分以下几种不同情形征收增值税：

（1）销售自己使用过的 2009 年 1 月 1 日以后购进或自制的固定资产，按照适用税率征收增值税。

（2）2008 年 12 月 31 日前未纳入扩大增值税抵扣范围试点的纳税人，销售自己使用过的 2008 年 12 月 31 日以前购进或自制的固定资产，按照简易办法依照 3%征收率减按 2%征收增值税（从 2014 年 7 月 1 日开始执行）。

（3）2008 年 12 月 31 日前已纳入扩大增值税抵扣范围试点的纳税人，销售自己使用过的在本地区扩大增值税抵扣范围试点以前购进或自制的固定资产，按照简易办法依照 3%征收率减按 2%征收增值税（从 2014 年 7 月 1 日开始执行）；销售自己使用过的在本地区扩大增值税抵扣范围试点以后购进或自制的固定资产，按照适用税率征收增值税。

例 8-16　朝批公司出售一台使用过的设备，原价为 200 000 元（不含增值说），购入时间为 2×18 年 2 月，2×21 年 2 月出售，售价为 203 400 元（含增值说）。假设该设备折旧年限为 10 年，采用直线法折旧，不考虑残值，增值税税率为 13%。

朝批公司的会计处理如下。

借：固定资产清理　　140 000

　　累计折旧　　60 000（200 000÷10×3）

　贷：固定资产　　200 000

收到款项时：

借：银行存款　　203 400

　贷：固定资产清理　　180 000［203 400÷（1+13%）］

应交税费——应交增值税（销项税额）等

23 400［203 400÷（1+13%）×13%］

借：固定资产清理　　　　40 000

贷：资产处置收益　　　　40 000

固定资产毁损是指由于自然灾害或责任事故造成的固定资产的毁坏和损失。固定资产发生毁损时，商品流通企业必须查明原因，明确责任，并办理有关的清理手续。其会计处理方法和固定资产报废的处理基本相同，但由于责任事故或非正常原因造成的损失而应由个人赔款或应由保险公司赔款的部分，视同固定资产清理收入。

当固定资产盘亏时，原已抵扣的进项税额应转出，转出的金额计算公式同固定资产报废或毁损。

借：待处理财产损溢——待处理固定资产损溢

累计折旧

固定资产减值准备

贷：固定资产

应交税费——应交增值税（进项税额转出）等

值得注意的是，《财政部、国家税务总局关于全国实施增值税转型改革若干问题的通知》（财税〔2008〕170号）第五条规定，已抵扣固定资产因非正常损失（被盗）报废转出进项额，应在当月按下列公式计算：

不得抵扣的进项税额=固定资产净值×适用税率。

固定资产净值，是指商品流通企业计提折旧后计算的固定资产净值。

专栏　固定资产损失的税务处理

固定资产损失属于固定资产达到或超过使用年限而正常报废清理的损失，商品流通企业可以填报在二级附表《资产损失税前扣除及纳税调整明细表》（A105090）的第7行和第8行，如表8-20所示。

表8-20　资产损失税前扣除及纳税调整明细表（A105090）　　金额单位：元

行次	项　　目	资产损失的账载金额	资产处置收入	赔偿收入	资产计税基础	资产损失的税收金额	纳税调整金额
		1	2	3	4	5（4-2-3）	6（1-5）
7	四、固定资产损失						
8	其中：固定资产盘亏、丢失、报废、损毁或被盗损失						

8.3　使用权资产

根据租赁准则（2018），使用权资产，是指商品流通企业作为承租人可在租赁期内使用租赁资产的权利。租赁，是指在一定期间内，出租人将资产的使用权让与商品流通企业（承租人）以获取对价的合同。在合同开始日，商品流通企业评估合同是否为租赁或者包含租赁。一项合同要被分类为租赁，要满足三要素：一是存在一定期间；二是存在已识别资产；三是资产供应方向客户转移对已识别资产使用权的控制。如果合同一方让渡了在一定期间内控制一项或多项已识别资产使用的权利以换取对价，则该合同为租赁或者包含租赁。

根据租赁准则（2018），在租赁业务中，作为承租人的商品流通企业的会计处理不再区分经营租赁和融资租赁，而是采用单一的会计处理模型，也就是说，除采用简化处理的短期租赁和低价值资产租赁外，商品流通企业对所有租赁均确认使用权资产和租赁负债，参照固定资产准则对使用权资产计提折旧，采用固定的周期性利率确认每期利息费用。

8.3.1　使用权资产的初始计量

在租赁期开始日，商品流通企业（承租人）按照成本对使用权资产进行初始计量。该成本包括下列四项：

（1）租赁负债的初始计量金额。

（2）在租赁期开始日或之前支付的租赁付款额；存在租赁激励的，应扣除已享受的租赁激励相关金额。

（3）商品流通企业（承租人）发生的初始直接费用。

（4）商品流通企业（承租人）为拆卸及移除租赁资产、复原租赁资产所在场地或将租赁资产恢复至租赁条款约定状态预计将发生的成本。

关于上述第（4）项成本，商品流通企业（承租人）有可能在租赁期开始日就承担了上述成本的支付义务，也可能在特定期间内因使用标的资产而承担了相关义务。商品流通企业（承租人）在其有义务承担上述成本时，将这些成本确认为使用权资产成本的一部分。但是，商品流通企业（承租人）由于在特定期间内将使用权资产用于生产存货而发生的上述成本，按照《企业会计准则第 1 号——存货》进行会计处理。商品流通企业（承租人）按照《企业会计准则第 13 号——或有事项》对上述成本的支付义务进行确认和计量。

具体到会计处理上来，在租赁期开始日，商品流通企业（承租人）按尚未支付的租赁付款额的现值，借记“使用权资产”账户；按尚未支付的租赁付款额，贷记“租赁负债——租赁付款额”账户；按尚未支付的租赁付款额与其现值的差额，借记“租赁负债——未确认融资费用”账户；对于租赁期开始日之前支付租赁付款额的（扣除已享受的租赁激励），贷记“预付账款”等账户；按发生的初始直接费用，贷记“银行存款”等账户；按预计将发生的为拆卸及移除租赁资产、复原租赁资产所在场地或将租赁资产恢复至租赁条款约定状态等成本的现值，贷记“预计负债”账户。

在某些情况下，商品流通企业（承租人）可能在租赁期开始前就发生了与标的资产相关的经济业务或事项。例如，租赁合同双方经协商在租赁合同中约定，标的资产须经建造或重新设计后方可供商品流通企业（承租人）使用；根据合同条款与条件，商品流通企业（承租人）须支付与资产建造或设计相关的成本。商品流通企业（承租人）如发生与标的资产建造或设计相关的成本，则适用其他相关准则（如《企业会计准则第4号——固定资产》）进行会计处理。需要注意的是，与标的资产建造或设计相关的成本不包括商品流通企业（承租人）为获取标的资产使用权而支付的款项，此类款项无论在何时支付，均属于租赁付款额。

例8-17 京商公司作为承租人，就某商场的某一卖场与出租人华大公司签订了为期10年的租赁协议，并拥有5年的续租选择权。有关资料如下：（1）初始租赁期内的不含税租金为每年50 000元，续租期间为每年55 000元，所有款项应于每年年初支付；（2）为获得该项租赁，京商公司发生的初始直接费用为20 000元，其中，15 000元为向该卖场前任租户支付的款项，5 000元为向促成此租赁交易的中介支付的佣金；（3）作为对京商公司的激励，华大公司同意补偿京商公司5 000元的佣金；（4）在租赁期开始日，京商公司评估后认为，不能合理确定将行使续租选择权，因此，将租赁期确定为10年；（5）京商公司无法确定租赁内含利率，其增量借款利率为每年5%，该利率反映的是京商公司以类似抵押条件借入期限为10年、与使用权资产等值的相同币种的借款而必须支付的利率。假设不考虑相关税费影响。

京商公司的会计处理如下：

第一步，计算租赁期开始日租赁付款额的现值，并确认租赁负债和使用权资产。

在租赁期开始日，京商公司支付第1年的租金50 000元，并以剩余9年租金（每年50 000元）按5%的年利率折现后的现值计量租赁负债。计算租赁付款额现值的过程如下：

剩余9期租赁付款额=50 000×9=450 000（元）

租赁负债=剩余9期租赁付款额的现值=50 000×（P/A，5%，9）=355 391（元）

未确认融资费用=剩余9期租赁付款额–剩余9期租赁付款额的现值=450 000–355 391=94 609（元）

借：使用权资产	405 391	
租赁负债——未确认融资费用	94 609	
贷：租赁负债——租赁付款额		45 0000
银行存款（第1年的租赁付款额）		50 000

第二步，将初始直接费用计入使用权资产的初始成本。

借：使用权资产　　20 000

　贷：银行存款　　20 000

第三步，将已收的租赁激励相关金额从使用权资产入账价值中扣除。

借：银行存款　　5 000

　贷：使用权资产　　5 000

综上，京商公司使用权资产的初始成本为：405 391+20 000−5 000=420 391（元）。

商品流通企业（承租人）在确认租赁期内各个期间的利息时，借记“财务费用——利息费用”“在建工程”等账户，贷记“租赁负债——未确认融资费用”账户。商品流通企业（承租人）支付租赁付款额时，借记“租赁负债——租赁付款额”等账户，贷记“银行存款”等账户。

8.3.2 使用权资产的后续计量

1. 计量基础

在租赁期开始日后，商品流通企业（承租人）采用成本模式对使用权资产进行后续计量，即以成本减累计折旧及累计减值损失计量使用权资产。

商品流通企业（承租人）按照有关规定重新计量租赁负债的，相应调整使用权资产的账面价值。商品流通企业（承租人）按变动后的租赁付款额的现值重新计量租赁负债的，当租赁负债增加时，按租赁付款额现值的增加额，借记“使用权资产”账户，按租赁付款额的增加额，贷记“租赁负债——租赁付款额”账户，按其差额，借记“租赁负债——未确认融资费用”账户；按租赁付款额的减少额，借记“租赁负债——租赁付款额”账户，按租赁付款额现值的减少额，贷记“使用权资产”账户，按其差额，贷记“租赁负债——未确认融资费用”账户；若使用权资产的账面价值已调减至零，则按仍需进一步调减的租赁付款额，借记“租赁负债——租赁付款额”账户，按仍需进一步调减的租赁付款额现值，贷记“营业成本”“销售费用”“管理费用”等账户，按其差额，贷记“租赁负债——未确认融资费用”账户。

2. 使用权资产的折旧

商品流通企业（承租人）参照《企业会计准则第 4 号——固定资产》有关折旧规定，自租赁期开始日起对使用权资产计提折旧。使用权资产通常应自租赁期开始的当月计提折旧，当月计提确有困难的，为便于实务操作，企业也可以选择自租赁期开始的下月计提折旧，但对同类使用权资产采取相同的折旧政策。计提的折旧金额应根据使用权资产的用途，计入相关资产的成本或者当期损益。

商品流通企业（承租人）在确定使用权资产的折旧方法时，根据与使用权资产有关的经济利益的预期实现方式做出决定。通常，商品流通企业（承租人）按直线法对使用权资产计提折旧，如果其他折旧方法更能反映使用权资产有关经济利益预期实现方式的，那么采用其他折旧方法。

商品流通企业（承租人）在确定使用权资产的折旧年限时，遵循以下原则：商品流通企业（承租人）能够合理确定租赁期届满时取得租赁资产所有权的，在租赁资产剩余使用寿命内计提折旧；商品流通企业（承租人）无法合理确定租赁期届满时能够取得租赁资产所有权的，在租赁期与租赁资产剩余使用寿命两者孰短的期间内计提折旧；如果使用权资产的剩余使用寿命短于前两者，则在使用权资产的剩余使用寿命内计提折旧。

商品流通企业（承租人）通常自租赁期开始日起按月计提使用权资产的折旧，借记“营业成本”“销售费用”“管理费用”等账户，贷记“使用权资产累计折旧”账户。当月计提确有困难的，也可从下月起计提折旧，并在附注中予以披露。

3. 使用权资产的减值

在租赁期开始日后，商品流通企业（承租人）按照《企业会计准则第8号——资产减值》的规定，确定使用权资产是否发生减值，并对已识别的减值损失进行会计处理。使用权资产发生减值的，按减记的金额，借记“资产减值损失”账户，贷记“使用权资产减值准备”账户。使用权资产减值准备一旦计提，不得转回。承租人按照扣除减值损失之后的使用权资产的账面价值，进行后续折旧。

例8-18 京商公司作为承租人，与出租人签订了一份为期10年的超市叉车租赁合同，用于京商公司日常经营。相关使用权资产的初始账面价值为100 000元，按直线法在10年内计提折旧，年折旧费为10 000元。在第5年年末，确认该使用权资产发生的减值损失20 000元，计入当期损益。该使用权资产在减值前账面价值为50 000元（100 000×5/10）。计提减值损失之后，该使用权资产的账面价值减至30 000元（50 000−20 000），之后每年的折旧费相应减至6 000元（30 000/5）。

4. 租赁变更与使用权资产价值的调整

租赁变更，是指原合同条款之外的租赁范围、租赁对价、租赁期限的变更，包括增加或终止一项或多项租赁资产的使用权，延长或缩短合同规定的租赁期等。租赁变更生效日，是指出租人和商品流通企业（承租人）双方就租赁变更达成一致的日期。租赁变更导致租赁范围缩小或租赁期缩短的，商品流通企业（承租人）按缩小或缩短的相应比例，借记“租赁负债——租赁付款额”“使用权资产累计折旧”“使用权资产减值准备”账户，贷记“租赁负债——未确认融资费用”“使用权资产”账户，差额借记或贷记“资产处置损益”账户。

例8-19 承租方京商公司与出租方华大公司就5 000平方米的卖场签订了10年期的租

赁合同。年租赁付款额为 100 000 元，在每年年末支付。京商公司无法确定租赁内含利率。在租赁期开始日，京商公司的增量借款利率为 6%，相应的租赁负债和使用权资产的初始确认金额均为 736 000 元［736 000=100 000×（P/A，6%，10），为便于计算，做尾数调整，取 736 000 元］。在第 6 年年初，京商公司和华大公司同意对原租赁合同进行变更，即自第 6 年年初起，将原租赁场所缩减至 2 500 平方米。每年的租赁付款额（自第 6 年至第 10 年）调整为 60 000 元。京商公司在第 6 年年初的增量借款利率为 5%。

分析：在租赁变更生效日（第 6 年年初），京商公司基于以下情况对租赁负债进行重新计量：（1）剩余租赁期为 5 年；（2）年付款额为 60 000 元；（3）采用修订后的折现率 5% 进行折现。据此，计算得出租赁变更后的租赁负债为 259 770 元，即 259 770=60 000×（P/A，5%，5）。

京商公司基于原使用权资产部分终止的比例（缩减的 2 500 平方米占原使用权资产的 50%）来确定使用权资产账面价值的调减金额。在租赁变更之前，原使用权资产的账面价值为 368 000 元（736 000×5/10），50%的账面价值为 184 000 元；原租赁负债的账面价值为 42 1240 元［100000×（P/A，6%，5）］，50%的账面价值为 210 620 元。因此，在租赁变更生效日（第 6 年年初），京商公司终止确认 50%的原使用权资产和原租赁负债，并将租赁负债减少额与使用权资产减少额之间的差额 26 620 元（210 620−184 000），作为利得计入当期损益。其中，租赁负债的减少额（210 620 元）包括两部分：租赁付款额的减少额 250 000 元（100 000×50%×5），以及未确认融资费用的减少额 39 380 元（250 000− 210 620）。

京商公司终止确认 50%的原使用权资产和原租赁负债的会计处理如下：

借：租赁负债——租赁付款额	250 000	
贷：租赁负债——未确认融资费用		39 380
使用权资产		184 000
资产处置损益		26 620

此外，京商公司将剩余租赁负债（210 620 元）与变更后重新计量的租赁负债（259 770 元）之间的差额 49 150 元，相应调整使用权资产的账面价值。其中，租赁负债的增加额（49 150 元）包括两部分：租赁付款额的增加额 50 000 元［（60 000−100 000×50%）×5］，以及未确认融资费用的增加额 850 元（50 000 − 49 150）。

京商公司调整现使用权资产价值的会计处理为：

借：使用权资产	49 150	
租赁负债——未确认融资费用	850	
贷：租赁负债——租赁付款额		50 000

5. 转租使用权资产

根据租赁准则（2018），出租人会计处理仍然区分为融资租赁和经营租赁。商品流通企业（承租人）转租使用权资产形成融资租赁的，借记“应收融资租赁款”“使用权资产累计折旧”“使用权资产减值准备”账户，贷记“使用权资产”账户，差额借记或贷记“资产处置损益”账户。应收融资租赁款的预期信用损失，按减记的金额，借记“信用减值损失”账户，贷记“应收融资租赁款”账户。转回已计提的减值准备时，做相反的会计处理。

专栏　租赁准则（2018）对商品零售企业的影响

随着经济的飞速发展，零售业从“货、柜、人”——以产品为核心的零售理念，逐步转向“人、货、场”——以用户为核心的零售理念，越来越重视消费者的用户体验。在此背景下，全渠道零售呼之欲出，它实际上是一种数字化的零售方式，有助于终端消费者能够最大限度地获得最佳的购物体验。全渠道零售的最大特点是既有网店零售低价、快捷、方便的优势，也有线下门店的体验性强、服务性强的优势。近两年，线上零售增速放缓，线下零售竞争加速，从互联网企业争相布局抢滩线下销售的趋势来看，越来越多的商品零售企业将目光着眼于提高线下门店功能，期望形成口碑影响，拉动线上消费，从而实现线上线下互动双赢的局面。这样一来，处于转型中的商品零售业越发重视实体门店，经营管理中更加重视租赁业务。

大型综合超市在零售业中占比很大，集门店和仓库于一体。一些偏重经营生活类用品的百货商店，将购物、休闲、餐饮集中在一个建筑群内的购物中心、仓储式商场等零售业态都拥有数目众多的门店、仓库等场所。商品零售企业选择融资租赁意味着企业面临很大的金融风险，融资租赁采用的实际利率会随着市场变化而波动，为规避这一利率风险，大部分商品零售企业不选择融资租赁。前述这些营业场所、营业设施等大部分采用经营租赁为主的方式租入。而且，租赁准则（2006）将承租人的租赁划分为经营租赁和融资租赁，采用两种完全不同的会计处理，融资租赁在表内反映，而经营租赁只需表外披露关键内容，其经济实质不反映在财务报表中，承租人可利用这一点来进行表外融资。因此，这些租赁在租赁准则（2006）下被分类为经营租赁，对资产负债表没有影响，租赁期的租金通常按照直线法计入当期损益（销售费用、管理费用）。而在租赁准则（2018）下，承租人在初始确认时确认使用权资产和租赁负债，这样会带来资产和负债规模的整体上升。

总体来看，租赁准则（2018）对商品零售企业的影响包括以下几方面。

（1）资本化处理恶化了部分主要财务指标，这源于使用权模型下的租赁业务资本化处理。反映财务风险的资产负债率上升，反映资产运营效率的总资产周转率和固定资产周转率下降，衡量获利水平的资产净利率和销售净利率在租赁前期下降。同时，资本结构变化会影响商品零售企业的发展战略安排。

（2）增加了融资难度。经营租赁业务不能再进行表外融资，丧失了一种融资渠道。在商品零售企业向银行等金融机构进行贷款申请时，银行等金融机构通常需要对申贷企业的资本结构、偿还债务能力及盈利能力等财务状况进行信用评级，以此来决定是否放贷以及评定放贷的规模。部分主要财务指标出现不同程度的恶化，影响银行等金融机构对其的信用评级，可能带来放贷规模缩减或者贷款利率上升等影响，从而增加商品零售企业融资的难度。

（3）增加门店扩张和选址的难度。商品零售企业离不开渠道网络，渠道网络很大程度上依赖其成熟完备的实体门店网络，实施租赁准则（2018）会导致开立门店这一扩张战略受阻。许多商品零售企业的门店布局大部分都在繁华闹市区，高昂的房价以及受让限制导致企业很难再将这些黄金地段的门店由租入模式变为自有，因此门店是否扩张以及如何选址才能降低租赁准则（2018）对企业的影响是零售业面临的重大挑战。

（4）促使商品零售企业重新评估租赁业务安排。经营租赁业务表内反映的处理方式，不再具有表外融资的优势，经营租赁资本化使企业收集与经营租赁资本化处理相关信息的收集成本升高，比如租赁合同、最低租赁付款额、利率的确定、现值以及摊余成本的计算、最低租赁付款额改变现值的重估以及新租赁准则的其他执行成本，这些会促使商品零售企业重新调整自身租赁业务的安排。

8.4　长期待摊费用

商品流通企业的长期待摊费用，是指商品流通企业已经支出，但摊销期限在 1 年以上（不含 1 年）的各项费用，由本期负担的借款利息、租金等，不作为长期待摊费用。股份有限公司委托其他单位发行股票支付的手续费或佣金等相关费用，减去股票发行冻结期间的利息收入后的余额，从发行股票的溢价中不够抵销的，或者无溢价的，若金额较小则可以直接计入当期损益，若金额较大则可作为长期待摊费用，在不超过两年的期限内平均摊销，计入损益。

此外，除购建固定资产以外，筹建期间发生的费用，先在长期待摊费用中归集，待商品流通企业开始经营当月起一次计入开始经营当月的损益。

商品流通企业设置“长期待摊费用”账户，来进行长期待摊费用的会计处理。“长期待摊费用”账户的借方记入长期待摊费用的发生，贷方记入对长期待摊费用的摊销，期末借方余额反映尚未摊销的各项长期待摊费用的摊余价值。商品流通企业按照长期待摊费用的种类设置明细账户，进行会计处理。

商品流通企业发生长期待摊费用时，借记“长期待摊费用”账户，贷记“银行存款”账户；摊销长期待摊费用时，借记“销售费用”“管理费用”等账户，贷记“长期待摊费用”账户。

商品流通企业在会计报表附注中，按照长期待摊费用的具体项目披露其余额、摊销期限和摊销方式等。

专栏　长期待摊费用的税务处理

如果存在长期待摊费用的纳税调整，那么商品流通企业可以填报《资产折旧、摊销情况及纳税调整明细表》（A105080）中，如表 8-21 所示。

相关链接 8-7　商品流通小企业长期待摊费用的摊销

商品流通小企业长期待摊费用在其摊销期限内采用年限平均法（直线法）进行摊销，计入相关资产的成本或管理费用，并冲减长期待摊费用。

（1）已提足折旧的固定资产的改建支出，按照固定资产预计尚可使用年限分期摊销。

（2）经营租入固定资产的改建支出，按照合同约定的剩余租赁期限分期摊销。

（3）符合税法规定的固定资产大修理支出，按照固定资产尚可使用年限分期摊销。

（4）其他长期待摊费用，自支出发生月份的次月起分期摊销，摊销年限不得超过 3 年。

表 8-21 资产折旧、摊销情况及纳税调整明细表（A105080）（部分）

金额单位：元

行次	项目	账载金额			税收金额					纳税调整金额
		资产原值	本年折旧、摊销额	累计折旧、摊销额	资产计税基础	税收折旧、摊销额	享受加速折旧政策的资产按税收一般规定计算的折旧、摊销额	加速折旧、摊销统计额	累计折旧、摊销额	
		1	2	3	4	5	6	7=5−6	8	9（2−5）
28	四、长期待摊费用（29+30+31+32+33）						*	*		
29	（一）已足额提取折旧的固定资产的改建支出						*	*		
30	（二）租入固定资产的改建支出						*	*		
31	（三）固定资产的大修理支出						*	*		
32	（四）开办费						*	*		
33	（五）其他						*	*		

第 9 章

收入、费用和利润

9.1 收入

商品流通企业的收入，是指商品流通企业在日常活动中形成的、会导致所有者权益增加的、与所有者投入资本无关的经济利益的总流入。商品流通企业收入实务的大部分内容，在第 3～7 章进行了介绍，本节主要介绍商品流通企业收入的确认计量和税务处理。

9.1.1 收入的确认和计量

商品流通企业收入确认和计量大致分为五步：第一步，识别与客户订立的合同；第二步，识别合同中的单项履约义务；第三步，确定交易价格；第四步，将交易价格分摊至各单项履约义务；第五步，履行各单项履约义务时确认收入。其中，第一步、第二步和第五步主要与收入的确认有关，第三步和第四步主要与收入的计量有关。

1. 收入的确认

商品流通企业在履行了合同中的履约义务，即在客户取得相关商品控制权时确认收入。取得相关商品控制权，是指能够主导该商品的使用并从中获得几乎全部的经济利益，也包括有能力阻止其他方主导该商品的使用并从中获得经济利益。商品流通企业在判断商品的控制权是否发生转移时，从客户的角度进行分析，即客户是否取得了相关商品的控制权以及何时取得该控制权。

（1）识别与客户订立的合同。

1）合同的识别。

① 合同的含义。合同，是指双方或多方之间订立有法律约束力的权利和义务的协议。合同有书面形式、口头形式及其他形式（如隐含于商业惯例或企业以往的习惯做法中等）三种形式。与客户之间的合同同时满足下列五项条件的，商品流通企业在履行了合同中的履约义务，即在客户取得相关商品控制权时确认收入：一是合同各方已批准该合同并承诺将履行各自义务；二是该合同明确了合同各方与所转让商品相关的权利和义务；三是该合同有明确的与所转让商品相关的支付条款；四是该合同具有商业实质，即履行该合同将改变企业未来现金流量的风险、时间分布或金额；五是商品流通企业因向客户转让商品而有权取得的对价很可能收回。

② 合同的持续评估。商品流通企业与客户之间的合同，在合同开始日即满足上述五项条件的，商品流通企业在后续期间无须对其进行重新评估，除非有迹象表明相关事实和情况发生重大变化。

③ 合同存续期间的确定。合同存续期间是合同各方拥有现时可执行的具有法律约束力的权利和义务的期间。实务中，有些合同可能有固定的期间，有些合同则可能没有（如无固定期间且合同各方可随时要求终止或变更的合同、定期自动续约的合同等）。商品流通企业确定合同存续期间，并在该期间内按照规定对合同进行会计处理。

2）合同合并。商品流通企业与同一客户（或该客户的关联方）同时订立或在相近时间内先后订立的两份或多份合同，在满足下列条件之一时，合并为一份合同进行会计处理：

① 该两份或多份合同基于同一商业目的而订立并构成一揽子交易，如一份合同在不考虑另一份合同的对价的情况下将发生亏损。

② 该两份或多份合同中的一份合同的对价金额取决于其他合同的定价或履行情况，如一份合同如果发生违约，将影响另一份合同的对价金额。

③ 该两份或多份合同中所承诺的商品（或每份合同中所承诺的部分商品）构成单项履约义务。两份或多份合同合并为一份合同进行会计处理的，仍然需要区分该一份合同中包含的各单项履约义务。

3）合同变更。合同变更，是指经合同各方批准对原合同范围或价格做出的变更。合同变更既可能形成新的具有法律约束力的权利和义务，也可能是变更了合同各方现有的具有法律约束力的权利和义务。与合同初始订立时相同，合同各方可能以书面形式、口头形式或其他形式（如隐含于商品流通企业以往的习惯做法中）批准合同变更。

（2）识别合同中的单项履约义务。合同开始日，商品流通企业对合同进行评估，识别该合同所包含的各单项履约义务，并确定各单项履约义务是在某一时段内履行，还是在某一时点履行，然后，在履行了各单项履约义务时分别确认收入。履约义务，是指合同中商品流通企业向客户转让可明确区分商品的承诺。下列情况下，商品流通企业将向客户转让商品的承诺作为单项履约义务：一是商品流通企业向客户转让可明确区分商品（或者商品的组合）的承诺。二是商品流通企业向客户转让一系列实质相同且转让模式相同的可明确区分商品的承诺。

（3）履行每一单项履约义务时确认收入。商品流通企业在履行了合同中的履约义务，即客户取得相关商品控制权时，确认收入。商品流通企业将商品的控制权转移给客户，该转移可能在某一时段内（履行履约义务的过程中）发生，也可能在某一时点（履约义务完成时）发生。

1）在某一时段内履行的履约义务。对于在某一时段内履行的履约义务，只有当其履约进度能够合理确定时，才按照履约进度确认收入。商品流通企业如果无法获得确定履约进度所需的可靠信息，则无法合理地确定其履行履约义务的进度。当履约进度不能合理确定时，商品流通企业已经发生的成本预计能够得到补偿的，按照已经发生的成本金额确认收入，直到履约进度能够合理确定为止。

2）在某一时点履行的履约义务。对于不属于在某一时段内履行的履约义务，归属于在某一时点履行的履约义务，商品流通企业在客户取得相关商品控制权时点确认收入。在判断客户是否已取得商品控制权，即客户是否能够主导该商品的使用并从中获得几乎全部的经济利益时，商品流通企业考虑下列五个迹象。

① 商品流通企业就该商品享有现时收款权利，即客户就该商品负有现时付款义务。当商品流通企业就该商品享有现时收款权利时，可能表明客户已经有能力主导该商品的使用并从中获得几乎全部的经济利益。

② 商品流通企业已将该商品的法定所有权转移给客户，即客户已拥有该商品的法定所有权。当客户取得了商品的法定所有权时，可能表明其已经有能力主导该商品的使用并从中获得几乎全部的经济利益，或者能够阻止其他企业获得这些经济利益，即客户已取得对该商品的控制权。如果商品流通企业仅仅是为了确保到期收回货款而保留商品的法定所有权，那么该权利通常不会对客户取得对该商品的控制权构成障碍。

③ 商品流通企业已将该商品实物转移给客户，即客户已占有该商品实物。客户如果已经占有商品实物，则可能表明其有能力主导该商品的使用并从中获得几乎全部的经济利益，或者使其他企业无法获得这些利益。需要说明的是，客户占有了某项商品实物并不意味着其就一定取得了该商品的控制权，反之亦然。

④ 商品流通企业已将该商品所有权上的主要风险和报酬转移给客户，即客户已取得该商品所有权上的主要风险和报酬。商品流通企业向客户转移了商品所有权上的主要风险和报酬，可能表明客户已经取得了主导该商品的使用并从中获得几乎全部经济利益的能力。但是，在评估商品所有权上的主要风险和报酬是否转移时，不应考虑导致商品流通企业在

除所转让商品之外产生其他单项履约义务的风险。例如，商品流通企业将产品销售给客户，并承诺提供后续维护服务的安排中，销售产品和提供维护服务均构成单项履约义务，商品流通企业将产品销售给客户之后，虽然仍然保留了与后续维护服务相关的风险，但是，由于维护服务构成单项履约义务，所以该保留的风险并不影响商品流通企业已将产品所有权上的主要风险和报酬转移给客户的判断。

⑤ 客户已接受该商品。如果客户已经接受了商品流通企业提供的商品，如商品流通企业销售给客户的商品通过了客户的验收，那么可能表明客户已经取得了该商品的控制权。合同中有关客户验收的条款，可能允许客户在商品不符合约定规格的情况下解除合同或要求商品流通企业采取补救措施。因此，商品流通企业在评估是否已经将商品的控制权转移给客户时，考虑此类条款。当商品流通企业能够客观地确定其已经按照合同约定的标准和条件将商品的控制权转移给客户时，客户验收只是一项例行程序，并不影响商品流通企业判断客户取得该商品控制权的时点。

需要强调的是，在上述五个迹象中，并没有哪一个或哪几个迹象是决定性的，商品流通企业根据合同条款和交易实质进行分析，综合判断其是否将商品的控制权转移给客户以及何时转移的，从而确定收入确认的时点。

2. 收入的计量

商品流通企业首先确定合同的交易价格，再按照分摊至各单项履约义务的交易价格计量收入。

（1）确定交易价格。交易价格，是指商品流通企业因向客户转让商品而预期有权收取的对价金额。合同标价并不一定代表交易价格，商品流通企业根据合同条款，并结合以往的习惯做法确定交易价格。在确定交易价格时，商品流通企业考虑可变对价、合同中存在的重大融资成分、非现金对价及应付客户对价等因素的影响，并假定将按照现有合同的约定向客户转移商品，且该合同不会被取消、续约或变更。

（2）将交易价格分摊至各单项履约义务。当合同中包含两项或多项履约义务时，需要将交易价格分摊至各单项履约义务，以使商品流通企业分摊至各单项履约义务（或可明确区分的商品）的交易价格能够反映其因向客户转让已承诺的相关商品而预期有权收取的对价金额。

1）分摊的一般原则。合同中包含两项或多项履约义务的，商品流通企业在合同开始日，按照各单项履约义务所承诺商品的单独售价的相对比例，将交易价格分摊至各单项履约义务。

2）分摊合同折扣。当客户购买的一组商品中所包含的各单项商品的单独售价之和高于合同交易价格时，表明客户因购买该组商品而取得了合同折扣。合同折扣，是指合同中各单项履约义务所承诺商品的单独售价之和高于合同交易价格的金额。商品流通企业在各单项履约义务之间按比例分摊合同折扣。有确凿证据表明合同折扣仅与合同中一项或多项（而非全部）履约义务相关的，商品流通企业将该合同折扣分摊至相关的一项或多项履约义务。

3）分摊可变对价。合同中包含可变对价的，该可变对价可能与整个合同相关，也可能仅与合同中的某一特定组成部分有关，后者包括两种情形：一是可变对价可能与合同中的一项或多项（而非全部）履约义务有关。例如，是否获得奖金取决于商品流通企业能否在指定时期内转让某项已承诺的商品。二是可变对价可能与商品流通企业向客户转让的构成单项履约义务的一系列可明确区分商品中的一项或多项（而非全部）商品有关。

4）交易价格的后续变动。合同开始日之后，由于相关不确定性的消除或环境的其他变化等原因，交易价格可能会发生变化，从而导致商品流通企业因向客户转让商品而预期有权收取的对价金额发生变化。交易价格发生后续变动的，商品流通企业按照在合同开始日所采用的基础将该后续变动金额分摊至合同中的履约义务。

在实际工作中，取得发票和开具发票的时间，跟商品的进销不一致，这会给商品流通企业带来提前确认收入或延后确认收入的机会，尤其是上下年度之间收入的确认。商品流通企业之所以这样做，除了企业业绩的因素之外，企业所得税和增值税也是经常被考虑的因素之一。

专栏　收入准则（2017）的两个重要特点

以合同为基础、采用资产负债观是收入准则（2017）的两个重要特点。

收入确认基于合同，强调收入产生过程中商品与服务的提供方和接受方之间权、责、利的划分，将收入确认定格在企业已向客户转移商品控制权或提供劳务而有权收取对价的合同权利，与企业因已经收取客户对价或具有收取客户对价的权利而应履行向客户交付商品、提供劳务的合同义务上，为合同资产和合同负债的产生奠定了理论依据。

收入准则（2017）从资产负债观出发，明确收入确认的核心是资产和负债的变化。强调交易的实质，着重关注客户合同产生的资产或负债的确认和计量及合同存续期内该资产或负债变动对收入的影响，将收入定义聚焦于交易合同的资产与负债，不仅清晰地反映了“收入赚取的过程”，而且通过收入确认计量五步法模型规范了不同类型的收入确认流程，为合同资产与合同负债在实务中的应用提供了基础。

相关链接9-1　商品流通小企业收入的确认时间和确认金额

（1）商品流通小企业收入的确认时间，请参阅相关链接1-1。

（2）商品流通小企业收入的入账金额：

① 商品流通小企业按照从购买方已收或应收的合同或协议价款，确定销售商品收

入金额。

② 销售商品涉及现金折扣的，按照扣除现金折扣前的金额确定销售商品收入金额。现金折扣在实际发生时，计入当期损益。

③ 销售商品涉及商业折扣的，按照扣除商业折扣后的金额确定销售商品收入金额。

3. 收入的会计实务

收入的金额，根据商品流通企业和购货方签订的合同或协议金额确定，无合同或协议的，按购销双方都同意或都能接受的价格确定。按照价款，加上收取的增值税，借记“银行存款”“应收账款”“应收票据”等账户；按照确定的收入金额，贷记“主营业务收入”“其他业务收入”等账户；按照应收取的增值税，贷记“应交税费——应交增值税（销项税额）”（或“应交税费——待转销项税”“应交税费——简易计税”等）账户。

商品流通企业在确定收入金额时，不考虑各种预计可能发生的现金折扣、销售折让。现金折扣在实际发生时计入财务费用。销售折让在实际发生时冲减发生当期的收入。发生销售折让时，如按规定允许扣减当期销项税额的，则同时用红字冲减“应交税费——应交增值税（销项税额）”（或“应交税费——待转销项税”“应交税费——简易计税”等）。

例 9-1　2×21 年 2 月 1 日，华丰公司销售一批商品，增值税发票上的售价 100 000 元，增值税额 13 000 元，货到后买方发现商品质量不合格，要求在价格上给予 5%的折让，华丰公司认定质量问题后同意折让方案。假设不考虑结转商品成本。

华丰公司的会计处理如下。

（1）销售实现时：

借：应收账款	113 000	
贷：主营业务收入		100 000
应交税费——应交增值税（销项税额）等		13 000

（2）发生销售折让时：

借：主营业务收入	5 000	
应交税费——应交增值税（销项税额）等	650	
贷：应收账款		5 650

（3）实际收到款项时：

借：银行存款	107 350	
贷：应收账款		107 350

例 9-2　2×21 年 1 月 7 日，康健公司与乙公司签订一项合成药销售合同，分别以 300 元/片的价格和 360 元/片的价格向乙公司销售 A 合成药 10 万片、B 合成药 20 万片。合同规定若乙公司在 1 年之内购买 B 合成药超过 100 万片，则价格下调至 300 元/片。A 合成药

于合同开始日交付，B合成药在3个月之后交付，康健公司在两项药品全部交付完成后具有无条件收取对价的权利。假定交付A合成药和B合成药分别作为两项单独履约义务（某一时点履约），其控制权在交付时转移给客户，不考虑相关税费。

康健公司将A合成药交付给乙公司后，该单项履约义务已经履行，但是需要等到后续交付B合成药时，康健公司才具有无条件收取合同对价的权利。此时，康健公司将因履行了交付A合成药的义务而有权收取的对价3 000万元（300×10）确认为合同资产，待后续将B合成药交付给乙公司后，才能将该合同资产转入应收账款以反映其具有的无条件收取款项的权利。同时，康健公司需要对乙公司当年是否能够达到100万片B合成药的购货量进行估计。根据市场行情判断，康健公司得出客户当年购货量能达到100万片，则需要确认相关的未来返还定价（负债）。

康健公司的会计处理如下（单位：万元）。

2×21年1月7日，交付A合成药时：

借：合同资产	3 000	
贷：主营业务收入		3 000

2×21年4月7日，交付B合成药时：

借：应收账款	10 200	
贷：合同资产		3 000
主营业务收入		6 000
预计负债		1 200

相关链接9-2　商品流通小企业的收入

商品流通小企业的收入通常包括销售商品收入和提供劳务收入。

商品流通小企业采用发出货物和收取款项作为标准，减少关于控制权转移的职业判断，同时就几种常见的销售方式明确规定了收入确认的时间，请参阅相关链接1-1。

商品流通小企业和其他企业签订的合同或协议包括销售商品和提供劳务时，销售商品部分和提供劳务部分能够区分且能够单独计量的，将销售商品的部分作为销售商品处理，将提供劳务的部分作为提供劳务处理。销售商品部分和提供劳务部分不能够区分，或虽能区分但不能够单独计量的，作为销售商品处理。

9.1.2　现金折扣、商业折扣、销售折让

1. 现金折扣

商品流通企业销售商品涉及现金折扣的，按照扣除现金折扣前的金额，确定收入金额。

现金折扣在实际发生时，计入财务费用。

现金折扣的会计处理有两种方法：总价法和净价法。

在总价法下，应收账款按商品流通企业销售商品的实际售价计价入账，发生现金折扣时，相当于商品流通企业收入的减少或者理财费用的增加。例如，第 2 章的例 2-10 的会计处理，即总价法。

在净价法下，应收账款按实际售价扣减最大现金折扣后的金额入账。这种方法认为购货方会为获得购货折扣而提前付款，购货方如果丧失购货折扣，则视为利息支出。商品流通企业把这一丧失的折扣，作为利息收入入账，记入“财务费用”账户。

从商品流通企业来看，采用总价法，入账的收入和发票上的金额一致，便于纳税管理，但可能虚增应收账款，而采用净价法，会计处理会比较繁杂。从购货方来看，采用总价法，购进货物的入账价值和发票上的金额一致，便于控制，而采用净价法，购进货物的入账价值和发票上的金额不一致，不便于控制。

具体会计处理，请参阅第 2 章的例 2-10。

2. 商业折扣

商业折扣，是指商品流通企业为促进商品销售而在商品标价上给予的价格扣除。商品流通企业销售商品涉及商业折扣的，按照扣除商业折扣后的金额确定收入金额。

3. 销售折让

销售折让，是指商品流通企业因售出商品的质量不合格等原因而在售价上给予的减让。对于销售折让，商品流通企业应区分不同情况进行处理：

（1）已确认收入的售出商品发生销售折让的，通常在发生时，冲减当期收入。

（2）已确认收入的销售折让属于资产负债表日后事项的，按照有关资产负债表日后事项的相关规定进行处理。

9.1.3　附有销售退回条款销售的会计处理

商品流通企业将商品转让给客户之后，可能会因为各种原因允许客户选择退货（例如，客户对所购商品的款式不满意等）。附有销售退回条款的销售，是指客户依照有关合同有权退货的销售方式。合同中有关退货权的条款可能会在合同中明确约定，也有可能是隐含的。隐含的退货权可能来自商品流通企业在销售过程中向客户做出的声明或承诺，也有可能是来自法律法规的要求或商品流通企业以往的习惯做法等。客户选择退货时，可能有权要求返还其已经支付的全部或部分对价、抵减其对企业已经产生或将产生的欠款，或者要求换取其他商品。

客户取得商品控制权之前退回该商品不属于销售退回。需要说明的是，商品流通企业在允许客户退货的期间内随时准备接受退货的承诺，并不构成单项履约义务，但可能会影响收入确认的金额。商品流通企业遵循可变对价（包括将可变对价计入交易价格的限制要求）的处理原则来确定其预期有权收取的对价金额，即交易价格不应包含预期将被退回的商品的对价金额。

商品流通企业在客户取得相关商品控制权时，按照因向客户转让商品而预期有权收取的对价金额（不包含预期因销售退回将退还的金额）确认收入，按照预期因销售退回将退还的金额确认负债；同时，按照预期将退回商品转让时的账面价值，扣除收回该商品预计发生的成本（包括退回商品的价值减损）后的余额，确认一项资产，按照所转让商品转让时的账面价值，扣除上述资产成本的净额结转成本。每一资产负债表日，商品流通企业重新估计未来销售退回情况，并对上述资产和负债进行重新计量。如有变化，则作为会计估计变更进行会计处理。

例 9-3 顺体公司是一家健身器材销售公司。2×21 年 10 月 1 日，顺体公司向乙公司销售 5 000 件健身器材，单位销售价格为 500 元，单位成本为 400 元，开出的增值税专用发票上注明的销售价格为 250 万元，增值税额为 32.5 万元。健身器材已经发出，但款项尚未收到。根据协议约定，乙公司应于 2×21 年 12 月 1 日之前支付货款，在 2×22 年 3 月 31 日之前有权退还健身器材。发出健身器材时，顺体公司根据过去的经验，估计该批健身器材的退货率约 20%；在 2×21 年 12 月 31 日，顺体公司对退货率进行了重新评估，认为只有 10%的健身器材会被退回。顺体公司为增值税一般纳税人，健身器材发出时纳税义务已经发生，实际发生退回时取得税务机关开具的红字增值税专用发票。假定健身器材发出时控制权转移给乙公司。顺体公司的会计处理如下：

（1）2×21 年 10 月 1 日发出健身器材。

借：应收账款	2 825 000	
贷：主营业务收入		2 000 000
预计负债——应付退货款		500 000
应交税费——应交增值税（销项税额）		325 000
借：主营业务成本	1 600 000	
应收退货成本	400 000	
贷：库存商品		2 000 000

（2）2×21 年 12 月 1 日前收到货款。

借：银行存款	2 825 000	
贷：应收账款		2 825 000

（3）2×21 年 12 月 31 日，顺体公司对退货率进行重新评估。

借：预计负债——应付退货款	250 000	

　　贷：主营业务收入　　　　　　　　　　　　250 000
借：主营业务成本　　　　　　　　　　200 000
　　贷：应收退货成本　　　　　　　　　　　　200 00

（4）2×22 年 3 月 31 日发生销售退回，实际退货量为 400 件，退货款项已经支付。

借：库存商品　　　　　　　　　　　　160 000
　　应交税费——应交增值税（销项税额）　26 000
　　预计负债——应付退货款　　　　　　250 000
　　贷：应收退货成本　　　　　　　　　　　　160 000
　　　　主营业务收入　　　　　　　　　　　　　50 000
　　　　银行存款　　　　　　　　　　　　　　226 000
借：主营业务成本　　　　　　　　　　　40 000
　　贷：应收退货成本　　　　　　　　　　　　40 000

附有销售退回条款的销售，在客户要求退货时，如果商品流通企业有权向客户收取一定金额的退货费，则商品流通企业在估计预期有权收取的对价金额时，将该退货费包括在内。

9.1.4 收入的税务处理

商品流通企业的收入（包括“主营业务收入”和“其他业务收入”）需要填报在一级附表《一般企业收入明细表》（A101010）中，如表 9-1 所示，然后将第 1 行填报在主表《中华人民共和国企业所得税年度纳税申报表（A 类）》（A100000）的第 1 行，如表 9-2 所示。

表 9-1　一般企业收入明细表（A101010）　　金额单位：元

行　次	项　目	金　额
1	一、营业收入（2+9）	
2	（一）主营业务收入（3+5+6+7+8）	
3	1．销售商品收入	
4	其中：非货币性资产交换收入	
5	2．提供劳务收入	
6	3．建造合同收入	
7	4．让渡资产使用权收入	
8	5．其他	
9	（二）其他业务收入（10+12+13+14+15）	
10	1．销售材料收入	
11	其中：非货币性资产交换收入	

续表

行　　次	项　　目	金　　额
12	2．出租固定资产收入	
13	3．出租无形资产收入	
14	4．出租包装物和商品收入	
15	5．其他	

表 9-2　中华人民共和国企业所得税年度纳税申报表（A100000）　　金额单位：元

行　　次	类　　别	项　　目	金　　额
1	利润总额计算	一、营业收入（填写 A101010\101020\103000）	

专栏　与收入相对应的营业成本的税务处理

商品流通企业的营业成本（包括“主营业务成本”和“其他业务成本”）需要填报在一级附表《一般企业成本支出明细表》（A102010）中，如表 9-3 所示，然后将第 1 行填报在主表《中华人民共和国企业所得税年度纳税申报表（A 类）》（A100000）的第 2 行，如表 9-4 所示。

表 9-3　一般企业成本支出明细表（A102010）　　金额单位：元

行次	项　　目	金　　额
1	一、营业成本（2+9）	
2	（一）主营业务成本（3+5+6+7+8）	
3	1．销售商品成本	
4	其中：非货币性资产交换成本	
5	2．提供劳务成本	
6	3．建造合同成本	
7	4．让渡资产使用权成本	
8	5．其他	
9	（二）其他业务成本（10+12+13+14+15）	
10	1．材料销售成本	
11	其中：非货币性资产交换成本	
12	2．出租固定资产成本	
13	3．出租无形资产成本	
14	4．包装物出租成本	
15	5．其他	

表 9-4　中华人民共和国企业所得税年度纳税申报表（A100000）

行次	类别	项　　目	金　　额
2		减：营业成本（填写 A102010\102020\103000）	

9.2　期间费用和职工薪酬

商品流通企业的费用有广义和狭义之分，广义的费用泛指商品流通企业在日常活动中发生的所有耗费，不仅包括销售费用、管理费用、财务费用等期间费用，还包括主营业务成本、营业外支出及各种税费等利润的抵减项。狭义的费用仅指和当期营业收入相关的那部分耗费。

9.2.1　期间费用

期间费用是商品流通企业当期发生的费用中的重要组成部分，是指本期发生的、不能直接或间接归属于某种产品成本的、直接计入损益的各项费用。本节主要介绍管理费用、销售费用和财务费用。表 9-5 列示了期间费用包括的管理费用、销售费用和财务费用的定义及内容。

表 9-5　管理费用、销售费用和财务费用的定义及内容

项　　目	定　　义	内　　容
管理费用	商品流通企业为组织和管理企业日常经营活动而发生的各项费用，包括企业的董事会和行政管理部门在企业的经营管理中发生的或由企业统一负担的公司经费	管理人员的薪酬、差旅费、办公费、劳动保险费、职工待业保险费、业务招待费、研究支出、董事会会费、工会经费、职工教育经费、咨询费、聘请中介机构费、诉讼费、技术转让费、折旧费及其他管理费用等
销售费用	商品流通企业在销售商品和材料、提供劳务的过程中发生的各项费用	包括由商品流通企业负担的运输费、装卸费、整理费、包装费、保险费、销售佣金、差旅费、展览费、委托代销手续费、检验费、广告费、商品损耗、销售人员的薪酬及专设销售机构的费用等
财务费用	商品流通企业为筹集日常经营所需资金等而发生的各项费用	包括作为期间费用的利息净支出、汇兑损益、金融机构手续费及筹资发生的其他财务费用等

在利润表上，“财务费用”项目所反映的是利息收支、手续费及汇兑损失的净额，因此其数额可能是正数，也可能是负数。如果是正数，则表明为利息、融资净支出；如果为负数，则表明为利息、融资净收入。

和收入一样，在实际工作中，商品流通企业经常会提前确认费用或延后确认费用，尤

其是上下年度之间费用的确认。商品流通企业之所以这样做，除了经营业绩的原因，企业所得税也是经常被考虑的因素之一。

1. 管理费用

商品流通企业发生的管理费用，在“管理费用”账户进行会计处理，并在“管理费用”账户中按照费用项目设置明细账户，进行会计处理。期末，“管理费用”账户的余额结转“本年利润”账户后，无余额。

例 9-4 2×21 年 2 月 15 日，德宝公司管理人员李某填列借款凭证，借差旅费 1 500 元。德宝公司的会计处理以下：

借：其他应收款——李某　　1 500

　贷：银行存款　　1 500

10 日后供销人员李某报销凭证 1 250 元并交回现金 250 元。德宝公司的会计处理如下：

借：库存现金　　250

　　管理费用　　1 250

　贷：其他应收款——李某　　1 500

期末，将“管理费用”账户的余额转入“本年利润”账户，借记“本年利润”账户，贷记“管理费用”账户。

如果管理费用不多的，则不设置“管理费用”账户，“管理费用”账户的会计处理内容可并入“销售费用”账户进行会计处理。

《企业所得税法实施条例》第四十三条规定，企业发生的与生产经营活动有关的业务招待费支出，按照发生额的 60%扣除，但最高不得超过当年销售（营业）收入的 5‰。国家税务总局公告 2012 年第 15 号规定，企业在筹建期间，发生的与筹办活动有关的业务招待费支出，可按实际发生额的 60%计入企业筹办费，并按有关规定在税前扣除；发生的广告费和业务宣传费，可按实际发生额计入企业筹办费，并按有关规定在税前扣除。存在业务招待费支出财税差异的小企业，可以填报在《纳税调整项目明细表》（A105000）的第 15 行，如表 9-6 所示。

表 9-6 纳税调整项目明细表（A105000）　　金额单位：元

行次	项　目	账载金额	税收金额	调增金额	调减金额
		1	2	3	4
15	（三）业务招待费支出				*

相关链接 9-3 商品流通小企业管理费用的内容

商品流通小企业的管理费用包括在筹建期间内发生的开办费、行政管理部门发生的费用（包括固定资产折旧费、修理费、办公费、水电费、差旅费、管理人员的薪酬等）、业务招待费、研究费用、技术转让费、相关长期待摊费用摊销、财产保险费、聘请中介机构费、咨询费（含顾问费）、诉讼费等费用。

小知识　从事股权投资业务的企业业务招待费的计算

《国家税务总局关于贯彻落实企业所得税法若干税收问题的通知》（国税函〔2010〕79 号）第八条对从事股权投资业务的企业业务招待费计算问题规定如下：对从事股权投资业务的企业（包括集团公司总部、创业投资企业等），其从被投资企业所分配的股息、红利以及股权转让收入，可以按规定的比例计算业务招待费扣除限额。

此条有关股权投资企业业务招待费计算问题是一个特殊规定，主要考虑股权投资业务是此类企业的主营业务收入，没有其他经营业务活动，扣除的业务招待费比例较低。此项规定不适用于非投资类企业，对于商品流通企业通过募集方式购入其他企业原始股票，后该股票上市流通，通过大小非解禁后该商品流通企业将股票转让的所得及股息、红利所得不能作为计提业务招待费的基数。

2. 销售费用

商品流通企业发生的销售费用，在“销售费用”账户进行会计处理，并在“销售费用”账户中按照费用项目设置明细账进行会计处理。期末，“销售费用”账户的余额结转“本年利润”账户后，无余额。

（1）在销售商品过程中发生的运输费、装卸费、包装费、保险费、展览费和广告费是最为常见的销售费用，发生的频率较高，在日常会计处理中一定要注意及时、准确入账。

例 9-5　德宝公司 2×21 年 2 月为促销而支付展览费 5 000 元现金，又接到供货方转来运输费单据 327 元。德宝公司的会计处理如下：

借：销售费用	5 300	
应交税费——应交增值税（进项税额）等	27	
贷：应付账款		327
库存现金		5 000

（2）发生的为销售商品而专设的销售机构的职工薪酬、业务费等费用也是商品流通企业销售费用的重要内容。

例 9-6　德宝公司为销售 W 商品于 2×21 年 1 月开始租用门市部，有销售人员 5 名，计算当月工资 5 000 元。另外，1 月应计提的连本部在内全部销售人员福利费 3 000 元。德宝公司的会计处理如下：

借：销售费用　　8 000
　贷：应付职工薪酬——工资　　5 000
　　　　　　　　——职工福利　　3 000

（3）期末，将“销售费用”账户的余额转入“本年利润”账户。结转后，无余额。

例9-7　德宝公司到2×21年12月底“销售费用”账户的余额总计为880 000元，转入“本年利润”账户。会计处理如下：

借：本年利润　　880 000
　贷：销售费用　　880 000

相关链接9-4　商品流通小企业销售费用的内容

商品流通小企业的销售费用包括销售人员的薪酬、商品维修费、运输费、装卸费、包装费、保险费、广告费、业务宣传费、展览费等费用。

小批发企业或小零售企业在购买商品过程中发生的费用（包括运输费、装卸费、包装费、保险费、运输途中的合理损耗和入库前的挑选整理费等）也构成销售费用。

专栏　广告费和业务宣传费的税务处理

《企业所得税法实施条例》第四十四条规定：企业发生的符合条件的广告费和业务宣传费支出，除另有规定外，不超过当年销售（营业）收入15%的部分，准予扣除；超过部分，准予在以后年度结转扣除。

《财政部 国家税务总局关于广告费和业务宣传费支出税前扣除政策的通知》（财税〔2017〕41号）规定：从2016年1月1日至2020年12月31日，①对化妆品制造与销售、医药制造和饮料制造（不含酒类制造，下同）企业发生的广告费和业务宣传费支出，不超过当年销售（营业）收入30%的部分，准予扣除；超过部分，准予在以后纳税年度结转扣除。②对签订广告费和业务宣传费分摊协议（以下简称分摊协议）的关联企业，其中一方发生的不超过当年销售（营业）收入税前扣除限额比例内的广告费和业务宣传费支出可以在本企业扣除，也可以将其中的部分或全部按照分摊协议归集至另一方扣除。另一方在计算本企业广告费和业务宣传费支出企业所得税税前扣除限额时，可将按照上述办法归集至本企业的广告费和业务宣传费不计算在内。③烟草企业的烟草广告费和业务宣传费支出，一律不得在计算应纳税所得额时扣除。发生广告费和业务宣传费纳税调整项目的商品流通企业根据税法、财税〔2017〕41号文等相关规定填报在《广告费和业务宣传费跨年度纳税调整明细表》（A105060）中，如表9-7所示。

表 9-7　广告费和业务宣传费跨年度纳税调整明细表（A105060）　　金额单位：元

行次	项　　目	广告费和业务宣传费	保险企业手续费及佣金支出
		1	2
1	一、本年支出		
2	减：不允许扣除的支出		
3	二、本年符合条件的支出（1−2）		
4	三、本年计算扣除限额的基数		
5	乘：税收规定扣除率		
6	四、本企业计算的扣除限额（4×5）		
7	五、本年结转以后年度扣除额（3>6，本行=3−6；3≤6，本行=0）		
8	加：以前年度累计结转扣除额		
9	减：本年扣除的以前年度结转额 [3>6，本行=0；3≤6，本行=8 与（6−3）孰小值]		
10	六、按照分摊协议归集至其他关联方的金额（10≤3 与 6 孰小值）		*
11	按照分摊协议从其他关联方归集至本企业的金额		*
12	七、本年支出纳税调整金额（3>6，本行=2+3−6+10−11；3≤6，本行=2+10−11−9）		
13	八、累计结转以后年度扣除额（7+8−9）		

3. 财务费用

商品流通企业发生的财务费用，在“财务费用”账户进行会计处理，并在“财务费用”账户中按照费用项目设置明细账进行会计处理。期末，“财务费用”账户的余额结转“本年利润”账户后，无余额。

（1）商品流通企业发生财务费用并以库存现金或银行存款予以支付，借记“财务费用”，贷记“库存现金”或“银行存款”账户。

例 9-8　德宝公司按照债券发行合同的规定，于 2×21 年 12 月 31 日按设定利率 8%发放给投资人现金利息。原债券的总面值为 300 000 元，一年付息一次。

付息时，德宝公司的会计处理如下：

借：财务费用　　　　24 000

　贷：银行存款　　　　24 000

（2）商品流通企业发生的利息收入、汇兑收益以现金或银行存款收回，借记“库存现金”或“银行存款”账户，贷记“财务费用”账户；库存现金或银行存款未收回，则借记“应收利息”账户，贷记“财务费用”账户。

例 9-9 德宝公司收到银行发来的活期存款账户利息结算单，利息金额 45 000 元。德宝公司的会计处理如下：

借：银行存款　　45 000

　贷：财务费用　　45 000

相关链接 9-5 商品流通小企业财务费用的内容

商品流通小企业的财务费用包括利息费用（减利息收入）、汇兑损失、银行相关手续费、小企业给予的现金折扣（减享受的现金折扣）等费用。

商品流通小企业发生的汇兑收益，记入“营业外收入”账户。

相关链接 9-6 商品流通企业成本控制的影响因素

（1）采购环节。采购成本是商品流通企业成本管理中的主体和核心部分，是商品流通企业管理中最具价值的部分。采购环节上加强控制是加强商品流通企业成本控制的首要环节。目前，多数商品流通企业受到传统采购模式的限制，仍以分散采购为主，未能充分利用连锁采购、集中采购等规模化优势。对供应商缺乏统一的分层管理，落后的管理模式也给采购效率带来较大影响。

（2）运输环节。影响商品流通企业运输成本的因素主要体现在以下几个方面：首先，在实际的商品流通中，商品流通企业往往更多地关注商品采购和库存两者成本控制，主管部门对运输成本控制的忽视，造成企业总体成本的控制失衡。其次，无论是第三方物流运输还是商品流通企业自己运输，基础设施及技术水平相对落后的现象比较普遍。很多商品流通企业并没有建立完整的信息化网络平台，增加了运输成本。最后，商品流通企业运输资源的浪费现象比较严重，倒流运输、迂回运输或者重复运输的现象比较普遍，加大了运输成本。

（3）库存环节。商品流通企业的库存大多存在以下问题：第一，商品流通企业资金被大量占用在库存上，一般情况下库存储备会占据企业总资产的 20%～40%；第二，大库存量直接增加了商品流通企业的商品成本和管理成本，而相关库存设备、占地、管理人员的增多又会引发管理成本的增长；第三，大量库存增加了商品过期、霉变的概率，过季商品造成库存堆积，致使商品减值，资产受损。

（4）销售环节。在商品流通企业中主要的经营活动是商品销售，它的主要费用被分为两大类：商品的采购费用和将商品销售出去的销售费用。在判断销售费用和销售增长是否协调时通常使用的四个指标包括人均销售收入、产品毛利率、费用效率、费用结构。

4. 期间费用的税务处理

商品流通企业在纳税申报时，将销售费用、管理费用和财务费用等项目填报在一级附表《期间费用明细表》（A104000）中，如表 9-8 所示，而后将各自的汇总数据填报在主表《中华人民共和国企业所得税年度纳税申报表（A 类）》（A100000）的第 4 行、第 5 行和第 6 行，如表 9-9 所示。

表 9-8　期间费用明细表（A104000）　金额单位：元

行次	项　目	销售费用	其中：境外支付	管理费用	其中：境外支付	财务费用	其中：境外支付
		1	2	3	4	5	6
1	一、职工薪酬		*		*	*	*
2	二、劳务费					*	*
3	三、咨询顾问费					*	*
4	四、业务招待费		*		*	*	*
5	五、广告费和业务宣传费		*		*	*	*
6	六、佣金和手续费						
7	七、资产折旧摊销费		*		*	*	*
8	八、财产损耗、盘亏及毁损损失		*		*	*	*
9	九、办公费		*		*	*	*
10	十、董事会费		*		*	*	*
11	十一、租赁费					*	*
12	十二、诉讼费		*		*	*	*
13	十三、差旅费		*		*	*	*
14	十四、保险费		*		*	*	*
15	十五、运输、仓储费					*	*
16	十六、修理费					*	*
17	十七、包装费		*		*	*	*
18	十八、技术转让费					*	*
19	十九、研究费用					*	*
20	二十、各项税费		*		*	*	*
21	二十一、利息收支	*	*	*	*		

续表

行次	项　目	销售费用	其中：境外支付	管理费用	其中：境外支付	财务费用	其中：境外支付
		1	2	3	4	5	6
22	二十二、汇兑差额	*	*	*	*		
23	二十三、现金折扣	*	*	*	*		*
24	二十四、党组织工作经费	*	*		*	*	*
25	二十五、其他						
26	**合计**（1+2+3+…+25）						

表 9-9　中华人民共和国企业所得税年度纳税申报表（A 类）（A100000）　　金额单位：元

行　次	类　别	项　　目	金　　额
4	利润总额计算	销售费用（填写 A104000）	
5		管理费用（填写 A104000）	
6		财务费用（填写 A104000）	

9.2.2　职工薪酬

1. 职工薪酬的构成

职工薪酬，是指商品流通企业为获得职工提供的服务或解除劳动关系而给予的各种形式的报酬或补偿。职工薪酬包括短期薪酬、离职后福利、辞退福利和其他长期职工福利。商品流通企业提供给职工配偶、子女、受赡养人、已故员工遗属及其他受益人等的福利，也属于职工薪酬。

职工，是指与商品流通企业订立劳动合同的所有人员，含全职、兼职和临时职工，也包括虽未与企业订立劳动合同但由企业正式任命的人员。未与企业订立劳动合同或未由其正式任命，但向企业所提供服务与职工所提供服务类似的人员，也属于职工的范畴，包括通过企业与劳务中介公司签订用工合同而向企业提供服务的人员。

短期薪酬，是指商品流通企业在职工提供相关服务的年度报告期间结束后 12 个月内需要全部予以支付的职工薪酬，因解除与职工的劳动关系给予的补偿除外。短期薪酬具体包括：职工工资、奖金、津贴和补贴，职工福利费，医疗保险费、工伤保险费和生育保险费等社会保险费，住房公积金，工会经费和职工教育经费，短期带薪缺勤，短期利润分享计划，非货币性福利以及其他短期薪酬。

离职后福利，是指商品流通企业为获得职工提供的服务而在职工退休或与企业解除劳动关系后，提供的各种形式的报酬和福利，短期薪酬和辞退福利除外。

辞退福利，是指商品流通企业在职工劳动合同到期之前解除与职工的劳动关系，或者为鼓励职工自愿接受裁减而给予职工的补偿。

其他长期职工福利，是指除短期薪酬、离职后福利、辞退福利之外所有的职工薪酬，包括长期带薪缺勤、长期残疾福利、长期利润分享计划等。

商品流通企业为了便于归集职工薪酬，设置“应付职工薪酬”总账户，同时下设“工资”“职工福利”“社会保险费”“住房公积金”“工会经费”“职工教育经费”“累积带薪缺勤”“非累积带薪缺勤”“非货币性福利”“辞退福利”“股份支付”等各明细账户进行统一会计处理。

2. 短期薪酬的会计处理

（1）一般短期薪酬。商品流通企业在职工为其提供服务的会计期间，将除辞退福利外的应付职工薪酬确认为负债，并计入销售费用。

计算应付职工薪酬时，国家规定了计提基础和计提比例的，按照国家规定的标准计提。例如，向社会保险经办机构缴纳的医疗保险费、工伤保险费、生育保险费等保险经费，向住房公积金管理机构缴存的住房公积金以及工会经费和职工教育经费等。

没有规定计提基础和计提比例的，商品流通企业根据历史经验数据和实际情况合理预计当期应付职工薪酬。当期实际发生金额大于预计金额的，补提应付职工薪酬；当期实际发生金额小于预计金额的，冲回多提的应付职工薪酬。

（2）带薪缺勤。带薪缺勤分为累积带薪缺勤和非累积带薪缺勤。

1）累积带薪缺勤。累积带薪缺勤，是指带薪缺勤权利可以结转下期的带薪缺勤，本期尚未用完的带薪缺勤权利可以在未来期间使用。

商品流通企业在职工提供服务从而增加了其未来享有的带薪缺勤权利时，确认与累积带薪缺勤相关的职工薪酬，并以累积未行使权利而增加的预期支付金额计量。

例 9-10　从 2×21 年 1 月 1 日起，顺体公司实行累积带薪缺勤制度。制度规定，该公司每名职工每年有权享受 12 个工作日的带薪休假，休假权利可以向后结转两个日历年度。在第 2 年年末，公司将对职工未使用的带薪休假权利支付现金。假定该公司每名职工平均每月工资 2 000 元，每名职工每月工作日为 20 个，每个工作日平均工资为 100 元。以公司一名直接参与生产的职工为例。

① 假定 2×21 年 1 月，该名职工没有休假。公司在职工为其提供服务的当月，累积相当于一个工作日工资的带薪休假义务，并做如下会计处理：

借：销售费用　　2 100
　贷：应付职工薪酬——工资　　2 000
　　　　　　　　——累积带薪缺勤　　100

② 假定 2×21 年 2 月，该名职工休了 1 天假。公司在职工为其提供服务的当月，累积

相当于一个工作日工资的带薪休假义务，反映职工使用累积权利的情况，并做如下会计处理：

借：销售费用　　2 100

　贷：应付职工薪酬——工资　　2 000

　　　　　　　　——累积带薪缺勤　　100

借：应付职工薪酬——累积带薪缺勤　　100

　贷：销售费用　　100

第一笔会计分录反映的是公司因职工提供服务而应付的工资和累积的带薪休假权利，第二笔分录反映的是该名职工使用上期累积的带薪休假权利。

③ 假定第二年年末（2×22 年 12 月 31 日），该名职工有 5 个工作日未使用的带薪休假，公司以现金支付了未使用的带薪休假。

借：应付职工薪酬——累积带薪缺勤　　500

　贷：库存现金　　500

2）非累积带薪缺勤。非累积带薪缺勤，是指带薪缺勤权利不能结转下期的带薪缺勤，本期尚未用完的带薪缺勤权利将予以取消，并且职工离开企业时也无权获得现金支付。

商品流通企业在职工实际发生缺勤的会计期间确认与非累积带薪缺勤相关的职工薪酬。

例 9-11　某公司 2×21 年 6 月有两名销售人员放弃 15 天的假期。假设每名员工每个工作日工资为 200 元，月工资为 6 000 元。

① 假设公司未实行非累积带薪缺勤货币补偿制度，会计处理为：

借：销售费用　　12 000

　贷：应付职工薪酬——工资　　120 000

② 假设公司实行非累积带薪缺勤货币补偿制度，补偿金额为放弃带薪休假期间日平均工资的两倍，会计处理为：

借：销售费用　　24 000

　贷：应付职工薪酬——工资　　12 000

　　　　　　　　——非累积带薪缺勤　　12 000

（3）非货币性职工薪酬的会计处理。商品流通企业以外购商品作为非货币性福利提供给职工的，按该商品的公允价值和相关税费计入销售费用，同时确认应付职工薪酬，实际购买时冲销应付职工薪酬。

3. 离职后福利的会计处理

（1）离职后福利的划分。商品流通企业将离职后福利计划分类为设定提存计划和设定受益计划。

离职后福利计划，是指商品流通企业与职工就离职后福利达成的协议，或者企业为向职工提供离职后福利制定的规章或办法等。

设定提存计划，是指向独立的基金缴存固定费用后，商品流通企业不再承担进一步支付义务的离职后福利计划；设定受益计划，是指除设定提存计划以外的离职后福利计划。

设定提存计划和设定受益计划区分的主要依据是商品流通企业义务、支付方式和风险承担主体。设定提存计划下，商品流通企业向固定基金缴费金额固定，不负进一步支付的义务，不承担与基金资产有关的风险，不承担精算风险和投资风险，如养老保险和失业保险。设定受益计划下，职工退休时一次或分期支付一定金额的养老金，商品流通企业向固定基金缴费金额以满足未来养老给付义务的顺利进行为限，负进一步支付的义务，承担与基金资产有关的风险，承担精算风险和投资风险。

（2）设定提存计划的会计处理。商品流通企业在职工为其提供服务的会计期间，将根据设定提存计划计算的应缴存金额确认为负债，并计入当期损益或相关资产成本。

根据设定提存计划，预期不会在职工提供相关服务的年度报告期结束后 12 个月内支付全部应缴存金额的，商品流通企业将全部应缴存金额以折现后的金额计量应付职工薪酬。

折现时所采用的折现率根据资产负债表日与设定受益计划义务期限和币种相匹配的国债或活跃市场上的高质量公司债券的市场收益率确定。

（3）设定受益计划的会计处理。商品流通企业对设定受益计划的会计处理通常包括下列四个步骤。

1）计量设定受益计划所产生的义务，并确定相关义务的归属期间。

根据预期累计福利单位法，采用无偏且相互一致的精算假设对有关人口统计变量和财务变量等做出估计，计量设定受益计划所产生的义务，并确定相关义务的归属期间。商品流通企业将设定受益计划所产生的义务予以折现，以确定设定受益计划义务的现值和当期服务成本。

折现时所采用的折现率根据资产负债表日与设定受益计划义务期限和币种相匹配的国债或活跃市场上的高质量公司债券的市场收益率确定。

预期累计福利单位法下，每一服务期间会增加一个单位的福利权利，并且对每个单位单独计量，形成最终义务。

例 9-12　某人在年初满 45 岁，进入 A 公司，年薪 6 万元，以后年均增长 5%。假设养老金计算公式为：养老金支付单位=最后年薪×2%。假设员工福利计算规则是：工资增长从次年开始计算；退休年龄指领取养老金起始年，该年度不缴费；养老金月缴费和月支付均计算期初值。请计算某人 60 岁退休时的企业月养老金支付金额。

$$月养老金支付金额=最后年薪\times2\%=60\ 000\times(1+5\%)^{14}\times2\%$$
$$=60\ 000\times1.979\ 9\times2\%=2\ 376（元）$$

2）设定受益计划存在资产的，确定设定受益计划净负债或净资产。

设定受益计划存在资产的，商品流通企业将设定受益计划义务现值减去设定受益计划资产公允价值所形成的赤字或盈余确认为一项设定受益计划净负债或净资产。

设定受益计划存在盈余的，商品流通企业以设定受益计划的盈余和资产上限两项的孰低者计量设定受益计划净资产。其中，资产上限，是指商品流通企业可从设定受益计划退款或减少未来对设定受益计划缴存资金而获得的经济利益的现值。

3）根据服务成本与设定受益计划净负债或净资产的利息净额之和，确定计入当期损益的金额。

报告期末，商品流通企业将设定受益计划产生的职工薪酬成本确认为下列组成部分：

① 服务成本，包括当期服务成本、过去服务成本和结算利得或损失。其中，当期服务成本，是指职工当期提供服务所导致的设定受益计划义务现值的增加额；过去服务成本，是指设定受益计划修改所导致的与以前期间职工服务相关的设定受益计划义务现值的增加或减少。

② 设定受益计划净负债或净资产的利息净额，包括计划资产的利息收益、设定受益计划义务的利息费用以及资产上限影响的利息。

③ 重新计量设定受益计划净负债或净资产所产生的变动。

4）确定计入其他综合收益的金额。

重新计量设定受益计划净负债或净资产所产生的变动包括下列部分：

① 精算利得或损失，即由于精算假设和经验调整导致之前所计量的设定受益计划义务现值的增加或减少。

② 计划资产回报，扣除包括在设定受益计划净负债或净资产的利息净额中的金额。

③ 资产上限影响的变动，扣除包括在设定受益计划净负债或净资产的利息净额中的金额。

设定收益计划产生的职工薪酬成本=服务成本+设定受益计划净负债或净资产的利息净额+重新计量设定受益计划净负债或净资产所产生的变动

4. 辞退福利的会计处理

辞退福利包括：一是职工劳动合同到期前，不论职工本人是否愿意，商品流通企业决定解除与职工的劳动关系而给予的补偿；二是职工劳动合同到期前，为鼓励职工自愿接受裁减而给予的补偿，职工有权选择继续在职或接受补偿离职。辞退福利通常采取在解除劳动关系时一次性支付补偿的方式，也有通过提高退休后养老金或其他离职后福利的标准，或者将职工工资支付至辞退后未来某一期间的方式。辞退福利同时满足下列条件的，确认因解除与职工的劳动关系给予补偿而产生的预计负债，同时计入当期损益：

1）商品流通企业已经制订正式的解除劳动关系计划或提出自愿裁减建议，并即将实施。该计划或建议包括拟解除劳动关系或裁减的职工所在部门、职位及数量；根据有关规定按工作类别或职位确定的解除劳动关系或裁减补偿金额；拟解除劳动关系或裁减的时间。

2）商品流通企业不能单方面撤回解除劳动关系计划或裁减建议。

正式的辞退计划或建议经过董事会或类似权力机构的批准。辞退工作一般在 1 年内实施完毕，但因付款程序等原因使部分款项推迟至 1 年后支付的，视为符合应付职工薪酬（辞退福利）的确认条件。满足辞退福利确认条件、实质性辞退工作在 1 年内完成但付款时间超过 1 年的辞退福利，企业选择恰当的折现率，以折现后的金额计量应付职工薪酬。

商品流通企业严格按照辞退计划条款的规定，合理预计并确认辞退福利产生的应付职工薪酬。对于职工没有选择权的辞退计划，根据辞退计划条款规定的拟解除劳动关系的职工数量、每一职位的辞退补偿标准等计提应付职工薪酬。商品流通企业依据自愿接受裁减的建议，预计将接受裁减建议的职工数量，根据预计的职工数量和每一职位的辞退补偿标准等计提应付职工薪酬。

例 9-13　由于华都公司生产的产品不再适应市场的需要，公司管理层于 2×20 年 5 月制订了一项辞退计划。辞退计划规定，自 2×21 年 1 月 1 日起，以职工自愿的方式辞退 100 名生产工人，每人补偿 30 000 元。辞退计划已经和职工协商一致。该辞退计划于 2×20 年 8 月 20 日经董事会正式批准，于 2×21 年实施完毕。

华都公司的会计处理如下：

借：管理费用	3 000 000	
贷：应付职工薪酬——辞退福利		3 000 000

5. 其他长期职工福利的会计处理

符合设定提存计划条件的，按照设定提存计划的有关规定进行处理；不符合的，按照设定受益计划的有关规定，确认和计量其他长期职工福利净负债或净资产。

在报告期末，商品流通企业将其他长期职工福利产生的职工薪酬成本确认为下列组成部分：

（1）服务成本。

（2）其他长期职工福利净负债或净资产的利息净额。

（3）重新计量其他长期职工福利净负债或净资产所产生的变动。

为简化相关会计处理，上述项目的总净额应计入当期损益。

6. 职工薪酬的税务处理

（1）工资、薪金的税务规定。《企业所得税法实施条例》第三十四条规定，企业发生的合理的工资薪金支出，准予扣除。工资薪金，是指企业每一纳税年度支付给在本企业任职或者受雇的员工的所有现金形式或者非现金形式的劳动报酬，包括基本工资、奖金、津贴、补贴、年终加薪、加班工资，以及和员工任职或者受雇有关的其他支出。

税务机关在对工资薪金进行合理性确认时，可按以下原则掌握：

① 企业制定了较为规范的员工工资薪金制度。

② 企业所制定的工资薪金制度符合行业及地区水平。

③ 企业在一定时期所发放的工资薪金是相对固定的，工资薪金的调整是有序进行的。

④ 企业对实际发放的工资薪金，已依法履行了代扣代缴个人所得税义务。

⑤ 有关工资薪金的安排，不以减少或逃避税款为目的。

工资薪金总额，是指企业实际发放的工资薪金总和，不包括企业的职工福利费、职工教育经费、工会经费以及养老保险费、医疗保险费、失业保险费、工伤保险费、生育保险费等社会保险费和住房公积金。属于国有性质的企业，其工资薪金，不得超过政府有关部门给予的限定数额；超过部分，不得计入企业工资薪金总额，也不得在计算企业应纳税所得额时扣除。

（2）社会保险、公积金的税务规定。《企业所得税法实施条例》第三十五条规定，企业按照国务院有关主管部门或者省级人民政府规定的范围和标准为职工缴纳的基本养老保险费、基本医疗保险费、失业保险费、工伤保险费、生育保险费等基本社会保险费和住房公积金，准予扣除。

企业为投资者或职工支付的补充养老保险费、补充医疗保险费，在国务院财政、税务主管部门规定的范围和标准内，准予扣除。

《企业所得税法实施条例》第三十六条规定，除企业按照国家有关规定为特殊工种职工支付的人身安全保险费和国务院财政、税务主管部门规定可以扣除的其他商业保险费外，企业为投资者或者职工支付的商业保险费，不得扣除。

（3）职工福利费的税务规定。《企业所得税法实施条例》第四十条规定，企业发生的职工福利费支出，不超过工资薪金总额 14%的部分，准予扣除。

（4）工会经费的税务规定。《企业所得税法实施条例》第四十一条规定，企业拨缴的职工工会经费，不超过工资薪金总额 2%的部分，准予扣除。

自 2010 年 7 月 1 日起，企业拨缴的职工工会经费，不超过工资薪金总额 2%的部分，凭工会组织开具的《工会经费收入专用收据》在企业所得税税前扣除。

自 2010 年 1 月 1 日起，在委托税务机关代收工会经费的地区，企业拨缴的工会经费，也可凭合法、有效的工会经费代收凭据依法在税前扣除。

（5）职工教育经费的税务规定。《企业所得税法实施条例》第四十二条规定，除国务院财政、税务主管部门另有规定外，企业发生的职工教育经费支出，不超过工资薪金总额 2.5%的部分，准予扣除；超过部分，准予在以后纳税年度结转扣除。从 2018 年 1 月 1 日起，企业发生的职工教育经费支出，不超过工资薪金总额 8%的部分，准予在计算企业所得税应纳税所得额时扣除；超过部分，准予在以后纳税年度结转扣除。

商品流通企业根据税法、《国家税务总局关于企业工资薪金及职工福利费扣除问题的通知》（国税函〔2009〕3 号）等相关规定，填报《职工薪酬纳税调整明细表》（A105050），如表 9-10 所示。

表 9-10 职工薪酬纳税调整明细表（A105050） 金额单位：元

行次	项 目	账载金额	实际发生额	税收规定扣除率	以前年度累计结转扣除额	税收金额	纳税调整金额	累计结转以后年度扣除额
		1	2	3	4	5	6（1-5）	7（1+4-5）
1	一、工资薪金支出			*	*			*
2	其中：股权激励			*	*			*
3	二、职工福利费支出				*			*
4	三、职工教育经费支出			*				
5	其中：按税收规定比例扣除的职工教育经费							
6	按税收规定全额扣除的职工培训费用				*			*
7	四、工会经费支出				*			*
8	五、各类基本社会保障性缴款			*	*			*
9	六、住房公积金			*	*			*
10	七、补充养老保险				*			*
11	八、补充医疗保险				*			*
12	九、其他			*	*			*
13	**合计**（1+3+4+7+8+9+10+11+12）			*				

（6）安置残疾人员所支付的工资，加计扣除。企业安置残疾人员所支付的工资的加计扣除，是指企业安置残疾人员的，在按照支付给残疾职工工资据实扣除的基础上，按照支付给残疾职工工资的 100%加计扣除。

财税〔2009〕70 号文件明确规定，企业就支付给残疾职工的工资，在进行企业所得税预缴申报时，允许据实计算扣除；在年度终了进行企业所得税年度申报和汇算清缴时，再依照规定计算加计扣除。

企业享受安置残疾职工工资100%加计扣除应具备的条件：

① 依法与安置的每位残疾人签订了1年以上（含1年）的劳动合同或服务协议，并且安置的每位残疾人在企业实际上岗工作。

② 为安置的每位残疾人按月足额缴纳了企业所在区县人民政府根据国家政策规定的基本养老保险、基本医疗保险、失业保险和工伤保险等社会保险。

③ 定期通过银行等金融机构向安置的每位残疾人实际支付了不低于企业所在区县适用的经省级人民政府批准的最低工资标准的工资。

④ 具备安置残疾人上岗工作的基本设施。

商品流通企业吸收残疾人员就业，可以享受上述税收优惠，在纳税申报时，填报二级附表《免税、减计收入及加计扣除优惠明细表》（A107010），如表9-11所示，然后在主表《中华人民共和国企业所得税年度纳税申报表（A类）》（A100000）的第17行填列，如表9-12所示。

表9-11 免税、减计收入及加计扣除优惠明细表（A107010） 金额单位：元

行次	项 目	金 额
29	（四）安置残疾人员所支付的工资加计扣除	

表9-12 中华人民共和国企业所得税年度纳税申报表（A100000） 金额单位：元

行次	类别	项 目	金 额
17		减：免税、减计收入及加计扣除（填写A107010）	

9.3 利润及利润分配

9.3.1 利润的构成

利润是指商品流通企业在一定会计期间的经营成果。利润包括收入减去费用后的净额、直接计入当期利润的利得和损失等。直接计入当期的利得和损失，是指计入当期损益、会导致所有者权益发生增减变动的、与所有者投入资本或者向所有者分配利润无关的利得或者损失。

利润相关计算公式如下。

1. 营业利润

营业利润=营业收入−营业成本−税金及附加−销售费用−管理费用−财务费用+其他收益+投

资收益（–投资损失）+净敞口套期收益（–净敞口套期损失）+公允价值变动收益（–公允价值变动损失）+信用减值损失（损失为“–”）+资产减值损失（损失为“–”）+资产处置收益（–资产处置损失）

式中，营业收入是指企业经营业务所确定的收入总额，包括主营业务收入和其他业务收入。营业成本是指企业经营业务所发生的成本总额，包括主营业务成本和其他业务成本。

相关链接 9-7　商品流通小企业税金及附加的内容

商品流通小企业记入“税金及附加”账户的税种不仅包括消费税、城市维护建设税、教育费附加，还包括房产税、车船税、印花税等。

相关链接 9-8　商品流通小企业其他业务收入的内容

商品流通小企业记入“其他业务收入”账户的经济业务包括出租固定资产、出租无形资产、销售材料等实现的收入，不包括出租包装物和商品实现的收入。

2. 利润总额

利润总额=营业利润+营业外收入–营业外支出

式中，营业外收入主要包括与企业日常活动无关的政府补助、盘盈利得、捐赠利得（企业接受股东或股东的子公司直接或间接的捐赠，经济实质属于股东对企业的资本性投入的除外）等；营业外支出主要包括公益性捐赠支出、非常损失、盘亏损失、非流动资产毁损报废损失等。营业外收入和营业外支出分别进行会计处理。

相关链接 9-9　商品流通小企业营业外收入和营业外支出的内容

商品流通小企业记入“营业外收入”账户的经济业务包括非流动资产处置净收益、政府补助、捐赠收益、盘盈收益、汇兑收益、出租包装物和商品的租金收入、逾期未退包装物押金收益、确实无法偿付的应付款项、已做坏账损失处理后又收回的应收款项、违约金收益等。存货盘盈找不到原因、汇兑收益、出租包装物和商品的租金收入在大中型商品流通企业分别记入“管理费用”“财务费用”“其他业务收入”账户。

商品流通小企业记入“营业外支出”账户的经济业务包括存货的盘亏、毁损、报废损失，非流动资产处置净损失，坏账损失，无法收回的长期债券投资损失，无法收回的长期股权投资损失，自然灾害等不可抗力因素造成的损失，税收滞纳金，罚金，罚款，被没收财物的损失，捐赠支出，赞助支出等。坏账损失，在大中型商品流通企业记入“资产减值损失”账户。

（1）营业外收入的税务处理。商品流通企业记入“营业外收入”账户的与经营无直接关系的各项收入，填报在一级附表《一般企业收入明细表》（A101010）中，如表 9-13 所示，然后将第 16 行填报在主表《中华人民共和国企业所得税年度纳税申报表（A 类）》（A100000）的第 11 行，如表 9-14 所示。

表 9-13　一般企业收入明细表（A100000）　金额单位：元

行　次	项　　目	金　　额
16	二、营业外收入（17+18+19+20+21+22+23+24+25+26）	
17	（一）非流动资产处置利得	
18	（二）非货币性资产交换利得	
19	（三）债务重组利得	
20	（四）政府补助利得	
21	（五）盘盈利得	
22	（六）捐赠利得	
23	（七）罚没利得	
24	（八）确实无法偿付的应付款项	
25	（九）汇兑收益	
26	（十）其他	

表 9-14　中华人民共和国企业所得税年度纳税申报表（A100000）

行次	类别	项　　目	金　　额
11		加：营业外收入（填写 A91010\101020\103000）	

（2）营业外支出的税务处理。商品流通企业记入“营业外支出”账户的与生产经营无直接关系的各项支出，填报在一级附表《一般企业成本支出明细表》（A102010）中，如表 9-15 所示，然后将第 16 行填报在主表《中华人民共和国企业所得税年度纳税申报表（A 类）》（A100000）的第 12 行，如表 9-16 所示。

表 9-15　一般企业成本支出明细表（A102010）　金额单位：元

行　次	项　　目	金　　额
16	二、营业外支出（17+18+19+20+21+22+23+24+25+26）	
17	（一）非流动资产处置损失	
18	（二）非货币性资产交换损失	
19	（三）债务重组损失	
20	（四）非常损失	
21	（五）捐赠支出	

续表

行　次	项　　目	金　　额
22	（六）赞助支出	
23	（七）罚没支出	
24	（八）坏账损失	
25	（九）无法收回的债券股权投资损失	
26	（十）其他	

表 9-16　中华人民共和国企业所得税年度纳税申报表（A100000）　　金额单位：元

行次	类　别	项　　目	金　　额
12		减：营业外支出（填写 A102010\102020\103000）	

（3）利润总额的纳税申报。在纳税申报时，商品流通企业填报主表的第 1 行至第 13 行，完成利润总额的申报，如表 9-17 所示。

表 9-17　中华人民共和国企业所得税年度纳税申报表（A 类）（部分）（A100000）　　金额单位：元

行次	类别	项　　目	金　　额
1	利润总额计算	一、营业收入（填写 A101010\101020\103000）	
2		减：营业成本（填写 A102010\102020\103000）	
3		税金及附加	
4		销售费用（填写 A104000）	
5		管理费用（填写 A104000）	
6		财务费用（填写 A104000）	
7		资产减值损失	
8		加：公允价值变动收益	
9		投资收益	
10		二、营业利润（1-2-3-4-5-6-7+8+9）	
11		加：营业外收入（填写 A101010\101020\103000）	
12		减：营业外支出（填写 A102010\102020\103000）	
13		三、利润总额（10+11-12）	

3. 净利润

$$净利润=利润总额-所得税费用$$

式中，所得税费用是指商品流通企业确认的应从当期利润总额中扣除的所得税费用。

9.3.2 弥补亏损

由主表《中华人民共和国企业所得税年度纳税申报表（A 类）》（见表 9-18）的第 13 行至第 23 行可知，商品流通企业在利润总额的基础上计算应纳税所得额。其中，在利润总额基础上，加上纳税调整增加额和境外应税所得抵减境内亏损，然后减去境外所得、纳税调整减少额和免税、减计收入及加计扣除，形成纳税调整后所得；在纳税调整后所得的基础上，减去所得减免和抵扣应纳税所得额后的差额为正（第 19–20–21 行>0），形成税法意义上的“盈利”，此时可以弥补以前年度亏损，相反，差额为负（第 19–20–21 行<0），不可以弥补以前年度亏损。

表 9-18　中华人民共和国企业所得税年度纳税申报表（A 类）

行次	类　别	项　目	金　额
13	利润总额计算	三、利润总额（10+11–12）	
14	应纳税所得额计算	减：境外所得（填写 A108010）	
15		加：纳税调整增加额（填写 A105000）	
16		减：纳税调整减少额（填写 A105000）	
17		减：免税、减计收入及加计扣除（填写 A107010）	
18		加：境外应税所得抵减境内亏损（填写 A108000）	
19		四、纳税调整后所得（13–14+15–16–17+18）	
20		减：所得减免（填写 A107020）	
21		减：抵扣应纳税所得额（填写 A107030）	
22		减：弥补以前年度亏损（填写 A106000）	
23		五、应纳税所得额（19–20–21–22）	

商品流通企业发生的亏损，可以用以后年度实现的税前净利润弥补。商品流通企业当年实现的利润，从“本年利润”账户转入“利润分配——未分配利润”账户，将本年实现的利润结转到“利润分配——未分配利润”账户的贷方，贷方发生额和“利润分配——未分配利润”账户的借方余额自然抵补。

以前年度未弥补完的亏损，可以用当年实现的税前利润弥补，有的则用税后利润弥补。在用税前利润弥补时，弥补的数额可以抵扣当期应纳税所得额；在用税后利润弥补时，则不能抵扣当期应纳税所得额。

例 9-14　爱德公司 2×17 年的应纳税所得额为–1 000 万元，2018 年该公司的应纳税所得额为 500 万元，2019 年该公司的应纳税所得额为 1 200 万元。假定 2×17—2×19 年无其他暂时性差异，公司在未来期间很可能获得足够的应纳税所得额抵扣递延所得税资产，公司按税后利润的 10%提取法定盈余公积，适用的企业所得税税率为 25%。

2×17 年 12 月 31 日，由于当年亏损 1 000 万元，公司提取的盈余公积为零。公司确认的递延所得税资产为 250 万元（1 000×25%）。

爱德公司的会计处理如下：

借：递延所得税资产　　2 500 000

　贷：所得税费用　　2 500 000

2×18 年公司应纳税所得额为 500 万元，不足以弥补 2×17 年发生的 1 000 万元亏损，提取的盈余公积为零。转回的递延所得税资产为 125 万元（500×25%）。

爱德公司的会计处理如下：

借：所得税费用　　1 250 000

　贷：递延所得税资产　　1 250 000

2×19 年 12 月 31 日，公司应交所得税=（1 200–500）×25%=175（万元），提取的盈余公积=（1 200–175–500）×10%=52.5（万元），转回的递延所得税资产=（1 000–500）×25%=125（万元）。

爱德公司的会计处理如下：

借：利润分配——提取盈余公积　　525 000

　贷：盈余公积　　525 000

借：所得税费用——当期所得税费用　　1 750 000

　　　　　　——递延所得税费用　　1 250 000

　贷：递延所得税资产　　1 250 000

　　应交税费——应交所得税　　1 750 000

假定公司 2×19—2×21 年均无应纳税所得额和其他暂时性差异。2×22 年应纳税所得额为 800 万元，当年适用的企业所得税税率为 25%，其他条件不变。

2×22 年 12 月 31 日，公司应交所得税=（800–500）×25%=75（万元），提取的盈余公积=（800–75–500）×10%=22.5（万元），转回的递延所得税资产=（1 000–500）×25%=125（万元）。

爱德公司的会计处理如下：

借：利润分配——提取盈余公积　　225 000

　贷：盈余公积　　225 000

借：所得税费用——当期所得税费用　　750 000

　　　　　　——递延所得税费用　　1 250 000

　贷：递延所得税资产　　1 250 000

　　应交税费——应交所得税　　750 000

假定公司2×19—2×21年均无应纳税所得额和其他暂时性差异。2×22年应纳税所得额为300万元，当年适用的企业所得税税率为25%，其他条件不变。

2×22年12月31日，当年应纳税所得额不足以弥补以前年度的亏损，公司不用缴纳企业所得税，提取的盈余公积为零，所得税费用=300×25%=75（万元），转回的递延所得税资产=（1 000–500）×25%=125（万元）。

爱德公司的会计处理如下：

借：所得税费用——递延所得税费用	750 000	
营业外支出	500 000	
贷：递延所得税资产		1 250 000

自2018年1月1日起，当年具备高新技术企业或科技型中小企业资格的企业，其具备资格年度之前5个年度发生的尚未弥补完的亏损，准予结转以后年度弥补，最长结转年限由5年延长至10年。而商品流通企业准予结转以后年度弥补，最长结转年限仍然是5年，所以商品流通企业填报《企业所得税弥补亏损明细表》（A106000，如表9-19所示）时需要填报第6～12行。

例9-15　得力公司2×16年成立，当年亏损额20万元，2×17年亏损额50万元，2×18年亏损额10万元，2×19年盈利额50万元，2×20年盈利额16万元，2×21年纳税调整后所得30万元，其中包含免税项目所得20万元。企业所得税弥补亏损如表9-19所示。

9.3.3 提取盈余公积

商品流通企业提取法定盈余公积金和任意盈余公积时，通过“盈余公积”账户及相关明细账户的贷方进行会计处理。商品流通企业提取盈余公积的过程属于净收益的分配过程，同时通过“利润分配”账户及其相关明细账进行会计处理。因此，提取盈余公积时借记“利润分配”账户及相应明细账户，贷记“盈余公积”账户及相应明细账户。

例9-16　惠丰公司2×21年的税后净收益为5 000 000元，分别按10%和8%的比例提取法定盈余公积和任意盈余公积。

法定盈余公积提取额=5 000 000×10%=500 000（元）

任意盈余公积提取额=5 000 000×8%=400 000（元）

惠丰公司的会计处理如下：

借：利润分配——提取法定盈余公积	500 000	
——提取任意盈余公积	400 000	
贷：盈余公积——法定盈余公积		500 000
——任意盈余公积		400 000

表 9-19 企业所得税弥补亏损明细表（A106000）

金额单位：元

行次	项目	年度	当年境内所得额	分立转出的亏损额	合并、分立转入的亏损额		弥补亏损企业类型	当年亏损额	当年待弥补的亏损额	用本年度所得额弥补的以前年度亏损额		当年可结转以后年度弥补的亏损额
					可弥补年限5年	可弥补年限10年				使用境内所得弥补	使用境外所得弥补	
		1	2	3	4	5	6	7	8	9	10	11
1	前十年度											
2	前九年度											
3	前八年度											
4	前七年度											
5	前六年度											
6	前五年度	2×16	−200 000				100	200 000				200 000
7	前四年度	2×17	−500 000				100	500 000				500 000
8	前三年度	2×18	−100 000				100	100 000				100 000
9	前二年度	2×19	500 000				100		800 000	500 000		300 000
10	前一年度	2×20	160 000				100		300 000	160 000		140 000
11	本年度	2×21	100 000				100		14 0000	100 000		40 000
12	可结转以后年度弥补的亏损额合计											1 280 000

9.3.4 分配股利

股东有权分享商品流通企业的净收益，股利分派是商品流通企业向股东分配收益的常用形式。尽管在董事会宣布分派股利之前，商品流通企业并不承担向股东分派股利的责任，但一旦宣布分派股利，向股东分派股利便成为商品流通企业要履行的责任。

商品流通企业向股东分派股利通常有现金股利和股票股利两种形式。

1. 现金股利

现金股利的会计处理通常涉及宣告和支付两个环节。

在现金股利宣告日，商品流通企业董事会向公众宣布分派股利即成为企业产生应付股利责任的标志。为此，会计人员在股利宣告日，按宣布发放现金股利的金额记录应付股利的发生，同时减少留存收益。

在现金股利支付日，只需记录应付股利的清偿。

例 9-17 2×20 年 12 月 20 日，乐扣商贸公司宣布发放现金股利 5 000 000 元，2×21 年 2 月 1 日向股东支付。

2×20 年 12 月 20 日股利宣布日，乐扣商贸公司的会计处理如下：

借：利润分配——应付普通股股利　　5 000 000

　贷：应付股利　　5 000 000

2×21 年 2 月 1 日股利支付日，乐扣商贸公司的会计处理如下：

借：应付股利　　5 000 000

　贷：库存现金　　5 000 000

2. 股票股利

商品流通企业分派股票股利时，不需要发生实际的资产流出，仅需将留存收益（未分配利润）转作实收资本。

例 9-18 2×21 年 12 月 17 日，沪宁商贸公司宣布并发放股票股利，比例为 10 送 1(10% 的比例)，公司原有股份为 1 000 000 股，每股面值 1 元，股价为每股 50 元。

沪宁商贸公司的会计处理如下：

借：利润分配——转作股本的股利　　5 000 000

　贷：股本——普通股　　100 000

　　　资本公积——资本溢价　　4 900 000

若沪宁商贸公司发放股票股利的比例为 10 送 1，股价为 1 元，则会计处理如下：

借：利润分配——转作股本的股利　　100 000

　贷：股本——普通股　　100 000

由此可见，不论大量或少量分派股票股利，都不会影响股东权益总额，也不会改变原有股东的持股比例。但在外流通的股票数量会因股票股利的发放而增加，导致每股账面价值和每股利润的下降，最终股票价格会因此而下降。但多数情况下，股票价格与每股账面价值和每股利润不会同比例下降，为此总市值仍会上升。同时分派股票股利毕竟是利好消息，每股市价在短暂下跌之后会重新攀升，最终使股东受益。在某些情况下，分派股票股利不但不会使股票价格下降反而会使其上升。

9.3.5 未分配利润的会计处理

未分配利润是指截至本年度商品流通企业的累计未分配利润，包括以前年度累计的尚未分配的利润，以及本年度的未分配利润数额。这一数额体现为“利润分配——未分配利润”账户的贷方余额，若该账户为借方余额，则反映历年累计的未弥补亏损。商品流通企业各期的经营成果，即税后净利润经过分配后留存在商品流通企业中的部分，逐渐在该账户中得以累计。该数据钩稽了资产负债表和利润表，利润表中的净利润被分配之后的余额，形成当期的未分配利润，当期的未分配利润加上期初的未分配利润，就形成了资产负债表中的未分配利润。

例 9-19 迎铎公司用实现的净利润弥补亏损已经有 3 年，第 4 年尚未弥补的亏损有 30 万元，第 4 年实现的净利润为 15 万元，第 5 年的利润总额为 40 万元。假设公司没有纳税调整，所得税税率为 25%。

迎铎公司的会计处理如下。

第 4 年年末，弥补以前年度亏损：

借：本年利润　　150 000

　贷：利润分配——未分配利润　　150 000

第 5 年年末：

$$应交所得税=400\ 000\times25\%=100\ 000（元）$$

借：所得税费用　　100 000

　贷：应交税费——应交所得税　　100 000

借：本年利润　　100 000

　贷：所得税费用　　100 000

借：本年利润　　300 000

　贷：利润分配——未分配利润　　300 000

第 5 年年末，用税后利润弥补亏损 15 万元，“利润分配——未分配利润”账户贷方余额为：30–（30–15）=15（万元）。

9.3.6 每股收益

每股收益是衡量商品流通企业盈利能力的一个重要财务指标。在财务分析中，将每股收益和其他指标相结合，可以对商品流通企业的经营业绩进行深入而广泛的分析预测，如市盈率（每股市价/每股收益）和股息支付率（每股股息/每股收益），前者说明商品流通企业的成长前景，后者则表明分配和再投资的比例。

每股收益包括基本每股收益和稀释每股收益。

（1）基本每股收益，是指商品流通企业按照属于普通股股东的当前净利润，除以发行在外普通股的加权平均数从而计算出的每股收益。如果商品流通企业有合并财务报表，则以合并财务报表为基础计算和披露每股收益。

基本每股收益可按以下公式计算：

每股收益=（净收益−优先股应享股利）÷当期发行在外普通股加权平均数

当期发行在外普通股加权平均数=期初发行在外普通股股数+当期新发行普通股股数×发行在外时间÷报告期时间−当期回购普通股股数×已回购时间÷报告期时间

例 9-20 华德公司 2×21 年 1 月 1 日外发给股东持有普通股为 200 000 股，于 7 月 1 日又增发 20 000 股，10 月 1 日又购回库存股份 10 000 股。当年的净收益为 253 000 元。华德公司同时拥有在外流通的优先股 50 000 股，每股股利率为 8%，面值为 1 元。

当年外发普通股的加权平均数=200 000+20 000×6/12−10 000×3/12=207 500（股）

优先股股利=1×50 000×8%=4 000（元）

每股收益=（253 000−4 000）÷207 500=1.2（元/股）

（2）稀释每股收益，是指假设公司所发行的可更换为普通股的证券及可履行认购普通股的证券，在当年年初时全部更换及全部履行后的普通股每股净收益，目的是让普通股股东了解他们将享有的每股净收益的最低限额。

在计算稀释每股收益时，在原先的每股净收益的基础上，分子、分母都应进行相应的调整，分母会因在外流通的普通股的数量的增加而增加，分子会因优先股股利的减少（假定可转换优先股转换为普通股）或债券利息的减少（假定可转换公司债券转换为普通股）而发生变动。

例 9-21 承例 9-20。假设 8%的优先股为可更换的优先股，每股可更换为 2 股普通股，那么 50 000 股的优先股可更换为 100 000 股普通股。同时该公司还拥有可转换公司债券，面值为 120 000 元，利率为 6%，可转换为普通股 1 200 股。华德公司的稀释每股收益为：

（253 000+120 000×6%）÷（207 500+100 000+1 200）=0.84（元/股）

计算表明，如果可转换优先股和可转换债券均在当年年初转换为普通股，则将使普通股每股净收益由原先的 1.2 元减少到 0.84 元。

第 10 章

主要税费

目前，商品流通企业依法缴纳的各种税费主要有增值税、消费税、企业所得税、关税、城市维护建设税、房产税、车船使用税、代扣代缴的个人所得税及印花税等。

商品流通企业按规定计算应交的消费税、城市维护建设税、教育费附加、房产税、土地使用税、车船使用税、印花税等，借记“税金及附加”账户，贷记“应交税费”账户。实际缴纳时，借记“应交税费”账户，贷记“银行存款”等账户。

出口退税是指出口企业将国产商品出口后，向国家税务机关提出申请，退回出口商品在国内流通环节所缴纳的流转税。我国稽征的流转税包括增值税、消费税和关税等。我国出口货物退税限于增值税、消费税两个税种。

10.1　增值税

增值税是对销售货物、进口货物、提供加工及修理、修配劳务的增值部分征收的一种税。我国增值税实行“价外计税”的办法，以不含税的价格为计税依据，即货物和应税劳务的价款、税款分别计算。同时根据增值税专用发票上注明的税额实行税款抵扣制度，按购进扣税法原则计算应纳税额。

《增值税暂行条例》将增值税纳税人分为一般纳税人和小规模纳税人。小规模纳税人是指年应税销售额小于规定额度，且会计处理不健全的纳税人；年应税销售额超过规定额度的个人、非企业性单位、不经常发生应税行为的企业，视同小规模纳税人。除此之外的增值税纳税人，为一般纳税人。年销售额低于 500 万元的企业，归为小规模纳税人；年销售额超过 500 万元的企业，为一般纳税人。年销售 500 万元是以企业连续经营 12 个月（4 个季度）的累计应税销售额来判定的：在连续12个月（按月申报）或4个季度（按季申报）里的累计应税销售额低于500万元，以小规模纳税人的身份经营；如果在连续12个月（按月申报）或4个季度（按季申报）里的累计应税销售额超过500万元，就需要转登记为一般纳税人。

按照规定，一般纳税人购入货物或接受应税劳务支付的增值税（进项税额），可以从销售货物或提供劳务按规定收取的增值税（销项税额）中抵扣。一般纳税人当期应缴纳的增值税可按下列公式计算：

应交增值税=当期销项税额−当期进项税额

当期销项税额=当期销售应税商品或劳务的收入×适应税率

相关链接10-1　一般纳税人增值税会计账户和专栏的设置

增值税一般纳税人在“应交税费”账户下设置“应交增值税”“未交增值税”“预交增值税”“待抵扣进项税额”“待认证进项税额”“待转销项税额”“增值税留抵税额”“简易计税”“转让金融商品应交增值税”“代扣代缴增值税”等明细账户。

（一）增值税一般纳税人应在“应交增值税”明细账内设置“进项税额”“销项税额抵减”“已交税金”“转出未交增值税”“减免税款”“出口抵减内销产品应纳税额”“销项税额”“出口退税”“进项税额转出”“转出多交增值税”等专栏。其中：

1.“进项税额”专栏，记录一般纳税人购进货物、加工修理修配劳务、服务、无形资产或不动产而支付或负担的、准予从当期销项税额中抵扣的增值税额；

2.“销项税额抵减”专栏，记录一般纳税人按照现行增值税制度规定因扣减销售额而减少的销项税额；

3.“已交税金”专栏，记录一般纳税人当月已缴纳的应交增值税额；

4.“转出未交增值税”和“转出多交增值税”专栏，分别记录一般纳税人月度终了转出当月应交未交或多交的增值税额；

5.“减免税款”专栏，记录一般纳税人按现行增值税制度规定准予减免的增值税额；

6.“出口抵减内销产品应纳税额”专栏，记录实行“免、抵、退”办法的一般纳税人按规定计算的出口货物的进项税抵减内销产品的应纳税额；

7.“销项税额”专栏，记录一般纳税人销售货物、加工修理修配劳务、服务、无形资产或不动产应收取的增值税额；

8.“出口退税”专栏，记录一般纳税人出口货物、加工修理修配劳务、服务、无形资产按规定退回的增值税额；

9.“进项税额转出”专栏，记录一般纳税人购进货物、加工修理修配劳务、服务、无形资产或不动产等发生非正常损失及其他原因而不应从销项税额中抵扣、按规定转出的进项税额。

（二）“未交增值税”明细账户，核算一般纳税人月度终了从“应交增值税”或“预交增值税”明细账户转入当月应交未交、多交或预交的增值税额，以及当月缴纳以前期间未缴的增值税额。

（三）“预交增值税”明细账户，核算一般纳税人转让不动产、提供不动产经营租赁服务、提供建筑服务、采用预收款方式销售自行开发的房地产项目等，以及其他按现行增值税制度规定应预交的增值税额。

（四）“待抵扣进项税额”明细账户，核算一般纳税人已取得增值税扣税凭证并经税务机关认证，按照现行增值税制度规定准予以后期间从销项税额中抵扣的进项税额，包括实行纳税辅导期管理的一般纳税人取得的尚未交叉稽核比对的增值税扣税凭证上注明或计算的进项税额。

（五）“待认证进项税额”明细账户，核算一般纳税人由于未经税务机关认证而不得从当期销项税额中抵扣的进项税额，包括：一般纳税人已取得增值税扣税凭证、按照现行增值税制度规定准予从销项税额中抵扣，但尚未经税务机关认证的进项税额；一般纳税人已申请稽核但尚未取得稽核相符结果的海关缴款书进项税额。

（六）“待转销项税额”明细账户，核算一般纳税人销售货物、加工修理修配劳务、服务、无形资产或不动产，已确认相关收入（或利得）但尚未发生增值税纳税义务而需于以后期间确认为销项税额的增值税额。

（七）“增值税留抵税额”明细账户，核算兼有销售服务、无形资产或者不动产的原增值税一般纳税人，截止到纳入营改增试点之日前的增值税期末留抵税额按照现行增值税制度规定不得从销售服务、无形资产或不动产的销项税额中抵扣的增值税留抵税额。

（八）“简易计税”明细账户，核算一般纳税人采用简易计税方法发生的增值税计提、扣减、预交、缴纳等业务。

（九）“转让金融商品应交增值税”明细账户，核算增值税纳税人转让金融商品发生的增值税额。

（十）“代扣代缴增值税”明细账户，核算纳税人购进在境内未设经营机构的境外单位或个人在境内的应税行为代扣代缴的增值税。

10.1.1 认定为一般纳税人的商品流通企业的会计实务

1. 一般购销业务的会计处理

认定为一般纳税人的商品流通企业在会计处理上表现为：在购进阶段，会计处理实行价税分离，其依据为增值税专用发票上注明的增值税额和价款。属于价款部分，计入所购货物或劳务的成本；属于增值税额部分，作为进项税额。在销售阶段，增值税额和价款也是分离的，如果定价时是价税合一的，则将含税销售额按公式“不含税销售额=含税销售额÷（1+税率）”还原为不含税销售额，并以此作为销售收入，而向购买方收取的增值税作为销项税额。

商品流通企业购进货物、服务、无形资产或不动产，按应计入相关成本费用或资产的金额，借记“在途物资”或“原材料”“库存商品”“无形资产”“固定资产”“管理费用”等账户；按当月已认证的可抵扣增值税额，借记“应交税费——应交增值税（进项税额）”账户；按当月未认证的可抵扣增值税额，借记“应交税费——待认证进项税额”账户；按应付或实际支付的金额，贷记“应付账款”“应付票据”“银行存款”等账户。发生退货的，如原增值税专用发票已做认证，则根据税务机关开具的红字增值税专用发票做相反的会计处理；如原增值税专用发票未做认证，则将发票退回并做相反的会计处理。

商品流通企业购进货物、服务、无形资产或不动产，用于简易计税方法计税项目、免征增值税项目、集体福利或个人消费等，其进项税额按照现行增值税制度规定不得从销项税额中抵扣的，取得增值税专用发票时，应借记相关成本费用或资产账户，借记“应交税费——待认证进项税额”账户，贷记“银行存款”“应付账款”等账户；经税务机关认证后，应借记相关成本费用或资产账户，贷记“应交税费——应交增值税（进项税额转出）”账户。

商品流通企业购进的货物等已到达并验收入库，但尚未收到增值税扣税凭证并未付款的，在月末按货物清单或相关合同协议上的价格暂估入账，不需要将增值税的进项税额暂估入账。下月初，用红字冲销原暂估入账金额，待取得相关增值税扣税凭证并经认证后，按应计入相关成本费用或资产的金额，借记“原材料”“库存商品”“固定资产”“无形资产”等账户；按可抵扣的增值税额，借记“应交税费——应交增值税（进项税额）”账户，按应付金额，贷记“应付账款”等账户。

按照现行增值税制度规定，境外单位或个人在境内发生应税行为，在境内未设有经营机构的，以购买方为增值税扣缴义务人。境内商品流通企业购进服务、无形资产或不动产，按应计入相关成本费用或资产的金额，借记“无形资产”“固定资产”“管理费用”等账户；按可抵扣的增值税额，借记“应交税费——应交增值税（进项税额）”账户；按应付或实际支付的金额，贷记“应付账款”等账户，按应代扣代缴的增值税额，贷记“应交税费——代扣代缴增值税”账户。实际缴纳代扣代缴增值税时，按代扣代缴的增值税额，借记“应交税费——代扣代缴增值税”账户，贷记“银行存款”账户。

商品流通企业销售货物、服务、无形资产或不动产，按应收或已收的金额，借记“应收账款”“应收票据”“银行存款”等账户；按取得的收入金额，贷记“主营业务收入”“其他业务收入”“固定资产清理”等账户；按现行增值税制度规定计算的销项税额（或采用简易计税方法计算的应纳增值税额），贷记“应交税费——应交增值税（销项税额）”或“应交税费——简易计税”账户。发生销售退回的，根据按规定开具的红字增值税专用发票做相反的会计处理。

按照国家统一的会计制度确认收入或利得的时点早于按照增值税制度确认增值税纳税义务发生时点的，商品流通企业将相关销项税额记入“应交税费——待转销项税额”账户，待实际发生纳税义务时再转入“应交税费——应交增值税（销项税额）”或“应交税费——简易计税”账户。

按照增值税制度确认增值税纳税义务发生时点早于按照国家统一的会计制度确认收入或利得的时点的，商品流通企业将应纳增值税额，借记“应收账款”账户，贷记“应交税费——应交增值税（销项税额）” 或“应交税费——简易计税”账户；按照国家统一的会计制度确认收入或利得时，按扣除增值税销项税额后的金额确认收入。

例 10-1　2×21 年 1 月，远东公司购入一批商品，增值税专用发票上注明的价款为 6 000 000 元，增值税额为 780 000 元，货款已经支付。1 月 25 日，商品到达并验收入库。该公司 2×21 年 1 月销售商品收入为 12 000 000 元（不含应向购买者收取的增值税），货款尚未收到。假设该商品的增值税税率为 13%，无须缴纳消费税，不结转商品销售成本。

根据上述经济业务，远东公司的会计处理如下。

（1）支付货款时：

借：在途物资　6 000 000

　　应交税费——应交增值税（进项税额）等　780 000

　贷：银行存款　6 780 000

（2）商品验收入库时：

借：库存商品　6 000 000

　贷：在途物资　6 000 000

（3）销售商品时：

借：应收账款　13 560 000

　贷：主营业务收入　12 000 000

　　应交税费——应交增值税（销项税额）等

　　1 560 000（12 000 000×13%）

2. 购入免税商品的会计处理

《增值税暂行条例》规定，对农业生产者销售的自产农业产品、古旧图书等部分项目免征增值税。商品流通企业销售免征增值税项目的货物，不得开具增值税专用发票，只能开具普通发票。商品流通企业购进免税产品，一般情况下不能抵扣。

对于购入的免税农业产品、收购废旧物资等可以按买价或收购金额的一定比例计算进项税额，并准予从销项税额中抵扣。这里购入免税农业产品的买价是指企业购进免税农业产品支付给农业生产者的价款，收购免税农产品的按收购凭证的9%扣税。

商品流通企业在会计处理时，一方面，要按购进免税农业产品有关凭证上确定的金额或收购金额，扣除一定比例的进项税额，作为购进农业产品或收购废旧物资的成本；另一方面，要将扣除的部分作为进项税额，待以后从销项税额中抵扣。

例 10-2 中农公司收购农业产品，实际支付的价款为 2 000 000 元，收购的农业产品已验收入库。

中农公司的会计处理如下：

进项税额=2 000 000×9%=180 000（元）

借：在途物资	1 820 000	
应交税费——应交增值税（进项税额）等	180 000	
贷：银行存款		2 000 000
借：库存商品	1 820 000	
贷：在途物资		1 820 000

3. 视同销售的会计处理

对于视同销售货物的行为，一般纳税人需要计算销项税额，小规模纳税人需要计算应纳税额。一般纳税人按规定计算缴纳增值税，记入“应交税费——应交增值税”账户中的“销项税额”专栏或“应交税费——简易计税”账户。

商品流通企业销售物资或提供应税劳务，按营业收入和应收取的增值税额，借记“应收账款”“应收票据”“银行存款”等账户；按增值税专用发票上注明的增值税额，贷记“应交税费——应交增值税（销项税额）”或“应交税费——简易计税”账户；按确认的营业收入，贷记“主营业务收入”“其他业务收入”等账户。发生销售退回时，做相反的会计处理。

例 10-3 光大公司是一家商品流通企业，用一批库存商品对峰云公司投资，双方协议按成本作价。该批商品的实际成本为 2 000 000 元，计税价格为 2 200 000 元。假设增值税税率为 13%。

光大公司的会计处理如下：

投资转出库存商品的销项税额=2 200 000×13%=286 000（元）

借：长期股权投资　　2 286 000

　贷：库存商品　　2 000 000

　　应交税费——应交增值税（销项税额）等　　286 000

商品流通企业在视同销售的各种交易方式中，有的按合同或协议金额或公允价值确认收入，同时计算销项税额；有的不确认收入，货物按成本结转，同时按公允价值计算销项税额。具体情况如下。

（1）将货物交付他人代销。这种情况应视同销售行为，货物的所有权并未转移，经济利益也未流入商品流通企业，商品流通企业不能确认为收入。只有收到代销清单时，商品流通企业才能按协议价确认为收入。会计处理如下：

借：应收账款

　贷：主营业务收入

　　应交税费——应交增值税（销项税额）等

（2）销售代销货物。视同买断方式和收取手续费方式的销售代销货物的会计处理不同。视同买断方式下，和委托方约定的协议价是商品流通企业取得此收入的成本，商品流通企业在销售完成后按实际销售价格确认收入。会计处理如下：

借：银行存款（或应收账款）

　贷：主营业务收入

　　应交税费——应交增值税（销项税额）等

收取手续费方式下，商品流通企业不确认收入，在计算手续费时确认劳务收入。会计处理如下。

售出受托代销商品时：

借：银行存款

　贷：受托代销商品

　　应交税费——应交增值税（销项税额）等

计算代销手续费时：

借：受托代销商品款

　贷：其他业务收入

　　应交税费——应交增值税（销项税额）等

（3）非同一县（市）将货物移送他机构用于销售。设有两个以上机构并实行统一会计处理的商品流通企业，将货物从一个机构移送至不在同一县（市）的其他机构销售，会计上属商品流通企业内部货物转移，不确认收入。由于两个机构分别向其机构所在地主管税务机关申报纳税，属两个纳税主体，所以由货物调出方确认收入并计算销项税额。会计处理如下：

借：应收账款

　贷：主营业务收入

　　应交税费——应交增值税（销项税额）等

（4）将自产或委托加工的货物用于非应税项目。这种行为是货物在商品流通企业内部转移使用，商品流通企业不能确认收入，只能按成本结转。会计处理如下：

借：在建工程（其他业务成本）

　贷：库存商品

　　应交税费——应交增值税（销项税额）等

（5）将自产、委托加工的货物用于集体福利或个人消费。将自产、委托加工的货物用于集体福利同用于非应税项目一样，商品流通企业不能确认收入，只能按成本结转。会计处理如下：

借：应付职工薪酬

　贷：库存商品

　　应交税费——应交增值税（销项税额）等

将自产、委托加工的货物用于个人消费，就是会计上的用于支付非货币性职工薪酬，这种行为符合收入的定义和销售商品收入确认条件。会计处理如下：

借：应付职工薪酬

　贷：主营业务收入

　　应交税费——应交增值税（销项税额）等

（6）将自产、委托加工或购买的货物作为投资，提供给其他单位或个体经营者。首先要判断该项交换是否存在商业实质及换入资产或换出资产的公允价值是否能够计量。如果同时满足上述两个条件，换出资产为存货的，则作为销售处理，以其公允价值确认收入，同时结转相应的成本。会计处理如下：

借：长期股权投资

　贷：主营业务收入

　　应交税费——应交增值税（销项税额）等

如果未同时满足上述两个条件，则以换出货物的账面价值和销项税额作为长期股权投资的成本，不确认收入。

（7）将自产、委托加工或购买的货物分配给股东或投资者。商品流通企业将货物分配给股东或投资者，按其公允价值确认收入。会计处理如下：

借：应付股利或应付利润

　贷：主营业务收入

　　应交税费——应交增值税（销项税额）等

（8）将自产、委托加工或购买的货物无偿赠送他人。商品流通企业将货物无偿赠送他人不是商品流通企业的日常活动，不能确认收入，只能按成本结转。会计处理如下：

借：营业外支出

　贷：库存商品

　　应交税费——应交增值税（销项税额）等

出版社在图书发行过程中，存在一些经常发生的事项必须按税法相关规定做视同销售处理，税法规定，纳税人的一些特殊业务（交易或事项）视同销售，而增值税、企业所得税对视同销售的范围规定有所不同，涉及的会计处理以及对企业所得税的应纳税所得额的影响值得关注。

上述的视同销售货物中，与图书发行行业关系密切的为第（1）、（3）、（5）、（8）项。

第（1）项将货物交付其他单位或者个人代销，出版社的图书发行一般根据订单或与全国各地区新华书店签订的协议先按照一定的折扣发出图书，新华书店按图书定价销售以赚取差价，并且由出版社承担退货损失，然后在一定期限内结算已销图书款项，这种方式类似于委托代销商品。

例 10-4　2×21 年 8 月 5 日，大华出版社向市新华书店发出图书 20 000 册，码洋 300 000 元，实洋 218 000 元，不含税成本为 150 000 元。合同规定图书退货损失由大华出版社承担，未就结算期做出规定，商品发出后，大华出版社的会计处理如下：

借：发出商品——市新华书店　　150 000

　贷：库存商品　　150 000

委托其他纳税人代销货物，纳税义务发生时间为收到代销单位销售的代销清单的当天；以代销方式销售货物，在收到代销清单前已收到全部或部分货款的，其纳税义务发生时间为收到全部或部分货款的当天；对于发出代销商品超过 180 天仍未收到代销清单及货款的，视同销售实现，一律征收增值税，其纳税义务发生时间为发出代销商品满 180 天的当天。对例 10-4 而言，如果发出的图书为教材，那么一般会在 180 天内结算，这和会计准则、企业所得税法规定的销售一致；如果本次发出的图书为教辅或一般图书，就会超过 180 天，那么需要根据《增值税暂行条例》的相关规定视同销售，计算缴纳增值税，而此时有可能新华书店没有将图书全部销售出去，大华出版社在发出代销商品满 180 天的当天，计算视同销售增值税：增值税销项税额=218 000÷（1+9%）×9%=18 000（元）。大华出版社的会计处理如下：

借：应收账款——市新华书店　　18 000

　贷：应交税费——应交增值税（销项税额）等　　18 000

对增值税来说属于视同销售，对企业所得税来说，不符合视同销售的条件，《企业所得税法实施条例》第二十五条规定，企业发生非货币性资产交换，以及将货物、财产、劳务用于捐赠、偿债、赞助、集资、广告、样品、职工福利或者利润分配等用途的，视同销售货物、转让财产或者提供劳务，但国务院财政、税务主管部门另有规定的除外。国家税务总局《关于企业处置资产所得税处理问题的通知》(国税函〔2008〕828 号）规定，以下情况除将资产转移至境外以外，由于资产所有权属在形式和实质上均不发生改变，可作为内部处置资产，不视同销售确认收入，相关资产的计税基础延续计算：① 将资产用于生产、制造、加工另一产品；② 改变资产形状、结构或性能；③ 改变资产用途（如自建商品房转为自用或经营）；④ 将资产在总机构及其分支机构之间转移；⑤ 上述两种或两种以上情形的混合；⑥ 其他不改变资产所有权属的用途。例 10-4 中，大华出版社发出图书并承担退货损失，满 180 天的当天视同销售计算增值税销项税额，但由于新华书店未将代销的图书销售出去，图书的控制权还属于大华出版社，不属于企业所得税规定的视同销售范畴，同样也不符合企业会计准则收入确认的条件。所以对此事项无须进行企业所得税纳税调整。在例 10-4 中，如果后期销售得以实现，则按正常的会计处理计算收入、结转成本，实际实现销售的增值税与视同销售计算的增值税差额进行补缴或抵退。

第（3）项规定：设有两个以上机构并实行统一会计处理的纳税人，将货物从一个机构移送其他机构用于销售，但相关机构设在同一县（市）的除外，视同销售缴纳增值税，涉及的企业所得税、会计处理与第（1）项类似。

第（5）项规定：将自产、委托加工的货物用于集体福利或者个人消费应视同销售缴纳增值税。如果出版社将出版的图书用于职工福利，那么符合增值税视同销售范畴，同时符合《企业所得税法实施条例》第二十五条规定，从企业所得税角度看也属于视同销售。

例 10-5 大华出版社用将出版的图书作为非货币福利发放给 100 名职工，不含税成本 140 000 元，码洋 327 000 元，该类图书当月平均销售折扣为 7 折。假定 100 名职工中编辑 50 人，销售人员 30 人，管理人员 20 人。

图书的含税公允价值=327 000×0.7=228 900（元）

图书的销项税额=327 000×0.7÷（1+9%）×9%=18 900（元）

大华出版社决定发放非货币性福利时，会计处理如下：

借：生产成本	114 450	
销售费用	68 670	
管理费用	45 780	
贷：应付职工薪酬——非货币性福利		228 900

实际发放非货币性福利时，会计处理如下：

借：应付职工薪酬——非货币性福利	228 900	
贷：主营业务收入		210 000
应交税费——应交增值税（销项税额）等		18 900

借：主营业务成本　　140 000

　贷：库存商品　　140 000

第（8）项规定：将自产、委托加工或者购进的货物无偿赠送其他单位或者个人应视同销售缴纳增值税。出版社在图书出版、发行过程中，会出现赠送样书事项，此类事项对增值税来说属于视同销售，对企业所得税来说，也符合视同销售的条件。将货物无偿赠送他人，不符合收入的定义，不确认收入，直接结转库存商品，但要按照计税价格计算销项税额。

例 10-6　由于某省 2×21 年将进入高中课改，大华出版社为使当地教师了解该出版社出版的 A 学科教材，赠送该省教师 A 学科教材，码洋 218 000 元，不含税成本 100 000 元，此学科教材的平均销售折扣为 7 折。

大华出版社在开出赠书单时，会计处理如下：

借：销售费用　　112 600

　贷：库存商品　　100 000

　　　应交税费——应交增值税（销项税额）等　12 600[218 000÷（1+9%）×0.7×9%]

针对赠送图书，年末大华出版社根据《企业所得税法实施条例》的相关规定，在年末企业所得税汇算清缴时“收入类”调整增加——视同销售收入 140 000 元，同时“扣除类”调整减少——视同销售成本 100 000 元。

相关链接 10-2　增值税和企业所得税的视同销售货物行为的比较

1. 两者的认定标准不同

在增值税方面，视同销售行为需要结合货物的来源和用途来认定。外购货物，用于企业内部时不视同销售，用于企业外部时视同销售。例如，购进的货物用于企业内部的非增值税应税项目、免征增值税项目、集体福利或者个人消费时不视同销售行为。如果用于企业外部，包括作为投资提供给其他单位或者个体工商户，分配给股东或者投资者，无偿赠送其他单位或者个人等，则视同销售行为。自产或委托加工的货物，不论用于企业内部还是企业外部，均认定为视同销售行为。

在企业所得税方面，视同销售行为是以“资产所有权属已经发生改变”作为认定标准，只看资产用途，不考虑资产来源。企业处置的资产，不论是外购的还是自产或委托加工的，除将资产转移至境外以外，如果资产所有权属在形式和实质上均不发生改变的，则作为内部处置资产，不视同销售确认收入，相关资产的计税基础延续计算。对于货物在同一法人实体内部之间的转移，如用于在建工程、管理部门、福利机构、分公司等，不作为视同销售行为，不需要计算缴纳企业所得税。如果资产所有权属已发生改变的，就不能作为内部处置资产，按规定视同销售确定收入；或者虽属于内部处置资产行为，但已将资产转移至境外，也应按规定视同销售确定收入。视同销售行为在确定销售收入时，属于企业自制的资产，应按企业同类资产同期对外销售价格确定收入；属于外购的资产，可按购入时的价格确定收入。

2. 两者的适用范围不同

增值税的视同销售行为不仅包括资产所有权属已经发生改变的情形，还包括资产所有权属没有发生改变的情形，因此增值税视同销售行为的适用范围要大于企业所得税视同销售行为的适用范围。例如，将自产、委托加工或者购进的货物作为投资，提供给其他单位或者个体工商户、分配给股东或者投资者、无偿赠送其他单位或者个人等行为，结合货物的来源和用途，属于增值税视同销售行为。同时，因为货物资产所有权属已经发生改变，所以该行为也属于企业所得税视同销售行为。将货物交付其他单位或者个人代销；销售代销货物；设有两个以上机构并实行统一核算的纳税人，将货物从一个机构移送其他机构用于销售；将自产或者委托加工的货物用于非增值税应税项目；将自产、委托加工的货物用于集体福利机构等行为，虽然作为增值税视同销售行为，但由于货物的所有权属没有发生改变，因而不属于企业所得税视同销售行为。

4. 不予抵扣项目的会计处理

按照《增值税暂行条例》的规定，下列项目的进项税额不得从销项税额中抵扣：

（1）用于非增值税应税项目、免征增值税项目、集体福利或者个人消费的购进货物或者应税劳务。

（2）非正常损失的购进货物及相关的应税劳务。

（3）非正常损失的在产品、产成品所耗用的购进货物或者应税劳务。

（4）国务院财政、税务主管部门规定的纳税人自用消费品。

（5）本条第（1）项至第（4）项规定的货物的运输费用和销售免税货物的运输费用。

对于上述按规定不予抵扣的进项税额，采用不同的会计处理方法。

对于购入货物时即能直接认定其进项税额不能抵扣的，如购入的货物直接用于免税项目，或者直接用于非应税项目，或者直接用于集体福利和个人消费的，其增值税专用发票上注明的增值税额，直接计入购入货物及接受劳务的成本。

因发生非正常损失或改变用途等，原已计入进项税额、待抵扣进项税额或待认证进项税额，但按现行增值税制度规定不得从销项税额中抵扣的，借记“待处理财产损溢”“应付职工薪酬”“固定资产”“无形资产”等账户，贷记“应交税费——应交增值税（进项税额转出）”“应交税费——待抵扣进项税额”或“应交税费——待认证进项税额”账户；原不得抵扣且未抵扣进项税额的固定资产、无形资产等，因改变用途等用于允许抵扣进项税额的应税项目的，应按允许抵扣的进项税额，借记“应交税费——应交增值税（进项税额）”

账户，贷记“固定资产”“无形资产”等账户。固定资产、无形资产等经上述调整后，按调整后的账面价值在剩余尚可使用寿命内计提折旧或摊销。

例 10-7 光大公司购入一批商品，商品价款 120 000 元，增值税专用发票上注明的增值税额为 15 600 元。商品已验收入库，货款尚未支付。

商品入库时，光大公司的会计处理如下：

借：库存商品 120 000

应交税费——应交增值税（进项税额）等 15 600

贷：应付账款 135 600

如果商品入库后，光大公司将该批商品全部用于自建工程项目，则会计处理如下：

借：在建工程 135 600

贷：库存商品 120 000

应交税费——应交增值税（进项税转出）等 15 600

例 10-8 华建公司库存商品采用进价金额核算法进行会计处理。某日盘点，盘亏甲商品 10 件，其进价总计为 2 000 元，该项商品增值税税率为 13%。盘亏原因待查。

华建公司的会计处理如下：

借：待处理财产损溢——待处理流动资产损溢 2 260

贷：库存商品 2 000

应交税费——应交增值税（进项税额转出） 260

由此可见，上述进项税转出是指商品流通企业购进的货物等因发生非正常损失及货物改变用途等原因而不应从销项税额中抵扣的进项税额。上述情况货物的进项税额在发生时已记入“应交税费——应交增值税（进项税额）”（或“应交税费——待认证进项税额”等）账户的借方，既然这些货物没有通过出售计入销项税额，进项税额按规定又不能用其他货物的销项税额抵扣，那么就将原入账的进项税额从应交增值税账户转出。但不能用红字冲减借方的“进项税额”，因而在贷方设“进项税额转出”专栏反映或贷记“应交税费——待认证进项税额”账户。

需要注意的是，交通意外导致的损失不属于非正常损失，不需要进行进项税额转出。例如，某商品流通企业买进一批货物，在运输途中发生交通意外，货物全部毁损，这批货物的进项税额不需要转出。

相关链接 10-3 视同销售和进项税不准抵扣的区分

1. 按货物来源加以区分

（1）货物来源为自产或委托加工的，用于集体福利个人消费、非应税项目、投资、分配、赠送，均应视同销售，须计算销项税，且其原已承担的进项税，如符合条件则可以抵扣。因为自产或委托加工收回的货物在加工过程中已经形成增值，而这部分增值尚未缴纳过增值税，因此视同销售，计算销项税额（记入“销项税额”专栏）并抵扣符合条件的进项税额。

（2）货物来源为购进的，按货物的用途分两种情况：一是购进货物用于投资、分配、赠送时，视同销售，须计算销项税，其原已承担的进项税，如符合条件则可以抵扣；二是购进货物用于集体福利个人消费、非应税项目时，不计算销项税，其原已承担的进项税不准抵扣。

2. 按货物用途加以区分

（1）用于投资、分配、赠送的，无论其来源是自产、委托加工还是购进，均属视同销售。

（2）用于集体福利个人消费、非应税项目，或发生非常损失，如货物来源为自产、委托加工，则为视同销售；如货物来源为购进，则进项税不准抵扣。

10.1.2 认定为小规模纳税人的商品流通企业的会计实务

小规模纳税人具有如下特点。

（1）小规模纳税人销售货物或者提供应税劳务，一般只能开具普通发票，不能开具增值税专用发票。

（2）小规模纳税人销售货物或提供应税劳务，实行简易办法计算应纳税额。

（3）小规模纳税人的销售额不包括其应纳税额。采用销售额和应纳税额合并定价方法的，将含税销售额还原为不含税销售额后，再计算应纳税额。计算公式如下：

$$不含税销售额=含税销售额\div(1+征收率)$$

$$应交增值税=不含税销售额\times征收率$$

《增值税暂行条例》规定，小规模纳税人的征收率一律为3%。

根据《财政部 税务总局关于实施小微企业普惠性税收减免政策的通知》（财税〔2019〕13号），自2019年1月1日至2021年12月31日，对月销售额10万元以下（含本数）的增值税小规模纳税人，免征增值税。

小规模纳税人在“应交税费”账户下设置“应交增值税”明细账户，不需要设置一般纳税人那些专栏及除“转让金融商品应交增值税”“代扣代缴增值税”外的明细账户。

商品流通企业购入商品不能抵扣增值税的，发生的增值税计入商品成本，借记“库存商品”“在途物资”等账户，贷记“应付账款”“银行存款”等账户。

例10-9 光大公司被核定为小规模纳税人，本期购入商品，增值税专用发票上记载的商品价款为 100 000 元，支付的增值税额为 13 000 元，公司开出承兑的商业汇票，商品尚未到达。该公司本期销售产品，含税价格为 2 060 000 元，货款尚未收到。

光大公司的会计处理如下。

（1）购进货物时：

借：在途物资　　　　113 000

　贷：应付票据　　　　113 000

（2）销售货物时：

不含税价格=206 000÷（1+3%）=200 000（元）

应交增值税=200 000×3%=6 000（元）

借：应收账款　　　　206 000

　贷：主营业务收入　　　　200 000

　　　应交税费——应交增值税　　　　6 000

（3）按规定上缴增值税时：

借：应交税费——应交增值税　　　　6 000

　贷：银行存款　　　　6 000

10.1.3　增值税退税的会计处理

1. 增值税退税的计算

（1）商品流通企业出口商品单独设置库存商品和商品销售收入明细账户的，可以根据商品增值税专用发票所列示的进货金额和税额计算。计算公式如下：

应退税额=出口商品进货金额×适用退税率

如果库存商品采用月末一次加权平均法计算，则计算公式如下：

应退税额=出口商品数量×加权平均进价×适用退税率

（2）商品流通企业出口商品不单独设置库存商品和商品销售收入明细账户的，可以根据商品增值税专用发票所列示的进货金额和税额计算。计算公式如下：

应退税额=当期出口货物离岸价×外汇人民币牌价×适用退税率

结转下期抵扣的进项税额=未抵扣完的进项税额−应退税额

① 当期出口货物离岸价×外汇人民币牌价×适用退税率>未抵扣完的进项税额应退税额=未抵扣完的进项税额

② 当期出口货物离岸价×外汇人民币牌价×适用退税率<未抵扣完的进项税额

“免、抵、退”增值税的计算可以归纳为四个字：

①“免”，免征出口环节增值税。

②“剔”，按该货物所适用的增值税税率和其所适用的退税率之差乘以出口货物的离岸

价格折合人民币的金额，计算出口货物不予抵扣或退税的税额，如果有免税购进材料的情况，那么再减进口料件免抵退税不得免征和抵扣税额抵减额，从当期全部进项税额中剔除，计入出口成本。

③“抵”，用剔除后的进项税额余额，抵扣内销货物的销项税额，再减上期留抵税额，计算出当期应纳税额。可以理解为期末留抵税额，等待退税的数额，抵即退。

④“退”，根据免抵退税额（退税指标）和当期期末留抵税额绝对值的比较决定当期应退税额，即当期实际退税额，但当期应退税额不得突破当期免抵退税额。

2. 会计处理

商品流通企业出口适用零税率的货物，不计算销售收入应缴纳的增值税，商品流通企业向海关办理报关出口手续后，凭出口报关单等有关凭证，向税务机关申报办理该项出口货物进项税额的退税。商品流通企业在收到出口货物退回的税款时，借记“银行存款”账户，贷记“应交税费——应交增值税（出口退税）”账户。

实行“免、抵、退”法的商品流通企业，按规定的退税率计算出口货物的应退税额，先抵减内销产品的应纳税额，在规定期限内不足抵减的，不足部分可按有关规定予以退税处理。

（1）商品流通企业货物出口销售后，结转产品销售时，借记“主营业务成本”账户，贷记“库存商品”账户。

（2）按购进原材料等取得的增值税专用发票上记载的增值税额和按照退税率计算的差额，借记“主营业务成本”账户，贷记“应交税费——应交增值税（进项税额转出）”账户。

（3）按规定退税率计算的出口货物的进项税额抵减内销产品的应纳税额，借记“应交税费——应交增值税（出口抵减内销产品应纳税额）”账户，贷记“应交税费——应交增值税（出口退税）”账户。

（4）特殊情况下，确因出口比重过大，在规定期限内不足抵减的部分可按规定退税，借记“其他应收款”账户，贷记“应交税费——应交增值税（出口退税）”账户。

（5）收到出口退税款时，会计处理如下：

借：银行存款

　　贷：其他应收款——出口退税

由此可知，在商品流通企业（外贸）“先征后退”增值税业务中，以出口货物在前一环节已负担的增值税，借记“主营业务成本”，贷记“应交税费——应交增值税（进项税转出）”；以获得的退税金额，借记“其他应收款——应收出口退税”，贷记“应交税费——应交增值税（出口退税）”。

例 10-10 远洋商贸有限公司是一个具有进出口经营权的商品流通企业，其货物有内销和外销。2×21 年 1 月，远洋商贸有限公司用 800 万元购进所需商品等，进项税额 104 万元，内销产品的销售额为 500 万元（离岸价），出口货物离岸价折合人民币为 2 400 万元。上期留抵税额为 15 万元，远洋商贸有限公司内销和出口货物（非应税消费品）均适用增值税税率 13%，出口退税率为 11%。

远洋商贸有限公司的会计处理如下。

（1）外购商品等：

借：库存商品等　　8 000 000

　应交税费——应交增值税（进项税额）　　1 040 000

　贷：银行存款　　9 040 000

（2）当期内销产品的销项税额：

借：银行存款　　5 650 000

　贷：主营业务收入　　5 000 000

　　应交税费——应交增值税（销项税额）　　650 000

（3）当期外销产品的收入：

借：应收账款　　24 000 000

　贷：主营业务收入　　24 000 000

（4）月末，计算当月出口货物不予抵扣和退税的税额：

免抵退税不得免征和抵扣税额=当期出口货物离岸价×外汇人民币牌价×（出口货物征税税率–出口货物退税率）–免抵退税不得免征和抵扣税额抵减额

免抵退税不得免征和抵扣税额抵减额=免税购进商品价格×（出口货物征税税率–出口货物退税率）

=2 400×（13%–11%）=48（万元）

借：主营业务成本　　480 000

　贷：应交税费——应交增值税（进项税额转出）　　480 000

（5）计算应纳税额或当期期末留抵税额。

当期应纳税额=当期内销货物的销项税额–（当期进项税额+上期留抵税额–当期免抵退税不得免征和抵扣税额）

=65–（104+15–48）=–6（万元）

由于应纳税额小于零，说明当期“期末留抵税额”为 6 万元。

（6）计算应退税额和应免抵税额：

免抵退税额=出口货物离岸价×外汇人民币牌价×出口货物退税率–免抵退税额抵减额

=2 400×11%–0

=264（万元）

因为，当期期末留抵税额6万元<当期免抵退税额264万元，所以，当期应退税额=当期期末留抵税额=6（万元），当期免抵税额=当期免抵退税额–当期应退税额=264–6=258（万元）。

借：其他应收款——出口退税　　60 000
　　应交税费——应交增值税（出口抵减内销产品应纳税额）　　2 580 000
　贷：应交税费——应交增值税（出口退税）　　2 640 000

（7）收到税务机关的退税款时：

借：银行存款　　60 000
　贷：其他应收款——出口退税　　60 000

根据税法规定，商品流通企业当期应纳税额为负数，且当期期末留抵税额小于或等于免抵退税额时，当期应退税额=当期期末留抵税额，当期免抵税额=当期免抵退税额–当期应退税额，此时，商品流通企业当期没有实际缴纳增值税，但商品流通企业仍按当期的免抵税额计算城建税和教育费附加。

10.2 消费税

消费税是对生产、委托加工及进口应税消费品（主要指烟、酒、饮料、高档次及高能耗的消费品）征收的一种税。在我国，国家对货物在普遍征收增值税的基础上，选择部分消费品再征收消费税，目的是调节消费结构，正确引导消费方向。

10.2.1 消费税的计算

消费税并非在应税消费品的所有环节征收，只在其生产、委托加工或进口环节实行单环节征税。除金银首饰外，批发及零售环节不征消费税。消费税的计算有从价定率和从量定额两种方法。公式如下：

实行从价定率办法计算的应纳消费税额=销售额×比例税率

实行从量定额办法计算的应纳消费税额=销售数量×定额税率

实行从价定率办法计算的应纳税额的税基为销售额。这里的销售额包括向购买方收取的全部价款和价外费用，但不含向购货方收取的增值税额。如果商品流通企业应税消费品的销售额中未扣除增值税额，或者因不能开具增值税专用发票而发生价款和增值税额合并收取的，那么在计算消费税时，按下列公式换算为不含增值税额的销售额：

应税消费品的销售额=含增值税的销售额÷（1+增值税税率或征收率）

实行从量定额办法计算的应纳税额的销售数量是指应税消费品的数量。属于销售应税消费品的，为应税消费品的销售数量；属于委托加工应税消费品的，为商品流通企业收回的应税消费品数量；进口的应税消费品，为海关核定的应税消费品进口征税数量。

10.2.2 消费税的会计处理

按规定应交的消费税，商品流通企业在“应交税费”账户下设置“应交消费税”明细账户进行会计处理。借方反映实际缴纳的消费税和待扣的消费税；贷方反映按规定应缴纳的消费税；期末贷方余额，反映尚未缴纳的消费税；期末借方余额，反映多缴或待扣的消费税。

（1）商品销售。商品流通企业用应税消费品对外投资，或用于在建工程、非生产机构等其他方面，按规定应缴纳的消费税计入有关的成本。此业务的本质就是增值税部分介绍的视同销售行为。销售额按照同类消费品的销售价格计算，没有同类消费品销售价格的，按照组成计税价格计算，其公式为：

$$组成计税价格=（成本+利润）÷（1-消费税税率）$$

例 10-11 多萌公司将一批应税消费品向投资者分配利润，该消费品的实际成本为 500 万元，没有同类产品的销售价额，正常的成本利润率为 40%，增值税税率为 13%，消费税税率为 30%。

$$组成计税价格=（500+500×40\%）÷（1-30\%）=1\ 000（万元）$$

$$应交消费税=1\ 000×30\%=300（万元）$$

$$增值税销项税额=1\ 000×13\%=130（万元）$$

多萌公司的会计处理如下：

借：应付股利	9 300 000	
贷：库存商品		5 000 000
应交税费——应交增值税（销项税额）		1 300 000
——应交消费税		3 000 000

（2）委托加工。商品流通企业委托加工的应税消费品（由委托方提供原料和主要材料，受托方只收取加工费和代垫部分辅助材料加工的应税消费品），区别以下情况进行处理：

① 委托加工的应税消费品收回后直接出售的（以不高于受托方的计税价格出售的），不再征收消费税。商品流通企业将代扣代缴的消费税计入委托加工的应税消费品成本，借记“委托加工物资”等账户，贷记“应付账款”“银行存款”等账户。此时的消费税已包含在应税消费品的成本中。商品流通企业以高于受托方的计税价格出售的，须按照规定申报缴纳消费税，在计税时准予扣除受托方已代收代缴的消费税。

② 委托加工的应税消费品收回后，商品流通企业用于连续生产应税消费品的，所缴纳的税款准予按规定抵扣。商品流通企业按代扣代缴的消费税款，借记“应交税费——应交消费税”账户，贷记“应付账款”或“银行存款”等账户，待委托加工的应税消费品生产

出应纳消费税的产品销售时，再缴纳消费税。

例 10-12 景顺公司委托外单位加工商品（非金银首饰），商品价款 200 000 元，加工费用 50 000 元，由受托方代扣代缴的消费税 5 000 元，商品已经加工完毕验收入库，加工费用尚未支付。

景顺公司的会计处理如下。

① 假设景顺公司收回加工后的商品用于继续生产应税消费品。

发出委托加工商品时：

借：委托加工物资　　200 000

　贷：库存商品　　200 000

和受托方办理结算时：

借：委托加工物资　　50 000

　　应交税费——应交消费税　　5 000

　贷：应付账款　　55 000

收回加工完毕的商品时：

借：库存商品　　250 000

　贷：委托加工物资　　250 000

② 假设景顺公司收回加工后的商品直接用于销售。

借：委托加工物资　　200 000

　贷：库存商品　　200 000

借：委托加工物资　　55 000

　贷：应付账款　　55 000

借：库存商品　　255 000

　贷：委托加工物资　　255 000

（3）销售金银首饰。有金银首饰零售业务及采用以旧换新方式销售金银首饰的商品流通企业，在营业收入实现时，按照应交的消费税，借记“税金及附加”账户，贷记“应交税费——应交消费税”账户。有金银首饰零售业务的商品流通企业因受托代销金银首饰，按照税法规定应缴纳的消费税，借记“税金及附加”账户，贷记“应交税费——应交消费税”账户；以其他方式代销金银首饰的，其缴纳的消费税，借记“税金及附加”账户，贷记“应交税费——应交消费税”账户。

有金银首饰批发、零售业务的商品流通企业将金银首饰用于馈赠、赞助、广告、职工福利、奖励等的，在移送物资时，按照应交的消费税，借记“营业外支出”“销售费用”“应付职工薪酬”等账户，贷记“应交税费——应交消费税”账户。

随同金银首饰出售但单独计价的包装物，按照税法规定应缴纳的消费税，借记“税金及附加”账户，贷记“应交税费——应交消费税”账户。

例 10-13 某金银首饰零售企业，当月直接销售金银首饰取得收入 10 000 元（不含增值税），以旧换新取得收入 1 000 元，对某企业赞助金银首饰 500 元，过节发给职工金银首饰作为福利 1 000 元，用于广告支出用金银首饰 2 000 元，随同金银首饰销售但单独计价的包装物取得收入 1 000 元，消费税税率为 5%。

该企业消费税的会计处理如下。

① 直接销售金银首饰计提消费税 500 元（10 000×5%）：

借：税金及附加 500

贷：应交税费——应交消费税 500

② 以旧换新计提消费税 50 元（1 000×5%）：

借：税金及附加 50

贷：应交税费——应交消费税 50

③ 对某企业赞助计提消费税 25 元（500×5%）：

借：营业外支出 25

贷：应交税费——应交消费税 25

④ 过节发给职工作为福利计提消费税 50 元（1 000×5%）：

借：应付职工薪酬 50

贷：应交税费——应交消费税 50

⑤ 用于广告支出计提消费税 100 元（2 000×5%）：

借：销售费用 100

贷：应交税费——应交消费税 100

⑥ 随同金银首饰销售但单独计价的包装物计提消费税 50 元（1 000×5%）：

借：税金及附加（或其他业务成本） 50

贷：应交税费——应交消费税 50

（4）进口应税消费品。需要缴纳消费税的进口物资，其缴纳的消费税应计入该项物资的成本，借记“材料采购”或“在途物资”“库存商品”“固定资产”等账户，贷记“银行存款”等账户。

例 10-14 某商品流通企业从国外进口一批需要缴纳消费税的商品，商品价值为 20 000 元，进口环节需要缴纳的消费税为 4 000 元（不考虑增值税），采购的商品已经验收入库，货款尚未支付，税款已经用银行存款支付。

借：库存商品 24 000

贷：应付账款 20 000

银行存款 4 000

该企业进口应税物资在进口环节应缴的消费税4 000元，计入该项物资的成本。

10.2.3 消费税退税的会计处理

《消费税暂行条例》第十一条规定，除国务院另有规定外，对纳税人出口的应税消费品，免征消费税。消费税出口退税在政策上分为三种：有出口经营权的外贸企业购进后直接出口的应税消费品，以及外贸企业受其他外贸企业的委托代理出口的应税消费品，出口免税并退税；有出口经营权的生产性企业自营出口或生产企业委托外贸企业代理出口自产的应税消费品，依据实际出口的数量免征消费税，但不退税；除生产企业、外贸企业以外的其他企业出口的应税消费品，不免税也不退税。

根据以上政策，免征消费税的出口应税消费品在会计处理上分两种情况：生产企业直接出口应税消费品或委托外贸企业出口应税消费品，按规定直接予以免税的，可不计算应交消费税；外贸企业出口应税消费品，如按规定实行先征后退方法的，则先按规定计算缴纳消费税。

外贸企业出口应税消费品，在进行会计处理时，分为两种情况：

一种是外贸企业代理出口应税消费品。有出口经营权的生产性企业自营出口或者委托外贸企业代理出口应税消费品，依据出口数量免征出口环节的消费税，不适用出口退税政策，不进行会计处理。外贸企业出口的应税消费品已在生产环节免税，其价格不包含消费税，不适用出口退税，外贸企业也不进行会计处理。

另一种是外贸企业自营出口应税消费品。本部分主要介绍这种情况的会计处理。

1. 消费税退税的计算

（1）采用从价定率方法计算消费税的应税消费品退税，以外贸企业从工厂购进货物时征收消费税的价格为基础。计算公式如下：

应退消费税额=出口商品的出厂销售额×消费税税率

（2）采用从量定额方法计算消费税的应税消费品退税，以货物购进和报关出口的数量为基础。计算公式如下：

应退消费税额=出口数量×消费税单位税额

2. 会计处理

免征消费税的出口应税消费品区分不同情况进行会计处理：通过外贸企业代理出口应税消费品，按规定直接予以免税，不计算缴纳应交消费税；通过外贸企业出口应税消费品时如果按规定实行先征后退方法的，则按下列方法进行会计处理。

（1）委托外贸企业代理出口的，计算应交消费税时：

借：应收账款

贷：应交税费——应交消费税

（2）货物出口后，收到外贸企业退回退税款：

借：银行存款

贷：应收账款

（3）企业将应税消费品销售给外贸企业，由外贸企业自营出口，视同内销货物，计算缴纳消费税：

借：税金及附加

贷：应交税费——应交消费税

对于“又免又退”的业务，外贸企业按照出口货物在采购环节已负担的消费税，借记“其他应收款——应收出口退税”，贷记“主营业务成本”。

例 10-15　2×21 年 5 月，京源糖酒进出口公司出口啤酒 500 吨，啤酒的消费税额为每吨 220 元，出口白酒 20 吨，单位进货成本 15 000 元，消费税率为 25%，计算本月应退消费税。

本月出口啤酒应退消费税=500×220=110 000（元）

本月出口白酒应退消费税=20×15 000×25%=75 000（元）

京源糖酒进出口公司的会计处理如下：

借：其他应收款	185 000	
贷：主营业务成本		185 000

收到退税款时：

借：银行存款	185 000	
贷：其他应收款		185 000

10.3 关税

有进出口经营权的商品流通企业，按经营方式的不同，其进出口业务可以分为自营和代理两大类。不同经营方式下的进出口业务，关税会计处理的方法和内容也不相同。

10.3.1 自营进口关税的会计处理

商品流通企业自营进口业务，按规定计算应缴纳的进口关税，借记“在途物资”账户，贷记“应交税费——应交关税”账户。实际缴纳时，借记“应交税费——应交关税”账户，贷记“银行存款”账户。

例 10-16　2×21 年 5 月 4 日，北京糖酒进出口公司根据进口贸易合同从法国波尔公司进口干红葡萄酒一批，采用信用证结算。5 月 10 日，该批葡萄酒到达我国口岸，向海关申报干红葡萄酒应交进口关税额 20 万元，应交消费税 13 万元，应交增值税 22.6 万元。

北京糖酒进出口公司的会计处理如下：

借：在途物资——法国干红　　330 000

　贷：应交税费——应交关税　　200 000

　　　　　　——应交消费税　　130 000

5月26日，以银行存款支付进口干红葡萄酒的进口关税额、消费税额和增值税额。

借：应交税费——应交关税　　200 000

　　　　　——应交消费税　　130 000

　　　　　——应交增值税（进项税额）　　226 000

　贷：银行存款　　556 000

10.3.2　代理进口关税的会计处理

代理进口业务，对商品流通企业来说，一般不垫付货款，多以收取手续费形式为委托方提供代理服务。所以，因进口业务而应缴纳的关税由委托方负担，商品流通企业即使向海关缴纳了关税，也只是代垫或代付，日后仍要向委托方收回。商品流通企业代付进口关税时，借记“应交税费——应交关税”账户，贷记“银行存款”账户。向委托方托收时，借记“应收账款”账户，贷记“应交税费——应交关税”账户。

例 10-17　2×21 年 3 月，北京日化进出口公司受理羽西公司代理进口法国巴黎香水业务，以 FOB 价格成交。3 月 15 日，巴黎香水运达我国口岸，向海关申报应交进口关税 7 万元，消费税 4 万元，增值税 13 万元。

北京日化进出口公司的会计处理如下：

借：应收账款——羽西公司　　240 000

　贷：应交税费——应交关税　　70 000

　　　　　　——应交消费税　　40 000

　　　　　　——应交增值税（进项税额）　　130 000

3 月 30 日，支付代理进口香水的进口关税、消费税和增值税。

借：应交税费——应交关税　　70 000

　　　　　——应交消费税　　40 000

　　　　　——应交增值税（进项税额）　　130 000

　贷：银行存款　　240 000

10.4　企业所得税

企业所得税的征税对象是企业的生产经营所得和其他所得。企业应纳税所得额的计算，以权责发生制为原则，属于当期的收入和费用，不论款项是否收付，均作为当期的收入和费用；不属于当期的收入和费用，即使款项已经在当期收付，也不作为当期的收入和费用。

应纳税所得额，是指纳税人每一纳税年度的收入总额，减除不征税收入、免税收入、各项扣除以及允许弥补的以前年度亏损后的余额。

企业所得税实行比例税率，法定税率定为 25%。符合条件的小型微利企业，减按 20%的税率征收企业所得税。国家需要重点扶持的高新技术企业，减按 15%的税率征收企业所得税。

所得税会计处理方法主要有应付税款法和纳税影响会计法。应付税款法，是指将本期税前会计利润和应税所得之间的差异，在当期确认所得税费用。这种处理方法的特点是：本期所得税费，是本期应税所得和适用的所得税税率计算的应交所得税，即本期从净利润中扣除的所得税费用等于本期应交的所得税。纳税影响会计法，是指企业确认暂时性差异对所得税的影响金额，按照当期应交的所得税和暂时性差异对所得税影响金额的合计，确认为当期所得税费用的方法。

所得税会计是从资产负债表出发，通过比较资产负债表上列示的资产、负债按照企业会计准则规定确定的账面价值和按照税法规定确定的计税基础，将两者之间的差额区分为应纳税暂时性差异和可抵扣暂时性差异，确认相关的递延所得税负债和递延所得税资产，并在此基础上确定利润表中的所得税费用。暂时性差异是指资产或负债的账面价值与其计税基础之间的差额。按照暂时性差异对未来期间应税金额的影响，分为应纳税暂时性差异和可抵扣暂时性差异。

从资产和负债看，暂时性差异是资产或负债的计税基础与其账面价值之间的差额，随着时间的推移将消除。该项差异在以后年度资产收回或负债清偿时，会产生应税利润或可抵扣金额。

一般来说，应纳税暂时性差异产生于资产的账面价值大于其计税基础或负债的账面价值小于其计税基础，可抵扣暂时性差异产生于资产的账面价值小于其计税基础或负债的账面价值大于其计税基础。企业在计算确定了应纳税暂时性差异和可抵扣暂时性差异后，确认相应的递延所得税负债和递延所得税资产。

商品流通企业利润表中的所得税费用包括当期所得税费用和递延所得税费用两个部分，即：

所得税费用=当期应交所得税+递延所得税费用

当期应交所得税=应纳税所得额×所得税税率

递延所得税费用=（递延所得税负债的期末余额−递延所得税负债的期初余额）−（递延所得税资产的期末余额−递延所得税资产的期初余额）

根据上述介绍，本期所得税费用的具体计算如下：

本期所得税费用=应交所得税–（递延所得税资产的期末余额–递延所得税资产的期初余额）+（递延所得税负债的期末余额–递延所得税负债的期初余额）

递延所得税资产的期末余额=可抵扣暂时性差异期末余额×所得税税率

递延所得税负债的期末余额=应纳税暂时性差异期末余额×所得税税率

当期应交所得税，是指商品流通企业按照税法规定计算确定的针对当期发生的交易和事项，应缴纳给税务部门的所得税金额，即当期所得税费用。当期应交所得税以税收法规为基础计算确定。

商品流通企业在确定当期应交所得税费用时，对于当期发生的交易或事项，会计处理和税收处理有所不同。在会计利润的基础上，按照适用税收法规的规定进行调整，计算出当期应纳税所得额，按照应纳税所得额和适用所得税税率计算，确定当期应交所得税。

商品流通企业对所得税进行会计处理时，设置如下账户：

“应交税费——应交所得税”反映按照税法规定计算的应交所得税，贷方发生额记录商品流通企业按应纳税所得额计算的当期应缴纳的所得税，借方发生额记录缴纳的所得税，期末余额在贷方，表示期末尚未支付的所得税。

“所得税费用”账户反映本期计入利润表的所得税费用，借方反映按规定从当期损益中扣除的所得税费用，贷方反映期末转入“本年利润”账户的金额，结转后应无余额。

“递延所得税负债”账户计算企业递延所得税负债的发生及转回贷方登记“递延所得税负债”增加额，借方登记“递延所得税负债”减少额。贷方余额为负债，表示将来应交所得税金额。

“递延所得税资产”账户计算企业递延所得税资产的发生及转回。借方登记“递延所得税资产”增加额，贷方登记“递延所得税资产”减少额。借方余额为资产，表示将来可以少交的所得税金额。

除了暂时性差异，商品流通企业日常业务的财税差异还包括永久性差异。下面分别介绍这两部分的会计处理。

10.4.1 暂时性差异的会计处理

对于暂时性差异，主要通过计算递延所得税费来进行会计处理。递延所得税费用，是指商品流通企业当期确认的递延所得税资产减递延所得税负债产生的金额，即递延所得税资产和递延所得税负债当期发生额的结果。

1. 计入当期损益的递延所得税费用

商品流通企业发生的所得税费用和递延所得税费用，除企业合并和与直接计入权益的交易或事项相关的以外，都计入当期损益。按本期应交所得税，加本期递延所得税负债增加额，减本期递延所得税资产增加额，借记“所得税费用”账户；按本期递延所得税资产增加额，借记“递延所得税资产”账户；按本期递延所得税负债增加额，贷记“递延所得税负债”账户；按本期应交所得税，贷记“应交税费——应交所得税”账户。

例 10-18　2×17 年 12 月 28 日，新苑公司购入一台设备，原价 60 000 元，无净残值，按税法规定可按年数总和法计提折旧，折旧年限为 4 年。会计上采用直线法计提折旧，折旧年限为 6 年。在其他因素不变的情况下，假如新苑公司每年税前利润为 20 000 元。

新苑公司计算应交所得税、递延所得税负债及所得税费用的过程如下。

（1）计算会计上每年计提折旧及设备账面净值明细表，如表 10-1 所示。

表 10-1　会计上每年计提折旧及设备账面净值明细表　　金额单位：元

项　目	2×18 年	2×19 年	2×21 年	2×21 年	2×22 年	2×23 年
设备原值	60 000					
年折旧	10 000	10 000	10 000	10 000	10 000	10 000
累计折旧	10 000	20 000	30 000	40 000	50 000	60 000
设备净值	50 000	40 000	30 000	20 000	10 000	0

（2）计算税法上每年计提折旧及设备计税基础明细表，如表 10-2 所示。

表 10-2　税法上每年计提折旧及设备计税基础明细表　　金额单位：元

项　目	2×18 年	2×19 年	2×20 年	2×21 年
设备原值	60 000			
年折旧	24 000	18 000	12 000	6 000
累计折旧	24 000	42 000	54 000	60 000
设备净值	36 000	18 000	6 000	0

（3）由表 10-1、表 10-2 可以计算累计暂时性差异，如表 10-3 所示。

表 10-3　累计暂时性差异表　　金额单位：元

项　目	2×18 年	2×19 年	2×20 年	2×21 年	2×22 年	2×23 年
设备账面净值	50 000	40 000	30 000	20 000	10 000	0
设备计税基础	36 000	18 000	6 000	0		
累计暂时性差异	14 000	22 000	24 000	20 000	10 000	0

（4）根据表 10-3，采用资产负债表债务法计算每年确认、转回的递延所得税负债、应交所得税及所得税费用，如表 10-4 所示。

表 10-4　2×18—2×23 年新苑公司递延所得税负债、应交所得税及所得税费用

金额单位：元

项　　目	2×18 年	2×19 年	2×20 年	2×21 年	2×22 年	2×23 年
应交所得税	[20 000–(24 000–10 000)]×25%=1 500	[20 000–(18 000–10 000)]×25%=3 000	[20 000–(12 000–10 000)]×25%=4 500	[20 000–(6 000–10 000)]×25%=6 000	[20 000–(0–10 000)]×25%=7 500	[20 000–(0–10 000)]×25%=7 500
递延所得税负债	14 000×25%=3 500	(22 000–14 000)×25%=2 000	(24 000–22 000)×25%=500	(20 000–24 000)×25%=–1 000	(10 000–20 000)×25%=–2 500	(0–10 000)×25%=–2 500
所得税费用	1 500+3 500=5 000	3 000+2 000=5 000	4 500+500=5 000	6 000–1 000=5 000	7 500–2 500=5 000	7 500–2 500=5 000
会计处理	借：所得税费用 5 000 贷：应交税费——应交所得税 1 500 递延所得税负债 3 500	借：所得税费用 5 000 贷：应交税费——应交所得税 3 000 递延所得税负债 2 000	借：所得税费用 5 000 贷：应交税费——应交所得税 4 500 递延所得税负债 500	借：所得税费用 5 000 递延所得税负债 1 000 贷：应交税费——应交所得税 6 000	借：所得税费用 5 000 递延所得税负债 2 500 贷：应交税费——应交所得税 7 500	借：所得税费用 5 000 递延所得税负债 2 500 贷：应交税费——应交所得税 7 500

2. 计入所有者权益的递延所得税费用

商品流通企业的某项交易或事项按照企业会计准则规定计入所有者权益的，由该交易或事项产生的递延所得税资产或递延所得税负债及其变化计入所有者权益，不形成利润表中的递延所得税费用。

和直接计入所有者权益的交易或事项相关的递延所得税负债，借记“其他综合收益”账户，贷记“递延所得税负债”账户。

和直接计入所有者权益的交易或事项相关的递延所得税资产，借记“递延所得税资产”账户，贷记“其他综合收益”账户。

资产负债表日，商品流通企业预计未来期间很可能无法获得足够的应纳税所得额用以抵扣可抵扣暂时性差异的，按原已确认的递延所得税资产中应减记的金额，借记“所得税费用——递延所得税费用”“其他综合收益”等账户，贷记“递延所得税资产”账户。

例 10-19　2×21 年 8 月 1 日，华发公司持有某项以公允价值计量且变动计入综合收益的金融资产，成本为 2 000 万元，2×21 年 12 月 31 日，其公允价值为 2 400 万元。除该事项外，该公司不存在其他会计和税收之间的差异，且递延所得税资产和递延所得税负债不存在期初余额。

2×21 年 12 月 31 日，华发公司的会计处理如下：

（1）确认金融资产的价值变动

借：其他权益工具投资（或其他债权投资）　　4 000 000（24 000 000–20 000 000）

　贷：其他综合收益　　4 000 000

（2）确认应纳税暂时性差异的所得税影响：

借：其他综合收益　　1 000 000（4 000 000×25%）

　贷：递延所得税负债　　1 000 000

3. 计入商誉的递延所得税费用

因企业会计准则的规定和税法的规定不同，可能导致企业合并中取得的可辨认资产、负债，按公允价值计量确认入账价值，而按税法规定购买方在合并中取得的可辨认资产、负债按原计税基础不变，这样就形成了暂时性差异。

商品流通企业在企业合并中取得资产、负债的入账价值与其计税基础不同形成应纳税暂时性差异的，在购买日确认递延所得税负债，同时调整商誉，借记“商誉”等账户，贷记“递延所得税负债”账户。

商品流通企业在企业合并中取得资产、负债的入账价值与其计税基础不同形成可抵扣暂时性差异的，在购买日确认递延所得税资产，借记“递延所得税资产”账户，贷记“商誉”等账户。

例 10-20 2×21 年 5 月 31 日，保利公司以发行 8 000 万元的股份，购买力源公司全部产权。该项合并符合税法规定的免税改组条件，力源公司所有资产、负债如表 10-5 所示。

表 10-5 力源公司资产、负债 金额单位：万元

项目		公允价值	计税基础	暂时性差异
资产	固定资产	5 000	3 800	1 200
	存货	2 100	2 100	0
	应收账款	1 500	1 500	0
负债	应付账款	600	600	0
	长期借款	1 000	900	100
净资产		7 000	5 900	1 100

（1）合并商誉=8 000−7 000=1 000（万元）。

借：固定资产	50 000 000	
存货	21 000 000	
应收账款	15 000 000	
商誉	10 000 000	
贷：应付账款		6 000 000
长期借款		10 000 000
股本		80 000 000

（2）递延所得税负债=1 100×25%=275（万元）。

借：商誉	2 750 000	
贷：递延所得税负债		2 750 000

4. 合并报表中因抵销未实现内部销售损益产生的递延所得税

商品流通企业在编制合并财务报表时，因抵销未实现内部销售损益导致合并资产负债表中资产、负债的账面价值与其在所属纳税主体的计税基础之间产生暂时性差异的，在合并资产负债表中确认递延所得税资产或递延所得税负债，同时调整合并利润表中的所得税费用，但和直接计入所有者权益的交易或事项及企业合并相关的递延所得税除外。

例 10-21 东华公司拥有建德公司 80%有表决权股份，能够控制建德公司的生产经营决策。2×21 年 9 月东华公司以 800 万元销售一批商品给建德公司，该批商品成本为 500 万元。到 2×21 年 12 月 31 日，建德公司尚未对外销售该批商品。假设商品没有发生减值现象。东华和建德公司适用的所得税税率为 25%。税法规定，企业的存货以历史成本作为计税基础。

东华公司在编制合并财务报表时，进行以下抵销处理：

借：主营业务收入　　8 000 000

　贷：主营业务成本　　5 000 000

　　　库存商品　　3 000 000

该内部交易涉及的存货在合并资产负债表中的价值为 500 万元，计税基础为 800 万元，产生了 300 万元的可抵扣暂时性差异，与此相关的递延所得税在建德公司没有确认，因此，在合并财务报表中进行以下会计处理：

借：递延所得税资产　　750 000

　贷：所得税费用　　750 000

10.4.2　永久性差异的会计处理

前面的介绍，都是在资产负债表债务法下且不存在永久性差异的会计处理。在实际业务中，可能既有永久性差异又有暂时性差异。本部分主要介绍一下永久性差异及其会计处理。

永久性差异，仅影响发生当期，不影响以后期间，不存在不同会计期间摊配问题。如果此差异影响相应的资产或负债，则账面价值和计税基础相同。商品流通企业的永久性差异包括以下几类。

（1）可免税的会计收入和收益，即会计确认为收入和收益，但税法不作为应纳税所得额的项目。例如，会计上将商品流通企业长期股权投资持有期间的持有收益，确认为投资收益，计入利润总额。由于股权投资所得是从被投资企业税后利润分配来的，已在被投资企业征过所得税，税法规定仅对投资企业和被投资企业税率差的部分进行补税，所以，这部分长期股权投资所得不再征税。再如，会计上收到国债利息收入时计入“投资收益”账户，年终计入利润总额。而税法规定，国债利息收入不计入应纳税所得额。

（2）税法作为应税收益的非会计收益，即在会计中不确认为收入，按税法规定作为应税收入计税。例如，价外收费、视同销售业务等，会计上可能不作为收入，税法将其作为应税收入。

（3）税法不予扣除的会计费用或损失。有些支出，会计已列为费用或损失，税法不予认定。分为两种情况：一种是税法不允许扣除的项目。例如，违法经营的罚款和被没收的财物损失、各项税收的罚款、各种非公益性捐赠和赞助支出。这些项目在会计处理时列为营业外支出，税法规定不得扣减应税所得。另一种是税法允许扣除，并且规定了扣除比例的项目。例如，业务招待费、利息支出、公益性捐赠等。

（4）税法可扣除费用的非会计费用。在计算应税所得额时，允许扣减。

永久性差异的会计处理主要是采用应付税款法，具体处理如下：

应税所得额=税前会计利润总额±永久性差异

本期应交所得税=应税所得额×所得税税率

本期所得税费用=本期应交所得税

会计处理如下：

借：所得税费用

　贷：应交税费——应交所得税

资产负债表债务法下，既有永久性差异又有暂时性差异时的会计处理程序，如表 10-6 所示。

表 10-6　所得税的会计处理程序

项　目	计算方法	
税前会计利润	来自会计口径利润	
永久性差异	+	税法不予扣除的会计费用或损失
		税法作为应税收益的非会计收益
	−	可免税的会计收入和收益
		税法可扣除费用的非会计费用
暂时性差异	+	新增可抵扣暂时性差异
		转回应纳税暂时性差异
	−	转回可抵扣暂时性差异
		新增应纳税暂时性差异
应税所得	推算认定	
应交税费	应税所得额×税率	
递延所得税资产	借记	新增可抵扣暂时性差异×税率
	贷记	转回可抵扣暂时性差异×税率
递延所得税负债	贷记	新增应纳税暂时性差异×税率
	借记	转回应纳税暂时性差异×税率
本期所得税费用	倒挤认定	

例 10-22　润鸿公司 2×21 年税前会计利润为 100 万元，当年发生如下业务：

（1）罚没支出 10 万元。

（2）国债利息收入 6 万元。

（3）库存商品年初账面余额为 50 万元，已提跌价准备 12 万元；年末账面余额为 56 万元，相应的跌价准备为 20 万元。

（4）某销售部门用的固定资产，自 2×19 年年初开始计提折旧，原价为 200 万元，假定无残值，会计上采用 4 年期年数总合法提取折旧，税法上则采取 5 年期直线法。

（5）2×18 年年初润鸿公司开始自行研制某专利权，历时 6 个月研究成功投入使用，于 2×18 年 7 月 1 日达到预计可使用状态，会计上采用 5 年期直线法摊销，假定无残值。该专利权在自行研发中耗费了 100 万元的研究费用、200 万元的开发费用，假定此开发费用按新会计准则均符合资本化条件。另发生注册费、律师费 200 万元。税务上认可此专利权的分摊期限，但对开发费用则采用当期发生当期核销的方法，不承认资本化。

（6）润鸿公司因产品质量担保确认了预计负债，年初余额为 5 万元，2×21 年新提了 3 万元，支付了产品质量担保费用 2.5 万元。

根据以上资料，润鸿公司 2×21 年所得税的会计处理如下：

（1）首先判定暂时性差异，如表 10-7 所示。

表 10-7 暂时性差异明细 金额单位：万元

项　目	年初口径			年末口径			差异类型	差异变动金额
	账面价值	计税基础	差异	账面价值	计税基础	差异		
库存商品	38	50	12	36	56	20	新增可抵扣暂时性差异	8
固定资产	120	160	40	60	120	60	新增可抵扣暂时性差异	20
无形资产	280[1]	245[2]	35	200	175	25	转回应纳税暂时性差异	–10
预计负债	5	0	5	5.5	0	5.5	新增可抵扣暂时性差异	0.5

注：1.（200+200）×（5–1.5）÷5=280。

2．200×（1+75%）÷5=245。

（2）资产负债表债务法所得税的会计处理过程，如表 10-8 所示。

表 10-8 所得税的会计处理程序 金额单位：万元

项　目	计算过程	
税前会计利润	100	
永久性差异	罚没支出	+10
	国债利息收入	–6
暂时性差异	库存商品产生的新增可抵扣暂时性差异	+8
	固定资产产生的新增可抵扣暂时性差异	+20
	无形资产产生的转回应纳税暂时性差异	+10
	预计负债产生的新增可抵扣暂时性差异	+0.5
应税所得	142.5	
应交税费	35.625	
递延所得税资产	新增可抵扣暂时性差异×税率	7.125
递延所得税负债	转回应纳税暂时性差异×税率	2.5
本期所得税费用	26	

（3）润鸿公司的会计处理。

借：所得税费用　　260 000

　　递延所得税资产　　71 250

　　递延所得税负债　　25 000

　贷：应交税费——应交所得税　　365 250

相关链接 10-4 小型微利企业所得税优惠政策

自 2019 年 1 月 1 日至 2021 年 12 月 31 日，对小型微利企业年应纳税所得额不超过 100 万元的部分，减按 25%计入应纳税所得额，按 20%的税率缴纳企业所得税；对年应纳税所得额超过 100 万元但不超过 300 万元的部分，减按 50%计入应纳税所得额，按 20%的税率缴纳企业所得税。

小型微利企业是指从事国家非限制和禁止行业，且同时符合年度应纳税所得额不超过 300 万元、从业人数不超过 300 人、资产总额不超过 5 000 万元这三个条件的企业。

例 10-23 A 公司为符合条件的小微企业，从事商品流通业务，2×21 年度进行汇算清缴时，应纳税所得额为 50 万元，如果实施查账征收，那么，如何填报《减免所得税优惠明细表》（A107040）？

减征的税款=50×5%+50×75%×20%=10（万元），填报减免所得税优惠明细表，如表 10-9 所示。

表 10-9　减免所得税优惠明细表（A107040）　　金额单位：元

行　次	项　目	金　额
1	一、符合条件的小型微利企业减免企业所得税	100 000

第 11 章

会计报表的编制

企业财务报告，是指商品流通企业对外提供的反映企业某一特定日期的财务状况和某一会计期间的经营成果、现金流量等会计信息的文件。商品流通企业财务报告包括会计报表及其附注和其他在财务报告中披露的相关信息和资料。

会计报表至少包括资产负债表、利润表、现金流量表和所有者权益变动表等。

附注是对在资产负债表、利润表、现金流量表和所有者权益变动表中列示项目的文字描述或明细资料，以及对未能在这些报表列示项目的说明等。附注是财务报表不可或缺的组成部分。

本章主要介绍商品流通企业的上述四张报表的编制方法，不介绍附注的内容，读者可以查阅上市公司的年报学习附注的有关内容。

相关链接 11-1　商品流通小企业财务报表构成

商品流通小企业的财务报表至少包括下列组成部分：

（1）资产负债表。

（2）利润表。

（3）现金流量表。

（4）附注。

11.1　资产负债表的编制

资产负债表是反映商品流通企业在某一特定日期的财务状况的会计报表，它是依据“资产=负债+所有者权益”平衡等式编制的，是一张静态的时点报表。它揭示了商品流通企业拥有或控制的经济资源（资产）的总体规模及具体的分布形态。

11.1.1 资产负债表的列报格式

资产负债表的列报格式一般有两种：报告式资产负债表和账户式资产负债表。报告式资产负债表是上下结构，上半部分列示资产，下半部分列示负债和所有者权益。账户式资产负债表是左右结构，左边列示资产，右边列示负债和所有者权益。我国采用账户式资产负债表。

资产负债表各项目分为“上年年末余额”和“期末余额”两栏分别填列。

11.1.2 资产负债表的填列方法

1. 期末余额栏的填列方法

商品流通企业资产负债表各项目数据，主要通过以下几种方式获得。

（1）直接根据总账户的余额填列。有的直接根据有关总账户的余额填列，有的根据几个总账余额的合计数填列。

（2）根据有关明细账户的余额计算填列。

（3）根据总账户和明细账户的余额分析计算填列。

（4）根据有关账户余额减去其备抵账户余额后的净额填列。

（5）综合上述填列方法分析填列。

2. 上年年末余额栏的填列方法

商品流通企业资产负债表中的“上年年末余额”栏内各项数字，根据上年年末资产负债表“期末余额”栏内所列数字填列。如果本年度资产负债表各个项目的名称和内容同上年度不一致，则对上年年末资产负债表各项目的名称和数字按照本年度的口径进行调整，填入报表中的“上年年末余额”栏内。

例 11-1 华懋商业公司 2×20 年 12 月 31 日的资产负债表（上年年末余额略）及 2×21 年 12 月 31 日的账户余额如表 11-1 和表 11-2 所示。假设华懋商业公司 2×21 年度除计提固定资产减值准备导致固定资产账面价值与其计税基础存在可抵扣暂时性差异外，其他资产和负债的账面价值均等于其计税基础。华懋商业公司 2×21 年启用适用于已执行金融准则（2017）、收入准则（2017）和租赁准则（2018）的一般企业财务报表格式（2019 年修订）。

表 11-1　资产负债表

编制单位：华懋商业公司　　　　2×20 年 12 月 31 日　　　　金额单位：元

资　　产	期末余额	上年年末余额	负债和所有者权益（或股东权益）	期末余额	上年年末余额
流动资产：			流动负债：		
货币资金	2 812 600		短期借款	600 000	
以公允价值计量且其变动计入当期损益的金融资产	30 000		以公允价值计量且其变动计入当期损益的金融负债	0	
衍生金融资产	0		衍生金融负债	0	
应收票据	492 000		应付票据	400 000	
应收账款	598 200		应付账款	1 907 600	
预付账款	200 000		预收账款	0	
应收利息	0		应付职工薪酬	220 000	
应收股利	0		应交税费	73 200	
其他应收款	10 000		应付利息	2 000	
存货	5 160 000		应付股利	0	
划分为持有待售的资产	0		其他应付款	100 000	
一年内到期的非流动资产	0		划分为持有待售的负债	0	
其他流动资产	200 000		一年内到期的非流动负债	2 000 000	
流动资产合计	9 502 800		其他流动负债	0	
非流动资产：			流动负债合计	5 302 800	
可供出售金融资产	0		非流动负债：		
持有至到期投资	0		长期借款	1 200 000	
长期应收款	0		应付债券	0	
长期股权投资	500 000		长期应付款	0	
固定资产	2 200 000		预计负债	0	
在建工程	3 000 000		递延所得税负债	0	
工程物资	0		其他非流动负债	0	
固定资产清理	0		非流动负债合计	1 200 000	
无形资产	1 200 000		负债合计	6 502 800	
商誉	0		所有者权益（或股东权益）：		
长期待摊费用	0		实收资本（或股本）	10 000 000	
递延所得税资产	0		资本公积	0	
其他非流动资产	400 000		其他综合收益	0	
非流动资产合计	7 300 000		盈余公积	200 000	
			未分配利润	100 000	
			所有者权益（或股东权益）合计	10 300 000	
资产总计	16 802 800		负债和所有者（或股东权益）总计	16 802 800	

表 11-2 账户余额表 金额单位：元

账户名称	借方余额	账户名称	贷方余额
库存现金	4 000	短期借款	100 000
银行存款	1 601 918	应付票据	200 000
其他货币资金	14 600	应付账款	1 907 600
交易性金融资产	0	其他应付款	100 000
应收票据	132 000	应付职工薪酬	360 000
应收账款	1 200 000	应交税费	443 718
坏账准备	–3 600	应付利息	0
预付账款	200 000	应付股利	64 431.7
其他应收款	10 000	1 年内到期的非流动负债	0
周转材料	76 100	长期借款	2 320 000
库存商品	4 893 300	股本	10 000 000
其他流动资产	200 000	盈余公积	249 540.8
长期股权投资	500 000	未分配利润	436 027.5
固定资产	4 802 000		
累计折旧	–340 000		
固定资产减值准备	–60 000		
工程物资	600 000		
在建工程	856 000		
无形资产	1 200 000		
累计摊销	–120 000		
递延所得税资产	15 000		
其他非流动资产	400 000		
合计	16 181 318	合计	16 181 318

根据表 11-1 和表 11-2，2×21 年年底华懋商业公司编制资产负债表，如表 11-3 所示。

表 11-3 资产负债表

编制单位：华懋商业公司　　2×21 年 12 月 31 日　　金额单位：元

资　　产	期末余额	上年年末余额	负债和所有者权益（或股东权益）	期末余额	上年年末余额
流动资产：			流动负债：		
货币资金	1 620 518	2 812 600	短期借款	100 000	600 000
交易性金融资产	0	30 000	交易性金融负债	0	0
衍生金融资产	0	0	衍生金融负债	0	0
应收票据	132 000	492 000	应付票据	200 000	400 000

续表

资　　产	期末余额	上年年末余额	负债和所有者权益（或股东权益）	期末余额	上年年末余额
应收账款	1 196 400	598 200	应付账款	1 907 600	1 907 600
应收款项融资	0	0	预收账款	0	0
预付账款	200 000	200 000	合同负债	0	0
其他应收款	10 000	10 000	应付职工薪酬	360 000	220 000
存货	4 969 400	5 160 000	应交税费	443 718	73 200
合同资产	0	0	其他应付款	164 431.7	102 000
持有待售资产	0	0	持有待售负债	0	0
1 年内到期的非流动资产	0	0	1 年内到期的非流动负债	0	2 000 000
其他流动资产	200 000	200 000	其他流动负债	0	0
流动资产合计	8 338 062	9 502 800	流动负债合计	3 175 749.7	5 302 800
非流动资产:			非流动负债:		
债权投资	0	0	长期借款	2 320 000	1 200 000
其他债权投资	0	0	应付债券	0	0
长期应收款	0	0	其中：优先股	0	0
长期股权投资	500 000	500 000	永续债	0	0
其他权益工具投资	0	0	租赁负债	0	0
其他非流动金融资产	0	0	长期应付款	0	0
投资性房地产	0	0	预计负债	0	0
固定资产	4 402 000	2 200 000	递延收益	0	0
在建工程	1 456 000	3 000 000	递延所得税负债	0	0
生产性生物资产	0	0	其他非流动负债	0	0
油气资产	0	0	非流动负债合计	2 320 000	1 200 000
使用权资产	0	0	负债合计	5 495 749.7	6 502 800
无形资产	1 080 000	1 200 000	所有者权益（或股东权益）:		
开发支出	0	0	实收资本（或股本）	10 000 000	10 000 000
商誉	0	0	其他权益工具	0	0
长期待摊费用	0	0	其中：优先股	0	0
递延所得税资产	15 000	0	永续债	0	0
其他非流动资产	400 000	400 000	资本公积	0	0
非流动资产合计	7 853 000	7 300 000	减：库存股	0	0
			其他综合收益	0	0
			专项储备	0	0
			盈余公积	249 540.8	200 000

续表

资　　产	期末余额	上年年末余额	负债和所有者权益（或股东权益）	期末余额	上年年末余额
			未分配利润	436 027.5	100 000
			所有者权益（或股东权益）合计	10 685 568.3	10 300 000
资产总计	16 181 318	16 802 800	负债和所有者（或股东权益）总计	16 181 318	16 802 800

相关链接 11-2　商品流通小企业资产负债表的内容

由于业务比较简单，所以相对于大中型商品流通企业的资产负债表而言，商品流通小企业资产负债表的内容比较少。和表 11-3 相比，差别主要体现在以下方面。

1. 资产方面

（1）没有交易性金融资产、衍生金融资产和持有待售资产等项目，商品流通小企业资产负债表列示了短期投资项目。

（2）没有债权投资、其他债权投资项目，商品流通小企业资产负债表列示了长期债券投资项目。

（3）没有长期应收款、其他权益工资、其他非流动金融资产、商誉、递延所得税资产等项目。

（4）商品流通小企业资产负债表列示了部分项目的明细，如存货，要求列示库存商品、周转材料等，固定资产，要求原值、累计折旧、固定资产账面价值。

2. 负债方面

商品流通小企业资产负债表没有交易性金融负债、衍生金融负债、持有待售负债、应付债券、预计负债、递延所得税负债等项目。

3. 所有者权益方面

商品流通小企业资产负债表没有其他综合收益、其他权益工具等项目。

11.2　利润表的编制

利润表是反映商品流通企业在一定会计期间经营成果的会计报表，各项目间的关系可用“利润=收入–费用”来表述。

11.2.1　利润表的列报格式

在实际编制利润表时，有两种方法可供选择：一是以商品流通企业一定时期的全部收入总和减去全部费用支出的总和；二是根据商品流通企业收入和费用的性质分类，尽可能相互配比，以计算出不同业务所取得的利润，将各种利润相加即利润总额，然后再减去所得税费用，即净利润。相应地，利润表的格式也有两种：按照第一种方法计算净损益的格式称为单步式利润表；按照第二种方法计算净利润的格式称为多步式利润表。

单步式利润表将本期所有收入、费用分别汇总，然后两者相减，一次计算出商品流通企业当期的净损益。

多步式利润表的结构是根据商品流通企业利润形成的主要环节，按照营业收入、营业利润、利润总额、净利润、每股收益和综合收益六个层次来分步计算，以详细地揭示商品流通企业利润和收益的形成过程。我国商品流通企业利润表采用多步式结构。

11.2.2　利润表的填列方法

（1）“营业收入”项目，反映商品流通企业主营业务和其他业务所取得的收入总额。本项目根据“主营业务收入”账户和“其他业务收入”账户的发生额分析填列。

（2）“营业成本”项目，反映商品流通企业主营业务和其他业务所发生的成本总额。本项目根据“主营业务成本”账户和“其他业务成本”账户的发生额分析填列。

（3）“税金及附加”项目，反映商品流通企业经营业务应负担的消费税、城市维护建设税、资源税、土地增值税和教育费附加等。本项目根据“税金及附加”账户的发生额分析填列。

（4）“销售费用”项目，反映商品流通企业在购入商品、储存商品和销售等过程中发生的费用。本项目根据“销售费用”账户的发生额分析填列。

（5）“管理费用”项目，反映商品流通企业发生的管理费用。本项目根据“管理费用”账户的发生额分析填列。

（6）“研发费用”项目，反映商品流通企业进行研究与开发过程中发生的费用化支出，以及计入管理费用的自行开发无形资产的摊销。该项目应根据“管理费用”账户下的“研究费用”明细账户的发生额，以及“管理费用”账户下的“无形资产摊销”明细账户的发生额分析填列。

（7）“财务费用”项目，反映商品流通企业发生的财务费用。本项目根据“财务费用”账户的发生额分析填列。“财务费用”项目下的“利息费用”项目，反映商品流通企业为筹集生产经营所需资金等而发生的应予费用化的利息支出。该项目应根据“财务费用”账户的相关明细账户的发生额分析填列。该项目作为“财务费用”项目的其中项，以正数填列。“财务费用”项目下的“利息收入”项目，反映商品流通企业按照相关会计准则确认的应冲减财务费用的利息收入。该项目应根据“财务费用”账户的相关明细账户的发生额分析填列。该项目作为“财务费用”项目的其中项，以正数填列。

（8）“其他收益”项目，反映计入其他收益的政府补助，以及其他与日常活动相关且计入其他收益的项目。该项目应根据“其他收益”账户的发生额分析填列。商品流通企业作为个人所得税的扣缴义务人，根据《中华人民共和国个人所得税法》收到的扣缴税款手续费，应作为其他与日常活动相关的收益在该项目中填列。

（9）“投资收益”项目，反映商品流通企业以各种方式对外投资所取得的收益。本项目根据“投资收益”账户的发生额分析填列。如为投资损失，则以“–”号填列。

（10）“净敞口套期收益”项目，反映净敞口套期下被套期项目累计公允价值变动转入当期损益的金额或现金流量套期储备转入当期损益的金额。该项目应根据“净敞口套期损益”账户的发生额分析填列。如为套期损失，则以“–”号填列。

（11）“公允价值变动收益”项目，反映商品流通企业计入当期损益的资产或负债公允价值变动收益。本项目根据“公允价值变动损益”账户的发生额分析填列。如为净损失，则以“–”号填列。

（12）“信用减值损失”项目，反映商品流通企业按照《企业会计准则第 22 号——金融工具确认和计量》的要求计提的各项金融工具信用减值准备所确认的信用损失。该项目应根据“信用减值损失”账户的发生额分析填列。

（13）“资产减值损失”项目，反映商品流通企业各项资产发生的减值损失。本项目根据“资产减值损失”账户的发生额分析填列。

（14）“资产处置收益”项目，反映商品流通企业出售划分为持有待售的非流动资产（金融工具、长期股权投资和投资性房地产除外）或处置组（子公司和业务除外）时确认的处置利得或损失，以及处置未划分为持有待售的固定资产、在建工程、生产性生物资产及无形资产而产生的处置利得或损失。债务重组中因处置非流动资产（金融工具、长期股权投资和投资性房地产除外）产生的利得或损失和非货币性资产交换中换出非流动资产（金融工具、长期股权投资和投资性房地产除外）产生的利得或损失也包括在本项目内。该项目应根据“资产处置损益”账户的发生额分析填列。如为处置损失，则以“–”号填列。

（15）“营业利润”项目，反映商品流通企业在正常经营业务上所获得的利润，如为亏损，则以“–”号填列。

（16）“营业外收入”项目，反映商品流通企业发生的除营业利润以外的收益，主要包括与企业日常活动无关的政府补助、盘盈利得、捐赠利得（企业接受股东或股东的子公司直接或间接的捐赠，经济实质属于股东对企业的资本性投入的除外）等。该项目应根据“营业外收入”账户的发生额分析填列。

（17）“营业外支出”项目，反映商品流通企业发生的除营业利润以外的支出，主要包括公益性捐赠支出、非常损失、盘亏损失、非流动资产毁损报废损失等。该项目应根据“营业外支出”账户的发生额分析填列。“非流动资产毁损报废损失”通常包括因自然灾害发生毁损、已丧失使用功能等原因而报废清理产生的损失。企业在不同交易中形成的非流动资产毁损报废利得和损失不得相互抵销，应分别在“营业外收入”项目和“营业外支出”项目进行填列。

（18）“利润总额”项目，反映商品流通企业实现的税前利润总额，是由上述各项目计算填列的。如为亏损，则以“–”号填列。

（19）“所得税费用”项目，反映商品流通企业按规定从本期损益中扣除的所得税费用。本项目根据“所得税费用”账户的发生额分析填列。

（20）“净利润”项目，反映商品流通企业实现的净利润，是利润总额和所得税的差额。如为净亏损，则以“–”号填列。“（一）持续经营净利润”和“（二）终止经营净利润”项目，分别反映净利润中与持续经营相关的净利润和与终止经营相关的净利润。如为净亏损，则以“–”号填列。该两个项目应按照《企业会计准则第 42 号——持有待售的非流动资产、处置组和终止经营》的相关规定分别列报。

（21）“其他综合收益税后净额”项目，反映商品流通企业未在损益中确认的各项利得和损失扣除所得税影响后的净额。

（22）“综合收益总额”项目，反映商品流通企业净利润和其他综合收益的合计金额。

（23）“基本每股收益”和“稀释每股收益”项目的填报，请参阅第 9 章的相关内容。

商品流通企业利润表的“本期金额”栏反映各项目的本期实际发生数；“上期金额”栏内各数字，根据上年该期利润表“本期金额”栏内所列数字填列。如果上年度利润表与本年度利润表的项目名称和内容不相一致，那么对上年度利润表项目的名称和数字按本年度的规定进行调整，填入本表“上期金额”栏。

例 11-2　华懋商业公司 2×21 年度有关损益类账户本年累计发生净额如表 11-4 所示，假设该公司不存在未在损益中确认的利得和损失。

表 11-4　华懋商业公司损益类账户 2×21 年度累计发生净额　金额单位：元

账户名称	借方发生额	贷方发生额
主营业务收入		2 500 000
主营业务成本	1 500 000	
税金及附加	4 000	
销售费用	40 000	
管理费用	314 200	
财务费用	83 000	
信用减值损失	1 800	
资产减值损失	60 000	
投资收益		63 000

续表

账户名称	借方发生额	贷方发生额
营业外收入		100 000
营业外支出	39 400	
所得税费用	170 600	

根据表11-4，2×21年年底，华懋商业公司编制利润表，如表11-5所示。

表11-5 利润表

编制单位：华懋商业公司　　2×21年度　　金额单位：元

项　　目	本期金额	上期金额（略）
一、营业收入	2 500 000	
减：营业成本	1 500 000	
税金及附加	4 000	
销售费用	40 000	
管理费用	314 200	
研发费用	0	
财务费用	83 000	
其中：利息费用	64 000	
利息收入	2 000	
加：其他收益	0	
投资收益（损失以"–"号填列）	63 000	
其中：对联营企业和合营企业的投资收益	0	
以摊余成本计量的金融资产终止确认收益（损失以"–"号填列）	0	
净敞口套期收益（损失以"–"号填列）	0	
公允价值变动收益（损失以"–"号填列）	0	
信用减值损失（损失以"–"号填列）	–1 800	
资产减值损失（损失以"–"号填列）	–60 000	
资产处置收益（损失以"–"号填列）	0	
二、营业利润（亏损以"–"号填列）	560 000	
加：营业外收入	100 000	
减：营业外支出	39 400	
三、利润总额（亏损总额以"–"号填列）	620 600	
减：所得税费用	170 600	
四、净利润（净亏损以"–"号填列）	450 000	
（一）持续经营净利润（净亏损以"–"号填列）	450 000	

续表

项　　目	本期金额	上期金额（略）
（二）终止经营净利润（净亏损以"-"号填列）	0	
五、其他综合收益的税后净额	0	
（一）不能重分类进损益的其他综合收益		
1．重新计量设定受益计划变动额		
2．权益法下不能转损益的其他综合收益		
3．其他权益工具投资公允价值变动		
4．企业自身信用风险公允价值变动		
……		
（二）将重分类进损益的其他综合收益		
1．权益法下可转损益的其他综合收益		
2．其他债权投资公允价值变动		
3．金融资产重分类计入其他综合收益的金额		
4．其他债权投资信用减值准备		
5．现金流量套期储备		
6．外币财务报表折算差额		
……		
六、综合收益总额	450 000	
七、每股收益	（略）	
（一）基本每股收益		
（二）稀释每股收益		

相关链接 11-3　商品流通小企业利润表的内容

由于业务比较简单，所以相对于大中型商品流通企业的利润表而言，商品流通小企业利润表的内容比较少。和表 11-5 相比，差别主要体现在以下方面。

（1）商品流通小企业利润表没有每股收益、综合收益总额、其他综合收益、信用减值损失、资产减值损失、公允价值变动损益等项目。

（2）商品流通小企业列示了部分项目的明细，如税金及附加、销售费用、管理费用、财务费用、营业外收入等项目。

（3）小型商品流通企业的利润表列示了营业外支出项目的明细，如坏账损失、无法收回的长期债券投资损失、无法收回的长期股权投资损失、自然灾害等不可抗力因素造成的损失、税收滞纳金等的金额等。

商品流通小企业的利润表如表 11-6 所示。

表 11-6 利润表

编制单位： 年 月 金额单位：元

项 目	本年累计金额	本月金额
一、营业收入		
减：营业成本		
税金及附加		
其中：消费税		
城市维护建设税		
资源税		
土地增值税		
城镇土地使用税、房产税、车船税、印花税		
教育费附加、矿产资源补偿费、排污费		
销售费用		
其中：商品维修费		
广告费和业务宣传费		
管理费用		
其中：开办费		
业务招待费		
研究费用		
财务费用		
其中：利息费用（收入以"–"号填列）		
投资收益（损失以"–"号填列）		
二、营业利润（亏损以"–"号填列）		
加：营业外收入		
其中：政府补助		
减：营业外支出		
其中：坏账损失		
无法收回的长期债券投资损失		
无法收回的长期股权投资损失		
自然灾害等不可抗力因素造成的损失		
税收滞纳金		
三、利润总额（亏损总额以"–"号填列）		
减：所得税费用		
四、净利润（净亏损以"–"号填列）		

11.3　现金流量表的编制

现金流量表中的“现金”概念，指的是商品流通企业可以随时用于支付的货币资金（包括库存现金、银行存款、其他货币资金等）及现金等价物（主要指期限短、流动性强、易于转化成已知金额现金、价值变动风险很小的投资项目）。

11.3.1　现金流量概述

现金流量是指商品流通企业某一期间内现金和现金等价物的流入和流出的数量。现金流量划分为经营活动产生的现金流量、投资活动产生的现金流量和筹资活动产生的现金流量三大类。

1. 经营活动产生的现金流量

经营活动是指商品流通企业投资活动和筹资活动以外的所有交易和事项。就商品流通企业而言，经营活动主要包括销售商品、购买商品、接受劳务、广告宣传、推销产品、缴纳税款等。

2. 投资活动产生的现金流量

投资活动是包括商品流通企业购建固定资产、无形资产、其他长期资产和进行不包括在现金等价物范围内的投资及其处置活动。长期资产是指固定资产、在建工程、无形资产、其他资产等持有期限在 1 年或一个营业周期以上的资产。投资活动产生的现金流量主要包括取得和收回投资、购建和处置固定资产、无形资产和其他长期资产等。

3. 筹资活动产生的现金流量

筹资活动是指导致商品流通企业资本及债务规模和构成发生变化的活动。其中的资本，包括实收资本（股本）和资本溢价（股本溢价）。商品流通企业发生与资本有关的现金流入和流出项目，一般包括吸收投资、发行股票、分配利润、支付股利等。其中，债务是指企业对外举债所借入的款项，如发行债券、向金融企业借入款项及偿还债务等。

11.3.2　现金流量表的编制方法

商品流通企业经营活动产生的现金流量是一项重要的指标，它可以说明企业在不动用外部筹得资金的情况下，通过经营活动产生的现金流量是否足以偿还负债、支付股利和对外投资。编制现金流量表时，列报经营活动现金流量的方法有两种：一是直接法；二是间接法。这两种方法通常也称编制现金流量表的方法。对投资和筹资两部分现金流量的编制均采用直接法。

所谓直接法，是指通过现金收入和现金支出的主要类别反映商品流通企业经营活动的现金流量。采用直接法编制经营活动的现金流量时，一般以利润表中的营业收入为起算点，按照利润表项目自上而下逐项分析，并调整和经营活动有关的项目的增减变动，然后分别计算出经营活动各现金流量。

所谓间接法，是指以本期净利润为起算点，按照利润表项目自下而上逐项分析，调整不涉及现金的收入、费用、非营业活动损益以及应收、应付等项目的增减变动，据此计算并列示经营活动的现金流量。

此外，在具体编制现金流量表的正表时，可以采用工作底稿法或 T 形账户法编制，也可以直接根据有关账户记录分析填列。在此不详细介绍。

11.3.3 现金流量表各项目的内容及填列方法

现金流量表主要由正表和补充资料两大部分构成。

1. 正表

在正表中包括五项内容：一是经营活动产生的现金流量；二是投资活动产生的现金流量；三是筹资活动产生的现金流量；四是汇率变动对现金及等价物的影响；五是现金及现金等价物的净增加额。在前三类现金流量中，又分别列示现金流入和现金流出各项目及其小计。

（1）经营活动产生的现金流量。

①“销售商品、提供劳务收到的现金”项目。该项目反映商品流通企业销售商品、提供劳务实际收到的现金（含销售收入和应向购买者收取的增值税额），包括本期销售商品、提供劳务收到的现金，以及前期销售商品、前期提供劳务本期收到的现金和本期预收的账款，扣除本期退回本期销售的商品和前期销售本期退回的商品支付的现金。商品流通企业销售材料和代购供销业务收到的现金，也在本项目内反映。该项目可参考下列公式计算得出：

销售商品、提供劳务收到的现金=本期主营业务收入+本期销项税额+（应收账款期初余额–应收账款期末余额）+（应收票据期初余额–应收票据期末余额）+（合同资产期初余额–合同资产期末余额）+（预收账款期末余额–预收账款期初余额）+（合同负债期末余额–合同负债期初余额）+当期收回前期核销的坏账–当期核销的坏账–票据贴现的利息–以非现金资产抵偿债务而减少的应收账款和应收票据

例如，大华公司 2×21 年销售商品收入 5 000 万元，增值税销项税额为 650 万元。应收账款期初余额为 500 万元，期末余额为 800 万元；应收票据期初余额为 400 万元，期末

余额为 200 万元。大华公司销售商品、提供劳务收到的现金= 5 000+650+（500–800）+（400–200）=5 550（万元）。

②“收到的税费返还”项目。该项目反映商品流通企业收到返还的各种税费，如收到的增值税、消费税、所得税、教育费附加返还等。

③“收到其他与经营活动有关的现金”项目。该项目反映商品流通企业除了上述各项目，收到的其他与经营活动有关的现金流入，如罚款收入、实际收到的政府补助（无论是与资产相关还是与收益相关）、流动资产损失中由个人赔偿的现金收入等。其他现金流入如价值较大的，则单列项目反映。

④“购买商品、接受劳务支付的现金”项目。该项目反映商品流通企业购买商品、接受劳务实际支付的现金，包括本期购入商品、接受劳务支付的现金（包括增值税进项税额），以及本期支付前期购入商品、接受劳务的未付款项和本期预付款项。本期发生的购货退回收到的现金应从本项目内扣除。该项目可参考下列公式计算得出：

购买商品、接受劳务支付的现金=本期商品销售成本+本期进项税额+
（商品存货期末余额–商品存货期初余额）+（应付账款期初余额–
应付账款期末余额）+（应付票据期初余额–应付票据期末余额）+
（预付账款期末余额–预付账款期初余额）

⑤“支付给职工以及为职工支付的现金”项目。该项目反映商品流通企业实际支付给职工薪酬和为职工支付的其他现金。不包括支付的离退休人员的各项费用和支付给在建工程人员的职工薪酬等。企业支付给离退休人员的各项费用，包括支付的统筹退休金及未参加统筹的退休人员的费用，在“支付的其他与经营活动有关的现金”项目中反映；支付的在建工程人员的职工薪酬，在“购建固定资产、无形资产和其他长期资产所支付的现金”项目中反映。

⑥“支付的各项税费”项目。该项目反映商品流通企业按国家有关规定于当期实际上缴税务部门的各项税费，包括本期发生并支付的税费，以及本期支付以前各期发生的税费和预交的税金，如支付的教育费附加、矿产资源补偿费、印花税、房产税、土地增值税、车船使用税等，不包括计入固定资产价值、实际支付的耕地占用税等。

⑦“支付其他与经营活动有关的现金”项目。该项目反映商品流通企业除上述各项目外，支付的其他与经营活动有关的现金流出，如罚款支出、差旅费支出、业务招待费现金支出、支付的保险费等。其他现金流出如价值较大的，则单列项目反映。

（2）投资活动产生的现金流量。

①“收回投资所收到的现金”项目。该项目反映商品流通企业出售、转让或到期收回除现金等价物以外的交易性金融资产、债权投资、其他债权投资、其他权益工具投资、长期股权投资、投资性房地产而收到的现金，不包括债权性投资收回的利息、收回的非现金

资产，以及处置子公司及其他营业单位收到的现金净额。

②“取得投资收益所收到的现金”项目。该项目反映商品流通企业因股权性投资而分得的现金股利、利润、利息，以及从子公司、联营企业和合营企业分回利润收到的现金等，不包括股票股利。

③“处置固定资产、无形资产和其他长期资产收回的现金净额”项目。该项目反映商品流通企业处置固定资产、无形资产和其他长期资产所取得的现金，扣除为处置这些资产而支付的有关费用后的净额。由自然灾害所造成的固定资产等长期资产损失而收到的保险赔偿收入，也在本项目反映。

④“处置子公司及其他营业单位收到的现金净额”项目。本项目反映商品流通企业处置子公司及其他营业单位收到的现金减去子公司或其他营业单位持有的现金和现金等价物后的净额。

⑤“收到其他与投资活动有关的现金”项目。该项目反映商品流通企业除了上述各项，收到的其他与投资活动有关的现金流入。其他现金流入如价值较大的，则单列项目反映。

⑥“购建固定资产、无形资产和其他长期资产所支付的现金”项目。该项目反映商品流通企业购买、建造固定资产，取得无形资产和其他长期资产所支付的现金，不包括为购建固定资产而发生的借款利息资本化的部分及租入固定资产支付的租赁费。借款利息和租入固定资产支付的租赁费，在筹资活动产生的现金流量中单独反映。商品流通企业以分期付款方式购建的固定资产，其首次付款支付的现金作为投资活动的现金流出，以后各期支付的现金作为筹资活动的现金流出。

⑦“投资支付的现金”项目。该项目反映商品流通企业进行各种性质的投资所支付的现金，包括商品流通企业取得的除现金等价物以外的交易性金融资产、债权投资、其他债权投资、其他权益工具投资而支付的现金及支付的佣金、手续费等交易费用。

商品流通企业购买股票和债券时，实际支付的价款中包含的已宣告但尚未领取的现金股利或已到付息期但尚未领取的债券的利息，在投资活动的“支付其他与投资活动有关的现金”项目中反映；收回购买股票和债券时支付的已宣告但尚未领取的现金股利或已到付息期但尚未领取的债券的利息，在投资活动的“收到其他与投资活动有关的现金”项目中反映。

⑧“支付其他与投资活动有关的现金”项目。该项目反映商品流通企业除了上述各项目，支付的其他与投资活动有关的现金流出。其他现金流出如价值较大的，则单列项目反映。

（3）筹资活动产生的现金流量。

①“吸收投资收到的现金”项目。该项目反映商品流通企业收到的投资者投入的现金，包括以发行股票方式筹集的资金实际收到股款净额（发行收入减去支付的佣金等发行费用

后的净额）、发行债券实际收到的现金（发行收入减去支付的佣金等发行费用后的净额）等。以发行股票方式筹集资金而由企业直接支付的审计、咨询等费用及发行债券支付的发行费用在“支付其他与筹资活动有关的现金”项目中反映，不从本项目内扣除。

②“取得借款收到的现金”项目。该项目反映商品流通企业举借各种短期、长期借款所收到的现金。

③“收到其他与筹资活动有关的现金”项目。该项目反映商品流通企业除上述各项目外，收到的其他与筹资活动有关的现金流入，如接受现金捐赠等。其他现金流入如价值较大的，则单列项目反映。

④“偿还债务支付的现金”项目。该项目反映商品流通企业以现金偿还债务的本金，包括偿还金融企业的借款本金、偿还债券本金等。商品流通企业偿还的借款利息、债券利息在“分配股利、利润和偿付利息支付的现金”项目中反映，不包括在本项目内。

⑤“分配股利、利润或偿付利息支付的现金”项目。该项目反映商品流通企业实际支付的现金股利、支付给其他投资单位的利润或用现金支付的借款利息、债券利息。

⑥“支付其他与筹资活动有关的现金”项目。该项目反映商品流通企业除了上述各项，支付的其他与筹资活动有关的现金流出，如捐赠现金支出等。其他现金流出如价值较大的，则单列项目反映。

（4）汇率变动对现金及等价物的影响。该项目反映商品流通企业外币现金流量及境外子公司的现金流量折算为人民币时，所采用的现金流量发生日的汇率或平均汇率折算的人民币金额，与“现金及现金等价物净增加额”中外币现金净增加额按期末汇率折算的人民币金额之间的差额。

（5）现金及现金等价物净增加额。该项目反映商品流通企业本期现金的净增加或净减少，是上述前三类现金流量净额与汇率变动对现金影响额的合计数。

例 11-3　承例 11-1 和例 11-2。华懋商业公司其他相关资料如下。

（1）管理费用的组成：职工薪酬 34 200 元，无形资产摊销 120 000 元，折旧费 40 000 元，支付其他费用 120 000 元。

（2）财务费用的组成：计提借款利息 23 000 元，支付应付票据贴现利息 60 000 元。

（3）资产减值损失的组成：计提固定资产减值准备 60 000 元。

（4）投资收益的组成：收到股息收入 60 000 元，和本金一起收回的交易性股票 1 000 元，自公允价值变动损益结转投资收益 2 000 元。

（5）营业外收入的组成：处置固定资产净收益 100 000 元，其中，所处置的固定资产原价为 800 000 元，累计折旧 300 000 元，收到处置收入 600 000 元，假定不考虑相关税费。

（6）营业外支出的组成：报废固定资产净支出 39 400 元，其中，所报废固定资产原价

400 000 元，累计折旧为 360 000 元，支付清理费 1 000 元，收到残值收入 1 600 元。

（7）所得税费用的组成：当期所得税费用 185 600 元，递延所得税收益 15 000 元。

（8）利润表中的销售费用 40 000 元至期末已经支付。

（9）本期收回交易性股票投资本金 30 000 元、公允价值变动 2 000 元，同时实现投资收益 1 000 元。

（10）存货中生产成本、制造费用的组成项目：职工薪酬 649 800 元，折旧费 160 000 元。

（11）应交税费的组成：本期增值税进项税额 84 932 元，增值税销项税额 425 000 元，已交增值税 200 000 元；应交所得税期末余额为 30 450 元，应交所得税期初余额为 0，应交税费期末数中应由在建工程负担的部分为 200 000 元。

（12）应付职工薪酬的期初数无应付在建工程人员部分，本期在建工程人员薪酬 400 000 元。应付职工薪酬的期末数中应付在建工程人员的部分为 56 000 元。

（13）应付利息均为短期借款利息，其中本期计提利息 23 000 元，支付利息 25 000 元。

（14）本期用现金购买固定资产 202 000 元，购买工程物资 600 000 元。

（15）本期用现金偿还短期借款 500 000 元，偿还 1 年内到期的长期借款 2 000 000 元，借入长期借款 1 120 000 元。

（16）信用减值损失的组成：计提坏账准备 1 800 元，上年年末坏账准备余额为 1 800 元。

根据上述资料，用分析填列方法，编制华懋商业公司 2×21 年度的现金流量表。

1）华懋商业公司 2×21 年度现金流量表各项目金额：

① 销售商品、提供劳务收到的现金=本期主营业务收入+本期销项税额+（应收账款年初余额–应收账款期末余额）+（应收票据年初余额–应收票据期末余额）–当期计提的坏账准备–票据贴现的利息=2 500 000+425 000+（598 200–1 196 400）+（492 000–132 000）–1 800–60 000= 2 625 000（元）

② 购买商品、接受劳务支付的现金=本期主营业务成本+本期进项税额–（存货年初余额–存货期末余额）+（应付账款年初余额–应付账款期末余额）+（应付票据年初余额–应付票据期末余额）+（预付账款期末余额–预付账款年初余额）–当期列入存货中的职工薪酬–当期列入费用的折旧费和固定资产修理费=1 500 000+84 932–（5 160 000–4 969 400）+（1 907 600–1 907 600）+（400 000–200 000）+（200 000–200 000）–649 800–160 000=784 532（元）

③ 支付给职工以及为职工支付的现金=职工薪酬+（应付职工薪酬年初余额–应付职工薪酬期末余额）–［应付职工薪酬（在建工程）年初余额–应付职工薪酬（在建工程）期末余额］= 649 800+34 200+（220 000–360 000）–（0–56 000）=600 000（元）

④ 支付的各项税费=当期所得税费用+税金及附加+应交税费（应交增值税–已交税金）–（应交所得税期末余额–应交所得税年初余额）=185 600+4 000+200 000–30 450=359 150（元）

⑤ 支付其他与经营活动有关的现金=其他管理费+销售费用=120 000+40 000=160 000（元）

⑥ 收回投资收到的现金=交易性金融资产贷方发生额+和交易性金融资产一起收回的投资收益=32 000+1 000=33 000（元）

⑦ 取得投资收益所收到的现金=收到股息收入=60 000（元）

⑧ 处置固定资产收回的现金净额=600 000+（1 600–1 000）=600 600（元）

⑨ 购建固定资产支付的现金=用现金购买的固定资产、工程物资+支付给在建工程人员的薪酬=202 000+600 000+400 000=1 202 000（元）

⑩ 取得借款所收到的现金=1 120 000（元）

⑪ 偿还债务支付的现金=2 500 000（元）

⑫ 偿还利息支付的现金=25 000（元）

2）将净利润调节为经营活动现金流量：

① 资产减值准备=60 000+1 800=61 800（元）

② 固定资产折旧=40 000+160 000=200 000（元）

③ 无形资产摊销=120 000（元）

④ 处置固定资产、无形资产和其他长期资产的损失（收益以“–”号填列）=–100 000（元）

⑤ 固定资产报废损失=39 400（元）

⑥ 财务费用=23 000（元）

⑦ 投资损失=–63 000（元）

⑧ 递延所得税资产减少=0–15 000=–15 000（元）

⑨ 存货的减少=5 160 000–4 969 400–190 600（元）

⑩ 经营性应收项目的减少=（492 000–132 000）+（598 200+1 800–1 196 400– 3 600）= –240 000（元）

⑪ 经营性应付项目的增加=（200 000–400 000）+（200 000–200 000）+［（360 000–56 000）–220 000］+［（443 718–200 000）–73 200］=54 518（元）

3）根据上述数据编制现金流量表，如表 11-7 所示。

表 11-7　现金流量表

编制单位：华懋商业公司　　　　2×21 年度　　　　金额单位：元

项　　目	本期金额	上期金额（略）
一、经营活动产生的现金流量：		
销售商品、提供劳务收到的现金	2 625 000	
收到的税费返还	0	

续表

项　　目	本期金额	上期金额（略）
收到其他与经营活动有关的现金	0	
经营活动现金流入小计	2 625 000	
购买商品、接受劳务支付的现金	784 532	
支付给职工以及为职工支付的现金	600 000	
支付的各项税费	359 150	
支付其他与经营活动有关的现金	160 000	
经营活动现金流出小计	1 903 682	
经营活动产生的现金流量净额	721 318	
二、投资活动产生的现金流量：		
收回投资收到的现金	33 000	
取得投资收益收到的现金	60 000	
处置固定资产、无形资产和其他长期资产收回的现金净额	600 600	
处置子公司及其他营业单位收到的现金净额	0	
收到其他与投资活动有关的现金	0	
投资活动现金流入小计	693 600	
购建固定资产、无形资产和其他长期资产支付的现金	1 202 000	
投资支付的现金	0	
取得子公司及其他营业单位支付的现金净额	0	
支付其他与投资活动有关的现金	0	
投资活动现金流出小计	1 202 000	
投资活动产生的现金流量净额	–508 400	
三、筹资活动产生的现金流量：		
吸收投资收到的现金	0	
取得借款收到的现金	1 120 000	
收到其他与筹资活动有关的现金	0	
筹资活动现金流入小计	1 120 000	
偿还债务支付的现金	2 500 000	
分配股利、利润或偿付利息支付的现金	25 000	
支付其他与筹资活动有关的现金	0	
筹资活动现金流出小计	2 525 000	
筹资活动产生的现金流量净额	–1 405 000	
四、汇率变动对现金及等价物的影响	0	
五、现金及现金等价物净增加额	–1 192 082	
加：期初现金及现金等价物余额	2 812 600	
六、期末现金及现金等价物余额	1 620 518	

2. 补充资料

现金流量表补充资料包括将净利润调节为经营活动的现金流量、不涉及现金收支的投资和筹资活动、现金及现金等价物净变动情况等项目。在企业的财务报告中，现金流量表补充资料在附注部分列示。

（1）将净利润调节为经营活动的现金流量。补充资料中的“将净利润调节为经营活动的现金流量”，实际上是以间接法编制的经营活动的现金流量。采用间接法将净利润调节为经营活动的现金流量时，需要调整的项目可分为三大类：一是实际没有支付现金的费用和没有收到现金的收益；二是不属于经营活动的损益；三是经营性应收应付项目的增减变动。此外，和增值税有关的现金流量没有包括在净利润中，但属于经营活动的现金流量，所以需进行调整。

间接法下“将净利润调节为经营活动的现金流量”具体包括以下各项目：

①“资产减值准备”项目。该项目反映商品流通企业本期计提的各项资产的减值准备。本项目可根据“资产减值损失”和“信用减值损失”账户分析填列。如，合同资产计提的减值准备没有发生现金流出，所以，需要加回。

②“固定资产折旧”项目。固定资产折旧，计入当期费用的部分，作为期间费用在计算利润时被扣除，但没有发生现金流出，所以，需要加回。本项目可以根据“累计折旧”“累计折耗”账户的贷方发生额分析填列。

③“无形资产摊销”和“长期待摊费用摊销”项目。这两个项目分别反映商品流通企业本期累计摊入成本费用的无形资产的价值及长期待摊费用。这两个项目根据“无形资产”“长期待摊费用”账户的贷方发生额分析填列。

④“处置固定资产、无形资产和其他长期资产的损失（减：收益）”项目。该项目反映商品流通企业本期由于处置固定资产、无形资产和其他长期资产而发生的净损失。可以根据“营业外收入”“营业外支出”“其他业务收入”“其他业务成本”账户所属有关明细账户的记录分析填列。如为净收益，则以“–”号填列。

处置固定资产、无形资产和其他长期资产，不属于经营活动，而属于投资活动。其所产生的收益，从净利润中转出。如果处置固定资产、无形资产和其他长期资产产生损失，则在调整净利润时加回。

例如，建安公司年内曾处置设备 1 台，原价 100 000 元，累计已提折旧 60 000 元，收到现金 50 000 元。此项处置产生收益 10 000 元［50 000–（100 000–60 000）］，已计入当期利润表，在调整净利润时应减去。而该笔交易产生的现金流量 50 000 元应计入投资活动产生的现金流量。

为了能取得这一项目的资料，商品流通企业平时可以在“营业外收入”“营业外支出”

账户下设置相应的明细账户，并及时计算累计额，以便编制现金流量表时使用。

⑤“固定资产报废损失”项目。该项目反映商品流通企业本期固定资产盘亏（减盘盈）后的净损失。可以根据“营业外支出”“营业外收入”账户所属有关明细账户中固定资产盘亏损失减去固定资产盘盈收益后的差额填列。

固定资产盘亏、报废损失，均计入营业外支出，列入了利润表。这部分损失既没有发生现金流出，也不属于经营活动的现金流量，所以在调节净利润时加回。如果发生固定资产盘盈和报废清理收益，则在调节净利润时减去。

⑥“公允价值变动损失”项目。该项目反映商品流通企业在初始确认时划分为以公允价值计量且变动计入当期损益的交易性金融资产或金融负债、衍生工具、套期等业务中公允价值变动形成的应计入当期损益利得或损失。本项目根据“公允价值变动损益”账户的发生额填列。如为持有损失，则加回；如为持有利得，则扣除。

⑦“财务费用”项目。该项目反映商品流通企业本期发生的应属于投资活动或筹资活动的财务费用。可以根据“财务费用”账户的本期借方发生额分析填列。如为收益，则以“–”号填列。

商品流通企业发生的财务费用可以分别归属于经营活动、投资活动和筹资活动。例如，应收票据贴现、销售产品和购买原材料所产生的汇兑损益属于经营活动；购买固定资产所产生的汇兑损益属于投资活动；支付的利息属于筹资活动等。调整净利润时，把属于投资活动和筹资活动的部分调整出去。

例如，建安公司 2×21 年共发生财务费用 350 000 元，其中属于经营活动的为 150 000 元，均已以现金支付，属于筹资活动的为 130 000 元，属于投资活动的为 70 000 元。在调节净利润时，加回 200 000 元（130 000+70 000）。

在实务中，商品流通企业的“财务费用”明细账一般是按费用项目设置的，为了编制现金流量表，商品流通企业可在此基础上，再按“经营活动”“投资活动”“筹资活动”分设明细分类账。每一笔财务费用发生时，即将其归入“经营活动”“投资活动”或“筹资活动”中。

⑧“投资损失（减：收益）”项目。该项目反映商品流通企业本期投资所发生的损失减去收益后的净损失。可以根据利润表“投资收益”项目的数字填列。如为投资收益，则以“–”号填列。

投资损益是由投资活动引起的，不属于经营活动，在调节净利润时，将这部分损益从净利润中转出。若为投资收益，则调节净利润时减去；若为投资损失，则调节净利润时加回。

⑨“递延所得税资产减少”项目。如果递延所得税资产减少使计入所得税费用的金额大于当期应交的所得税金额，其差额没有发生现金流出，在计算净利润时已经扣除，则加

回。如果递延所得税资产减少使计入所得税费用的金额小于当期应交的所得税金额，其差额没有发生现金流入，在计算净利润时已经包括在内，则扣除。本项目可以根据“递延所得税资产”项目期初、期末余额分析填列。

⑩“递延所得税负债增加”项目。如果递延所得税负债增加使计入所得税费用的金额大于当期应交的所得税金额，其差额没有发生现金流出，在计算净利润时已经扣除，则加回。如果递延所得税负债增加使计入所得税费用的金额小于当期应交的所得税金额，其差额没有发生现金流入，在计算净利润时已经包括在内，则扣除。本项目可以根据“递延所得税负债”项目期初、期末余额分析填列。

⑪“存货的减少（减：增加）”项目。该项目反映商品流通企业本期存货的减少（减：增加）。可以根据资产负债表“存货”项目的期初、期末余额的差额填列。如期末数大于期初数的差额，则以“–”号填列。

存货的增减变动属于经营活动。在不存在赊购的情况下，如某一期间期末存货比期初存货增加，则说明当期购入的存货除耗用或销售外，还余留了一部分，即除了当期销货成本包含的存货发生现金支出，还为增加的存货发生了现金支出，故在调节净利润时减去。反之，如某一期间期末存货比期初存货减少，则说明本期经营过程耗用的存货有一部分是期初的存货，本期耗用这部分存货并没有发生现金支出，所以加回到净利润中。简言之，存货增加，说明现金减少；存货减少，说明现金增加。所以，在调节净利润时，减去存货的增加数或加上存货的减少数。

在存在赊购的情况下，除仍按上述原则对存货进行调整外，还要通过调整应付账款、应付票据等的增减变动来反映赊购对现金的影响。

⑫“经营性应收项目的减少（减：增加）”项目。该项目反映商品流通企业本期经营性应收项目的减少（减：增加）。经营性应收项目主要指应收账款、应收票据、合同资产和其他应收款中与经营活动有关的部分以及应收的增值税销项税额等。如某一期间期末应收账款或应收票据余额大于期初应收账款或应收票据余额，则说明本期销售收入中有一部分没有收到现金，但在利润表中已将销售收入全数列入，所以在调整时将应收账款和应收票据的增加额从净利润中减去。反之，如某一期间期末应收账款或应收票据余额小于期初应收账款或应收票据余额，则说明本期从客户处收到的现金大于利润表中所确认的销售收入，所以在调整时将应收账款和应收票据的减少额加回到净利润中。

例如，建安公司年初余额资料为：应收账款 750 000 元，应收票据 230 000 元。年末余额为：应收账款 950 000 元，应收票据 200 000 元。其他应收款中和经营活动有关的金额年初年末没有发生变动。则经营性应收项目年末比年初增加 170 000 元，调整时从净利润中减去。

⑬“经营性应付项目的增加（减：减少）”项目。该项目反映商品流通企业本期经营性

应付项目的增加（减：减少）。经营性应付项目主要是指应付账款、应付票据、合同负债、应付职工薪酬、应交税费、其他应付款中和经营活动有关的部分，以及应付的增值税进项税额等。如某一期间期末应付账款或应付票据余额大于期初应付账款或应付票据余额，则说明本期购入的存货中有一部分没有支付现金，但在利润表中已将销售成本全部列入，所以在调整时将应付账款和应付票据的增加额加回到净利润中。反之，如某一期间期末应付账款或应付票据余额小于期初应付账款或应付票据余额，则说明本期还支付了以前期间的购货款，即本期支付给供货单位的现金大于利润表中所确认的销售成本，所以在调整时将应付账款和应付票据的减少额在净利润中减去，以反映这部分现金支出。

例如，建安公司年初余额资料为：应付账款 600 000 元，应付票据 390 000 元，应交税费 60 000 元。年末余额为：应付账款 850 000 元，应付票据 300 000 元，应交税费 40 000 元。则经营性应付项目年末比年初增加 140 000 元，调整时加回到净利润中。

（2）不涉及现金收支的投资和筹资活动。补充资料中的“不涉及现金收支的投资和筹资活动”项目，反映商品流通企业一定期间内影响资产或负债但不形成该期现金收支的所有投资和筹资活动的信息。这些投资和筹资活动虽然不涉及当期现金收支，但对以后各期的现金流量将产生重大影响。如租入设备未来支付的租金，记入“租赁负债”账户，当期并不支付或支付较少的设备款及租金，但以后各期必须为此支付大量的现金，从而在一定期间内形成了一项固定的现金支出。不涉及现金收支的投资和筹资活动各项目的填列方法如下：

①“债务转为资本”项目。该项目反映商品流通企业本期转为资本的债务金额。

②“1 年内到期的可转换公司债券”项目。该项目反映企业 1 年内到期的可转换公司债券的本息。

③“融资租入固定资产”项目。该项目反映商品流通企业本期融资租入固定资产记入“租赁负债”账户的金额。

（3）现金及现金等价物净变动情况。补充资料中的“现金及现金等价物净变动情况”项目，主要根据库存现金、银行存款、其他货币资金以及现金等价物账户的期初余额和期末余额计算填列，并和正表中的“现金及现金等价物净增加额”的金额相等。

例 11-4 承例 11-3，编制现金流量表补充资料如表 11-8 所示。

表 11-8 现金流量表补充资料　　金额单位：元

补充资料	本期金额	上期金额（略）
1．将净利润调节为经营活动现金流量：		
净利润	450 000	
加：资产减值准备	61 800	

续表

补充资料	本期金额	上期金额（略）
固定资产折旧、油气资产折耗、生产性生物资产折旧	200 000	
无形资产摊销	120 000	
长期待摊费用摊销	0	
处置固定资产、无形资产和其他长期资产的损失（收益以“–”号填列）	–100 000	
固定资产报废损失（收益以“–”号填列）	39 400	
公允价值变动损失（收益以“–”号填列）	0	
财务费用（收益以“–”号填列）	23 000	
投资损失（收益以“–”号填列）	–63 000	
递延所得税资产减少（增加以“–”号填列）	–15 000	
递延所得税负债增加（减少以“–”号填列）	0	
存货的减少（增加以“–”号填列）	190 600	
经营性应收项目的减少（增加以“–”号填列）	–240 000	
经营性应付项目的增加（减少以“–”号填列）	54 518	
其他	0	
经营活动产生的现金流量净额	721 318	
2．不涉及现金收支的重大投资和筹资活动：		
债务转为资本	0	
1 年内到期的可转换公司债券	0	
融资租入固定资产	0	
3．现金及现金等价物净变动情况：		
现金的期末余额	1 620 518	
减：现金的期初余额	2 812 600	
加：现金等价物的期末余额		
减：现金等价物的期初余额		
现金及现金等价物净增加额	–1 192 082	

相关链接 11-4　商品流通小企业现金流量表的内容

由于业务比较简单，所以相对于大中型商品流通企业的现金流量表而言，商品流通小企业现金流量表的内容比较少。差别主要体现在以下方面。

（1）商品流通小企业在附注中不列示附表（见表 11-8）。

（2）商品流通小企业在现金流量表中没有列示经营活动、投资活动、筹资活动等的现金流入小计和现金流出小计。

（3）商品流通小企业在列示经营活动、投资活动、筹资活动等活动的具体项目的现金流量时，项目比表11-7的内容少。但是，在列示借款支付的现金时，要求分别列示偿还借款本金支付的现金和偿还借款利息支付的现金，而表11-7中将两者合而为一，要求列示偿还债务支付的现金。

11.4 所有者权益变动表的编制

11.4.1 所有者权益变动表概述

商品流通企业的所有者权益变动表是反映构成所有者权益的各组成部分当期的增减变动情况的报表。该表全面反映一定时期所有者权益变动的情况，让报表使用者准确理解所有者权益增减变动的原因。

商品流通企业的所有者权益变动表以矩阵的形式列示，如表11-9所示。表11-9的纵列，列示导致所有者权益变动的交易或事项，按所有者权益变动的根源对一定时期所有者权益变动情况进行全面反映；表11-9的横行，按照所有者权益各组成部分包括实收资本（或股本）、其他权益工具、资本公积、其他综合收益、专项储备、盈余公积、未分配利润和库存股及其总额列示交易或事项对所有者权益的影响。而且，所有者权益变动表还要就各项目在“本期金额”和“上期金额”两栏分别填列。

11.4.2 所有者权益变动表的列报方法

1. 所有者权益变动表各项目的列报

（1）“上年年末余额”项目。反映商品流通企业上年资产负债表中实收资本（或股本）、其他权益工具、资本公积、其他综合收益、盈余公积、未分配利润的年末余额。

（2）“会计政策变更”“前期差错更正”项目。两个项目分别反映商品流通企业采用追溯调整法处理的会计政策变更的累计影响金额和采用追溯重述法处理的会计差错更正的累积影响金额。这两个项目根据“盈余公积”“利润分配”“以前年度损益调整”等账户分析填列。

（3）“本年增减变动金额”项目。

①“综合收益总额”项目，反映企业当年实现净利润金额和当年计入其他综合收益的合计金额。

②“所有者投入和减少资本”项目，反映商品流通企业当年所有者投入和减少资本。

“所有者投入的普通股”项目，反映商品流通企业接受投资者投入形成的实收资本和资本溢价或股本溢价，并对应列在“实收资本”和“资本公积”栏。

表 11-9　所有者权益变动表

2×21 年度

编制单位：华懋商业公司　　　　金额单位：元

项　目	本年金额										
	实收资本（或股本）	其他权益工具			资本公积	减：库存股	其他综合收益	专项储备	盈余公积	未分配利润	所有者权益合计
		优先股	永续债	其他							
一、上年年末余额	10 000 000				0	0			200 000	100 000	10 300 000
加：会计政策变更											
前期差错更正											
其他											
二、本年年初余额	10 000 000				0	0			200 000	100 000	10 300 000
三、本年增减变动金额（减少以“–”填列）											
（一）综合收益总额										450 000	450 000
（二）所有者投入和减少资本											
1．所有者投入的普通股											
2．其他权益工具持有者投入资本											
3．股份支付计入所有者权益的金额											
4．其他											
（三）利润分配											
1．提取盈余公积									49 540.8	–49 540.8	0
2．对所有者（或股东）的分配										–64 431.7	–64 431.7
3．其他											

续表

项目	本年金额										
	实收资本（或股本）	其他权益工具			资本公积	减：库存股	其他综合收益	专项储备	盈余公积	未分配利润	所有者权益合计
		优先股	永续债	其他							
（四）所有者权益内部结转											
1．资本公积转增资本（或股本）											
2．盈余公积转增资本（或股本）											
3．盈余公积弥补亏损											
4．设定受益计划变动额结转留存收益											
5．其他综合收益结转留存收益											
6．其他											
四、本年年末余额	10 000 000				0	0			249 540.8	436 027.5	10 630 976.3

项目	上年金额										
	实收资本（或股本）	其他权益工具			资本公积	减：库存股	其他综合收益	专项储备	盈余公积	未分配利润	所有者权益合计
		优先股	永续债	其他							
一、上年年末余额											
加：会计政策变更											
前期差错更正											
其他											
二、本年年初余额											
三、本年增减变动金额（减少以“–”填列）											
（一）综合收益总额											

续表

项　目	上年金额										
	实收资本（或股本）	其他权益工具			资本公积	减：库存股	其他综合收益	专项储备	盈余公积	未分配利润	所有者权益合计
		优先股	永续债	其他							
（二）所有者投入和减少资本											
1．所有者投入的普通股											
2．其他权益工具持有者投入资本											
3．股份支付计入所有者权益的金额											
4．其他											
（三）利润分配											
1．提取盈余公积											
2．对所有者（或股东）的分配											
3．其他											
（四）所有者权益内部结转											
1．资本公积转增资本（或股本）											
2．盈余公积转增资本（或股本）											
3．盈余公积弥补亏损											
4．设定受益计划变动额结转留存收益											
5．其他综合收益结转留存收益											
6．其他											
四、本年年末余额											

“其他权益工具持有者投入资本”项目，反映商品流通企业发行的除普通股以外分类为权益工具的金融工具的持有者投入资本的金额。该项目应根据金融工具类账户的相关明细账户的发生额分析填列。

“股份支付计入所有者权益的金额”项目，反映商品流通企业处于等待期中的权益结算的股份支付当年计入资本公积的金额，并对应列在“资本公积”栏。

③“利润分配”项目，反映商品流通企业当年对所有者分配的利润的金额和按照规定提取的盈余公积金额，并对应列在“未分配利润”和“盈余公积”栏。

“提取盈余公积”项目，反映商品流通企业按照规定提取的盈余公积。

“对所有者的分配”项目，反映商品流通企业对所有者分配的利润的金额。

④“所有者权益内部结转”项目，反映不影响商品流通企业当年所有者权益总额的所有者权益各组成部分之间当年的增减变动。

“资本公积转增资本（或股本）”项目，反映商品流通企业以资本公积转增资本或股本的金额。

“盈余公积转增资本（或股本）”项目，反映商品流通企业以盈余公积转增资本或股本的金额。

“盈余公积弥补亏损”项目，反映商品流通企业以盈余公积弥补亏损的金额。

“其他综合收益结转留存收益”项目，主要反映：商品流通企业指定为以公允价值计量且其变动计入其他综合收益的非交易性权益工具投资终止确认时，之前计入其他综合收益的累计利得或损失从其他综合收益中转入留存收益的金额；商品流通企业指定为以公允价值计量且其变动计入当期损益的金融负债终止确认时，之前由企业自身信用风险变动引起而计入其他综合收益的累计利得或损失从其他综合收益中转入留存收益的金额等。该项目应根据“其他综合收益”账户的相关明细账户的发生额分析填列。

2. 上年金额栏的填列

商品流通企业所有者权益变动表中的“上年金额”栏内各项数字，根据上年度所有者权益变动表“本年金额”栏内所列数字填列。如果上年度所有者权益变动表的各个项目的名称和内容同本年度不相一致，则对上年度所有者权益变动表的各个项目的名称和内容同本年度的规定进行调整，填入报表中的“上年金额”栏内。

3. 本年金额栏的填列

所有者权益变动表“本年金额”栏内所列数字一般应根据“实收资本（或股本）”“资本公积”“盈余公积”“未分配利润”“库存股”“以前年度损益调整”等账户发生额分析填列。

商品流通企业的净利润及其分配情况作为所有者权益变动表的组成部分，不需要单独设置利润分配表列示。

11.4.3　所有者权益变动表编制举例

例 11-5　承例 11-1、例 11-2、例 11-3。华懋商业公司其他资料：提取盈余公积 49 540.8 元，向投资者分配现金股利 64 430.7 元。

根据上述资料，华懋商业公司编制 2×21 年度的所有者权益变动表，如表 11-9 所示。

在利润表和所有者权益变动表中的其他综合收益，是指商品流通企业根据其他会计准则规定未在当期损益中确认的各项利得和损失。其他综合收益项目根据其他相关会计准则的规定分为下列两类列报。

（1）不能重分类进损益的其他综合收益项目，主要包括重新计量设定受益计划变动额、权益法下不能转损益的其他综合收益、其他权益工具投资公允价值变动、企业自身信用风险公允价值变动等。

（2）将重分类进损益的其他综合收益项目，主要包括权益法下可转损益的其他综合收益、其他债权投资公允价值变动、金融资产重分类计入其他综合收益的金额、其他债权投资信用减值准备、现金流量套期储备、外币财务报表折算差额等。

商品流通企业在附注中披露下列关于其他综合收益各项目的信息。

（1）其他综合收益各项目及其所得税影响。

（2）其他综合收益各项目原计入其他综合收益、当期转出计入当期损益的金额。

（3）其他综合收益各项目的期初和期末余额及其调节情况。

华懋商业公司按表 11-10 的格式和内容进行披露其他综合收益的信息。

表 11-10　其他综合收益

项　目	期初余额	本期发生额					期末余额
		本期所得税前发生额	减：前期计入其他综合收益当期转入损益	减：所得税费用	税后归属于母公司	税后归属于少数股东	
一、不能重分类进损益的其他综合收益							
1．重新计量设定受益计划变动额							
2．权益法下不能转损益的其他综合收益							
3．其他权益工具投资公允价值变动							

续表

项　　目	期初余额	本期发生额					期末余额
		本期所得税前发生额	减：前期计入其他综合收益当期转入损益	减：所得税费用	税后归属于母公司	税后归属于少数股东	
4．企业自身信用风险公允价值变动							
……							
二、将重分类进损益的其他综合收益							
1．权益法下可转损益的其他综合收益							
2．其他债权投资公允价值变动							
3．金融资产重分类计入其他综合收益的金额							
4．其他债权投资信用减值准备							
5．现金流量套期储备							
6．外币财务报表折算差额							
……							
其他综合收益合计							

参考文献

[1] 马克思. 资本论[M]. 北京：人民出版社，1975.

[2] 马克思恩格斯全集[M]. 北京：人民出版社，1974.

[3] 财政部会计司编写组.《企业会计准则第 14 号　　收入》应用指南 2018[M]. 北京：中国财政经济出版社，2018.

[4] 财政部会计司编写组.《企业会计准则第 22 号——金融工具确认和计量》应用指南 2018[M]. 北京：中国财政经济出版社，2018.

[5] 丁元霖. 商品流通企业会计[M]. 上海：上海财经大学出版社，2007.

[6] 侯文铿.《资本论》选读：马克思会计学说研究[M]. 北京：中国财政经济出版社，2002.

[7] 财政部会计司编写组.《企业会计准则第 21 号——租赁》应用指南 2019[M]. 北京：中国财政经济出版社，2019.

[8] 史玉光. 小企业会计准则操作实务（第 5 版）[M]. 北京：电子工业出版社，2018.